JN409755

한국어 교육을 위한 비격식체 종결어미 연구

-핵심 기능을 중심으로-

신구한국어교육연구총서 07

한국어 교육을 위한 비격식체 종결어미 연구

-핵심 기능을 중심으로-

장 채 린 지음

(학)신구학원 신구문화사

머리말

이 책은 저자가 쓴 2018년 연세대학교 박사학위논문인 〈한국어 교육을 위한 비격식체 종결어미 연구-핵심 기능을 중심으로〉를 깁고 다듬은 것이다. 이 책의 목적은 한국어 비격식체 종결어미가 갖는 기능의 층위를 구분하여 이들이 갖는 기능을 밝히고, 밝힌 기능들 간의 관계와 문법을 체계적으로 설명할 수 있는 방법을 모색하는 데에 있다. 비격식체 종결어미 중 특히 '해체'와 '해요체'에 속하는 전형적인 어미로 볼 수 있는 '-어(요)'와 '-지(요)', '-네(요)'와 '-군(요)', '-거든(요)'와 '-잖아(요)', '-을게(요)'와 '-을래(요)'를 논의의 대상으로 삼았다.

비격식체 종결어미는 저자가 그동안 한국어를 가르치면서 학생들에게 무수한 질문을 받으면서 관심을 끌게 된 문법 요소이다. 비슷한 듯 다른 종결어미들의 공통점과 차이점에 대해 질문을 받을 때마다, 정곡을 짚어 학생들의 가려운 곳을 긁어 주지 못하고 그 주변을 맴도는 답변밖에 못 해 주는 것 같아 답답함과 부족함을 느꼈다. 문법 사전이나 선행 논문들을 보아도 뾰족한 수가 없었다. 이렇게 종결어미는 나에게 답답한 마음을 주기도 하였지만 한편으로는 궁금증, 호기심을 안겨주기도 하였다. 비격식체 종결어미는 현실 세계를 그대로 전달할 때 쓰이기보다는 명제 내용에 대한 화자의 태도, 청자에 대한 화자의 태도, 상황에 대한 화자의 태도를 표상하는 데에 쓰인다. 따라서 어떤 특정 상황에서 사용된 종결어미가 왜 쓰였는지를 탐구해 보는 것은 말하는 사람의 생각이 무엇인지를 들여다볼 수 있게 하는 통로가 되는 작업이었다. 참 신기하고 재미있었다. 이를 통해 넓게는 한국인들의 세계관, 인식 체계, 문화적인 측면까지 유추해 볼 수 있게 하는 단서가 되는 것을 보면서 종결어미의 매력을 느꼈다. 정말 알고 싶은 것을 화두로 삼으니 박사 논문 쓰는 것에 재미를 느꼈고, 다 쓰고 나니 종결어미에 자신감도 생기고 한국어 교육 문법의 설명력을 높이는 데에 조금이나마 도움이 되었다고 생각되어 보람도 느꼈다. 그리고 종결어미를 더욱 깊이 있게 탐구하고 싶은 생각도 들었다.

이처럼 재미와 매력 때문에 연구하게 된 종결어미이지만, 박사 논문의 주제로 쓰게 되면서 자주 벽에 부딪혔다. 그때마다 힘이 되어 주신 분들이 떠올라 다시 한 번 감사함을 전하고 싶다. 항상 옆에서 넓은 지혜와 따뜻한 격려로 지도해 주신 강현화 선생님, 항상 나에게 귀감이 되신다. 논문을 꼼꼼히 읽어봐 주시고 조언을 아끼지 않으신 유현경 선생님, 저를 마지막까지 좋은 논문이 되도록 봐 주신 한송화 선생님, 제가 모르는 저의 모습까지 훤히 꿰뚫어 자신감을 심어 주신 원미진 선생님, 좀 더 유의미한 논문이 될 수 있도록 많은 도움 주신 조태린 선생님 모두 이 자리를 빌려 깊은 감사를 드린다. 또한 저자의 박사학위논문을 한국어교육 연구 총서로 나오도록 도움과 격려 말씀 주신 한재영 교수님께도 진심으로 감사드린다. 항상 사랑으로 나를 지지해 주고 돌봐 주는 가족들에게도 감사를 전한다.

비록 부족하지만 이 연구가 앞으로의 종결어미 연구와 한국어 교육 문법의 내용 개발에 있어 조금이나마 도움이 되기를 바란다.

장채린

차례

표 목차

그림 목차

1

서론

1.1. 연구의 목적 및 필요성

이 연구는 한국어 비격식체 종결어미가 갖는 기능과 문법을 체계적으로 기술하여 한국어 교육의 내용을 마련하는 데에 목적이 있다. 비격식체 종결어미란 '해체'와 '해요체'에 속하는 어미로서 '-어(요)'와 '-지(요)', '-네(요)'와 '-군(요)', '-거든(요)'와 '-잖아(요)', '-을게(요)'와 '-을래(요)'를 논의의 대상으로 삼는다.[1] 그동안 개별 비격식체 종결어미의 기능 및 문법에 대한 논의가 많이 축적되었으나, 한국어 교육의 내용학에 이러한 논의가 적용되기 위해서는 이들의 변별 지점을 더 명시적으로 보이고 기능의 층위 및 기능들 간의 관계에 대해 고찰하는 것이 필요하다. 따라서 본서는 비격식체 종결어미들의 기능의 층위를 구분하여 이들이 갖는 기능을 밝히고, 밝힌 기능들 간의 관계와 문법을 체계적으로 설명할 수 있는 방법을 모색하고자 한다.

비격식체 종결어미는 문장 종결의 기능, 문장 유형을 표시하는 기능, 상대 높임의 기능, 화행을 나타내는 기능, 화자의 인지적인 태도를 나타내는 기능, 담화상의 기능 등 여러 측면에서 그 의미가 기술될 수 있다. 따라서 과연 어떤 점에 주목하여야 이들의 본질이 잘 설명되고 계열관계에 있는 다른 형태들과의 변별 지점이 잘 기술될 수 있을지에 대해 파악하기 어려운 점이 있다. 이러한 특징으로 인하여 그동안 한국어 교재나 한국어 문법서에서 비격식체 종결어미들에 대한 일관성 있는 의미 기술에 어려움이 있었다.

비격식체 종결어미들의 기능과 문법이 교육적 관점에서 체계적으로 기술되기 위하여 본 연구에서 적극적으로 논의하여야 할 과제로 다음의 세 가지 측면에 주목하고자 한다.

(1) 비격식체 종결어미의 기능은 핵심 기능의 층위와 맥락 기능의 층위로 나누어 기술될 필요가 있다.

---

1) 이들 8종 형태를 연구 대상으로 선정한 절차에 대해서는 1.3에서 기술하도록 하겠다.

(2) 비격식체 종결어미가 갖는 핵심 기능들 간의 변별 지점이 명시적으로 제시되어 체계화할 필요가 있다.
(3) 비격식체 종결어미들의 문법적 특성과 맥락 기능은 핵심 기능에서 추론 가능한 것으로 설명될 필요가 있다.

(1)에서 제시된 '핵심 기능'이란 상황 및 맥락 등에 관계없이 해당 종결어미가 지닌 가장 본질적인 기능을 의미한다. 한편 '맥락 기능'은 담화 상황에서 실제 발화된 종결어미가 갖는 기능을 의미한다. 예컨대 비격식체 종결어미 '-네(요)'의 핵심 기능은 '현재 지각한 정보를 말한다'로 볼 수 있으며, '-네(요)'의 맥락 기능은 '칭찬하기', '맞장구치기', '청자의 반응 유도하기' 등으로 볼 수 있다. 이와 같이 핵심 기능과 맥락 기능으로 층위를 나누는 작업은 과제 (2)와 (3)을 해결하는 데에 가장 바탕이 되는 작업이다. 즉 (1) 기능의 층위를 핵심 기능과 맥락 기능으로 나눔으로써 (2) 각 종결어미들의 변별 지점을 명시적으로 드러내어 체계화하고, (3) 핵심 기능이 종결어미의 문법적 특성과 맥락 기능에 어떻게 관여되는지를 밝힐 수 있는 여건이 조성된다.

(2)의 과제를 해결하기 위해서 그간의 비격식체 종결어미들의 의미와 기능을 연구한 선행 연구에서의 논의를 바탕으로 하여, 각 종결어미들의 본질을 잘 반영하고 대립 관계를 잘 보일 수 있는 메타용어를 선정하여 각 종결어미들의 핵심 기능으로서 명시화할 것이다. 이를 통해 확립된 8개의 종결어미들의 핵심 기능은 공통적인 속성과 대립적인 속성이 바탕이 되어 체계화될 수 있다. 이러한 체계화를 통해 비격식체 종결어미라는 범주의 전체적인 의의를 파악할 수 있으며, 격식체 종결어미와는 어떠한 차별화된 정체성을 가지는지에 대하여 생각해볼 수 있다.

(3)은 각 비격식체 종결어미들의 핵심 기능이 이들의 문법적 현상이나 실제 발화에서 나타나는 맥락 기능을 설명하는 데에 유용한 도구가 될 것임을 의미한다. 그동안 한국어 교재나 한국어 교육 연구에서는 문법 항목들의 문법적 제약이나 담화상의 기능과 같은 표면적인 현상들을 기술하는 데에 그친 경우가 많아 학습자들에게 인지적으로 기댈 수 있는 발판을 제공하지 못

한 측면이 있다. 따라서 비격식체 종결어미들의 문법적 특성과 맥락 기능이 핵심 기능에서 추론될 수 있는 것임을 밝혀 그 연결 고리에 해당되는 내용을 제공하게 된다면 한국어 학습자들은 해당 문법 항목을 종합적으로 파악할 수 있게 될 것이다.

1.2. 선행 연구 및 문제 제기

비격식체 종결어미 기능의 특수성을 인식하고 상대높임법이나 문장종결법이 아닌 영역에서 비격식체 종결어미에 대해 연구한 논의를 크게 두 부류로 나누어 살펴보겠다. 첫째는 비격식체 종결어미 자체를 중심으로 기능을 기술한 것이며, 둘째는 범주를 중심으로(특히 양태 범주를 중심으로) 이들의 의미를 파악한 것이다.

비격식체 종결어미 그 자체의 부류를 중심으로 그 기능을 밝힌 연구는 다시, 전체 비격식체 종결어미 또는 전형성을 보이는 일부 비격식체 종결어미의 전반적인 특징을 논하면서 의미를 살핀 연구와 개별 비격식체 종결어미의 의미와 기능을 연구한 것으로 나뉠 수 있다. 개별 비격식체 종결어미들의 의미와 기능을 밝힌 연구들은 3장에서 각 종결어미들의 핵심 기능을 밝히면서 살펴보기로 하고, 여기에서는 전체 비격식체 종결어미 또는 전형성을 보이는 일부 비격식체 종결어미의 전반적 의미 및 체계를 살핀 연구를 중심으로 살펴보겠다. 이러한 부류의 연구에는 한길(1986), 이기동(1987), 차현실(1990), 손현선(1996), 박재연(1998), 박나리(2000, 2004) 등이 있다.[2)]

한길(1986)은 상대높임법에서 한 등분을 차지하는 반말의 성격을 규명하고, 반말 종결어미들의 문법, 의미, 화용적 기능을 분석하였다. 이 연구는 반말 종결어미들을 비슷한 형태적 특징(단순형태와 복합형태) 및 비슷한 의미 및 용법을 가진 것끼리 묶어 비교를 통하여 설명하고, 그 특성을 통어적, 의미

2) 선행 연구 중 일부는 '비격식체 종결어미'를 '반말 종결어미' 또는 '반말체 종결어미'로 기술하였다. 아래에서는 해당 연구에서의 용어를 따랐다.

적, 화용적으로 나누어 살펴 한 형태를 다각도에서 조망하였다는 점에서 비격식체 종결어미 연구 방법을 제시하였다는 의의가 있다. 이기동(1987)에서는 '-어', '-지', '-네', '-구나'의 의미를 살폈는데, 비격식체 종결어미들의 개별 의미를 연구하는 데 있어 화자의 인지적인 태도에 주목한 이른 시기의 연구로서 의의가 있다. 차현실(1990)에서는 반말체의 구성 및 반말체 어미의 문법적 기능에 대하여 논의하였다. 이 연구에서는 반말체의 기술은 담화문법의 차원에서 기술되어야 한다고 언급하면서 반말체 어미의 속성은 단위문으로 볼 때는 종결의 기능을 가지면서 다음 담화를 이어주는 연결의 기능도 공유하고 있음을 지적하였다. 또한 반말체 어미의 문법적 기능은 청자 대우 표시가 아니라 화자가 담화 내용의 사태와 관련하여 담화 내용에 갖는 태도를 나타내는 기능으로 보아야 한다고 주장하면서 이는 반말체 문장의 구조를 통해서도 알 수 있다고 밝혔다. 이 연구를 통해서 비격식체 종결어미의 의미를 밝히기 위해서는 문장종결법이나 상대높임법이 아닌 화자의 태도에 초점을 맞추어야 할 필요성이 제기되었다. 손현선(1996)에서는 반말 종결형태 '-어', '-지', '-군', '-네', '-는가', '-나'가 명제 내용의 근거를 나타내는 양태적 특성을 공통적으로 갖고 있음을 밝히고자 하였다. 이 연구에서는 각 종결어미의 문법적 특성과 양태적 특성을 비교하여 설명하였고, 각 종결어미들의 인지적인 의미에 대하여 설득력 있게 기술하고 있다. 박재연(1998)에서는 반말을 정의하고 통시적인 기원에 따라 반말체 종결어미 목록을 작성하여 이를 대상으로 각각의 의미와 기능을 밝혔다. 이때 각 종결어미들의 의미 설명에 주로 사용된 기제는 양태에 관련된 의미들이었다. 이 연구는 반말체의 성격을 자세히 규명하고 통시적 관점에서 반말체 종결어미를 분류하였다는 점, 반말체 종결어미들이 양태의 관점으로 기술될 필요를 제기하였다는 점에서 의의가 있다. 박나리(2000, 2004)에서는 비격식체 어미 '-어', '-지', '-네'를 각각 격식체 어미인 '-다', '-단다', '-구나'에 대응시켜 그 의미를 비교하고 이를 바탕으로 비격식체와 격식체의 차이점에 대해 밝혔다. 이 연구에서는 각 종결어미들의 의미를 밝히기 위해서는 해당 종결어미가 화자의 인지 과정의 어느 단계를 표상하는지에 대하여 생각해 봐야 한다는 점을 시사하고 있고 개별 종결어미들의 의미 기술에 관하여서 합리적인 설명을 제시하고 있어 주목할 필요가 있다.

이와 같이 전반적인 비격식체 종결어미(일부 연구에서는 반말 또는 반말체 종결어미)들이나 전형성을 띄는 개별 비격식체 종결어미를 중심으로 하여 그들의 의미를 연구한 연구에서는 다음과 같은 점에서 의미가 있다. 첫째로, 많은 연구에서 '대조'의 방법을 사용하였다는 점이다(한길(1986), 손현선(1996), 박나리(2000, 2004) 등). 비슷한 형태 구조, 기능을 지니는 종결어미 쌍을 설정하여 대조하는 방법은 개별 종결어미들의 의미 파악을 더 용이하게 만들었으므로 본서에도 이러한 방법을 도입할 만하다고 본다. 둘째로, 비격식체 종결어미들의 의미를 기술함에 있어 화자의 인지적인 태도에 초점을 두었다는 점이다(이기동(1987), 차현실(1990), 손현선(1996), 박재연(1998), 박나리(2000, 2004) 등). 이러한 관점의 도입은 비격식체 종결어미의 의미 기술에 정교성을 더해주며 명확한 변별을 위하여 매우 필요하다.

그러나 다음과 같은 점에 있어서 보완될 점이 제기될 수 있다. 첫째로, 각 종결어미들의 문법적 특성 및 기능적 특성을 설명함에 있어서 왜 그러한 현상이 일어나는지에 대한 원리를 설명하지 않은 경우가 많았다. 만약 어떤 논의에서 밝힌 종결어미의 의미가 그 핵심을 관통하는 것이라면 이를 통해 문법적 제약이나 담화 기능의 양상의 원리가 설명될 수 있을 것이다. 둘째로, 의미의 층위를 구분하지 않고 논의한 경우가 많았다. 예를 들어 한길(1986)에서는 각 종결어미들의 의미를 설명함에 있어 문장 유형 정보(평서, 질문, 명령, 청유), 화용적인 정보(부드러움, 친근함 등), 양태적인 정보(깨달음, 이미 앎 등), 기능 정보(확인하기, 약속하기 등)가 뒤섞여 있다. 의미의 체계적인 기술을 위해서는 이들의 층위를 체계적으로 나눌 필요성이 제기된다.

다음으로 범주를 중심으로(특히 양태 범주를 중심으로) 각 형태들의 의미를 밝힌 연구들에는 장경희(1985), Lee(1991), 박재연(2006), 임동훈(2008) 등이 있다.

장경희(1985)에서는 양태의 범주의 의미를 기술하고 한국어에 양태소가 있음을 주장하여 이들이 지니는 의미를 분석하여 체계를 밝혔다. 이 연구에서는 한국어 양태소에는 선어말어미, 종결어미, 관형형 어미가 있다고 보고 이들의 의미를 기술하였다. 박재연(2006)에서도 양태 범주를 확립하고 이를 나타내는 양태 어미들의 의미, 기능을 밝혔다. 이 연구에서는 양태를 나타내는 표지에 선어말어미, 종결어미가 있다고 보고, 이에 속하는 어미들의 양태 의미를 대립 관계로 파악하여 체계적으로 기술하였다. Lee(1991)에서는 한국어의 시제, 상, 양태 범주를 전반적으로 다루었는데, 종결어미는 양태 범주에서 논의되었다. 종결어미의 일부를 양태 범주를 나타내는 것으로 파악하여 그 의미를 밝혔다. 이 연구에서는 종결어미들의 의미를 유형론적인 관점에서 파악하여 각 종결어미들의 양태 의미에 대하여 설득력 있는 기술을 제공하였다. 임동훈(2008)에서는 한국어의 서법과 양태 체계를 어떻게 보아야 할지에 대하여 논의하고, 한국어 선어말어미와 종결어미의 양태 의미에 대하여 기술하고, 우언적 구성 또한 양태 의미로 기술할 수 있음을 암시하였다.

이와 같이 양태 범주를 중심으로 하여 그 안에 비격식체 종결어미의 일부가 속하는 것으로 보고 기술한 연구들은 양태라는 범주를 체계화한 것에 의의가 있으나, 비격식체 종결어미들의 전반적인 의미 체계를 파악하기에는 다음과 같은 점에서 보완할 점이 필요할 것으로 보인다.

첫째, 양태에 속하는 형태들이 일부 선어말어미, 일부 우언적 구성, 일부 종결어미에 한한 것이다 보니 해당 논문의 연구 대상에 속하지 않게 된 종결어미들의 설명 근거는 어디에서 찾아야 하는지 모호하게 된 점이 있다. 예를 들어, 장경희(1985)에서는 '-지'에 대한 설명은 있으나 '-지'와 관련 있는 종결어미로 보이는 '-어'에 대한 자세한 기술은 없으며, 박재연(2006)에서 '-을래(요)'는 양태 범주에 속하는 종결어미로 보았으나 이와 형태적, 의미적으로 볼 때 관련 있어 보이는 '-을게(요)'는 속하지 않는 것으로 보았다. 임동훈(2008)에서도 이와 비슷하게 일부 종결어미만 다루고 있다.

둘째, 양태 범주 중심의 연구에서는 보통 양태 범주 내에 종결어미, 선어말어미와 우언적 구성[3] 등의 문장의 종결 부분에 위치하는 모든 형태들을 한

3) '-을 것 같-', '-을 것이-', '-으려고 하-' 등과 같은 문말에 나타나는 의존어 구성을 가지는 형태들을 말한다.

데 모아 한 양태 체계 안에 위치시키는 작업을 하였다. 그러나 본서는 그러한 분류에 의문을 가진다. 이들의 분포는 다르기 때문이다. 다른 분포에 위치하는 형태들은 서로 다른 성격을 가지기 마련이다. 한국어의 조사가 나타내는 의미 영역과 연결어미가 나타내는 의미 영역이 다른 것과 마찬가지이다. 물론 종결어미, 선어말어미, 우언적 구성 모두 문장의 끝에 나오는 서술어에 결합하여 문장을 종결하는 데에 보탬이 되는 형태들이며 모두 화자의 태도를 어느 정도 반영하고 있다는 공통점은 있으나 분포가 다르다. 이들이 출현하는 자리를 살펴보면 '서술어-선어말어미-우언적 구성-종결어미'순으로 나타나거나 '서술어-우언적 구성-선어말어미-종결어미'의 순으로 나타나기도 한다. 종결어미는 항상 선어말어미와 우언적 구성에 후행하는 요소로서 분포를 달리하고 있다. 따라서 종결어미가 나타내는 양태의 영역과 선어말어미 혹은 우언적 구성이 나타내는 양태의 영역은 서로 다를 것이라 생각된다. 이와 같이 이 부류의 연구들은 양태의 체계성을 확립하는 데에는 목적을 달성하였다고 할 수 있으나 분포상으로 같은 계열에 속하는 다른 형태들에 대한 종합적인 설명은 갈무리되지 못한 측면이 있다.[4)]

한편 현재 한국어 교육 문법 연구의 동향을 살펴보면 말뭉치의 분석을 통해 발견한 담화 기능들을 제시하여, 이러한 다양한 기능들을 가르쳐야 한다는 주장을 하는 경우가 있다. 이러한 주장은 학습자에게 해당 문법 형태에 대한 다양한 지식을 제공하고 교수자들에게는 해당 문법 형태를 제시할 때 어떤 상황과 예문을 제시하여야 할지에 대한 시각을 제공하므로 유용한 측면이 있다. 그러나 이것은 학습자들에게 많은 학습량의 부담으로 다가올 수 있다. 예를 들어 선행 연구들에서 종결어미 '-거든(요)'의 기능을 '정보 제공하기', '화제 도입하기', '화제의 이어짐 기능', '배경 제시하기', '이유나 증거 제시하기', '상반된 이유 제시하기', '추론적 근거 제시하기', '행위의 근거 제시하기', '판단의 근거 제시하기', '발화 유지하기', '감탄', '부담감 완화의 기능',

4) 이러한 문제의식은 목정수(2016)에서 제기한 것과 궤를 같이한다. 이 연구에서는 분포를 중심으로 범주 체계를 세워야 한다고 하였는데 본서도 이에 동의한다.

'청자 반응 유발' 등으로 보고 있다.[5] 종결어미로서의 '-거든(요)'의 의미·기능이 10개 이상이 된다. 이러한 선행 연구들에서 밝힌 개별 종결어미들의 의미는 그 언어적 형식이 가지는 핵심적인 기능이라기보다는 담화 상황과 맥락에 따라 실현된 맥락 기능인 경우가 많다. 문법 형태를 교수할 때 맥락 기능만 제공하게 되면 그와 유사한 맥락 기능과 문법적 특징을 가진 문법 형태와 어떻게 다른지 변별하기가 힘들다는 단점이 있다. 예컨대 '-거든(요)'와 '-잖아(요)'의 맥락 기능은 매우 유사한 것으로 나타나는데, 이러한 경우 맥락 기능만 제공하게 되면 학습자들은 이들이 어떻게 다른지 변별하기 어려우므로 오류를 발생시키기도 한다. 만약 '-거든(요)'와 '-잖아(요)'의 핵심 기능을 중심으로 이들의 차이를 설명한다면 학습자들은 자연스럽게 위와 같은 10가지가 넘는 기능으로 발현되는 상황을 이해하는 것이 수월해질 것이다. 즉, 유사한 맥락 기능을 가지거나 문법적 특성을 지닌 형태들의 변별이 수월해질 것이다.

핵심적인 기능을 중심으로 각 종결어미들의 의미를 설명하고, 문법적 특성이 그렇게 나타나는 원리, 어떤 맥락 기능이 출현되는 원리를 학생들로 하여금 '이해'를 시킬 수만 있다면 논리적인 설명이 가능하게 되어 인지적인 부담이 줄어들 것으로 기대된다. 즉 '-을게(요)'가 [청자 의향에 부합하는 미래 행동]을 말할 때 사용된다는 핵심적인 기능을 이해하면 왜 의문문에서 사용되지 못하는지 등과 같은 문법적 특성에 대한 원리와 '-을게(요)'가 '약속', '허락 구하기' 등의 맥락 기능으로 실현되는 원리에 관하여 설명할 수 있으며, 유사 문법 항목인 '-을래(요)'와의 변별 지점도 설명될 수 있을 것으로 기대된다.

이상으로 국어학 분야에서의 비격식체 종결어미 연구와 한국어 교육 분야의 연구에서 나타난 비격식체 종결어미 관련 연구들을 살펴본 결과, 비격식체 종결어미의 의미 또는 기능은 화자의 인지적인 태도와 관련하여 기술이 이루어져야 하겠다는 점, 의미의 층위를 체계적으로 구분한 후에 종결어미의

---

5) 채영희(1998), 정연희(2001), 이종철(2002), 김경연(2005), 김명희(2013), 조민하(2014), 한송화(2016)에서 밝힌 '-거든(요)'의 의미 및 기능이다.

의미 기술이 이루어져야 하겠다는 문제가 제기될 수 있다.

1.3. 연구 대상

본서는 비격식체 종결어미들 중에 의미 체계를 잘 보일 수 있는 전형성을 가진 형태들을 연구 대상으로 삼았다. 의미 체계를 잘 보일 수 있는 전형성을 지닌 비격식체 종결어미란 어떤 기준으로 판별될 수 있는가. 기본적으로 문법화의 정도가 높은 형태가 비격식체 종결어미로서의 전형성을 지닌 것으로 볼 수 있다. 문법화의 정도가 높다는 것은 해당 형식이 기존의 어휘 의미에서 벗어나 새로운 문법적 의미를 획득하였다는 것을 의미한다. 문법화의 핵심적인 특징은 언어 형태 및 의미나 기능의 변화이기 때문에(Evans and Green 2006/2007:756) 문법화 이전의 의미와 문법화 이후의 의미 및 기능이 서로 어떻게 다른지, 빈도의 차이는 어떠한지 등을 살펴 이를 유추할 수 있다.

비격식체 종결어미는 대부분 종결의 기능을 하지 않던 다른 문법 요소에서 의미의 변화를 입어 출현한 형태들이라는 점에서 여타의 종결어미와 다르다. 비격식체 종결어미들은 연결어미, 인용 구성, 간접의문문 어미, 선어말어미 융합형, 통사적 구성의 융합형과 같이 원래 종결어미가 아닌 형식들이 문법화의 과정을 거쳐 종결어미가 되었다.[6] 따라서 비격식체 종결어미들의 문법화의 정도를 비교해보면, 어떤 형태들이 종결어미로서 얼마나 안정된 특징을 가지고 비격식체 종결어미로서의 전형성이 있는지 추정해볼 수 있다. 문법화되기 이전의 의미와 문법화된 이후 현재의 문법적 의미 및 기능의 차이가 얼마나 있는지 살펴보는 과정이 필요하다. 문법화 이전과 이후의 각각의 기능의 차이가 크다면 문법화의 정도가 크다고 판단될 수 있을 것이다. 아울러 필요한 경우 문법화되기 이전의 빈도와 이후의 빈도를 비교하여 후자의 빈도가 유의미하게 높게 나타난다면 이 또한 문법화의 정도가 크며, 비격식

6) 박재연(1998)에서 반말체 종결어미들을 이와 같은 통시적인 기원에 따라 분류하여 그 특성들을 고찰하였다.

체 종결어미의 주류에 편입되었을 가능성이 크다고 판단될 수 있을 것이다. 그런데 만약 어떤 비격식체 종결어미 형태가 단순형들의 조합으로 이루어진 결합형일 경우, 그 의미가 단순형들의 조합과 큰 차이가 나지 않는다면 그것은 비격식체 종결어미의 전형성을 보이는 것으로 볼 수 없다. 단순형들의 결합 이후 음운적 변화와 의미적 변화가 동반되지 않은 경우는 아직 비격식체 종결어미의 전형을 보여줄 만큼 문법화가 덜 진행된 것으로 판단되기 때문이다. 이와 같은 단순 결합형들의 의미는 각 형태소들의 의미를 기술하면서 설명하는 것이 바람직할 것이다.

이와 같은 판단을 하기에 앞서 선행 논의에서 제시한 비격식체 종결어미에는 어떠한 것들이 있는지 살펴보겠다. 선행 연구들에서 '해체', '해요체'의 비격식체 종결어미에 어떤 형태들이 속하는지에 대한 완전한 합의에 이르지는 못한 상태이다. 종결어미화되어 가고 있는 연결어미들이나 결합형 어미들 중 어떤 것은 완전한 종결어미화가 된 한 형태소로 인정받은 것들도 있지만 아직 과도기에 놓여 있는 형식들도 있어 선행 연구마다 제시한 비격식체 종결어미 목록이 다르다. 이는 선행 연구에서 격식체 종결어미들의 목록에 대한 합의는 어느 정도 이루어진 것과는 대비되는 양상이라 볼 수 있다. 선행 연구에서 제시한 비격식체 종결어미 목록은 다음과 같다.

최현배(1937/1971): -어, -지, -ㅁ
김석득(1966): -어, -지, -ㅁ, -구면
고영근(1974/1989): -어, -지, -ㄹ께, -다구/라구, -나, -ㄹ까, -게, -다니/라니, -는군/로군, -구면, -네, ㄴ걸, -ㄴ데, -거든, -라구, -자구
서정수(1984): -어, -이야, -지, -군, -나[7)]
성기철(1985): -어, -지, -걸, -거든, -게, -께, -데[1], -데[2], -고말고, -ㄴ지, -을까, -나, -는가, -면서, -구면, -네
서상준(1996): -어, -지, -군, -데, -대, -고, -게, -네, -거든, -걸, -걸랑, -ㄹ

7) 서정수(1984:58)는 '-는가', '-(으)ㄴ가', '-던가'를 반말에 속한다고 볼 수도 있다고 하였다.

래, -고말고, -ㄴ데, -(ㄴ)다, -나, -다면서, -다니, -라고, -라니까, -자고, -자니까, -자

박재연(1998): -어, -지, -게, -거든, -ㄴ데; -다니까, -냐니까, -라니까, -자니까, -다고, -냐고, -라고, -자고, -다면서, -라면서, -자면서, -다나, -냐나, -라나, -자나, -다니, -냐니, -라니, -자니; -ㄴ가(-나), -ㄹ까, -ㄴ지, -ㄹ지; -네, -데; -ㄴ걸, -ㄹ걸, -ㄹ래, -ㄹ게; -어야지, -군, -구먼[8)]

한 길(2002): ① 단순형: -아, -지, -게, -네, -는군, -거든, -데, -는데, -는가, -나, -데, -는다 ② 복합형: -는다나, -자나, -으라나, -는다고, -냐고, -자고, -으라고, -는다니까, -냐니까, -자니까, -으라니까, -을게, -을래, -는걸, -을걸, -을까, -다니, -느냐니, -자니, -으라니, -는다면서

이종희(2004): -거든, -게, -고, -군, -기는, -나, -남, -네, -는걸, -는데, -니까요, -다고, -다나, -다는군, -다니, -다니까, -다며, -다지, -담 -더라니, -더라니까, -더라지, -ㄹ걸, -ㄹ게, -ㄹ까, -ㄹ라구, -래, -려고, -려나, -세요, -아, -아서요, -아야지, -지

위의 목록에서 제시된 종결어미들 중 어떤 형태들이 비격식체 종결어미로서의 전형성을 보여 본서에서 연구 대상으로 선정되었는지를 논의한 후에 나머지 형태들은 왜 연구 대상으로 선정되지 않았는지에 대하여 설명하도록 하겠다.

첫째로, 위의 목록을 보면 선행 연구에서 전통적으로 '-어(요)'와 '-지(요)'는 비격식체 종결어미의 대표적인 형태로 꼽아온 것을 알 수 있다. '-어'와 '-지'는 '해체' 종결어미 중 가장 이른 시기에 형성되었으므로[9)], 모든 선행 연구

---

8) ';'를 기준으로 각각 연결어미에서 형성된 것, 인용구성에서 형성된 것, 간접의문문 어미에서 형성된 것, 선어말어미의 융합에 의해 형성된 것, 통사적 구성의 융합에 의해 형성된 것으로 나뉜다(박재연 1998:127~128).

9) 박영준(1994)에 따르면 종결어미로서의 '-어'와 '-지'를 16세기부터 출현한다고 하였으며, 고광모(2001)에서도 16세기에 이미 '-어'가 존재하였다고 밝히고 있으며, 이소흔(2017:100)에 따르면 '-어'와 '-지'가 종결어미화하여 본격적으로 쓰이기 시작한 것은 19

구에서 언급되어 온 것으로 볼 수 있다. 문법화 이전인 연결어미로서의 '-어', '-지'의 의미와 문법화가 진행된 후의 종결어미로서의 '-어'와 '-지'의 의미와 기능은 큰 차이를 보인다. 공시적으로 볼 때에 완전히 다른 형태소의 어미로 볼 수 있다(이소흔 2017:93~94). 그러므로 비격식체 종결어미의 전형성을 가장 잘 보일 수 있는 종결어미로 보인다.

둘째로, 성기철(1985) 이후의 연구들에서 '-네(요)'와 '-군(요)' 또한 꾸준히 비격식체 종결어미 목록에 등장한 것을 알 수 있다. 이 두 종결어미의 문법화 이전의 형태에 대해 살펴보면, '-네'는 '느+이+∅'에서(김태엽 2000:51)[10], '-군'은 '-구-'와 '-은'에서(서태룡 1988:49~50) 문법화된 것으로 보인다. 공시적으로 볼 때 '-네'와 '-군'은 더 이상 나눌 수 없는 형태로서 이미 종결어미로서의 기능으로 확고하게 되었음을 알 수 있다. 이를 통하여 '-네'와 '-군' 또한 비격식체 종결어미의 전형성을 보이는 어미로 설명될 수 있을 것으로 보인다.

셋째로, '-거든(요)'는 연결어미 '-거든'에서 종결어미화된 형태이며, '-잖아(요)'는 '-지 않아(요)'가 융합되어 종결어미화된 형태이다. 종결어미로서의 '-거든(요)'는 선행 연구에서 '이유', '근거', '청자 지식에 대한 미지정보' 등으로 그 의미를 파악하고 있으며 이는 연결어미로서의 '-거든'이 '조건', '전제'의 의미를 갖는 것과 큰 차이가 있다. 따라서 연결어미 '-거든'에서 완전히 분리되어 종결어미로서의 정체성을 확실하게 획득한 것으로 보인다. 이러한 양상은 종결어미로서의 '-거든(요)'와 연결어미로서의 '-거든'의 빈도 차이를 살펴봄으로써 확인할 수 있다. 21세기 세종계획 구어 전사 말뭉치 빈도 자료를 보면 연결어미로 사용된 '-거든'의 빈도는 20회에 불과한 반면 종결어미로서의 '-거든(요)'의 빈도는 2,678회로 나타났다. '-거든(요)'는 연결어미보다 종결어미로서의 쓰임이 우세함을 알 수 있다. 이와 같이 '-거든(요)'의 문법화 이전의 의미와 이후의 의미의 차이가 명확하고, 빈도 또한 종결어미적

세기의 일이나 이전 시기의 자료에서 확인한 바로 늦어도 17세기에 '-어'가 18세기에는 '-지'가 사용되었다고 하였다.

10) 김태엽(2000:51)에서 언급한 이때의 '-네'는 하게체와 해요체를 아울러 언급한 것이다.

쓰임이 우세함을 증명하고 있음으로 보아 '-거든(요)'는 비격식체 종결어미로서의 안정화가 되었으며, 이에 따라 전형성을 보일 가능성이 있다고 판단된다.

한편 '-잖아(요)'는[11] 위의 선행 연구에서 제시한 비격식체 종결어미 목록과 〈표준국어대사전〉에 한 형태소로 등재되어 있지 않다. 그러나 5종의 대학 한국어 교재와[12] 3종의 한국어 문법사전[13], 〈고려대한국어대사전〉에서는 '-잖아(요)'가 독립된 문법 항목 및 표제어로 등재되어 있다. 또한 '-잖아(요)' 자체의 빈도가 구어체 종결어미들 중에서 매우 높다는 점을 감안하면 '-잖아(요)'가 종결어미로서의 정체성을 획득한 것으로 판단할 수 있다. 서상규·구현정(2005)에서는 대학생들의 구어체 종결어미 빈도를 조사한 결과 '-잖아'가 4위를 차지하였고, 안의정(2007)에서도 구어 종결어미들 중 '-잖아'와 '-잖아요'가 각각 3위와 9위, 장경희 외(2012)에서도 한국 초·중·고등학생들이 사용하는 고빈도 종결어미 50개 형태 중에 '-잖아'가 포함되어 있을 정도로 매우 높은 빈도를 차지한다. 이와 같은 빈도가 높다는 점과 더불어 문법화의 진

11) '-잖아(요)'를 한 종결어미로 볼 수도 있겠고, '-잖-'을 선어말어미로 보고 '-잖아(요)', '-잖니', '-잖습니까', '-잖소' 등의 결합형이 나타나는 것으로 볼 수도 있겠다. 그러나 《연세 구어말뭉치》를 조사한 결과 '-잖-'과 결합된 종결어미들의 빈도를 살폈을 때 아래의 표와 같이 '-잖아(요)'가 압도적으로 우세하였으며, '-잖아(요)' 용례들은 의미가 '-잖니', '-잖습니까', '-잖소'에서의 의미보다 더욱 화자의 태도가 강하게 반영되어 있음을 확인할 수 있었다. 반면 '-잖니', '-잖습니까', '-잖소'에서의 '-잖-'은 '-지 않-'으로 복원되었을 때 자연스러운 경우가 더 많았다. 따라서 본서에서는 '-잖아(요)'를 복합 종결어미로 처리하여 살펴보고자 한다.

형태	빈도(회)	비율
-잖아	4,200	70.3%
-잖아요	1,745	29.2%
-잖습니까	16	0.3%
-잖냐	9	0.2%
-잖니	8	0.1%
-잖소	1	0.0%
합계	5,979	100%

12) 경희대, 고려대, 서강대, 연세대, 이화여대의 한국어 교재를 조사하였다.

13) 국립국어원(2005), 이희자·이종희(2010), 강현화 외(2016)의 한국어 문법 사전을 조사하였다.

행 정도가 높은 것 또한 '-잖아(요)'를 비격식체 종결어미로 인정하는 데에 뒷받침된다. 강현화(2009:13)에 따르면 구어말뭉치에서 '-지 않-'과 '-잖-'의 빈도를 비교해 본 결과 '-지 않-'의 빈도는 12,454회, '-잖-'의 빈도는 22,749회로 '-잖-'의 빈도가 훨씬 높은 것을 알 수 있다.[14] 즉 '-잖아(요)'의 문법화 이전의 형식인 '-지 않-'보다 '-잖아(요)'로의 쓰임이 훨씬 우세한 것을 알 수 있다. 또한 '-지 않-'에서 유래하기는 하였으나 장형 부정의 형식으로만 설명할 수 없는 '-잖아(요)'의 기능이 있으며, 이로 인하여 파생되는 기능은 '-지 않-'이 가지는 의미 이상의 것을 포함하고 있다. 이와 같이 '-잖아(요)'가 높은 빈도로 나타난다는 점과 새로운 기능을 획득하였다는 점으로 미루어 볼 때 '-잖아(요)'는 문법화의 정도가 상당히 진행되었으며, 비격식체 종결어미로서의 정체성을 획득한 것으로 볼 수 있다. 또한 '-잖아(요)'는 '-거든(요)'와 대립되는 의미를 가지는 방향으로 문법화가 진전된 것으로 보인다. 따라서 '-잖아(요)'를 비격식체 종결어미의 전형성을 획득한 것으로 간주하여 연구 대상으로 다루는 것이 합리적일 것으로 판단된다.

넷째로, '-을게(요)'와 '-을래(요)'는 위의 목록 중에서 박재연(1998), 한길(2002), 이종희(2004)에서 비격식체 종결어미로 지목되어 왔다. '-을게(요)'는 '-을 것이-', '-을래(요)'는 '-으려고 하-'의 융합을 거쳐 형성된 종결어미이다(안명철 1990). 그런데 각각의 문법화되기 이전의 형태인 '-을 것이-'와 '-으려고 하-'는 현대 국어에서 다른 의미를 지닌 것으로 사용된다. '-을 것이-'는 행동주의 의지를, '-으려고 하-' 또한 행동주의 의도를 나타낸다. 그러나 '-을게(요)'와 '-을래(요)'는 행동주가 아닌 화자의 의지를 나타내는 종결어미이다. 즉 완전하게 의미적 분화가 이루어졌으며 문법적인 특징 또한 다르게 나타나므로 '-을게(요)'와 '-을래(요)'는 문법화가 완료된 단계의 종결어미로서의 전형적인 특징을 보여주고 있다.

이와 같이 본서에서 대상으로 삼은 비격식체 종결어미는 빈도와 기능의

---

14) 그러나 문어 말뭉치에서는 '-지 않-'이 59,826회, '-잖-'이 2,601회로 '-지 않-'의 빈도가 훨씬 더 높게 나왔다고 하였다. 본서에서는 구어체 비격식체 종결어미를 연구 대상으로 하고 있으므로 구어 말뭉치의 빈도를 기준으로 살펴보는 것이 합당하다.

변화 정도를 통하여 문법화의 정도를 판단하여 비격식체 종결어미로서의 전형성을 보이는 형태들을 선정하였다. 본서의 연구 목적은 비격식체 종결어미들의 핵심 기능을 밝히고 이들의 체계를 밝히는 데에 있기 때문에 빈도가 높은 것, 기존의 의미와 독립적인 의미를 가지는 것일수록 문법화 단계가 상당히 진전되었으며 체계성에 근접해 있을 가능성이 높을 것이라 판단했다. 그러나 위의 선행 연구에서 제시한 종결어미 목록에 제시된 것들 중 다음과 같은 것들은 비격식체 종결어미의 전형성을 보이지 못한다고 판단되어 제외되었다.

첫째로, '-더-' 결합형이 제외되었다. '-더-' 결합형에는 '-데(요)', '-더군(요)', '-던데(요)' 등이 있다. 그런데 이 '-더-' 결합형 종결어미들은 모두 선어말어미 '-더-'와 나머지 형태의 의미의 합으로 기술될 수 있는 형태들이다.

둘째로, 인용 복합 종결어미들이 제외되었다. 인용 복합 종결어미에는 '-대(요)', '-냬(요), '-다고(요)', '-냐고(요)', '-자니까(요)', '-라면서(요)' 등이 속한다. 이들 종결어미의 의미 또한 '-다고/냐고/자고/라고 하-'와 나머지 부분인 '-어(요)', '-고(요)', '-니까(요)'의 의미의 합과 상황 맥락을 통해 설명될 수 있다.

셋째로, 간접의문문 어미에서 형성된 종결어미 또한 제외되었다. 이에 해당되는 종결어미는 '-은가(요)(-나(요))', '-을까(요)', '-은/는/을지(요)'가 있다. 이들은 격식체 종결어미 '-다', '-냐', '-어라', '-자'와 같이 내포절에서 나타날 수 있다. '-은가/을까 싶다/보다', '-은/는/을지 알다/모르다' 등과 같은 양상으로 나타나며, 후행하는 용언의 의미에 영향을 받는 경우가 많다. 이들이 현대 국어에서는 주절에 나타나 '해체' 및 '해요체' 종결어미 기능을 하기는 하지만 간접의문문이라는 통사적 구조에 의해 양태 의미를 갖게 되는 경우가 있다(이소흔 2017:148~149). 또한 의문형 종결어미들의 양태 의미는 해당 종결어미들이 포함하고 있는 관형사형 어미에 따른 것으로도 볼 수 있다. 예를 들어 '-을까(요)'에서 나타나는 추측의 의미는 'ㄹ'이 가지고 있는 [가능성], [추측]의 의미에서 온 것으로 볼 수 있다(이소흔 2017:155). '-은가(요)(-나(요))', '-을까(요)', '-은/는/을지(요)'는 구조적인 특징을 통해 살피는 것이 필요하다. 요컨대 간접의문문 어미에서 형성된 의문형 종결어미들은 간접의문문으로 사용될 수 있다는 점에서 분포가 다소 다르게 나타나며, 포함된 관형사형 어미와 의존명사 또는 종결소의 의미의 합으로 의미를 설명할 수 있다.

넷째로, 종결어미로 쓰이는 연결어미들의 문법화의 단계가 낮은 것들을 제외하였다. 우선 기존의 연결어미로 사용되는 빈도와 종결어미로 사용되는 경우의 빈도를 비교하여 종결어미적 쓰임의 빈도가 기존 연결어미로서의 쓰임의 빈도보다 낮은 경우 제외하였다. 문법화되기 이전의 쓰임의 빈도가 더 높다는 것은 종결어미로서의 문법화 단계가 낮다는 것으로 볼 수 있기 때문이다. 위에서 제시한 선행 연구에서의 종결어미 목록 중 종결어미화된 연결어미는 '-거든(요)', '-게(요)', '-고(요)', '-는데(요)', '-니까(요)'가 있다. 각 어미들의 21세기 세종계획의 현대구어말뭉치에서의 빈도를 살펴보면 아래와 같다.

〈표 1〉 주요 종결어미화된 연결어미들의 출현 빈도[15)]

	연결어미적 쓰임	종결어미적 쓰임	경향
-거든(요)	20회	2,678회	종결어미적 쓰임 우세
-고(요)	26,071회	2,665회	연결어미적 쓰임 우세
-는데(요)	10,120회	2,381회	연결어미적 쓰임 우세
-게(요)	4,760회	57회	연결어미적 쓰임 우세

〈표 1〉에 따르면 '-게(요)', '-는데(요)', '-고(요)'는 절대적인 빈도는 높다고 볼 수 있으나 연결어미적 쓰임과 종결어미적 쓰임으로 나누어 살펴보면 연결어미로 쓰이는 경향이 여전히 우세한 것을 알 수 있다.

다섯째로, 복원 가능한 형태들과 문법화되기 이전의 형식의 의미와 문법화 이후의 의미의 차이가 나지 않으면 제외하였다. 이러한 기준에 의해 제외

15) 21세기 세종계획 구어 전사 말뭉치의 빈도 자료를 토대로 조사한 것이다.

되는 종결어미는 '-을걸', '-을걸(요)', '-은/는걸(요)'이다.[16] 후회의 '-을걸'은 '-을걸 그랬다'에서 '그랬다'가 생략된 형태로 볼 수 있으므로 후회의 의미가 온전히 종결어미에 의해서 오는 것이 아니라 후행 가능한 '그랬다'에 의해 오는 것으로 볼 수 있다. 또한 후회의 '-을걸'은 '-을 것을'로 복원 가능하다. 추측을 나타내는 '-을걸(요)' 또한 추측의 의미가 '-을 것이-'와 같다. 한편 '-은/는걸(요)'에는 단지 화자의 진술 내용을 '강조'하는 의미만 들어가 있으며, 문법화되기 이전 형태인 '-은/는 것을'의 의미가 반영되어 있는 것으로 볼 수 있다. 또한 이는 화자의 명제에 대한 인지적인 태도 즉 양태와 관련이 없다. 또한 결합형 종결어미 '-어야지(요)'의 의미 또한 '-어야 하-'와 '-지(요)'의 의미의 합으로 볼 수 있다.

이상으로 전형성을 보이는 비격식체 종결어미와 제외될 만한 종결어미들에 대하여 살펴보았다. '-더-' 결합형, 인용 복합형, 간접의문문 어미에서 형성된 종결어미, 연결어미적 쓰임이 우세한 어미들, '-을걸', '-어야지(요)' 등과 같은 어미들이 연구 대상에서 제외되었다. 이들은 비록 비격식체 종결어미로서의 문법적 기능을 하고 있으며, 비격식체 종결어미에 편입시킬 수 있으나 문법화 이전의 형식에서 그 의미를 유추할 수 있는 것들이므로 비격식체 종결어미의 전형성을 보이기에는 적절하지 않다.

이러한 기준을 통해 선별된 비격식체 종결어미는 모두 8종으로 다음과 같다.

-어(요), -지(요), -네(요), -군(요), -거든(요), -잖아(요), -을게(요), -을래(요)

〈본 연구의 연구 대상 목록〉

1.4. 연구 절차 및 방법

비격식체 종결어미의 기능은 특히 화자의 태도와 관련되어 있으므로 그

16) 후회의 '-을걸', 추측의 '-을걸(요)', 강조의 '-은/는걸(요)'와 같은 의미 분류는 강현화 외 (2016)를 따랐다.

기능을 증명하고 밝히는 데에 어려움이 있다. 어떤 언어 형식이 가리키는 지시물(referent)이 현실 세계에서 존재 및 진위 여부를 가리기 쉬운 성격의 것이라면 그 언어 형식의 정체성을 쉽게 파악할 수 있다.[17] 그러나 '화자의 태도'는 실체가 없으므로 증명해내기 어려운 측면이 있다. 비격식체 종결어미의 선택은 '무의식적으로' 이루어지는 경우가 대부분이며, 아무리 모국어 화자라 하더라도 자신의 언어의 작동 기제에 대해 정확히 '의식하고서' 발화하는 경우는 드물기 때문이다.

따라서 본서는 선행 연구에서의 논의를 바탕으로 실제 말뭉치 용례 검토를 통하여 각 종결어미들의 핵심 기능을 도출하였고, 이를 입증하기 위하여 해당 비격식체 종결어미들의 문법적인 특성과 맥락 기능을 파악하여 논증하는 방식을 취하고자 한다.[18] 본서의 연구 절차는 아래와 같다.

1. 구어 말뭉치에서 해당 종결어미가 포함된 용례 추출

⇓

2. 선행 연구 분석 및 말뭉치 용례 검토를 통하여 핵심 기능 도출

⇓ ⇓

3-㉠. 문법적 특성의 분석을 통한 핵심 기능의 입증	3-㉡. 맥락 기능 분석을 통한 핵심 기능의 입증
문장 유형의 양상, 주어 인칭과 결합 용언의 양상, 선어말어미와의 결합 양상 등의 문법적 특성을 기술하여 핵심 기능을 입증하는 동시에 다른 종결어미들과의 변별적인 양상을 살펴본다.	구어 말뭉치에서 해당 종결어미가 출현한 용례의 맥락 기능을 분석하여 앞서 제시한 핵심 기능을 입증하는 동시에, 이 핵심 기능이 어떻게 맥락 기능으로 확장되어 나타나는지 살펴본다.

⇓

4. 비격식체 종결어미의 범주화와 교육적 함의

〈그림 1〉 연구 절차

17) 표상하는 바의 실체가 있는 명사의 의미가 이에 해당될 것이다.

18) 장경희(1985:6-7)에서도 양태 종결어미들의 의미를 분석하는 방법으로 그 형태가 사용된 발화를 전후의 문맥이나 담화의 상황과 관련지어 고찰하는 방법을 사용하였다.

본서는 각 종결어미들의 핵심 기능을 도출하기 위하여 1차적으로 선행 연구 분석을 하였다. 선행 연구들에서 주장한 각 종결어미들의 기능을 나타내는 메타 용어들이 적절한지, 만약 적절하다면 어떤 것이 적절한지를 논의하였다. 이를 위해 구어 말뭉치의 용례가 사용되었다. 이 과정을 통하여 각 종결어미들의 핵심 기능을 도출하였다. 이를 위해 2장에서의 이론적 논의가 선행되었다. 2장의 한 부분에서는 비격식체 종결어미들을 기술하는 데에 다수의 선행 연구에서 언급한 범주인 양태와 이들의 선택에 결정적으로 관여하는 것으로 보이는 화자의 인지적 태도에 대한 본서의 관점을 논의하였다.

이와 같이 도출된 핵심 기능은 각 종결어미의 언어적 '현상' 즉, 문법적 특성과 맥락에서의 기능을 살펴봄으로써 입증하고자 하였다. 3-㉠에서는 각 종결어미가 갖는 문법적 특성을 문장 유형의 양상, 주어 인칭 및 결합 용언의 양상, 선어말어미와의 결합 양상으로 나누어 살펴보면서 핵심 기능을 입증하는 동시에 핵심 기능을 통해 어떻게 이러한 문법적 현상이 일어날 수 있는지 고찰하였다. 3-㉡에서는 각 종결어미가 갖는 맥락 기능을 구어 말뭉치를 통해 살펴보면서 핵심 기능을 입증하는 동시에, 핵심 기능에서 맥락 기능으로 어떻게 확장되어 나타날 수 있는지를 살폈다. 체계적인 맥락 기능 분석을 위하여 기능주의적 시각에 입각하여 기능의 층위를 '개념적 기능', '대인적 기능', '담화적 기능'의 세 층위로 나누었으며, 이와 같이 층위를 구분한 것에 대한 논의는 2장에서 하였다.

마지막으로, 앞서 제시한 비격식체 종결어미의 핵심 기능 분류 체계와 3-㉠과 3-㉡의 분석을 바탕으로 비격식체 종결어미 범주를 분류하고 어떠한 교육적 함의를 가지는지 논의하였다.

본서에서는 기본적으로 종결어미들의 문법적 특성과 의미 및 기능을 살펴보기 위하여 말뭉치 용례를 사용하는 말뭉치 기반(corpus-based)[19] 연구 방법론을 사용하였다. 이때 용례의 의미나 앞뒤 문맥을 살피고 문법적 특성, 담화적 특성들을 살피는 질적인 접근이 주를 이루지만 필요한 경우 빈도를 조

19) 말뭉치 중심(corpus-driven)과 반대되는 개념이다.

사하기도 하였다.

본 연구를 위하여 구어 말뭉치를 활용하였다. 문어 말뭉치를 포함시키지 않은 이유는 본서에서 대상이 되는 비격식체 종결어미들이 주로 구어에서 사용되는 형태들이기 때문이다. 문어 말뭉치에서도 문학 작품 속 대화나 신문 인터뷰 등에서 비격식체 종결어미가 검색될 수 있겠으나, 순수한 구어가 아니기 때문에 실제 쓰임을 왜곡되게 보일 수 있으므로 구어 균형 말뭉치만을 채택하였다. 본서에서는 '연세 구어 균형 말뭉치'를[20] 활용하였다. '연세 구어 균형 말뭉치'(이하, 《연세구어말뭉치》)는 서상규·김형정(2005)에서 제시한 구어 말뭉치 구성안과 텍스트의 주제 분류안에 따라 다양한 주제를 포괄하여 구축된 약 100만 어절의 구어 균형 말뭉치이다. 《연세구어말뭉치》는 21세기 세종계획의 성과를 토대로 하여 형태 주석 말뭉치의 결과를 일부 수정한 말뭉치이다. 21세기 세종계획 말뭉치가 형태소 수준에서 분석되었다면 《연세구어말뭉치》는 일부 어근과 접사를 통합하여 단어 수준으로 분석 수준을 통일하였으며, 변이형을 충실히 구분하는 입장을 취하여 세종 말뭉치를 수정 보완하였다.(서상규 외 2013:5) 따라서 《연세구어말뭉치》를 연구에 활용한다면 보다 더 높은 정확성과 균형성을 확보할 수 있을 것으로 보인다.

연세 구어 균형 말뭉치의 텍스트 분류 체계에 따른 구성은 〈표 2〉와 같다. 〈표 2〉를 보면 텍스트를 크게 독백과 대화로 나누고 그 안에 각각 공적, 사적으로 나누어 세부 유형의 텍스트를 제시하고 있다. 공공성을 기준으로 보면 공적 자료 48.4%, 사적 자료 51.6%로 1:1에 가까운 균형성을 갖추고 있다. 한편 상호작용성을 기준으로 분류했을 때 독백 자료와 대화 자료의 분포는 각각 39.9%, 60.1%로 2:3 정도의 비율을 보이는데, 대화가 구어적 특성을 잘 반영하고 있다는 점을 고려한다면 적절한 비율로 볼 수 있다. 또한 대면성 및 매체에 따른 분포를 보면 대면 담화가 84.1%를 차지하여, TV와 라디오

20) 이 연구는 연세대학교의 서상규 교수가 배포한 구어 균형 말뭉치(새연세말뭉치2)의 Ver20160522를 활용하여 이루어졌다. 용례의 검색에는 웰즐리 대학의 장석배 교수가 개발하여 배포한 Yconc3(Ver2015)을 활용하였다. 자료와 프로그램을 활용할 수 있게 해 주신 두 교수님께 감사를 표한다.

〈표 2〉 텍스트 분류 체계에 따른 연세 구어 균형 말뭉치의 구성(서상규 외 2013:97)

상호 작용성	공공성	텍스트 유형	대면성/매체	파일 수	어절 수	유형별 비율(%)	장르별 합계의 비율(%)	
독백	공적	강의	대면	24	159,876	16.1	공적 독백 (27.5)	독백 (39.9)
			TV	4	14,957	1.5		
		강연	대면	4	30,053	3.0		
			라디오	2	7,595	0.8		
		발표	대면	14	40,787	4.1		
		설교	대면	4	14,059	1.4		
		식사(式辭)	대면	5	5,180	0.5		
	사적	경험담말하기	대면	37	103,316	10.4	사적 독백 (12.4)	
		줄거리말하기	대면	7	12,107	1.2		
		동화구연	대면	4	7,568	0.8		
대화	공적	상담	대면	1	13,331	1.3	공적 대화 (20.8)	대화 (60.1)
			라디오	5	19,552	2.0		
		토론	대면	11	54,271	5.5		
			TV	5	57,179	5.8		
		회의	대면	2	13,444	1.4		
		구매대화	대면	1	1,585	0.2		
			전화	4	20,968	2.1		
		진료대화	대면	1	2,530	0.3		
		방송대화	TV	1	5,128	0.5		
			라디오	1	5,004	0.5		
		중계	TV	1	13,551	1.4		
	사적	일상대화	대면	54	224,352	22.6	사적 대화 (39.2)	
			전화	8	13,328	1.3		
		주제대화	대면	28	128,185	12.9		
		수업대화	대면	3	22,756	2.3		
전체				231	990,662	100		

담화, 전화 담화보다 상당히 높은 비율을 보이며, 대면 담화와 같이 발화한 담화를 녹음하고 전사한 자료가 87.6%라는 것은 연세 구어 말뭉치가 순수한 자연 발화를 중심으로 구성된 언어 자료임을 보여준다.(서상규 외, 2013:96-97)

아울러 본서는 《연세구어말뭉치》의 용례를 검색하기 위한 검색 도구로 Yconc3(2015년 버전)을 사용하였다. Yconc3은 품사 주석된 말뭉치를 대상으로 용례를 검색하기 위해 개발된 한국어 용례 검색기이다.[21] Yconc3를 사용하여 용례를 추출한 예시를 보이면 아래와 같다.

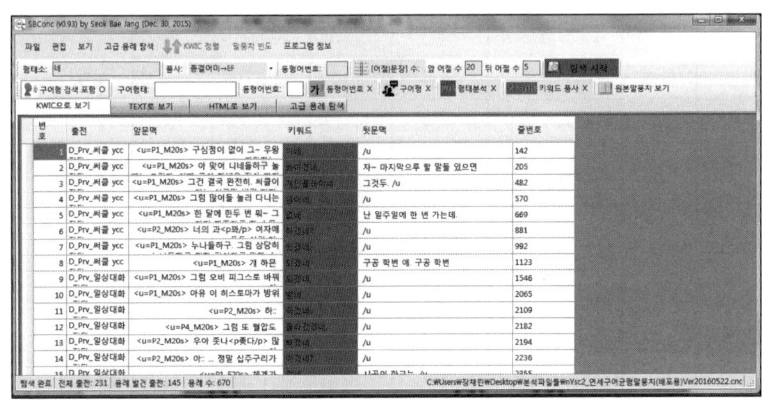

〈그림 2〉 Yconc3을 이용한 용례 검색의 예

1.5. 논의의 구성

2장에서는 비격식체 종결어미의 의미를 연구하기 위해 필요한 이론을 논의한다. 2.1에서는 본 연구에 필요한 기능주의적, 인지주의적 관점을 논의한

---

21) 검색 대상이 되는 주석 말뭉치는 Yconc용으로 변환된 포맷이어야 한다.(Yconc 사용자 설명서 참조하였음.)

다. 기능주의적 입장의 논의는 4장과 5장에서 실시하게 될 맥락 기능 분석에서 기능의 층위를 나누는 틀을 제시하는 데에 시사점을 제공하며, 인지주의적 관점은 왜 핵심 기능을 중심으로 비격식체 종결어미들의 의미를 파악해야 하는지에 대한 타당성을 제공하고 각 비격식체 종결어미들의 의미가 어떻게 핵심 기능에서 맥락 기능으로의 확장되는지를 밝히는 데 필요한 해석의 도구를 제공한다. 2.2에서는 양태 범주에 관한 논의를 한다. 비록 본서는 양태 체계에 관한 논의는 아니지만, 그동안 선행 연구에서 비격식체 종결어미들이 양태 범주의 측면에서 주로 논의되어 옴에 따라 양태에 대한 논의가 필요하다고 보았다. 비격식체 종결어미들에 관련된 양태에 관한 논의는 어떤 것이 있는지에 대하여 논의하고 양태 관련 하위 개념들인 '의외성', '내면화', '증거성'에 대하여 살펴보겠다. 이어서 '내면화'에 관련되는 화자의 인지적인 상태에는 무엇이 있을지 논의하겠다.

3장에서는 2장의 논의와 선행 연구 《연세구어말뭉치》의 용례를 검토하여[22] 각 종결어미의 핵심 기능으로 제시할 만한 메타 용어가 무엇인지를 살펴본다. 이를 바탕으로 각 종결어미들의 핵심 기능을 도출하고자 한다. 여기에서 도출된 각 종결어미들의 핵심 기능들을 정리하여, 종결어미들을 의미에 따라 어떻게 분류할 수 있을지 살펴본다. 3장의 논의 결과에 따르면 비격식체 종결어미들은 크게 명제에 대한(대명제) 태도를 나타내는 것과 청자에 대한(대청자) 태도를 나타내는 것으로 분류할 수 있다.

4장에서는 대명제 태도를 나타내는 '-어(요)'와 '-지(요)', '-네(요)'와 '-군(요)'의 문법적 특성과 맥락 기능을 기술하고 분석한다. 이들 종결어미에서 공통적으로 나타나거나 차이를 두고 나타나는 경우를 중심으로 살펴본다. 왜 그러한 문법적 특성을 보이는지 핵심 기능을 통해 살피고, 왜 그러한 맥락 기능이 나타나는지 핵심 기능에서의 확장 가능성을 염두에 두고 살핀다.

5장에서는 대청자 태도를 나타내는 '-거든(요)', '-잖아(요)', '-을게(요)', '-을래(요)'의 문법적 특성과 맥락 기능을 분석하였다. 4장과 대상만 달라졌

22) 필요한 경우 선행 연구에서 제시하였던 예문이나 필자가 만든 예문 또한 사용되었다. 그러나 대부분 말뭉치에 출현한 용례를 중심으로 논의하고자 한다.

을 뿐 기술 방식은 유사하다. 4장과 5장의 기술을 통하여 3장에서 밝힌 핵심 기능들을 입증할 수 있을 뿐만 아니라 왜 그러한 언어적 현상(문법적 제약과 맥락 기능)이 나타나는지에 대한 설명 및 이 종결어미들의 변별 지점이 확인될 것이다.

6장에서는 3장~5장에서 기술한 내용을 토대로 비격식체 종결어미들의 범주화되는 양상을 그 대립 관계를 통해 설명하고 교육적 함의에 대하여 기술한다. 비격식체 종결어미의 핵심 기능의 공통적 속성과 대립적 속성을 중심으로 범주화한다. 아울러 4장과 5장에서 제시한 각 종결어미들의 문법적 특성과 맥락 기능을 정리하고 이들이 어떻게 핵심 기능과의 관계를 통해 설명될 수 있을지를 살핀다.

7장은 결론으로서 앞선 논의를 종합하여 이 연구의 의의를 밝히고 앞으로 해결하여야 할 과제를 제시한다.

2

이론적 논의

2장에서는 비격식체 종결어미의 기능을 밝히기 위해 필요한 이론적 전제와 비격식체 종결어미의 기능과 관련된 범주를 살펴보고자 한다. 2.1에서는 비격식체 종결어미의 의미 및 기능의 관계를 어떻게 보아야 할지, 왜 핵심 기능이라는 개념이 필요한지에 대하여 인지주의적 관점에서 논의하고 맥락 기능의 층위를 어떻게 나눌 수 있을지에 관하여 기능주의적 관점에서 논의하겠다. 2.2에서는 그동안 비격식체 종결어미들의 의미가 주로 양태 범주에서 기술되어 온 것을 참고하여 비격식체 종결어미에 관여하는 양태의 범위는 무엇이며, 어떤 하위 개념이 필요한지 논의하겠다. 아울러 비격식체 종결어미의 선택에 깊게 관여되는 것으로 보이는 화자의 인지적인 상태에 대해서도 살펴보겠다.

2.1. 기능주의에 기반한 비격식체 종결어미 기능의 기술

비격식체 종결어미의 기능을 체계적으로 기술하기 위해서는 비격식체 종결어미의 '기능'이란 무엇인지 논의하고 그 층위를 정교하게 나눌 필요가 있다. 2.1.1에서는 비격식체 종결어미를 연구하기 위해서는 '기능'에 초점을 맞춰야 할 필요성을 제기하고자 한다. 2.1.2에서는 '핵심 기능'이라는 개념의 필요성을 인지주의적 관점에서 기술하고, '핵심 기능'과 대비되는 '맥락 기능'이라는 개념을 보이고자 한다. 2.1.3에서는 비격식체 종결어미의 '맥락 기능'의 층위는 어떻게 나뉠 수 있는지 기능주의적 관점에서 논의하여 4장과 5장에서 하게 될 맥락 기능 분석의 틀을 마련하도록 하겠다.

2.1.1. 비격식체 종결어미의 '기능'

종결어미의 의미를 밝히기 위해서 그것이 무엇을 가리키는지 그 지시물(referent)이 무엇인지에 대한 고찰이 필요하다. 종결어미는 문장을 종결하며, 문장종결법을 나타내고 상대높임법을 나타내며, 화자의 인지적 태도인 양태를 나타낸다.[23] 격식체 종결어미들은 상대높임법과 문장종결법에 따라 형태를 달리하므로 이와 관련된 의미를 적극 반영하고 있는 것으로 보인다. 그러나 비격식체 종결어미들은 상대높임법과 문장종결법이 그 형태에 적극적인 개입을 하고 있지는 않다.[24] 비격식체 종결어미는 화자의 인지적 태도에 따라 형태를 달리하는 양상을 보인다. 이들 종결어미의 의미를 파악하기 위해서는 '화자의 인지적 태도'가 중요한 요소임을 알 수 있다. '인지'라는 개념은 '〈심리〉 자극을 받아들이고 저장하고, 인출하는 일련의 정신 과정. 지각, 기억, 상상, 개념, 판단, 추리를 포함하여 무엇을 안다는 것을 나타내는 포괄적인 용어로 쓴다.'의 의미를 가지고 있다.[25] '화자의 인지적 태도'란 화자가 어떤 내용을 어떻게 아는지, 얼마만큼 아는지와 같이 '앎'과 관련한 태도인 것을 알 수 있다.

비격식체 종결어미가 사용되는 상황에서 '화자', '명제', '청자'는 빠질 수 없는 요소라는 점을 생각해 보면 두 측면에서 화자의 인지적 태도가 파악될 수 있다. 하나는 화자와 명제 간의 관계에서 생기는 인지적 태도이며 다른 하나는 화자, 명제, 청자 간의 관계에서 생기는 인지적 태도이다. 전자는 화자 자신이 명제 내용을 어떻게 아는지, 얼마만큼 아는지에 대한 태도, 즉 자신의 인지 상태에 대한 판단이며, 후자는 청자가 해당 명제 내용을 얼마만큼 아는지 혹은 어떻게 생각하는지에 대한 태도, 즉 청자가 명제 내용을 인지하는 상태에 대한 화자의 판단을 나타낸다.

이와 같이 종결어미는 항상 명제 내용과 결합하여 실현되므로 결합된 '명제'와의 관계에서 비격식체 종결어미의 기능을 파악할 수 있으며, 발화가 '청자'를 향한 것이라는 점에서 청자와의 관계에서 비격식체 종결어미의 기능을

23) 이종희(2004)에서 언급된 종결어미의 기능이다.

24) 비격식체 종결어미 중 '-나(요)', '-을까(요)' 등과 같이 의문법만을 나타내는 종결어미가 있으므로 전체 비격식체 종결어미가 문장종결법에 영향을 받지 않는다고 볼 수는 없다. 그러나 격식체에 비해서는 대체적으로 문장종결법의 영향이 미미하므로 이와 같이 기술하였다.

25) 〈표준국어대사전〉에서의 뜻풀이이다.

파악할 수 있다. 즉 비격식체 종결어미의 기능은 결합되는 명제 내용과 청자에 대한 화자의 태도를 통해 이해될 수 있다. 이는 실제 비격식체 종결어미가 어떻게 사용되는지에 전제를 두고 그 기능을 연구하여야 함을 시사한다. 명제의 내용이나 청자 요인은 고정적인 것이 아니고 실제 사용에 따른 유동적인 요소이기 때문이다.[26)]

이와 같이 언어의 의미 또는 기능을 실제 사용을 통해 파악하려는 것은 기능주의적인 입장과 관련이 있다. 대표적인 기능주의 연구자인 Halliday는 언어의 사용적인 측면을 살피는 것의 중요성을 아래와 같이 표현한 바 있다.

> 어떻게 언어가 사용되는지를 참고함으로써 언어 내의 모든 것이 최종적으로 설명될 수 있다는 점에서 기능주의 문법은 근본적으로 '본질적인' 문법이다. (A functional grammar is essentially a 'natural' grammar, in the sense that everything in it can be explained, ultimately, by reference to how language is used.) (Halliday 1994:xiii, 해석은 필자)

기능주의 문법에서는 언어의 문법적, 의미적 특성 연구에 있어서 언어의 기능적 측면이 강조되고 있다. 언어의 '의미'는 어떤 '기능'으로 나타나는지를 중심으로 파악할 필요가 있다고 한다. 즉 언어적 형식은 기능적 관점에서 파악되어야 할 필요성을 역설하고 있는데 이는 Givon(1995:4~5)에서 해부학과 생리학의 관계에 대해 언급한 것과 연관 지어 살펴볼 수 있다. (해부학에서 다루는) 신체 구조에 대한 정의 및 설명은 (생리학에서 다루는) 신체의 기능을 빼 놓고는 설명할 수 없다는 점을 들어 언어 구조와 언어의 기능 또한 이와 같은 관계로 보아야 한다고 하였다. 본서의 입장도 이와 같은 시각으로 언어 구조의 의미를 그 기능적 관점에서 파악하여야 한다고 본다.

26) 본서에서와 같이 종결어미의 의미를 '기능' 및 '사용'의 관점으로 파악할 필요성을 제기한 연구에는 이종희(2004)가 있다. 이종희(2004:23)에서는 종결어미가 가지는 의미는 화자가 청자와의 관계를 고려하여 의사소통의 특별한 의도를 가지고 사용을 전제할 때 비로소 그 의미를 논할 수 있다고 하였다. 따라서 종결어미의 의미를 '사용 의미'와 '기능 의미'라는 개념으로 설명하였다.

따라서 본서에서는 비격식체 종결어미의 정체를 알기 위해서는 그 기능을 파악하는 것이 필수적이라는 전제 하에 비격식체 종결어미의 '의미'를 '기능'으로 기술하고자 한다. 이는 Givon(1995)에서 언급한 바와 같이, 신체 장기의 의미를 생리학적인 기능을 통해 기술하는 것에 비유할 수 있다. 예컨대 '신장'이라는 신체 장기는 〈연세한국어사전〉에서 '(척추 동물의) 몸 안의 불필요한 물질을 오줌으로 배설하게 하는 구실을 하는 기관'으로 정의되었다. '신장'에 대한 뜻풀이를 보면 생리학적인 관점, 즉 신장이 실제 어떤 '기능'을 하는지에 초점을 맞추어 기술이 되어 있다. 이렇게 기능으로 기술한 뜻풀이는 곧 신장의 '의미'가 된다. 즉 비격식체 종결어미의 '기능'을 기술한 것이 그 '의미'가 된다는 것으로 볼 수 있다.

신장의 '의미'는 생리적 기능을 통해 정의될 수도 있고 다른 장기들 사이에서의 위치, 크기, 질량, 구성물, 색깔 등의 다른 요인을 가지고 정의될 수도 있으나 위의 사전에서는 어떻게 사용되는지를 기준으로 설명되었다. 그 이유는 어떻게 사용되는지, 그 '기능'이 무엇인지를 파악하는 것이 가장 '신장'의 의미를 파악하는 데에 가장 효과적이기 때문이다. '기능'은 '의미'를 기술하기 위한 한 측면이라고 생각된다. 이와 같이 본서에서는 비격식체 종결어미의 '의미'를 그의 '기능'을 통해 파악하고자 하지만 '의미'와 '기능'을 완전한 동의어로 보는 것은 아니다. '의미'를 알기 위하여 '기능'을 파악하여야 한다는 입장에서 '의미'를 '기능'으로 기술하겠다.

2.1.2. 비격식체 종결어미의 '핵심 기능'과 '맥락 기능'

2.1.1을 통해 비격식체 종결어미의 의미를 기술하기 위하여 그 기능에 초점을 맞출 필요성에 대하여 살펴보았다. 그런데 비격식체 종결어미의 모든 기능이 다 같은 지위를 갖는 것은 아닌 것으로 보인다. 어떤 기능은 나머지 기능들보다 종결어미의 본질에 가까이 있기도 하다. 본서에서는 비격식체 종결어미의 본질을 잘 설명해 줄 수 있는 기능을 '핵심 기능'으로 보고 상황과 맥락에서 실현된 기능을 '맥락 기능'으로 보아 논의를 진행하고자 한다.

비격식체 종결어미의 '핵심 기능'이란 상황과 맥락, 명제 내용의 의미적 측면에 관계없이 해당 종결어미가 지닌 원형적인 기능을 말한다. 핵심 기능은 다소 추상적이며, 그 본질을 설명하기 위한 적당한 메타 용어를 선정하기가 어렵다는 단점이 있으나 이를 상쇄할 만한 장점이 있다. 첫째, 핵심 기능은 해당 종결어미의 문법적 제약의 원리에 대한 설명을 제공하며, 둘째, 왜 그러한 맥락 기능을 갖는지에 대한 유추를 가능하게 하며, 셋째, 유사한 문법적 제약이나 맥락 기능을 갖는 종결어미들과의 변별을 가능하게 할 수 있다.

한편 핵심 기능과 대비되는 개념인 '맥락 기능'은 핵심 기능이 실제 맥락에서 실현될 때 나타나는 기능을 뜻한다. 맥락 기능은 핵심 기능을 그 속성으로 하고 있으며 상황과 맥락 등의 실제 발화에서 나타난 요인에 의하여 확대된 기능을 가리킨다. 맥락 기능은 어떤 차원에서 나타나느냐에 따라 각각 '개념적 기능', '대인적 기능', '담화적 기능'으로 나뉘는데 이와 관련하여 2.1.3에서 기술하도록 하겠다.

그런데 '핵심 기능'은 가장 기본적이고 대표적인 의미를 가리키는 '기본 의미'와는 구별되는 것으로 보기로 한다. 예를 들어 종결어미 '-을게(요)'의 핵심 기능은 본서의 3장에서 기술한 바에 따르면 '[청자의 의향에 부합하는 화자의 미래 행동]을 말한다'가 되는데 '기본 의미'는 '의지 말하기' 또는 '약속하기'로 볼 수 있다. 사전이나 문법서에서 '-을게(요)'의 의미를 찾으면 대부분 첫 번째 뜻풀이가 '의지 말하기' 또는 '약속하기'로 되어 있다. 이 용법이 가장 빈도가 높으며, 사람들에게 가장 처음으로 쉽게 인식되기 때문인 것으로 추측해 볼 수 있다. 이와 같이 '기본 의미'란 어떤 언어 형식의 가장 대표적이며 전형적인 의미이자 실제 맥락에서 가장 빈번하게 실현되는 의미라고 보겠다. 반면 '핵심 기능'은 추상적인 의미로서 기본 의미를 비롯한 모든 맥락 기능을 구성하고 있는 가장 기본적인 속성을 가리킨다. 따라서 맥락이나 상황에 구애 받지 않는 독립적인 속성을 가진다.

본서에서와 같이 어떤 언어 형식의 의미를 파악함에 있어서 그 원형(prototype) 의미를 찾아 그것에서 출발한 다른 의미와의 관련성을 고찰해 보는 학문적인 태도는 인지언어학과 관련되어 있는 입장으로 볼 수 있다. 인지언어학에서 언어는 사용하는 인간의 일반적 인지 경향을 반영하고 그것에 의해 동기지어진다는 관점을 취하며(임지룡 2008:107), 기본적으로 기능주의적 입장을 기반으로 한 이론이라고 할 수 있다(Smirnova and Elena 2010/2015:17~18). 본서에서는 이러한 인지언어학적인 입장을 반영한다. Givon(1995:12)에 따르면 대부분의 기능주의자들은 범주화에 접근하면서 Rosch(1975)의 원형 이론(prototype theory)에 기반을 두고 언어를 연구하고 있다고 한 바 있다.

원형 이론은 자연 범주의 내부 구조는 중심적 원소인 원형과 그로부터 확장된 주변적인 원소가 방사상 구조로 이루어져 있다는 것을 의미한다. 예를 들어 '새'의 범주에는 '참새'나 '까치'처럼 '새'의 전형성을 보여주는 경우를 비롯하여 '타조'나 '펭귄'처럼 원형에는 다소 벗어나 있는 것처럼 보이는 다양한 구성원이 속하는데, 이때 '새'의 '원형'은 그 범주를 대표할 만한 전형적·중심적·이상적 보기로서, '새'에 대한 인지적 참조점의 역할을 한다.(임지룡 2008:108)

이러한 원형 이론의 개념은 본래 단어가 지칭할 수 있는 실체들의 범위(외연적·지시적·명칭론적 접근법)로부터 단어가 보여주는 의미들의 범위(내포적·개념적 관점)로 초점이 전이되었다. 즉 언어 항목의 의미 구조에 적용되기 시작하였다. 이를 보여주는 예는 Brugman and Lakoff(1988/2006)에서의 영어 전치사 over의 의미에 관한 설명이다(Dabrowska and Divjak 2015/2018:776). 이와 같이 '원형'이라는 개념은 다의어의 의미 확장 원리에 대한 설명을 제공하고 있다. 이러한 '원형'이라는 개념은 내용어뿐만 아니라 기능어에 해당되는 종결어미 문법 형태의 다의성을 설명하는 데에도 설명력을 제공할 수 있으므로 본서에서는 비격식체 종결어미의 원형적 기능을 '핵심 기능'이라 일컬어 이를 밝히고자 한다.

본서와 같이 문법 형태의 핵심 기능의 존재를 인식하여 밝히는 것의 중요성을 인식하고 '핵심 기능'과 유사한 용어를 사용하여 문법 형태소들의 의미를 기술한 선행 연구들에는 장경희(1985, 2018), 이기동(1987), 최정진(2012), 홍혜란·강현화(2013), 한송화(2016) 등이 있다. 각 논문에서는 아래의 개념을 논문의 전면에 내세워 적극적으로 기술하지는 않았다. 그러나 연구 대상이 되는 형태들의 의미를 설명함에 있어서 다음과 같은 개념이 일관되게 사용되었으며, 이는 본서의 '핵심 기능'과 연계되어 설명될 수 있는 개념으로 볼 수 있다.

핵심 의미: 장경희(1985, 2018) 등
기본 의미: 이기동(1987), 홍혜란·강현화(2013) 등
원형적 의미 기능: 최정진(2012)
기본적 기능: 한송화(2016)

'핵심 의미'라는 용어를 사용한 연구에는 장경희(1985, 2018)이 있으며, 장경희(1985)에서는 한국어의 양태 범주에 대하여 논의하면서 이 논문에서 설정한 양태소들인 '-겠-', '-더-', '-구나', '-지'의 핵심 의미를 논하였다. 이에 따르면 '핵심 의미'란 모든 용법에서 드러나는 의미로 보고, '문맥 의미'라는 개념과 대비되는 것으로 보고 있다.[27] 장경희(2018)에서도 문법 형태소 '-느-'와 '-더-'의 본질적인 의미를 파악하기 위하여 '핵심 의미'라는 용어를 사용하였다. '기본 의미'라는 용어를 사용한 연구에는 이기동(1987), 홍혜란·강현화(2013) 등이 있다. 이기동(1987)에서는 종결어미 '-어', '-지', '-네', '-구나'의 의미를 화청자의 인지면에서 파악하여 기본 의미를 제시한 바 있다. 홍혜란·강현화(2013)에서는 '-을래(요)'의 의사소통 기능을 체계적으로 살펴보기 위하여 '기본 의미'를 중심으로 하여 '확장 의미', '상황 의미'를 기술하였다. 여기에서 '확장 의미' 및 '상황 의미'는 '기본 의미'에 대비되는 개념으로 사용되었다. '원형적 의미 기능'이라는 개념을 제시한 연구에는 최정진(2012)가 있다. 최정진(2012)에서는 한국어의 선어말어미 '-었-', '-겠-', '-더', '-느-'의 의미를 연구하였는데, '원형적인 의미 기능'을 파악하고 이것이 시제 범주나 양태 범주에서 발현되어 다양한 의미들을 실현하는 것으로 보고 있다. 한

27) 장경희(1985)에서는 이러한 '핵심 기능' 및 '문맥 의미'에 대한 본격적인 설명은 없으나 전반적인 기술에 걸쳐 이와 같은 관점을 가지고 있는 것으로 파악되었다.

송화(2016)에서는 '-거든(요)'의 의미를 설명하는 데에 '기본적 기능'을 설정할 필요를 언급하면서, 이 기본적 기능으로 인하여 다른 유사한 의미의 어미와의 차이가 유발된다고 하였다.

이상의 연구들에서 '핵심 의미', '기본 의미', '원형적 의미 기능', '기본적 기능'과 같은 개념을 통해 해당 문법 형태소들의 의미를 기술한 것은 이들 연구가 다음과 같은 전제를 갖고 있는 것으로 파악될 수 있다.

(1) 핵심 기능은 그 언어 형식이 가진 모든 맥락 기능에서 나타난다.

(2) 핵심 기능은 다른 유사한 기능을 가진 언어 형식과의 근본적인 차이를 보인다.

이러한 전제는 종결어미들의 기능을 기술하는 데에 매우 유용한 시각을 제공한다. (1)의 내용은 비격식체 종결어미가 가진 맥락 기능들이 핵심 기능을 반영하고 있는 것으로 볼 수 있다는 관점을 제공한다.[28] (2)의 내용은 핵심 기능을 기술할 때의 용어 선택에 있어서 변별 지점을 잘 보일 수 있는 것을 선택할 필요성을 뒷받침한다.

2.1.3. 비격식체 종결어미의 맥락 기능 분석을 위한 논의

본서에서는 4장과 5장에서 각 비격식체 종결어미들의 맥락에서 나타나는 기능을 분석하여 3장에서 제시한 핵심 기능을 입증하게 될 것이다. 따라서 4장과 5장에서 각 비격식체 종결어미들의 맥락 기능을 기술하는 데에 있어서

---

28) 그러나 이와 같이 핵심 기능이 해당 형태의 모든 맥락 기능에서 나타난다는 것에 대해서는 사실 더 자세한 기술이 필요하다. 실제로 4장과 5장의 맥락 기능 분석 결과에 따르면 어떤 기능은 핵심 기능을 반영하고 있지 않는 듯한 용례를 발견할 수 있었는데, 이러한 경우는 화자의 언어 사용상의 전략적인 선택인 것으로 볼 수 있었으며, 이러한 전략적인 선택은 그 종결어미가 지닌 핵심 기능에서 유발되는 것임을 확인할 수 있었다. 이러한 양상에 대해서는 4장과 5장의 기술을 통해 설명하였으며, 6장에서 이러한 양상이 나타난 것에 대하여 기술하고자 하였다.

체계성을 확보하기 위하여 본서의 이론적 전제를 이루는 기능주의적 시각에 입각하여 기능 분석을 위한 틀을 마련하고자 한다.

기능주의적 입장에서는 언어 사용자가 언어를 사용하는 이유, 즉 기능의 종류를 다음과 같이 크게 세 부류로 나뉠 수 있다고 보았다(Thompson 2014:28).[29)]

- 우리는 언어를 세계의 경험에 대하여 말하기 위하여 사용한다. 여기에는 우리의 마음속의 관여된 사건, 상태, 개체를 묘사하는 우리 자신의 마음속 세계가 포함된다. (We use language to talk about our experience of the world, including the worlds in our own minds, to describe events and states and the entities involved in them.)
- 우리는 또한 다른 사람과 상호작용하고, 그들과 관계를 맺고 유지하고, 그들의 행동에 영향을 주고, 세계에 대한 자신의 관점을 드러내고, 그들의 관점이 변화하도록 유도하기 위하여 언어를 사용한다. (We also use language to interact with other people, to establish and maintain relations with them, to influence their behaviour, to express our own viewpoint on things in the world, and to elicit or change theirs.)
- 마지막으로 언어를 사용함에 있어서, 우리는 메시지를 그들 주위의 다른 메시지와 어떻게, 그리고 우리가 말하고 쓰는 더 넓은 맥락에서 어떻게 적합한 것인지를 나타내는 방식으로 구조화한다. (Finally, in using language, we organize our messages in ways that indicate how they fit in with the other messages around them and with the wider context in which we are talking or writing.)

(Thompson 2014:28, 해석은 필자)

29) 이 내용은 Halliday의 관점과도 일치하는 것으로 볼 수 있다.

위의 각각의 언급에서 언어는 세계의 경험을 표현하기 위해 사용되고, 다른 사람과 상호작용하기 위해 사용되고, 문장 단위를 넘어 문맥에서 적절히 표현되기 위하여 사용된다는 것으로 보고 있다. Thompson(2014:30)에서는 이러한 내용을 각각 세 메타기능(metafunction)으로 연관시킨다.[30)] '경험적(experiential) 기능', '대인적(interpersonal) 기능', '텍스트적(textual) 기능'이 그것이다.

여기에서 '경험적(experiential)'이라는 술어는 사실적·경험적인 측면의 기능만 포함되어야 할 것 같은 오해를 일으킬 수 있고 '텍스트적(textual)'이라는 술어는 문어적인 측면만 강조되는 것 같아 이들을 각각 '개념적(conceptual)'과 '담화적(discourse)'으로 수정하여 본서에 적용하고자 한다. 이러한 세 차원의 기능은 본서에서 맥락 기능으로 제시되는 것으로서 정리하면 아래와 같다.

- 개념적 기능(conceptual metafunction)
- 대인적 기능(interpersonal metafunction)
- 담화적 기능(discourse metafunction)

〈맥락 기능의 분류〉

위의 분류를 바탕으로 해당 종결어미가 사용된 발화문 전체가 어떤 맥락 기능으로 나타나는지를 살펴보고자 한다. 맥락 기능을 해당 종결어미가 사용된 '문장 단위에서 발휘되는 화자 의도의 일방향적인 측면(개념적 기능)'과 '화자의 세계에 대한 관점 및 화청자 간의 상호작용적 측면(대인적 기능)'과 '담화 구성적 측면(담화적 기능)'과 같은 세 가지 측면으로 분류하겠다. 이를 예와 함께 간략하게 기술하면 아래와 같다.

첫째로 '개념적 기능'은 해당 언어 형식 자체가 갖는 기능, 즉 화자가 세상의 경험 및 지식을 해당 종결어미에 어떻게 반영하고 있는지에 관련된 기능

---

30) '메타기능(metafunction)'이라는 용어는 '기능(function)'과 동일시하여 볼 수 있으므로 본서에서는 '메타기능'이라는 용어 대신 '기능'이라는 용어를 사용할 것이다.

이다. 본서에서는 해당 종결어미로 인해 나타낼 수 있는 '문장 차원에서의 기능'을 일컫는다. '진술하기', '질문하기', '요청하기', '가정하기', '청유하기' 등과 같은 화자의 일방향적인 의도를 나타내는, 문장 차원에서의 기능을 예로 들 수 있다.

둘째로 '대인적 기능'은 의사소통 과정에서 화자의 청자에 대한 태도에 관계를 미칠 수 있는 기능을 의미한다. '대인적 기능'은 두 가지 층위로 나뉠 수 있는데 하나는 '화자와 명제 내용 사이의 상호작용'의 결과로 나타나는 '단언성 약화하기', '책임성 약화하기'와 같은 기능이고,[31] 다른 하나는 '화자와 청자와의 직접적인 상호작용'의 결과로 나타나는 '청자의 동조 요구하기', '공감 표현하기' 등과 같은 기능이다.

셋째로 '담화적 기능'은 문장 단위가 아닌 담화 단위에서 해당 종결어미가 어떠한 기능을 담당하고 있는지에 관련된 기능으로서, 담화의 구성 요소인[32] 결속성, 응집성, 의미성에 기여하는 기능을 가리킨다. '화제 도입하기', '배경 정보 제시하기', '근거 제시하기' 등이 이에 속한다.

기능의 층위를 이와 같이 나누는 태도는 체계적인 의미 기술을 위한 기초적인 작업이라 할 수 있다. 본서와 같이 한 형태의 의미 또는 기능, 맥락의 층위를 나누어 체계적으로 보고자 한 연구에는 한하림(2015), 한송화(2016) 등이 있다. 한하림(2015)에서는 맥락의 층위를 언어 맥락, 담화 맥락, 상황 맥락으로 나누어 살폈으며, 한송화(2016)에서는 의미 기능의 층위, 명제에 대한 함의, 담화적 기능 층위로 나누어 '-거든(요)'의 의미를 살폈다. 본서에서도 이러한 논의와 궤를 같이하여 '기능'의 층위를 나누어 두루 살펴보고자 한다. '개념적 기능', '대인적 기능', '담화적 기능'이라는 개념들은 4장과 5장에서 기술할 각 종결어미들의 맥락 기능을 분석할 때 도입될 것이다.

31) '화자와 명제 내용의 상호작용의 결과'로 나타나는 기능들이 개념적 기능이 아닌 대인적 기능에 포함되는 이유는 '단언성', '책임성'과 같은 속성들의 강화 및 약화를 통하여 공손성이나 청자 체면 위협의 정도를 조절하는 등과 같이 청자에 대한 태도를 나타낼 수 있기 때문이다.

32) 박영순(2008:18)에 나온 담화의 구성 요소이다.

2.2. 비격식체 종결어미와 양태

본 연구에서 밝히고자 하는 비격식체 종결어미의 '핵심 기능'은 특히 화자의 인지적인 태도와 밀접한 관련을 맺는 것으로 보인다. 그런데 이 인지적 태도는 양태 범주의 정의와 연관되는 부분이 있어, 그동안 비격식체 종결어미는 양태 범주 내에서 논의가 많이 이루어져왔다. 또한 비격식체 종결어미들의 변별은 문장종결법이나 상대높임법이 아닌 양태적인 의미 차이를 통해 밝힐 수 있는 경우가 많으므로 종결어미의 의미를 논의함에 있어서 양태적인 개념을 가져와 논의한 경우가 많았다. 특히 본서의 연구 대상 중 '-지(요)', '-네(요)', '-군(요)'는 장경희(1985), 박재연(2006), 임동훈(2008)을 비롯한 양태 범주 연구들에서 공통적으로 양태를 나타내는 종결어미로서 언급되어 왔으며, 비격식체 종결어미들의 개별 의미를 밝힌 연구들에서도 양태 의미를 끌어들인 경우가 많았다.

따라서 본서는 비격식체 종결어미들의 기능을 양태 개념을 통해 기술하는 데에 목적이 있지 않지만 종결어미의 핵심 기능을 밝히기 위해서는 비격식체 종결어미 관련 선행 연구에서 주목한 양태 의미에 대한 논의가 필요하다고 보아 이에 대하여 살펴보기로 한다.[33)]

2.2.1. 양태의 정의 및 범위

양태를 범주 접근적으로 연구한 국내의 논의들인 장경희(1985, 1998), 박재연(2006), 임동훈(2008), 손혜옥(2016) 등에서의 양태에 관한 정의는 아래와 같다.

---

33) 본서는 계열관계를 이루는 비격식체 종결어미들의 개별적·집단적 정체성을 밝히기 위해 시작된 연구이며, 양태가 무엇이며 그 하위부류에 무엇이 있는지를 밝히는 것에 목적이 있지 않다. 따라서 양태의 정의와 양태의 종류를 밝히는 것은 본서의 주된 작업이 되지 않으며, 종결어미들의 의미 파악에 필요한 양태 관련 논의만을 선택적으로 살펴보도록 하겠다.

장경희(1985:11): 사건에 대한 화자의 정신적인 태도를 표현하는 문법범주
장경희(1998:265): 명제의 사실성을 화자의 주관적인 인지적 관점에서 표현하는 문법범주(추상적인 차원에서 정의한다면 '명제의 사실성에 대한 유표적인 표현법')[34]
박재연(2006:53): 명제에 대한 화/청자의 주관적인 한정을 표현하는 문법범주
임동훈(2008:219): 명제의 사실성(factuality)과 실현성(actualisation)에 대한 화자의 태도가 표현된 범주
손혜옥(2016:242): 명제의 사실성과 사건의 실현성에 대한 화자의 태도

양태의 정의에 관한 선행 연구에서의 기술은 미세한 차이는 존재하나 대부분 '명제에 대한 화자의 태도'로 포괄될 수 있다. 그러나 이들 연구들은 양태의 실현 표지에 있어서는 차이를 보이고 있다. 장경희(1985)에서는 선어말어미와 일부 종결어미, 관형사형 어미 '-ㄴ', '-ㄹ'을 포함시켜 연구하였다. 박재연(2006)에서는 양태 체계를 설정하고 그 안에 선어말어미와 일부 종결어미를 포함시켰다. 임동훈(2008) 또한 한국어의 양태 체계를 정리하였으며 그 안에 속하는 형태들을 살폈는데 선어말어미와 종결어미를 아울러서 논의한 바 있다. 손혜옥(2016)에서는 선어말어미와 우언적 구성만 포함시켜 논의하였다. 이와 같이 선행 연구들마다 양태 실현 요소들이 다르게 나타나는 이유는 무엇일까.

그 이유는 양태 개념의 범위에 대한 세부적인 시각 차이 때문이다. 양태 개념의 범위 설정에 대한 입장은 크게 두 가지로 나뉠 수 있다. 첫째로, 양태를 '명제의 사실성/확실성에 대한 판단'으로 (비교적 좁은 의미의 양태로) 설정하면 선어말어미나 우언적 구성만 양태 실현 표지로 볼 수 있으며, 종결어미들은 양태 실현 표지로 볼 수 없게 된다. 종결어미는 화자가 해당 명제를 사실로 전제한 후에 사용되는 형태이기 때문이다.[35] 둘째로, 만약 양태를 명제

34) 이 정의는 장경희(1995:195, 1997:259~263)에서의 양태에 관한 정의와 같다.
35) 이러한 입장을 견지하고 있는 연구는 손혜옥(2016)이다. 손혜옥(2016)에서 종결어미는 문장종결법을 나타내는 것이지 양태를 실현시키는 형태로 보지 않았다.

의 확실성에 대한 판단으로만 보지 않고, '증거성(evidentiality)'과 '내면화(assimilation)'와 관련되며 사실성이 전제된 명제(즉 종결어미를 제외한 앞부분)에[36] 대한 화자의 태도로 보아 그 외연을 넓히면 장경희(1985), Lee(1991), 박재연(2006) 등에서 언급한 바와 같이 '-지', '-네', '-군' 등과 같은 종결어미도 양태를 실현시키는 형태들로 볼 수 있게 된다.

2.2.2. 비격식체 종결어미가 표상하는 양태 의미의 영역

2.2.1에서 살펴본 양태의 정의에 관한 두 가지 입장 중에서 만약 양태를 후자의 광의적인 관점에서 파악한다면 선어말어미 및 우언적 구성과 종결어미가 한자리에서 논의되어야 할 것으로 생각될 수 있다. 그러나 선어말어미 및 우언적 구성과 종결어미가 같은 선어말어미 및 우언적 구성이 나타내는 양태 의미와 종결어미가 나타내는 양태의 의미 영역은 구분될 필요가 있다고 생각한다. 이를 위해서 선어말어미 및 우언적 구성이 표상하는 화자의 태도와 종결어미가 표상하는 화자의 태도는 어떻게 다른지 예문을 통해 살펴본 뒤 각각이 표상하는 양태 의미의 영역은 어떻게 보아야 할지 살펴보겠다.

종결어미는 앞에 결합되는 내용을 사실이라 믿고 말할 때 사용한다. 즉 사실성이 전제되어 있는 경우에 사용된다. 따라서 현실 세계와 문장 내용이 같고 다름을 기준으로 진위 여부를 판단할 수 있다. 한편 '-겠-', '-을 것 같-'과 같은 선어말어미 및 우언적 구성의 사용은 사건의 비사실성을 인식하고 이에 대한 태도까지만 나타낸다. 그러므로 현실 세계와 문장 정보의 같고 다름을 기준으로 해당 발화의 진위 여부 판단이 이루어지지 않는다. 이러한 양상을 아래의 예문 (1)을 통해 확인해 보자.

(1) ㄱ. 이 쌀국수 정말 <u>맛있네/맛있지</u>.

---

36) 이와 같이 '사실성이 전제된 명제'로 한정한 것은 선어말어미에 결합되는 명제 내용과 구별하기 위해서이다. 종결어미는 사실성이 전제된 명제에 결합하며, 선어말어미는 사실성이 전제되지 않은 명제에 결합한다. 이와 관련하여 아래에서 자세히 살펴보겠다.

ㄴ. 이 쌀국수 정말 맛있겠다/맛있을 것 같나.

(1ㄱ)은 명제에 종결어미 '-네', '-지'만 결합된 것으로 화자가 직접 맛보고 느낀 것을 말할 때 사용된다. 즉 명제의 내용과 현실 세계의 내용이 일치되는 경우에 사용된다. 요컨대 화자가 해당 명제 내용을 '사실'로 믿는 단계에서 종결어미가 사용될 수 있는 것이다. 만약 현실 세계에서 그 쌀국수가 맛이 없다면 (1ㄱ)의 발화를 한 화자는 거짓말을 한 것으로 판명된다.

한편 (1ㄴ)은 명제에 각각 우언적 구성과 선어말어미가 결합된 후에 종결어미 '-다'가 결합된 것이다. 여기에서 (1ㄴ)의 명제 내용은 실현되지 않은 것에 대하여 말하는 것임을 알 수 있다. (1ㄴ)은 직접 화자가 쌀국수를 먹어본 후 말하는 것이 아니라 메뉴나 냄새를 통해 쌀국수가 맛있을 것 같다는 추측을 하여 말하는 것을 나타낸다. 즉 명제의 내용과 현실 세계가 일치되는지의 여부는 알 수 없으며 화자는 아직 그것이 완전히 사실이라 믿지 않는 명제 내용에 대해 발화하고 있는 것이다. 만약 현실 세계에서 그 쌀국수가 맛이 없어도 (1ㄴ)의 발화를 한 화자는 거짓말을 한 것이 아니다.

이와 같이 선어말어미 및 우언적 구성이 명제에 결합되었을 때에는 사건의 진위 여부에 대한 화자의 믿음이 없는 상태, 즉 사건의 '사실성'이 전제되지 않은 상태에서의 태도를 나타내며, 선어말어미 및 우언적 구성이 없이 종결어미로만 명제에 결합되었을 시에는 해당 명제 내용에 대한 화자의 확신이 있으며 사건에 대한 화자의 믿음이 있는 상태에서의 화자의 태도를 나타내는 것으로 정리될 수 있다.

여기에서 '사실성'이라는 개념을 더 자세히 살펴보겠다. 종결어미가 항상 발화시 현재로 보았을 때 세상과 일치하는 내용을 말할 때만 사용되는 것은 아니기 때문이다. 추측, 가능성, 의무, 의도, 명령, 제안 등과 같이 비실현된 내용, 아직 일어나지 않은 일을 가리키는 명제 내용을 말할 때에도 모두 쓰일 수 있다. '사실성'의 여부는 '화자가 그렇다고 생각하는/판단하는/믿는 것'을 중심으로 파악될 수 있다. 우리가 말할 때를 생각해 보면 왜 이렇게 파악해야 하는지를 유추해 볼 수 있다. 인간의 발화는 현실 세계와 해당 발화 내용의 일치 여부가 중심이 되지 않고 현실 세계를 어떻게 바라보느냐에 대한 자신의 태도 및 관점을 결정한 후에 이루어지기 때문이다. 따라서 인간의 언어는 필연적으로 관점이 투여되어 있을 수밖에 없으므로 본서에서 말하는 명제의 '사실성'은 현실 세계와 명제 내용의 일치성에 입각한 것이 아니며, '화자의 생각 및 판단'을 중심으로 파악된다. 이러한 설명은 윤석민(2000:55)에서 문장종결법이 수행하는 담화 상황 안의 여러 요소들의 관계에 대한 모든 지각은 화자의 것이라고 한 것과 관련이 있다. 지각한 내용은 실제 담화의 상황과 다를 수도 있으나 언표에 반영되는 것은 화자에 의하여 지각된 사실을 바탕으로 한다. 즉 모든 발화는 화자의 시각에 의존한 것이며, 필연적으로 주관적일 수밖에 없음이 전제된다.

지금까지의 내용을 정리하면 선어말어미 및 우언적 구성이 표상하는 양태 의미는 '비사실성이 전제된 명제 내용에 대한 화자의 태도'를, 종결어미가 표상하는 양태 의미는 '사실성이 전제된 명제 내용에 대한 화자의 태도'라 볼 수 있을 것이다.

한편 선어말어미 및 우언적 구성으로 실현되는 양태 의미의 영역은 Palmer(2001)의 '인식 양태(epistemic modality)'와[37] 관련이 있는 것으로 볼 수 있을 것이다. Palmer(2001)에서는 인식 양태를 명제의 확실성, 믿음의 정도를 의미하는 것으로 확실성/개연성/가능성으로 설명하고 있다. 만약 어떤 문장에서 인식 양태 표지가 나타나지 않았다면 화자의 명제의 진리치에 대한 전적인 약속이며, 인식 양태 표지가 나타난다면 명제의 진리치에 대해 화자가 전적인 책임을 지지 않음을 의미한다(Bybee et. al., 1994). 인식 양태의 이러한 의미는 한국어의 '-겠-', '-을 것이-', '-을 것 같-' 등과 같은 선어말어미 및 우언적 구성으로 실현된다.

반면 종결어미로 실현되는 양태 의미의 영역은 Palmer(2001)의 '증거 양태(evidential modality)'와 관련이 있는 것으로 볼 수 있다. '증거 양태'라는

37) Palmer(2001)에서는 '인식 양태'를 명제의 확실성, 믿음의 정도를 의미하는 것으로 보았고, '증거 양태'는 해당 발화의 증거를 어떻게 획득하였는지를 문법적으로 표현한 것으로 보아 '인식 양태'와 '증거 양태'를 구분하였다.

개념은 '내면화', '증거성', '의외성'과 같은 개념과 관련이 있는데, 종결어미를 이러한 개념에 비추어 살펴볼 수 있겠다. 장경희(1985), Lee(1991), 박재연(2006), 임동훈(2008)에서 공통적으로 양태 종결어미로 언급한 형태들인 '-지', '-네', '-군'은, '이미 앎', '새로 앎', '현재 지각', 'assimilated(동화된/내면화된)' 등의 개념으로 설명하고 있다. '알다', '지각하다', '내면화하다'와 같은 술어들은 화자의 지식 체계에 해당 명제 정보가 통합되었는지의 여부를 표현하는 의미를 가지고 있다. 즉 화자의 '앎', '인지적인 상태'와 관련된 태도를 표현하는 술어들인 것이다. 이와 같이 선행 연구에서 공통적으로 논의되어 온 비격식체 종결어미들의 의미를 좀 더 구체적으로 살피기 위해서는 이와 관련되는 개념인 '내면화', '증거성', '의외성'에 대하여 살펴볼 필요가 있다. 이와 관련하여 2.2.3에서 간략하게 살펴볼 것이다.

이상으로 선어말어미 및 우언적 구성이 가리키는 양태 의미와 종결어미가 가리키는 의미 영역은 서로 다르며, 각각이 명제의 '무엇'에 대한 화자의 '어떤' 태도를 나타내는지에 대하여 논의하였다. 앞서 언급한 바와 같이, 선어말어미 및 우언적 구성이 가리키는 양태는 '비사실성이 전제된 명제에 대한 화자의 인식적인(epistemic) 태도'이며, 종결어미가 가리키는 양태는 '사실성이 전제된 명제에 대한 화자의 '앎'과 관련된 인지적인 태도'인 것으로 보인다.

2.2.3. 비격식체 종결어미에 관여하는 양태 의미의 하위 개념

앞서 선행 연구에서 '-어(요)', '-네(요)', '-지(요)', '-군(요)'와 관련하여 양태 범주 안에서 기술이 활발히 이루어져 온 점을 언급한 바 있다. 2.2.3에서는 이 네 형태들이 관여하는 양태의 하위 개념에는 어떠한 것들이 있을지 살펴보고, 3장에서 각 종결어미들의 핵심 기능을 밝히는 데에 있어 필요한 개념을 파악하고자 한다.

2.2.3.1. 내면화와 의외성

'내면화' 및 '의외성'이라는 개념은 밀접하게 연관된 개념으로 볼 수 있다. '내면화'는 'assimilation'의 번역어이며 '의외성'은 'mirativity'의 번역어이다. '의외성'에 관하여 DeLancey(2001:370)에서는 '화자에게 새로운 정보 또는 기대하지 않았던 정보를 전달하기 위해 언어적으로 표시하는 것'으로 정의하였고, 박진호(2011)에서는 '문장의 명제가 새로운 정보나 뜻밖임을 나타내는 문법범주'라고 하였다. 그런데 박진호(2011:7)을 비롯한 선행 연구에서 이 '의외성'이라는 말에 현혹되면 안 된다고 한 바 있다. '의외'라는 말은 화자의 기대와 어긋나는 의미로 쓰이는데 사실 'mirativity'는 화자의 기대와 어긋나는 내용을 말할 때뿐만 아니라 화자의 기존 지식에 포함되어 있지 않는 경우, 즉 신정보일 경우도 포함하기 때문이다. Delancey(2001:377)에 의하면 의외성(mirativity)을 나타내는 문법 표지에서 발견된 가장 우세한 의미는 '새로운 지각'이다. 실제로 3장과 4장에서 '-네(요)'의 핵심 기능 및 맥락 기능을 살펴본 결과 '-네(요)'에 결합된 명제 내용으로 '화자의 기대에 어긋나는 내용'이 오기보다는 단순히 화자에게 있어 새로운 내용, 즉 화자가 몰랐던 내용이 오는 경우가 대부분이었다.[38] 이러한 점으로 미루어 볼 때 이와 관련된 개념을 논의할 때 '의외성'보다는 '내면화되지 않은 지식' 및 '동화되지 않은 지식'으로 보는 것이 합리적으로 보인다. 따라서 Lee(1991), 박재연(2013a) 등에서 사용한 '내면화(assimilation)'라는 개념을 주로 사용하기로 한다. 그러나 '내면화'라는 개념을 사용하되, 종결어미의 핵심 기능을 기술하는 메타 용어로 사용되지는 않을 것이다. 본서에서는 명제 내용의 속성을 통하여 해당 종결어미들의 핵심 기능을 설명할 것인데, '내면화'라는 것은 화자의 인지 과정을 나타내는 개념이므로 핵심 기능을 설명할 때에는 내면화 과정의 결과에 따라 나타나는 명제 정보의 인지적 속성인 [화자의 기지정보],

38) '-네(요)'에 '예상한 대로'의 의미를 나타내는 부사 '역시'가 공기하는 예가 다수 발견되었다. 이는 '-네(요)'가 꼭 화자 자신의 예상 밖의 의외인 정보와 결합하는 것은 아니라는 점을 방증한다.

[화자의 미지정보]와 같은 베나 용어를 사용하는 것이 유용하리라 판단되어 이 용어를 사용하고자 한다.

2.2.3.2. 증거성

양태 범주의 하위 개념으로 '의외성'과 '내면화' 외에 '증거성(evidentility)'이라는 개념이 있다. 한국어에서는 주로 선어말어미 '-더-', 종결어미 '-네(요)', '-군(요)' 등에 의해 실현된다.[39] 그런데 '내면화'와 '증거성' 중에 어떤 개념이 더 중심이 되는가를 살펴보면 내면화가 더 핵심적인 개념으로 보인다. Slobin and Aksu(1982)와 Lee(1985) 등에 의하면 증거성 표지로 분류되어 온 형태들이 증거성을 드러낸다기보다는 발화시 당시의 화자의 다양한 정신적 상태를 나타낸다고 하였다. 즉 증거성 표지로 불리던 것들이 사실은 해당 정보가 화자 자신에게 내면화된 정보인가 그렇지 않은 정보인가를 나타내는 '내면화'와 관련된 표지로 볼 수 있는 경우가 많았다는 것이다. 한국어의 증거성 표지의 예로 불리는 '-네(요)'의 용례들을 본서에서 전수 조사한 결과 '-네(요)'가 증거성을 나타내기는 하지만 그 증거성이 핵심적인 의미를 이루는 것으로 보이지 않았다. 박진호(2011:4)에 따르면 증거성의 개념공간을 구성하는 항을 '시지각', '시각 이외의 지각', '내적 사유', '지각 증거를 바탕으로 한 추리', '일반적 사실을 바탕으로 한 추론', '전언'으로 보고 있었다. 이를 단순화하면 명제 내용의 출처를 '지각', '내성', '추론', '전언'으로 볼 수 있겠다.

그런데 증거성은 이러한 정보의 출처를 분류하여 명세화하는 문법범주라 하였는데, 본서에서 '-네(요)'의 용례를 살펴본 결과 증거성의 하위 부류로 인식되는 '지각', '내성', '추론' 등을 출처로 표시하기는 하나 그 출처 간의 경계가 명확하지 않음을 알 수 있었다.[40] 비록 '-네(요)'에 정보의 출처를 표시하

39) 선행 연구에서는 보통 '-네(요)'에 증거성이 있는 것으로 보고 있으나 '-군(요)'의 증거성에 관련한 논의도 있다. '-군(요)'의 증거성에 대한 논의는 정인아(2010) 등에서 이루어졌다.

40) 3장에서 《연세구어말뭉치》에서 출현한 '-네(요)' 용례를 분석하여 명제 내용의 증거의 유형을 정리하였다.

는 기능이 있는 것으로 보이나 화자가 정보의 출처를 명시함으로 인하여 파생되는 맥락적인 기능은 미미하다. 오히려 해당 명제 내용이 화자가 발화시 당시 처음 알았거나 이미 알고 있었음을 드러내는 내면화 여부를 표현함으로써 맥락 기능이 파생되는 것을 확인할 수 있었다. 즉 화자가 자신이 말하는 명제의 내용이 [화자의 미지정보]임을 유표적으로 드러내어 얻는 기능적인 효과가 컸다.[41]

화자가 어떤 내용이 발화시 당시에 처음 앎임을 드러낸다는 것은 필연적으로 그 안에 증거성의 개념이 포함되었을 가능성이 크다. 인간이 취급하는 정보는 감각이든 내성이든 추론이든 모두 출처가 있기 마련이다. 그리고 만약 화자가 발화시 근처의 비교적 최근에 얻은 정보이면 그 출처가 유표적으로 드러날 가능성이 높다.

우리가 말할 때 해당 정보가 어디에서 온 것인가를 생각해 보면, 증거성의 하위 유형으로 분류되는 '감각', '전언', '추론', '내성'과 (이와는 구별되는) '기억'에 의존하여 해당 정보를 획득하여 발화하는 것으로 볼 수 있다. 여기에서 '감각', '전언', '추론', '내성'은 '기억'과 서로 대립적인 속성을 지니는 것으로 보인다. '감각', '전언', '추론', '내성'에 의해 발화시 당시 접한 정보는 '미지정보'로 볼 수 있으며, 이렇게 습득한 정보는 인간의 두뇌에 저장되고 '기억'되어 여러 인지 활동을 거치기도 하면서 '기지 정보'로 존재한다고 볼 수 있다. 따라서 정보의 출처가 '기억'이냐 혹은 '감각', '전언', '추론', '내성'이냐의 문제는 앞서 살펴본 '내면화'에 비추어 보면 판단할 수 있다. 만약 명제의 내용이 내면화된 정보라면 정보의 출처는 '기억'일 가능성이 높고, 만약 내면화되지 않은 정보라면 정보의 출처는 '감각', '전언', '추론', '내성'일 가능성이 높은 것으로 유추할 수 있다. 이러한 고찰은 정인아(2010), 임동훈(2011), 박재연(2013a)에서 증거성 표지는 새로 앎을 나타낸다고 한 것과 같은 맥락에서 이해될 수 있다.

---

41) 이와 관련한 내용은 3장과 4장의 '-네(요)' 관련 기술 부분에서 확인할 수 있다.

2.3. 비격식체 종결어미의 인지적 접근

앞서 일부의 비격식체 종결어미에 관여하는 양태의 의미 영역으로 보이는 '내면화', '증거성'과 같은 개념에 대하여 살펴보았다. 그런데 선행 연구에서 공통적으로 언급해 온 양태 종결어미들인 '-어(요)', '-지(요)', '-네(요)', '-군(요)'는 '내면화' 및 '증거성'과 관련된 논의만으로는 그 핵심 기능을 설명하기 어렵다. 더 세부적인 인지적인 태도에 대한 논의가 필요하다. '-지'는 이미 알고 있는 정보를 말할 때 사용하며, '-네' 및 '-군'은 새로 알게 된 정보를 말할 때 사용되는 것으로 선행 연구에서 공통되게 기술하고 있는데, 만약 내면화 및 증거성과 관련된 범주로만 기술하게 된다면 '-네'와 '-군'의 변별은 어려워질 수 있다. 따라서 '-네'와 '-군'을 변별하기 위한 인지적 상태의 유형에 대하여 살펴보겠다. 아울러 선행 연구에서 '이미 앎'의 의미로 파악되는 '-지'는 어떠한 인지적 상태를 나타내는지, 그리고 '-지'와 계열관계에 있는 것으로 보이는 '-어'는 어떤 인지적 상태를 표상하는지에 대해서도 간략하게 고찰해 보고자 한다.

이 논의를 위해 우선 '지각', '인식', '관념'이라는 세 가지 개념의 명세화가 필요하다. 우선 각각의 의미를 〈표준국어대사전〉을 통해 살펴보겠다.[42]

〈표 3〉 '지각', '인식', '관념'의 정의

개념	뜻풀이
지각(知覺)	〈심리〉 감각 기관을 통하여 대상을 인식함. 또는 그런 작용. 그 작용의 결과로 지각체가 형성된다.
인식(認識)	〈심리〉 자극을 받아들이고, 저장하고, 인출하는 일련의 정신 과정. [같은 말] 인지(認知)
관념(觀念)	〈심리〉 사고(思考)의 대상이 되는 의식의 내용, 심적 형상(心的形象)을 통틀어 이르는 말.

42) 이 개념은 '심리학'의 하위 학문인 '인지심리학'에서 정의될 수 있는 용어로 〈표준국어대사전〉에서 모두 일반 용어로서의 뜻풀이가 아닌 〈심리〉 분야의 용어로서의 의미 풀이가 제시되어 있었고, 아래의 〈표 3〉에서도 '〈심리〉'로 표시된 뜻풀이만 제시한 것이다.

〈지각〉

위의 〈표 3〉에 따르면 우선 '지각(知覺)'은 '감각 기관을 통하여 대상을 인식하는 것'을 의미한다. 여기에서 '감각 기관'이란 동물의 몸에서 감각을 받아들여 뇌에 전달하는 기관이며, 후각, 미각, 촉각, 시각 기관 등이 있다고 한다.[43] 즉 몸을 통해 받아들인 어떤 정보가 뇌에 전달되는 과정까지를 '지각'으로 볼 수 있다. 외부 반응에 자극하는 신체의 수용기인 '눈', '손', '코', '귀', '혀' 등에서 접수된 정보가 뇌까지 도달하는 시간은 매우 짧으며 순간적이다. 이와 같은 '지각'을 표상하는 문법 형태는 '-네(요)'로 보인다.

(2) ㄱ. 와, 예쁘네. (시각)

(강의_칼비테 수업)

ㄴ. 맥주가 별로 안 차갑네. (촉각)

(일상대화_미팅)

(2)는 《연세구어말뭉치》에 출현한 '-네'의 용례들로서 각각 시각, 촉각과 같은 감각 기관을 통해 접수한 정보를 말하는 예를 보여주고 있다. 그런데 '-네'는 이러한 감각 기관에 의하여 지각한 정보를 이야기할 경우에만 보이고 있지 않다. '내성[44]'과 '추론'을 통하여 지각이 이루어졌을 경우에도 사용된다.

(3) ㄱ. 어~ 가슴 아프네. (내성)

(독백_대학교)

ㄴ. 그럼 많이들 놀러 다니는 셈이네. (추론)

(써클_ycc잡담)

---

43) 〈표준국어대사전〉 참조함.

44) '내성(內省)'이란 〈심리〉 분야에서의 용어로 '자기 관찰' 즉, '자신의 심리 상태나 정신의 움직임을 내면적으로 관찰하는 일'을 뜻한다.

(3ㄱ)은 화자 자신의 심리 상태를 지각하여 한 발화를 나타낸다. (3ㄴ)은 추론한 내용을 발화한 것이다. 구체적으로 보면 (3ㄴ)은 담화 맥락과 일반적인 논리를 동원하여 추론한 내용을 말하는 것을 보이고 있다. (3ㄱ)은 내성을 통한 지각을 나타내며 (3ㄴ)은 추론한 내용의 지각이다. '내성'과 '추론'은 증거성의 일반적인 하위 개념이기도 하다(박진호 2011:4).[45]

그런데 내성과 추론의 명제 내용이 '현재 지각한 정보'를 나타내는 '-네(요)'에 결합될 수 있는 성질의 것인가에 대한 고찰이 필요하다. 〈표준국어대사전〉에서 '지각'의 뜻풀이에서 지각은 감각 기관을 통해서 이루어진다고 하였기 때문에 과연 '내성'과 '추론'이 '지각의 대상'이 될 수 있는가의 문제에 대한 의문이 생길 수 있다. 우선 '내성'의 개념을 살펴보면 '자기 관찰'을 의미한다.[46] '자신의 심리 상태나 정신의 움직임을 포착하는 일'을 의미한다. 마음은 추상적이고 눈에 보이지 않는 것이나 사실 뇌의 작용이다(Kaku 2014/2015). 따라서 뇌에서 자신의 마음 상태를 알아챌 수 있으며, 이는 지각의 대상 또한 될 수 있다.[47]

한편 '추론'의 명제 내용은 박재연(2006)을 비롯한 앞선 연구들에서 '-군(요)'에만 결합될 수 있는 것으로 보았다. '-네(요)'에는 추론한 내용이 명제 내용으로 올 수 없다고 보고, 이 '추론 과정의 여부'를 '-네(요)'와 '-군(요)' 간의 변별 지점으로 본 바 있다. 그러나 '-네(요)'와 '-군(요)'의 변별점이 '추론 과정의 유무'에 있지 않는 듯하다. 이 두 종결어미의 변별 지점은 '인식 과정'의 유무에 있다. 즉 깨달음의 과정이 개재되어 화자의 인지 상태가, 내면화가 이루어지는 바로 전 단계까지 도달했느냐에 관련되어 있다. 이와 관련해서는 아래에서 '인식'의 개념을 설명할 때 살펴보도록 하겠다. 그렇다면 과연 '추론'이 '지각'의 대상이 될 수 있는가?

결론적으로, 인간이 지각한 내용을 말하는 과정에서 조금씩의 추론은 항상 개입이 될 수밖에 없다. 인간의 언어 자체에는 인간이 개념화하는 과정이

45) 박진호(2011:4)에서는 '내성'을 '내적 사유'라 하였다.

46) 〈표준국어대사전〉의 뜻풀이이다.

47) 앞서 제시한 〈표 3〉의 '지각'의 뜻풀이를 참고하면 연결되는 내용이다.

항상 요구된다. 이 과정에서 어떤 현상을 보고 '언어로 표현하기' 위해서는 필연적으로 자신의 시각에서의 추론이 어느 정도 개입될 수밖에 없는 것이다. 감각 기관으로 지각한 것을 언어로 변환하는 과정에서 인간은 어쩔 수 없이 자신의 입장을 선택하게 되며 이때 추론이 개입된다. 위에서 제시한 용례 (2ㄱ, ㄴ)을 다시 살펴보겠다. 비록 각각의 문장이 시각, 촉각, 청각에 의한 것이나 실은 '예쁘다', '차갑다'라는 화자의 '평가'를 동반하고 있다. 따라서 용례 (2ㄱ, ㄴ)은 선행 연구들에서는 감각으로 지각한 것을 표현하는 발화의 예문으로 보고 있지만 사실은 조금만 더 깊게 생각해 보면 필연적으로 '추론'이 개입되어 있는 명제 내용으로 볼 수 있다. 또한 실제로 말뭉치에서 나타난 '-네(요)'의 용례에서 순수하게 감각 기관에 의한 지각 내용이 명제 내용으로 온 경우는 찾기 힘들었고 대부분 감각을 통한 추론, 논리를 통한 추론, 일반 지식을 통한 추론, 상대방의 발화를 통한 추론 등과 같이 '추론'에 의지한 명제 내용이 많은 비중을 차지하고 있는 것을 발견할 수 있었다.

이상으로 '지각'의 개념에 대해 알아보고, 종결어미 '-네(요)'가 이와 밀접한 관련이 있음을 살펴보았다. 또한 지각이 어떠한 과정을 통해 이루어지는지 살펴보았는데 이를 그림으로 나타내면 아래와 같다.[48)]

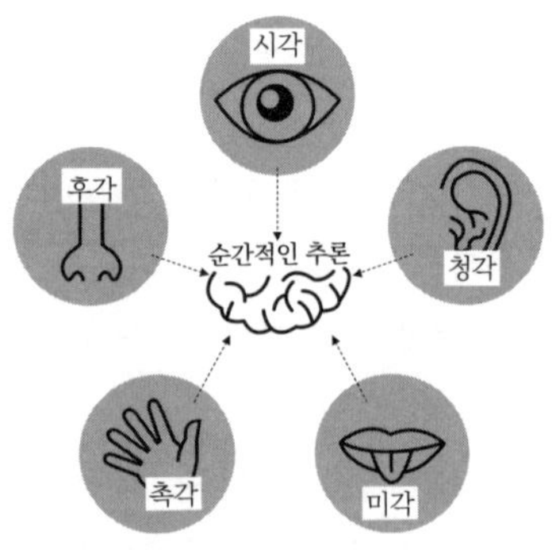

〈그림 3〉 '-네(요)'의 사용 기제

48) 여기에서 오감을 통한 감각을 발화할 때 필연적으로 추론 과정을 동반할 수밖에 없으며 이를 〈그림 3〉의 뇌 그림에 반영하였다.

〈인식〉

'인식(認識)'은 '자극을 받아들이고, 저장하고, 인출하는 일련의 정신 과정'을 의미한다. 또한 '인식'이란 '이해하다', '알다'라는 마음의 상태를 통틀어서 가리키는 말이다(辻幸夫 2001/2008). 즉 어떤 대상을 이해하는 행위를 일컬어 '인식하다'로 볼 수 있다. 어떤 정보가 내면화되기 이전에는 '인식하는 행위'가 필수적으로 선행되어야 한다. 내면화란 '정신적·심리적으로 깊이 마음속에 자리 잡힘. 또는 그렇게 되게 함.'을 의미한다.[49] 어떤 정보가 인간의 지식 체계에 내면화되기 위해서는 우선 정보의 수용이 필수 과정인 셈이다. 한국어에서 이러한 인지 과정을 표상하는 종결어미로 '-군(요)'를 들 수 있다. 많은 선행 연구에서 '-군(요)'의 의미를 '깨달음'으로 본 것은 이와 궤를 같이 하는 것으로 볼 수 있다.

앞서 '-네(요)'를 '지각'의 인지 과정을 표상하는 종결어미로 본 바 있다. 1차적인 정보의 수용 과정으로서 감각을 통한 앎을 표현하는 과정에서는 '-네(요)'가 선택된다. 그러나 여기에서 한 발짝 더 나아가 화자가 '어떤 사건, 상황의 전말(원인-과정-결과)을 비로소 이해하고 깨달았다'라는 사실에 초점을 맞추어 이를 유표적으로 나타낼 경우에는 '-군(요)'가 선택된다고 볼 수 있다. '-네(요)'와 교체가 되지 않는 '-군(요)'의 용례를 통해 차이를 살펴보겠다.[50]

(4) ㄱ. 그래서 나중에 보니까 나는 비행긴 줄 알았는데, 배를 타고 가는 거야::, 그래서 아~ 그래서 이 비용이 <u>나오는구나</u>.

(독백_일본여행기)

ㄴ. 가: 꼴키파 못 하잖아 우리나라.

---

49) 〈표준국어대사전〉의 뜻풀이를 참고함.

50) 장경희(1985), 손현선(1996), 박재연(2006) 등의 연구에서 '-군'과 마찬가지로 '-구나'에서도 동일한 양태 의미를 가진 것으로 전제하고 논의를 진행하고 있다. 본서에서도 《연세 구어말뭉치》의 용례 분석 결과 '-군'과 '-구나'는 동일한 의미가 있음을 파악하였다. 따라서 본서에서는 '-군' 용례로 '-구나'가 출현한 용례도 활용하여 살피고자 한다. 청자가 있는 상관적 장면에서도 '-군'보다 '-구나'가 더 많이 쓰이는 경향이 있으므로 '-구나'의 용례 또한 함께 다루고자 한다.

나: 아::, 꼴키파가 못 하는구나.

(일상대화_잡담)

(4ㄱ, ㄴ)에서 밑줄 친 부분의 '군(요)'는 '현재 지각'을 표상하는 종결어미 '-네(요)'와 바꿔 쓰는 것이 어색하다. 보통 선행 연구에서 '-네(요)'와 '-군(요)'는 모두 '새로 앎'을 나타내는 종결어미로 보고 있으며, 실제로 문장 중에서 서로 교체 가능한 경우가 많다. 그러나 화자의 이해나 판단과 같이 다소 시간이 걸리는 인식의 과정이 동반된 경우에는 확실히 '-네(요)'보다는 '-군(요)'가 선호되는 경우를 알 수 있다. 특히 화자가 감각 기관을 통하여 직접적으로 지각하기보다는 화자의 지식 체계 내에 존재해 있던 어떤 지식과 새로운 정보의 수용으로 인하여 그 두 정보가 이어져서 화자의 머릿속에서 해당 '사건의 전말, 즉 사건의 원인과 그 일이 일어난 과정, 그 결과에 대한 깨달음'을 준다면 '-군(요)'가 사용되는 것으로 보인다. (4ㄱ)을 보면 화자는 친구의 일본에 가는 비용에 대해 이전에 알고 있었는데 왜 그렇게 저렴한지를 모르고 있었다. 그러다가 대화 상대방의 설명을 듣고 '왜 그렇게 저렴한지를 비로소 깨닫게' 되었다. 즉 이전에 알고 있던 지식인 '친구의 일본 여행비용이 싸다'라는 정보를 갖고 있기는 했지만 어떠한 이유에서 싼지, 그 배경은 무엇인지 등과 같은 그 정보에 대한 완전한 '이해'에는 이르지 못하였다가 발화시 현재 대화 상대방의 설명으로 인하여 그 이미 알고 있던 사건의 전말에 대한 완전한 이해에 다다르게 되어 '-군(요)'가 사용되었다. '-군(요)' 대신 '-네(요)'를 사용하는 것도 가능하기는 하지만 이러한 상황에서는 대부분의 사람들이 '-군(요)'를 선택할 것이다.

한편 (4ㄴ)은 상대방의 설명을 들은 후의 반응을 나타내는 발화이다. 발화자 '가'가 우리나라 골키퍼가 못한다는 정보를 정리해서 알려주었고, 그것을 들은 발화자 '나'는 그 '정보의 모든 면모를 깨달았다는' 표현을 하기 위하여 '-군(요)'를 사용한다. 만약 이때 '-네(요)'가 사용되면 매우 어색한 발화가 된다. 왜냐하면 '-네(요)'는 감각 등을 통한 '지각'을 나타내기 때문이다. 우리나라 골키퍼가 못한다는 정보를 자신의 눈으로 보고 지각한 것이 아니라 상대

방을 통해 해당 명제 자체의 정보를 알게 된 것이다.[51)]

지금까지 살펴본 '지각'과 '인식'의 관계를 함께 생각해 보면 '인식'이 '지각'에 후행하는 것으로 볼 수 있겠다. 辻幸夫(2001/2008:109)에 의하면 심리학에서 말하는 '인식'을 다음과 같이 생각해 볼 수 있다고 하였다.[52)] 예를 들어 밤중에 뭔가 소리가 들려오는 듯한 느낌이 드는 상황을 가정해 보자. 이때의 작용은 본인의 청각기관에서 뭔가가 일어나고 있다는 신체 내적인 일이다. 이는 '감각(sensation)'이라고 하는 차원의 일이라고 하였다. 그런데 이 소리가 마음에 걸려 귀를 기울여 보니 소리는 집 밖에서 들려온다. 여기서는 청각적 자극의 원천이 신체 외부 공간 중 어떤 곳에 존재하는 것으로 자리매김된다. 이는 '지각(perception)'이라는 차원의 일이라고 하였다. 그런데 그 소리가 바람소리인지 빗소리인지를 생각해 물방울 소리인 것 같으니 비가 내리기 시작했다고 판단한다. 여기에서는 문제의 일이 어떤 것인가 즉 그 의미를 읽어낸 것이며 이것이 '인지(cognition)(본서에서는 인식)'라는 단계라고 하였다.[53)] 한편 이러한 '인식'은 '깨달음'이라는 용어로 설명될 수 있다. 이러한 단계를 보이면 아래의 그림과 같이 나타낼 수 있을 것이다.

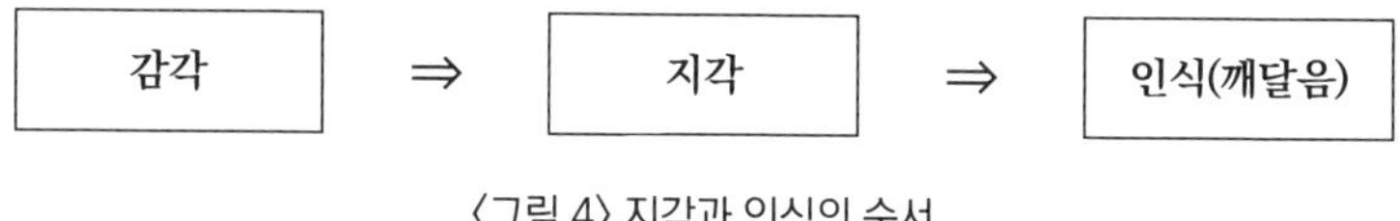

〈그림 4〉 지각과 인식의 순서

지금까지 '인식'의 의미를 살펴보고, 한국어에서 이를 표상하는 것은 '-군(요)'가 될 수 있음을 알아보았다. 이러한 '-군(요)'에 결합되는 명제 내용에 대한 화자의 인지적인 상태는 아래 〈그림 5〉와 같이 볼 수 있다. '-네(요)'가 화

51) 물론 용례 (4ㄴ)의 상황에서도 화자의 지각은 일어나기는 하는데, 이것은 '골키퍼가 잘 못한다'라는 내용을 지각한 것이 아니라 '대화 상대방인 발화자 '가'가 우리나라 골키퍼가 잘 못한다고 말한다'라는 것을 지각하는 것이다.

52) 이 책에서는 '인지'라 하였으나 본서에서는 이해를 위하여 '인식'으로 바꾸어 설명한다.

53) 이 책에서는 '감각', '지각', '인지'가 반드시 순서대로 일어나는 것은 아니라고 하였지만 보통 위에 기술한 순서대로 일어남은 일반적으로 동의하는 바일 것이다.

자가 '현재 지각'의 인지적 상태에 있는 정보를 말할 때 사용되는 형태라 하면 '-군(요)'는 지각의 단계를 넘어 인식 과정을 거친 이해 및 깨달음을 나타낼 때 사용된다는 것을 알 수 있다.

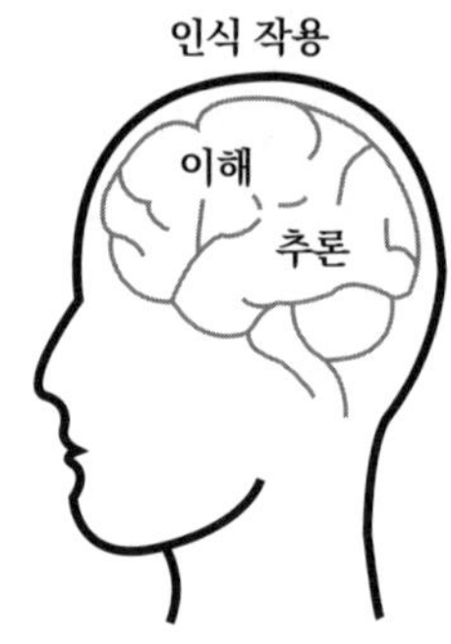

〈그림 5〉 '-군(요)'의 사용 기제

〈관념〉

마지막으로 '관념(觀念)'은 '사고의 대상이 되는 의식의 내용, 심적 형상을 통틀어 이르는 말'로 인간의 머릿속에 내면화된 정보로 존재해 있다.[54] 그런데 '관념'은 어떤 정보가 내면화되기만 하면 바로 형성되는 것이 아니다. 즉, 어떤 정보가 '지각'과 '인식'의 과정을 거치면 바로 내면화되어 그것이 인간의 인지 체계 속에 바로 '관념'으로 존재되지 않는다. 어떤 정보가 '관념'이 되기 이전에는 '지식'의 형태로 저장이 되어 있어야 하며, 이것이 '관념'이 되기까지는 일련의 과정이 필요하다. 영국의 철학자 Hume은 '인성론(人性論, A Treatise of Human Nature)'이라는 책 중 인간의 오성(悟性)을 기술한 부분에서 '관념'이 어떻게 생기게 된 것인지를 기술한 부분이 있어 아래에서 살펴보겠다.

54) 반면 '지각한 내용'은 아직 내면화되지 않은 정보이며, '인식한 내용'은 내면화되기 직전의 정보이다.

"비슷한 지각들의 이러한 항상적 결부로부터 나는 곧, 대응하는 인상과 관념 사이에 중요한 연관이 있으며, 인상의 존재와 관념의 존재는 상호간에 꽤 대단한 영향을 끼칠 수 있다는 결론에 이른다. …(중략)… 단순 인상이 언제나 그 대응 관념에 앞서며, 결코 그 거꾸로 된 순서로 나타나지 않는다는 것을 깨닫는다."

(Hume 1978/2009:20~21, 밑줄은 필자)

"지금까지 살펴본 바에 따르면, 기억이나 감관에 나타난 인상에서 우리가 흔히 원인이나 결과라고 부르는 대상의 관념으로 옮겨가는 것은 과거의 경험을 근거로 한다. 바꿔 말하면, 그 인상과 관념들의 항상적 결부를 우리가 기억하고 있다는 것에 토대를 두는 것이다."

(위와 같은 책 112쪽, 밑줄은 필자)

위의 Hume의 저서에서 발췌한 부분에서 '지각'과 '인상', '기억'에서 시자하여 '관념'으로 옮겨간다고 보고 있다. '관념'이 생기기 전에 경험적인 지각, 인상, 기억 등이 형성이 되고 그것들의 '항상적 결부'를 통해 관념으로 나아간다고 보고 있는 것이다. 본서의 관점도 이와 궤를 같이하고 있다.

이와 같은 '관념'을 표상하는 문법 형태로 '-지(요)'가 있는 것으로 보인다. 앞서 살펴본 바와 같이 감각이나 인식, 지각 등이 공고화되어 형성된 것이 관념이 된다고 한 것으로 미루어보아 관념에는 화자의 '확신'이 포함되어 있을 가능성이 높다. 다수의 사례를 경험하거나 머릿속에서 확고하다고 믿는 것이 관념이 되기 때문이다. 따라서 관념을 표상하고 있는 '-지(요)'에는 이러한 화자의 확신이 포함되어 있을 경우가 많다. '-지(요)'의 이러한 의미는 3장과 4장에서 '-지(요)'의 핵심 기능과 맥락 기능을 밝히면서 구체적으로 논하게 될 것이다.

한편 '관념'이 생성되기 이전의 '지식' 상태의 명제 내용은 '-어(요)'로 표현되는 것으로 보인다. '지식(知識)'은 〈표준국어대사전〉에 따르면 '인식에 의하여 얻어진 성과. 사물에 대한 단편적인 사실적·경험적 인식을 말하며, 객관적 타당성을 요구할 수 있는 판단의 체계를 이른다'로 정의되어 있다. 즉

'앎', '인식'의 결과물로 볼 수 있으며 내면화된 정보로서 화자의 인지 체계 내에 자리 잡은 것을 의미한다. 그러나 '-지(요)'와 달리 정보에 대한 확신으로 이어졌는가에 대해서는 무표적이라 할 수 있다. 3장에서 '-어(요)'와 '-지(요)'의 핵심 기능에 대하여 자세히 살펴보겠으나 2장에서 미리 용례를 통해 '-어(요)'와 '-지(요)'에서 표상하는 화자의 '지식'과 '관념'이 어떻게 다른지 살펴보겠다.

(5) ㄱ. 가: 물은 어떤 거 같애? 아이 물 얘기가 왜 나오냐.
나: 물 역시 우리보다 좋지.
다: 우리보단 좋지 당연하지.
(써클_ycc잡담)

ㄴ. 가: 너무 비싸 보여요.
나: 그래서 감히 못 사, 백화점에서는 거의, 그래서 그런 거 보면은 옷 사는 일이 거의 없지 뭐~.
(일상대화_물품 구입)

(5ㄱ)에서 여자들의 외모가 어떠냐의 질문에 화자 '나'와 '다'가 '-지(요)'를 사용하여 발화함으로써 확신에 찬 태도를 보이고 있다. 화자 '나'와 '다'는 다른 동아리들의 여학생들의 외모가 더 예쁜 사례를 한 번만 인식해서는 위와 같이 '-지(요)'를 선택하지 않았을 것이다. 여러 번 그 사례를 보았고, 그 정보에 대하여 확신을 가지고 위와 같이 발화하고 있는 것이다.

한편 (5ㄴ)의 발화자 '가'는 어떤 물건이 너무 비싸 보인다는 자신의 생각을 이야기하고 있다. 문맥상 보았을 때 그 물건이 비싸 보인다는 것을 한 번 인식한 것이지 여러 번 인식한 경험이 있는 것은 아니므로 발화자 '가'는 '-어(요)'를 선택한 것으로 볼 수 있다. 이러한 '가'의 발화에 대한 반응으로 화자 '나'는 그래서 잘 못 산다고 얘기하는데 이때에는 '-어(요)'를 사용하였다. 그리고 이러한 자신의 습관을 일반화하여 백화점에서 물건을 사는 일은 거의 없다는 내용을 말할 때에는 '-지(요)'를 사용하였다. 즉 단지 어떤 과거의 일회적인 경험을 이야기하는 경우에는 '-어(요)'가 사용될 수 있지만 이 경험이 일회적인 것을 넘어 여러 번 있었으며, 그것이 어떤 '습관'을 이루어 항상적 결부가 있었던 경우라면 관념화된 정보로서 해당 정보 내용에 '-지(요)'를 부착하여 발화하는 것을 보여준다.[55] 그러나 '-지(요)'에 항상 이와 같은 습관화된 상황이 오는 것은 아니다. 화자가 확신하거나 당연하다고 생각하는 '일회적인 상황 및 상태'와도 결합될 수 있다.

(6) ㄱ. 둘이서 실컷 놀았지.

(일상대화_식사 중 대학생 3인)

ㄴ. 그나마 뭐니 뭐니 해도 자본이 중요하지 뭐~.

(일상대화_삼십대)

(6ㄱ)은 과거의 일회적인 상황과 '-지(요)'가 결합한 예를 보이고 있다. 이때 (6ㄱ)의 명제 내용은 비록 일회적인 사건이지만 동시에 화자가 너무도 당연하다고 생각하는 상황이기도 하다. (6ㄴ)은 자본이 중요하다는 화자의 신념과 '-지(요)'가 결합한 경우이다. 이 또한 습관적인 상황은 아니며 일종의 상태로 볼 수 있는 명제와 결합되어 있다. (6ㄱ, ㄴ) 모두 어떤 상황의 반복성이 전제되어 있지는 않지만 화자가 확신하는 정도가 높거나 당연하다고 생각하는 명제 내용과 '-지(요)'가 결합되는 것을 확인할 수 있다. 즉 화자의 '관념'의 세계에 존재할 만한 정보와 '-지(요)'가 결합할 수 있다. 이와 같이 '-지(요)'가 '관념화된 정보'를 나타낼 때 사용된다는 것은 3장에서 자세하게 설명하도록 하겠다.

지금까지 '지각', '인식', '관념(과 지식)'의 개념을 고찰해 보았으며, '지각', '인식', '지식', '관념'이라는 개념이 '-네(요)', '-군(요)', '-어(요)', '-지(요)'와 관련이 있음을 논의하였다. 또한 인간의 인지 과정은 어떤 순서로 일어날 수

55) 그러나 이것은 화자의 선택의 문제로 보아야 한다. 동일한 명제 내용을 화자가 관념화한 것으로 표현할 것인가 그렇지 않을 것인가는 화자가 의도하는 표현상의 효과에 따라 선택되는 것이다.

있는지에 대하여 생각해 보았다. 그런데 여기에서 '지각' 및 '인식'의 과정은 화자가 자신이 몰랐던 정보[화자의 미지정보]를 접하면서 나타나는 인지적 상태이며, '지식'이나 '관념'은 화자가 원래 알고 있던 정보[화자의 기지정보]와 관련된 인지적 상태라 할 수 있다.[56)] 이와 같은 내용을 정리하면 아래의 〈그림 6〉과 같다.

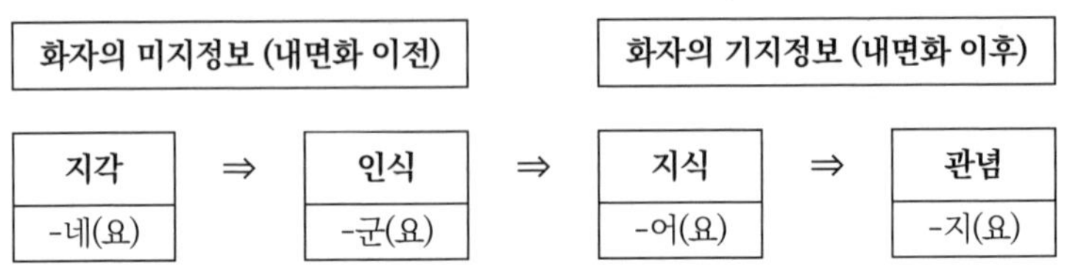

〈그림 6〉 화자의 인지적 과정과 종결어미

이상으로 2.2에서는 본서의 연구 대상이 되는 8종의 비격식체 종결어미 중 '-어(요)', '-지(요)', '-네(요)', '-군(요)'와 관련되는 양태 의미와 인지적인 개념에 대하여 살펴보고, 이들의 핵심 기능이 어떻게 기술될 수 있을지에 대해 탐색해 보았다. 나머지 종결어미들인 '-거든(요)', '-잖아(요)', '-을게(요)', '-을래(요)'는 위에서 살펴본 종결어미들에 비하여 양태 범주로 설명된 일이 적었다. 따라서 3장에서 선행 연구의 논의를 바탕으로 이들의 핵심 기능을 이루고 있을 만한 용어들에 대하여 탐색하도록 하겠다.

56) 박나리(2000, 2004)에서도 화자의 인지 과정을 '반사→지각→직관→인식(이성, 확인)'으로 나누어 각각의 과정에 '-어' 및 '-다', '-네', '-구나', '-단다' 및 '-지'를 대응시켜, 본서의 접근과 유사하게 이들의 의미를 설명한 바 있다. 그러나 본서에서는 '인식'이라는 개념의 의미가 이 연구와 다르며, '-어'와 '-지'를 각각 '지식', '관념'으로 나타냈다는 점에서 다르다.

3

비격식체 종결어미의 핵심 기능 분석

3장에서는 '-어(요)', '-지(요)', '-네(요)', '-군(요)', '-거든(요)', '-잖아(요)', '-을게(요)', '-을래(요)'의 핵심 기능 기술을 위한 메타 용어를 무엇으로 보아야 할지 논의하겠다. 이를 위하여 선행 연구에서 이들의 의미와 기능을 논의한 내용과 2장에서 논의한 내용, 《연세구어말뭉치》에서 출현한 용례를[57] 살펴보겠다. 이 과정을 통하여 도출된 각 종결어미들의 핵심 기능은 다음의 4장과 5장에서 기술할 각 종결어미들의 문법적 특성 및 맥락 기능과 두 가지 측면에서 연계되어 언급될 것이다.

본격적인 논의 전에 비격식체 종결어미의 '핵심 기능'은 어떻게 기술되어야 하는지에 대하여 언급하고 넘어가도록 하겠다. '핵심 기능'이란 2장에서 밝힌 바와 같이 상황과 맥락, 말하는 내용에 관계없이 해당 형태가 지닌 원형적인 기능이자 다른 종결어미와의 변별 지점을 설명해 줄 수 있는 본질적인 기능을 가리킨다. 특히 비격식체 종결어미의 '핵심 기능'을 기술하기 위해서는 크게 두 가지 측면이 고려되어야 한다.

첫째로, 종결어미는 항상 명제와 결합되어 실현된다는 점을 고려하여야 한다. 종결어미는 독립적으로는 발화되지 않으며 항상 명제에 결합되어 발화된다. 이는 종결어미의 의미를 알기 위해서는 명제 내용의 속성을 반드시 살펴야 한다는 점을 시사한다. 어떠한 명제 내용을 말할 때 화자가 어떤 종결어미를 선택하는지를 볼 필요가 있다. 2장에서 논의한 바와 같이 종결어미는 명제 내용에 대한 화자 자신의 인지적 태도에 따라 선택이 나뉘는 것으로 볼 수 있다.

둘째로, 종결어미는 본질적으로 화자의 행위를 수반한다는 점을 고려하여야 한다. 종결어미는 본질적으로 문장을 종결하는 기능과 문장종결법의 기능을 기본적으로 갖는다. 따라서 종결어미가 무엇을 뜻하는지를 기술하기 위해서는 해당 종결어미가 사용된 문장의 유형이 무엇인지가 파악되어야 하며, 그 문장의 유형을 알기 위해서는 화자가 해당 종결어미를 사용하여 행하고자

57) 주로 《연세구어말뭉치》에서 출현한 용례를 중심으로 검증하였으나 필요한 경우 필자가 만든 예문 또한 사용되었다.

하는 행위가 무엇인지가 고려되어야 한다.[58] 즉 종결어미에는 '진술하기', '질문하기', '명령하기', '제안하기' 등과 같은 행위가 필연적으로 수반된다. 격식체 종결어미의 경우 그 형태 내에 '진술하다(-습니다, -는다 등)', '질문하다(-습니까, -니, -냐 등)', '명령하다(-으십시오, -으시오 등)', '제안하다(-읍시다, -자 등)'와 같은 이행동사 정보가 반영이 되어 있는데 비격식체 종결어미는 형태가 이러한 구체적인 이행동사를 정보를 구분하고 있지는 못하다.[59] 따라서 종결어미의 '핵심 기능' 안에 이러한 특정 이행동사는 상정될 수 없고 모든 화행의 원형으로 볼 수 있는 '말하다'라는 술어를 사용하여 종결어미의 핵심 기능을 기술하겠다.

이와 같이 종결어미의 '핵심 기능'을 기술하기 위해서는 화자의 명제에 대한 인지적인 태도와 그 문장을 통해 화자가 하고자 하는 행위적인 측면이 반영되어야 한다.[60] 이는 대명제 태도를 나타내는 비격식체 종결어미와 대청자 태도를 나타내는 비격식체 종결어미 모두에 해당되는 내용이다. 요컨대 비격식체 종결어미의 핵심 기능은 아래와 같은 형식으로 기술될 수 있다.

[ ]를 말한다.

〈비격식체 종결어미의 핵심 기능의 기술 틀〉

위에서 [ ]는 명제 내용의 속성을 가리키며, '말한다'라고 하는 부분은 화자의 종결어미를 통한 발화 행위를 표현한 것이다. 여기에서 '[ ]를 말한다'라는 내용 전체는 비격식체 종결어미의 '핵심 기능'으로, '[ ]'는 비격식체 종결어미의 '핵심 속성'으로 보도록 하겠다.

위의 기술 틀은 계열관계에 있는 비격식체 종결어미들끼리의 의미 변별을

58) 그러나 이는 문장 유형과 화행이라는 개념은 동일한 것으로 보아야 한다는 의미는 아니다.

59) 이와 관련하여 차현실(1990:17~18)에서 언급된 바 있다.

60) 한편 격식체 종결어미는 상대높임법과 문장 유형에 따라 형태가 달라지는 양상을 보이므로, 격식체 종결어미들의 핵심 기능을 기술하기 위해서는 상대높임법과 문장 유형 등에 대한 정보 반드시 포함되어야 한다. 예컨대, 격식체 종결어미 '-습니까'의 핵심 기능에는 '자신보다 높은 사람에게'와 '질문한다'라는 술어가 포함되어야 하겠다.

위하여 필요한 기술 틀이라는 점에서 주의를 할 필요가 있다. 만약 격식체 종결어미와의 의미 변별을 한다면 상황 정보(격식적/비격식적), 화청자의 관계 정보(친밀성/나이/사회적 지위), 문장 유형 정보(평서/의문/명령/청유)가 추가되어 핵심 기능에 반영되어야 한다.

지금부터 차례로 '-어(요)', '-지(요)', '-네(요)', '-군(요)', '-거든(요)', '-잖아(요)', '-을게(요)', '-을래(요)'의 핵심 기능에 대하여 선행 연구에서의 쟁점과 《연세구어말뭉치》의 용례를 검토하여 논증하며 살펴보겠다. 이를 통해 도출된 각 종결어미들의 핵심 기능을 위에서 제시한 '종결어미의 핵심 기능의 기술 틀'에서와 같은 방식으로 기술하겠다.

3.1. '-어(요)'의 핵심 기능

선행 연구에서 '-어(요)'의 의미를 어떻게 기술하였는지 살펴본 후에, 《연세구어말뭉치》에서 출현한 용례 검토를 통한 논의를 바탕으로 '-어(요)'의 핵심 기능에 대하여 살펴보겠다. 이를 통해 밝히게 될 '-어(요)'의 핵심 기능은 나중에 설명할 '-어(요)'의 문법적 특성과 맥락 기능을 통해 입증되는 동시에 이러한 언어적 현상을 설명하는 열쇠가 될 것이다.

고영근(1976:44)에서는 '-어'를 '화자의 짐작이나 상념이 내포되지 않은 단순한 설명, 의문, 명령, 공동으로 매우 서실적인 형태'로 보았으며, 남기심·고영근(1985)에서는 '-어'를 '객관적 진술'이라고 하였다. 이기동(1987:104)에서는 '-어'는 화자가 청자로부터 도전을 받거나 그에게 도전을 해야 한다고 느낄 때 쓰인다고 보았다. 서태룡(1989:92)에서는 '-어'가 선행 언어 표현을 일단 [완결]하고 후행 언어 표현을 [연결]하는 의미를 가진다고 하였다. Lee(1991)에서는 '-어(요)'를 내면화된(assimilated) 정보를 말할 때 사용하는 것으로 보았다. Choi(1995:171~172)에서도 '-어(요)'의 의미에 대하여 Lee(1991)과 동일하게 설명하였다. 손현선(1996:29)에서는 '-어'가 명제 내용이 타인의 지식 체계에 들어있는지에 대해 고려하지 않거나 청자의 지식체계에 없다고 생각되는 경우 사용되며, 이때의 명제 내용의 근거는 화자의 지식 체계라 하였다. 박나리(2000:326)에서는 '-어'에 화자의 특별한 정신적·심리적 태도가 들어있다기보다는 사실을 있는 그대로 진술할 때 사용된다고 언급한 바 있다. 한길(2004:131)에서는 '-어' 자체에 어휘적 의미(lexical meaning)는 없고, 단지 말본적 의미(grammatical meaning)만을 가지게 된다고 하였다.

위에서 고영근(1976)의 설명은 '-어(요)'를 '서실적', '-지(요)'를 '서상적'으로 설명하여 '-어(요)'를 '-지(요)'와의 대립의 관점에서 설명할 수 있다는 장점이 있으나 위의 설명은 매우 추상적이어서 구체적인 의미 파악에는 다소 어려움이 있다고 볼 수 있다. '화자의 상념이 없는 단순한'이라는 것이 구체적으로 무엇인지를 밝혀야 할 필요가 있다. 이러한 추상성은 이기동(1987), 한길(2004)에서도 드러난다. 박나리(2000)의 '사실을 있는 그대로'라는 설명 또한 그것이 구체적으로 무엇을 의미하는지가 모호하여 구체성이 더해질 필요가 있다. 남기심·고영근(1985), 서태룡(1989)에서는 '-어(요)'에 특별한 기능이 있음을 인식한 것으로 보이지 않는다.한편 Lee(1991)와 Choi(1994)의 설명은 '-네(요)', '-군(요)' 등의 다른 반말체 종결어미와의 구분을 명확하게 해줄 수 있다는 점에서 본서에서 동의한다. 그러나 '-지(요)'와의 구분을 위해서는 추가 설명이 필요하다. 손현선(1996)에서 명제 내용의 근거가 화자의 지식 체계에 있다는 설명은 '-어(요)'의 본질을 잘 보여주며, '-어(요)'와 계열 관계에 있는 다른 종결어미들인 '-지(요)', '-네(요)', '-군(요)'와의 관계 속에서 '-어(요)'의 위치를 설명하는 것이 용이하다는 장점이 있다. '-지(요)', '-네(요)', '-군(요)' 또한 명제 내용의 근거가 화자의 지식 체계인지의 여부에 따라서 설명될 수 있기 때문이다. 그러나 손현선(1996)의 설명 중에 명제 내용이 청자의 지식 체계에 없다고 생각되는 경우에 사용된다고 한 점은 재고할 필요가 있는 것으로 보인다. 이상으로 지금까지 살펴본 바와 같이 선행 연구에서 종결어미 '-어(요)'에 대하여 무표적이거나 특별한 기능이 없는 것으로 파악한 경우가 많은 가운데, Lee(1991)와 손현선(1996)의 연구를 주목할 만하다. Lee(1991)와 손현선(1996)에서 '-어(요)'를 화자의 명제에 대한 인지적인 태도와 관련하여 그 의미를 고찰한 것으로 본서에서 밝히고자 하는 '-어(요)'의 기능에 시사점을 준다.

'-어(요)'를 화자의 명제에 대한 인지적인 태도가 있는지 탐색하는 것은 발화시 당시에 처음 알게 된 정보를 말할 때 사용되는 '-네(요)'와 '-군(요)'와 대립적인 관점에서 바라볼 수 있게 하므로 매우 유용하다. 남기심·고영근(1985), 서태룡(1989), 한길(2004) 등과 같이 '-어(요)'의 핵심 기능을 무표적이고 객관적이며, 특별한 의미가 없는 것으로 파악한다면 전체 비격식체 종결어미들의 체계를 파악하는 데에 별다른 도움이 되지 않는다. 동일한 화계를 가지며 문장 끝에 위치하는 종결어미라는 동일한 분포에 위치하는 계열관계에 있는 다른 어미들의 의미를 화자의 명제에 대한 인지적인 태도를 기준으로 '-지(요)'는 '이미 앎', '-네(요)'와 '-군(요)'는 '새로 앎'과 같은 의미로 파악을 하였으면 '-어(요)' 또한 이와 동일하게 화자의 인지적인 태도를 기준으로 하여 어떤 것을 의미하는지 자세하게 탐색할 필요가 있다.

《연세구어말뭉치》의 용례들을 살펴본 결과 '-어(요)'의 기능은 기본적으로 화자의 인지 체계 내에 안착되어 있는 정보를 표상하는 것이었다.

(1) ㄱ. 그러고 나서 마지막 장면이 기계 이렇게 반지인데, 공주한테 끼워 주면서 둘이 결혼해.

(주제대화_영화와 배우)

ㄴ. 아 원래 있는 놈들이 더해.

(일상대화_저녁식사)

ㄷ. 우리 아빠가 날 좀 예뻐해.

(일상대화_가족과 사랑에 대해)

ㄹ. 그래서, 저는 혼자 큰숙모 댁에 가구요, 언니랑 동생은 외할머니 댁에 살았어요.

(주제대화_학원 강사와 고등학생)

(1ㄱ~ㄹ)은 화자가 잘 알고 있는 내용을 명제로 하여 말하는 경우에 발화

된 것이며, 이때 선택된 종결어미는 '-어(요)'이다. (1ㄱ~ㄹ)에서 주어 인칭이나 결합 용언에 관계없이 '-어(요)'에 결합된 명제의 내용이 화자의 지식 체계에 있는 내용이라는 것을 알 수 있다. (1ㄱ)에서는 화자가 본 영화에 대하여 청자에게 설명하는 상황이며, 이때 자신이 본 장면을 묘사하는 것이므로 결합된 명제의 내용은 화자가 이미 알고 있는 내용이다. (1ㄴ) 또한 '원래'라는 부사에서 알 수 있듯이 평소에 생각하고 있었던 내용을 이야기하는 경우에 '-어'를 선택하였음을 보이며, (1ㄷ, ㄹ)은 화자의 가족에 대하여 얘기하고 있다. 즉 화자가 잘 알고 있는 내용을 명제 내용으로 하여 말하는 경우를 나타내며, 이때 선택된 종결어미는 모두 '-어(요)'이다. 이때 위의 밑줄 친 부분의 '-어(요)'를 '-지(요)'로 교체하여도 문제가 없음을 알 수 있다. '-지(요)'는 선행 연구에서 '이미 앎'의 의미를 지닌 종결어미로 언급된 바 있는데(장경희 1985), '-어(요)' 또한 '-지(요)'와 마찬가지로 화자가 해당 명제 내용을 이미 알고 있었음을 표상하는 것을 알 수 있다. '-어(요)'의 기능을 이와 같이 파악한 논의에는 앞서 살펴본 Lee(1991)와 손현선(1996)의 논의가 있다. Lee(1991)에서는 '-어(요)'가 화자의 내면화된(assimilated) 지식을 말할 때 사용된다고 하였고, 손현선(1996)에서는 발화 내용의 증거가 화자의 지식체계에 있을 때 사용된다고 한 바 있다. 두 연구 '-어(요)'의 기능을 비슷한 관점에서 파악한 것이며, 본서도 이러한 고찰이 '-어(요)'의 핵심 속성이 이와 관련될 수 있을 것으로 보았다. 즉 '-어(요)'의 명제 내용은 화자가 이미 알고 있던 내용, 즉 화자의 지식 체계에 내면화된 [화자의 기지정보]로 정리될 수 있을 것으로 보인다.

비격식체 종결어미 중 가장 빈도가 높으며 가장 일반적인 것으로 언급되어 온 '-어(요)'가 왜 [화자의 기지정보]의 내용을 명제로 하는지는 일반적인 의사소통시의 상황을 생각해 보면 자연스러운 현상이다. 인간 사회에서의 의사소통은 정보를 교환하기 위함에 그 목적이 있다. 정보를 가진 사람은 상대방에게 없는 정보를 알려주고, 자신에게 없는 정보를 얻기 위하여 그 정보를 알고 있다고 생각하는 상대방에게 질문하기도 한다. 즉 정보의 불균형으로 인하여 의사소통이 촉발되는 것이라 할 수 있다. 누군가에게 정보를 알려줄

때에는 보통 자신의 인지 체계 내에 존재해 있는 정보를 청자에게 알려준다. 발화시 당시에 알게 된 정보는 불완전한 정보이다. 따라서 정확한 정보를 알기 원하는 상대방에게는 불필요한 내용이 될 가능성이 높다. 자신의 인지 체계 내에 있는 정보, 즉 [화자의 기지정보]이면서 상대방에게 없는 정보는 상대방에게 필요한 내용이 된다. 따라서 화자 자신의 인지 체계에 내면화된 정보를 그 정보가 필요한 상대방에게 전달하는 것은 인간의 의사소통 상황에서 가장 수요가 많은 일이며, [화자의 기지정보]를 나타내는 것을 핵심 기능으로 하는 '-어(요)'가 그 빈도가 가장 높고 가장 전형적인 비격식체 종결어미 중 하나로 인식되어 온 것은 당연한 일로 볼 수 있다.

그런데 '-어(요)'가 화자 자신이 잘 알고 있는 내용을 청자에게 말할 때 사용된다고 해서 '-어(요)'를 말할 때 화자는 청자가 해당 명제 내용을 '모를 거라고' 생각하는, 청자의 인지 상태에 대한 전제를 가지는 것은 아니다.

(2) 가: 너 무슨 색깔 좋아해?
　　나: 나는 파란색 좋아해.
(3) 가: 나 너희 집 어딘지 알아. 너희 집 신촌에서 가깝지?
　　나: 네, 맞아요. 저희 집이 신촌에서 가까워요.

(2)에서 '가'는 상대방이 무슨 색깔을 좋아하는지에 대한 정보가 없는 상태에서 질문하였고, 이에 발화자 '나'는 상대방이 모르는 내용에 대하여 알려주듯 대답하였다. 이 대화쌍만 보면 '-어(요)'는 상대방에게 없는 것으로 보이는 정보, 즉 상대방이 모르는 것을 알려주는 종결어미로 생각될 수 있을 것이다.

한편 예문 (3)에서 '가'는 상대방의 집이 어딘지 알고 있는 상태이며, 그 집이 신촌에서 가깝다는 것까지 알고서 이와 같이 확인하며 질문하고 있다. 이에 대한 대답으로 발화자 '나'는 '-어요'를 사용하여 '가'가 알고 있는 것이 맞음을 확인시켜 주었다. 이때에는 문맥상 상대방이 알고 있는 내용을 말할 때 '-어(요)'가 사용된 것이다.

이러한 예문 (2, 3)의 예를 종합해 보면 '-어(요)'에는 화자는 청자의 지식 상태에 대한 전제가 없다고 볼 수 있다. 청자가 알고 있는 정보든 모르고 있는 정보든 화자 자신의 인지 체계 내에 편입된 성격의 정보이면 '-어(요)'를 결합하여 말할 수 있는 것이다. 화자는 청자의 지식 상태에 대한 전제 없이 자신의 지식 상태에 대한 태도만을 나타내는 경우에 '-어(요)'를 선택하는 것이다.

이러한 '-어(요)'의 성격은 '-거든(요)'와 '-잖아(요)'를 말할 때의 화자가 청자의 지식 상태에 대한 전제를 가지는 것과 비교해 보면 그 차이가 확실히 드러난다.

(4) ㄱ. 우리 집이 형제가 나이 차가 많거던.

(써클_ycc잡담)

ㄴ. 대관령 고개 넘어 보다 보면 아~ 옛날 사람 어떻게 다녔을까 이런 감도 오지만, 장안은 더 멀리 있잖아요.

(발표_한시)

(4ㄱ)에서 화자는 자신의 형제에 관련한 내용을 말하고 있다. 가족이 아닌 동아리 친구에게 이야기하는 것이고, 이에 따라 상대방의 인지 체계에 없을 거라 가정한 자신의 지식 영역에 속한 정보를 말하는 상황임을 알 수 있다. 이때 화자는 '-거든'을 선택하였다. (4ㄴ)에서는 화자와 청자가 다 알 법한 이야기를 하고 있다. 이때 화자는 청자가 해당 명제 내용의 정보를 알고 있을 것으로 전제하여 말하는 것인데 이때에는 '-잖아요'를 선택하였다. (4ㄱ, ㄴ)에서 '-거든'과 '-잖아요'를 각각 '-어'나 '-어요'로 교체하게 된다면 화자의 청자에 대한 태도면에서 달라짐을 알 수 있다. 이와 같이 '-어(요)'의 핵심 기능은 '-거든(요)'와 '-잖아(요)'와는 달리 청자의 지식 상태에 대한 화자의 인지적 태도와 관련이 있지 않다.

지금까지 '-어(요)'의 명제 내용으로는 화자의 인지 체계에 내재화되어 있는 [화자의 기지정보]가 오며, 청자의 지식 상태에 대한 화자의 태도는 포함되어 있지 않은 것을 확인하였다. 그러나 여기에서 한 가지 더 검증하고 넘어가야 할 내용이 있다. 만약 '-어(요)'가 위와 같은 특징만을 가졌다면 '-지(요)'와의 변별은 이루어질 수 없기 때문이다.

2장에서 살펴본 바와 같이 '-지(요)'는 '-어(요)'와 달리 화자의 인지 체계에 단순히 내재화된 것을 뛰어 넘어 의식 체계에서 [관념화된 정보]를 나타낼 경우 사용되는 것으로 보인다. 이러한 '관념화'를 통해 '-지(요)'는 다양한 기능 또는 발화 효과를 가지기도 한다. 그러나 '-어(요)'는 '-지(요)'와는 다르게 관념화된 정보를 나타내지는 않는다.

(5) 근데 사실 옛날에 우리 조상들이 아이를 어떻게 길렀…구, 어떻게 했는지에 대한 그런 태교는, 사실 무시당하고 있다는 거. 참 슬픈 현실이지.

(독백_유아교육)

(5)의 밑줄 친 부분에서 화자는 '참 슬픈 현실이지.'라고 말하면서 앞선 발화의 내용을 관념화하여 말하고 있다. 옛날의 우리 조상들의 태교는 무시당하고 있다는 사실에 대하여 '참 슬픈 현실'이라는 명사구로 정리하였고, 여기에 종결어미 '-지'를 결합하여 발화하였다. '-지'를 통하여 관념화한 자신의 생각을 표현한 것이다. 화자가 만약 이 발화에서 '-지' 대신 '-어'를 사용하여 '참 슬픈 현실이야.'라고 말하였다면 어떠한 점이 다른지 생각해 볼 필요가 있다. 사실 이 경우에는 차이점이 잘 드러나지는 않는다. '-지'에 결합한 명제의 내용이 '관념화한 정보'이며, '-어' 앞의 명제 내용은 '관념화하지 않은 정보'임을 입증하기란 어렵다. 화자의 머릿속에서 이루어지는 인지 활동이기 때문이다.

'-어(요)'는 '-지(요)'와는 다르게 관념화된 명제 내용을 말할 때에 사용되지 않는다는 것을 증명하기 위해서는 관념화된 정보를 말하는 것이 어색한 상황을 가정해 보고 이때 실제로 우리가 어떤 종결어미를 선택하는지를 살펴볼 필요가 있다. 보통 일상의 언어생활 중에 화자가 자신의 현재 감정 및 심리를 표현하는 경우를 생각해 보자. 이때에는 현재의 순간적인 자신의 심리 및 느낌을 말하는 것이므로 관념화가 이루어지기 어렵다.

(6) 아이씨 더워. 뜨거워.

(일상대화_수강신청과목)

(6)의 발화 상황에서와 같이 화자 자신의 즉각적인 심리 상태를 말하는 경우에는 해당 명제 내용인 화자 자신의 심리 상태가 화자의 머릿속에서 '관념화'가 되기 어렵다. '관념'이란 2장에서 말한 바와 같이 1회적인 상황 또는 단순한 인식에 의해 이루어지는 것이 아니라 지속적이고 반복적인 경험, 확고한 인식의 과정을 거쳐 생성되는 성격을 가졌다. 따라서 관념은 발화시 당시의 화자의 즉각적인 심리 상태와는 거리가 멀다. 용례 (6)에서는 관념화되지 않은 화자의 기지정보가 발화된 경우의 예를 나타낸다. 이때 종결어미 '-어'가 사용되었으며 이를 '-지'로 바꾸면 매우 어색하게 된다.

(6′) ??아이씨 덥지. ??뜨겁지.

(6′)과 같이 (6)의 내용을 각각 '덥지, 뜨겁지'로 바꾸게 되면 문법적으로는 어긋나지 않지만 화용적으로 의사소통에 방해가 될 정도의 부자연스러운 문장이 된다.

그런데 (6)과 같이 발화시 당시에 지각한 지 얼마 안 되는 상황에서 화자가 '-어(요)'를 사용한 것을 두고 '-어(요)'의 핵심 기능이 [화자의 기지정보]가 아니라는 반론이 있을 수 있겠다. 용례 (6)의 '-어'를 발화시 당시에 획득한 정보를 말할 때 사용되는 것으로 보이는 '-네(요)'로 바꾸어도 자연스러운 것을 보면 '-어(요)'가 '화자의 미지정보'를 나타내는 것이 아니냐는 주장이 있을 수 있다.

(6″) 아이씨 덥네. 뜨겁네.

(6″)은 종결어미 부분을 '-어' 대신 '-네'로 바꾼 것인데 자연스러운 것으로 보인다. 그 이유는 (6)이 발화되는 상황에서의 명제 내용의 속성과 '-네(요)'의

핵심 기능을 생각해 보면 알 수 있다. (6)은 발화시 당시 감각을 통해 지각한 명제 내용을 발화하고 있는 상황이다. '덥다', '뜨겁다'라는 발화시 당시 획득한 정보를 발화하고 있는 상황이다. 따라서 발화시 당시에 획득한 정보로서 [화자의 미지정보]를 나타내는 '-네(요)'와의 결합이 자연스러운 것이다.

그러나 똑같은 명제 내용이지만 (6)에서처럼 '-어'로 끝난 발화문과 (6″)에서처럼 '-네'로 끝난 발화문의 의미는 다르다. 화자의 태도에 있어서 다르다. '-네'로 끝난 발화문은 화자의 명제 내용에 대한 거리감이 느껴지며, '-어'로 끝난 발화문은 화자와 명제 내용이 밀착되어 있는 것처럼 보인다. 이 이유는 각 종결어미의 핵심 기능에서 찾을 수 있다. '-네(요)'의 핵심 기능은 미리 언급하자면 [화자의 미지정보]이며 [현재 지각한 정보]를 말하는 것을 가리킨다. '-네(요)'를 선택할 때의 화자는 자신의 이러한 인지적인 상태를 표현해야겠다고 생각할 여유가 있는 상황이다. 즉 화자가 외부자극을 접수하고 지각했다는 사실을 느낄 만한 자의식을 가지고 있는 상태로 볼 수 있다(박나리 2004:103). 그러나 '-어(요)'의 핵심 기능은 [화자의 기지정보]인데 이때의 화자는 별다른 자의식을 가지지 않는다. 또한 화자는 예상치 못한 즉각적인 외부의 자극이었기 때문에 그 자극을 인지하고 접수하여 표현한다는 인지적인 여유가 없다(박나리 2004:102~103). 따라서 위의 (6)의 상황에서 '-네'가 사용되면 '-어'가 사용된 경우보다 화자의 명제에 대한 거리감이 느껴지는 것이다.

발화시 당시에 획득한 정보일지라도 그 정보가 화자에게 얼마만큼 내면화될 수 있느냐, 즉 화자에게 얼마만큼 빨리 흡수될 수 있는 성격의 것인가에 따라 '-어(요)'와 '-네(요)'의 선택에 영향을 준다. 발화시 당시에 지각을 통해 획득한 정보이지만 급박한 상황(즉각적인 판단이 필요한 상황)을 가정해 보고 어떤 종결어미의 사용이 적절한지 살펴보고, 과연 이러한 상황에서의 '-어(요)'의 사용이 앞서 설명한 '-어(요)'의 핵심 기능인 [화자의 기지정보]의 반례로 볼 수 있을지 논해보도록 하겠다.

(7) ㄱ. 불이야!

ㄴ. 앗, 뜨거워!

(7′) ㄱ. ??불이네!

ㄴ. ??앗, 뜨겁네!

(7ㄱ, 7′ㄱ)은 화재 현장을, (7ㄴ, 7′ㄴ)은 실수로 뜨거운 국물을 먹게 되어서 통증을 느낀 경우를 상정한 예문들이다. 화재 현장을 목격하자마자 화자는 (7ㄱ)처럼 말하지, (7′ㄱ)처럼 말하지는 않을 것이다. 뜨거운 커피를 마시자마자 화자는 (7ㄴ)처럼 말하지, (7′ㄴ)처럼 '-네(요)'로 말하지는 않을 것이다. 화재 현장을 목격하거나 뜨거운 커피를 마셔서 혀가 데었을 때, 해당 정보는 화자의 인식 체계에 빠르게 내면화된다. 위험하거나 고통스러운 상황이므로 빠른 판단을 내려 다음의 조치를 해야 하기 때문이다. '-네(요)'는 해당 명제 내용이 발화시 당시 처음 지각하여 알게 되었음을 유표적으로 드러내는 종결어미인데 위의 (7ㄱ)의 상황과 같이 긴급한 경우에는 그러한 인지적 상태를 나타내는 것이 불필요하기도 하거니와 그것을 표현해야겠다는 자의식을 갖기 힘든 상태이다.

(7ㄱ)에서는 발화시 당시 지각한 불이 난 상황에 대한 인식 과정을 빠르게 내면화시켜 청자에게 알려야 한다. 청자에게 알려 빠르게 대피하도록 하는 것이 필요하다. (7ㄴ)에서는 자신을 고통스럽게 하는 상황을 자각하여, 그것에서 빠져 나올 판단을 내려야 한다. 뜨거운 국물을 뱉는다든지 찬 물을 마시든지 등의 조치가 필요하다. 즉 해당 정보에 대한 지각, 입력, 사후 처리에 대한 판단과 같은 일련의 인식적인 활동이 본능적으로 빠르게 일어나야 한다. 따라서 위와 같이 긴급한 상황에서는 '화자의 미지정보'임을 유표적으로 드러내는 '-네(요)'가 사용되는 것이 어색하고, '화자의 기지정보'임을 암시하는 '-어(요)'와의 결합이 자연스럽다. 해당 정보가 화자의 미지정보라는 점을 '-네(요)'를 통해 표현한다고 해서 얻을 수 있는 의사소통상의 이점이 전혀 없기 때문이다.

한편 이와 같이 다급한 상황이 아닌 경우에도 화자가 발화시 당시 획득한 정보가 '-어(요)'에 결합될 수 있다.

(8) (창밖의 눈 오는 모습을 보면서)

ㄱ. 지금 눈이 와.

ㄴ. *지금 눈이 오지.

ㄷ. 지금 눈이 오네.

ㄹ. 지금 눈이 오는군.

위의 (8)의 상황은 발화시 당시 눈이 온다는 사실을 처음 지각한 후 말하는 경우를 상정해 본 것이다. 여기에서 주목해야 할 것은 발화시 당시 처음 획득한 정보를 근거로 말할 때 사용되는 것으로 알려진 '-네(요)'와 '-군(요)'와 마찬가지로 '-어(요)'도 사용될 수 있다는 사실이다. 이러한 예를 근거로 '-어(요)'가 화자의 미지정보를 나타낼 때 사용된다고 주장될 수도 있을 것이다. 그러나 위의 동일한 명제 내용을 '-어(요)'로 나타낼 때와 '-네(요)' 및 '-군(요)'로 나타낼 때의 화자의 의도와 상관적 장면이 다르게 나타날 수 있다는 점을 살펴보자. 위의 상황에서 혼잣말을 하는 상황에서는 '-네(요)'와 '-군(요)'가 선택될 수 있겠으나 '-어(요)'는 부자연스럽다. '-어(요)'는 '-네(요)' 및 '-군(요)'와 다르게 청자의 존재가 전제된 상황에서의 사용이 자연스럽다. '-어(요)'는 화자가 지각한 정보를 인지 체계에 내면화한 후 다른 사람에게 이 사실을 알리려는 의도에서 사용된 것이기 때문이다.

이상으로 '-어(요)'의 명제 정보에 대한 화자의 인지적 태도에 대하여 살펴보았다. '-어(요)'의 명제 내용으로는 [화자의 기지정보]이자 [관념화되지 않은 정보]가 오며, 이를 토대로 '-어(요)'의 핵심 기능을 아래와 같이 정리할 수 있다.

[화자의 기지정보]이면서 [관념화되지 않은 정보]를 말한다.

〈'-어(요)'의 핵심 기능〉

위의 '-어(요)'의 핵심 기능은 4장에서 '-어(요)'의 문법적 특성과 맥락 기능을 자세히 살펴보면서 입증되는 동시에 '-어(요)'의 문법적 특성과 맥락 기능의 원리를 설명하는 연결 고리를 제공할 것이다.

3.2. '-지(요)'의 핵심 기능

선행 연구에서의 '-지(요)'의 의미에 대한 쟁점을 살펴본 후, 《연세구어말뭉치》의 용례와 고찰을 통하여 '-지(요)'의 핵심 기능이 무엇인지를 살펴보도록 하겠다.

고영근(1976:44)에서는 '-지'를 '화자의 주관적 상념'을 표시하는 것으로 보았다. 이 연구에서는 '-어'는 서실적인 것에 비해 '-지'는 서상적이라고 하였다. 여기에서 서실적이라는 것은 현실적, 객관적인 것을 의미하며, 서상적이라는 것은 비현실적 내지 주관적인 것을 의미하는 것으로 볼 수 있다고 하였다. 이러한 언급은 '-어(요)'와 '-지(요)'의 의미를 구체적이고 명확하게 보여주지는 못하지만 2장에서 언급한 '관념화'의 개념에 비추어 어느 정도 관련 고리가 있는 것으로 보인다. 본서에서 '-어(요)'는 '관념화되지 않은 정보'를 '-지(요)'는 '관념화된 정보'를 나타낼 때 쓰인다고 설명하였는데 '관념화되지 않은 정보'는 고영근(1976)에서 언급한 서실적(현실적, 객관적)인 것과 관련이 되며, '관념화된 정보'는 서상적(비현실적, 주관적)인 것과 관련이 되는 것으로 연관 지을 수 있다. 따라서 고영근(1976:44)의 '-어(요)'와 '-지(요)'를 각각 서실적, 서상적인 것으로 기술하고, '-지(요)'를 '화자의 주관적 상념'으로 설명한 것은 본서의 2장에서 '관념화 여부'와 관련하여 '-어(요)'와 '-지(요)'를 기술한 것과 궤를 같이하는 내용으로 볼 수 있다.

장경희(1985)에서는 '-지(요)'의 기본적인 의미를 '이미 앎'으로 파악한 바 있다. '이미 앎'이라는 속성은 본 연구에서 주장하는 '-지(요)'의 핵심 기능 속성 중 하나인 [화자의 기지정보]와 상통하는 개념이다. 장경희(1985)에 의하면 발화시 이전부터 알고 있었던 내용을 말할 때 '-지(요)'가 사용된다고 하였는데, 발화시 이전부터 '알고 있었던 내용'이라는 것은 앞서 '-어(요)'를 설명하면서 제시한 [화자의 기지정보]와 상통하는 바이다. 이와 같이 장경희

(1985)에서 '-지(요)'의 핵심 의미로 제시한 '이미 앎'은 [화자의 기지정보]와 관련성이 크다. 그러나 만약 '-지(요)'의 의미를 '이미 앎' 및 [화자의 기지정보]로만 기술한다면 '-어(요)'와의 차이점을 밝히지 못한다. 이와 관련하여서는 Lee(1991, 1999)에서도 언급한 바 있다. Lee(1999:253)에서는 만약 장경희(1985)에서와 같이 '-지'의 기본 의미를 이미 앎으로만 보게 되면 '-어'와의 구분을 하지 못할 것이라 지적한 바 있으며, 손현선(1996:33)에서도 '이미 앎'이라는 의미는 '-지(요)'나 '-어(요)'를 '-네(요)'나 '-군(요)'와 변별해 주는 의미일 뿐 '-지(요)'의 기본적인 의미가 될 수 없다고 본 바 있다.

이기동(1987:104)에서는 '-지(요)'가 화자는 주어진 명제를 믿는 쪽으로 기울어져 있고, 또 마찬가지로 청자도 주어진 명제를 믿는 쪽으로 기울어져 있다고 화자가 판단할 때 쓰인다고 하였다. 이러한 화자의 명제의 내용에 대한 '믿음'의 관점에서 기술된 논의에는 Lee(1991, 1999)가 있다. Lee(1999)에서는 '-지(요)'를 '수용 표지(committal marker)'라 칭하고, '-지(요)'는 전달되는 명제 정보의 진실성을 믿는 경우에 사용된다고 하였고(Lee 1991:254), 이를 '-지(요)'의 핵심적인 의미로 본 바 있다. 그런데 명제 정보의 진실성을 믿으며 이를 강조할 때 이 종결어미가 사용된다고 하는 설명은 재고될 필요성이 있다. '-어(요)', '-네(요)', '-거든(요)', '-잖아(요)'를 비롯한 다른 종결어미들도 화자가 해당 명제 내용을 사실로 판단하고 믿을 때 사용되는 면이 있기 때문이다. 따라서 이러한 설명은 '-지(요)'와 다른 종결어미들과의 변별점을 명확하게 드러내지 못한다.

한편 최근 노은주(2016)에서는 '-지(요)'가 '상위표상'을 나타낸다고 한 바 있어서 주목할 만하다. 노은주(2016:275)에 따르면 '-지(요)'는 화자가 자신이 가지고 있던 생각(표상)을 상위표상하는 표지로 정의된다고 한다. 상황을 직접 기술하는 것이 아니라 그 상황에 대한 이전 생각들을 상위표상하는 것을 표시한다는 것이다. '상위표상'은 Wilson and Sperber(1988)의 '관련성 이론(relevance theory)'에서 나온 개념으로, 노은주(2016)에서는 이 개념을 통해 서술문, 의문문, 명령문을 새롭게 규정하였다. 상위표상은 유사성에 의해 하는 것이므로 동일한 내용이 아니더라도 관련성이 있는 것을 말함으로써 이루어진다. 이때 이러한 관련성은 화자와 문맥, 청자에 따라 달라질 수 있다.[61] 이러한 노은주(2016)의 '-지(요)'에 대한 설명은 여타 선행 연구에서는 보여주지 못한 '-어(요)'와의 변별점을 기술하는 데에 시사점을 제공하고 있다. '-어(요)'는 현실 세계, 화자의 일차적인 표상을 그대로 반영할 때 사용되는 종결어미라고 하면 '-지(요)'는 일차적으로 표상화한 것을 다시 표상하여 말할 때 사용되는 종결어미로 설명을 하고 있기 때문이다. 이러한 '상위표상'이라는 개념은 본서에서 '관념화'라고 한 것과 궤를 같이하는 것으로 볼 수 있다. '관념화'라는 것은 자신의 인지 체계 내에 내면화한 명제 내용에 대하여 인지적인 강화를 통하여 한 단계 더 높은 차원의 명제를 생성하는 것을 의미하기 때문이다. 따라서 '상위표상'과 '관념화'라는 것이 비슷한 맥락의 개념인 것으로 볼 수도 있겠다. 그러나 분명 이 두 개념이 서로 맞닿아 있는 지점은 있지만 본서에서는 Wilson and Sperber(1988)에서 말하는 '상위표상'은 언어적 현상을 일으키는 원리를 일컫는 개념이며, 특정 어미의 핵심적인 의미나 기능으로 보기에는 어렵다고 본다.

따라서 '-지(요)'가 여러 기능으로 나타나는 양상에 대하여 '상위표상'이라는 언어적인 현상으로 설명될 수 있지만, '-지(요)'의 의미 자질로서 '상위표상'을 상정하기에는 무리가 있다. 또한 '상위표상'이라는 담화적 원리, 언어적 현상이 종결어미 '-지(요)'만을 통해서 이루어지는가에 대해 비판적으로 볼 필요가 있다. '-어(요)'를 비롯한 다른 어미들의 특정 담화-맥락적 의미 또한 상위표상의 원리로 설명될 수도 있기 때문이다. 따라서 분명 '-지(요)' 제반의 언어적 현상들을 '상위표상'이라는 개념으로 설명함으로써 얻는 설명적 효과는 분명 있지만 '-지(요)'의 핵심 의미로 삼기에는 무리가 있다고 판단된다.

이상으로 선행 연구에서 제시된 '-지(요)'의 정의들을 거칠게 나누어 보면 다음의 두 가지 속성으로 분류할 수 있다. 하나는 '이미 앎/내면화된 정보/화자의 기지정보'이고, 다른 하나는 '서상적/화자의 주관적 상념/상위표상/믿음 강조/관념화'이다. 전자는 해당 명제 내용을 화자 자신이 이미 알고 있었

61) '관련성 이론' 및 '상위표상'의 개념에 관련한 자세한 내용은 노은주(2016) 참고.

던 내용인가에 관련한 화자의 인지적인 태도를 나타내고, 후자는 그 지식이 화자의 지식 체계에서 어떤 상태로 존재해 있느냐에 대한 화자의 인지적인 태도와 관련이 되어 있다. 이러한 두 가지 속성을 '-어(요)'의 핵심 기능과의 관련성을 고려하여 정리한다면 각각 [화자의 기지정보]와 [관념화된 정보]로 수렴할 수 있을 것으로 보인다. 이 두 가지 핵심 기능의 속성을 아래에서 살펴보도록 하겠다.

우선 '-지(요)'에 결합된 명제가 [화자의 기지정보]를 표상하는 것을 살펴보기 위해서 '화자의 기지정보'와 '화자의 미지정보'를 명제 내용으로서 말해야 하는 상황을 가정하여 '-지(요)'의 적합성 여부를 살펴보겠다.

(1) 가: 너 어디 가?
  나: ㄱ. 학교 가지.
    ㄴ. 학교 가.
    ㄴ. *학교 가네.
    ㄹ. *학교 가는군.

(2) (처음 가 본 식당에 사람이 많은 것을 보고)
  ㄱ. *이 식당 인기 많지.
  ㄴ. *이 식당 인기 많아.
  ㄷ. 이 식당 인기 많네.
  ㄹ. 이 식당 인기 많구나.

(1)은 자신이 알고 있는 내용에 대해 대답하는 상황에서 '-지(요)'가 적합한지를 살펴본 예이다. 지금 무엇을 하고 있느냐는 상대방의 질문에 자신이 지금 하는 행동에 대하여 대답하고 있다. 이때 자신이 발화시 현재 하고 있는 행동은 상식적으로 봤을 때 당연히 화자 자신의 인지 체계 내에 저장된 정보이다. 따라서 이때 자신의 기지정보를 발화할 때 사용하는 종결어미를 선택해야 하는데 이때 '-지'와 '-어'는 자연스럽지만 '-네'와 '-군'은 어색한 것을 알 수 있다. 한편 (2)는 처음 가 본 식당에 사람이 많은 것을 보고 그 상황을

묘사하는 발화로서 화자는 처음 알게 된 정보를 전달하고 있다. 이와 같이 발화시 당시에 처음 알게 된 사실을 말하는 경우에는 '-지'와 '-어'가 어색하고, '-네'와 '-구나'가 자연스러운 것을 확인할 수 있다.

그렇다면 과연 화자의 청자의 인지 상태에 대한 전제 또한 '-지(요)'에 포함되어 있는가? 손현선(1996), 박재연(2006)을 비롯한 선행 연구에서는 '-지(요)'가 화자가 말하고자 하는 내용을 청자도 역시 알고 있다고 전제하는 상황에서 사용된다고 보았다.

(3) 가: 철수는 어디에 갔어?
나: ㄱ. 병원에 갔지. / ㄴ. 병원에 갔어. (박재연 2006:201, 밑줄은 필자)

박재연(2006:201~202)에서는 위의 예문에서 '-지(요)'가 명제 내용을 청자도 이미 마땅히 알고 있어야 한다고 생각하고 있음을 표현한다고 보았고, '-어(요)'로 대답한 것은 청자에게 단순히 정보를 전달하는 것으로 보았다. 위의 예문의 경우만 놓고 보았을 경우에는 박재연(2006:201~202)에서의 기술과 같이 해석될 수도 있겠다. 그러나 아래의 용례들에서와 같이 '-지(요)'에 화자의 청자의 지식 체계에 대한 미지 가정이 있는 경우를 다수 발견할 수 있다.

(4) ㄱ. 라면도 한 번도 안 먹어 보고, 너무 불쌍하게::, 살았으니까, 군대에서 너무 불쌍하니까, 〈쉼없음〉 내가, 걔를 데려가면서. 라면을 가져갔지, 그래서. 끓는 물도 가져가구, 라면도 가져가구, …(후략)…
(독백_군대)
ㄴ. 그래서 나는 스타 하기 시작했거든, 그러다 보니까 내가 워낙 오락을 좋아하니까. 거기에 인제 오락에 껴 가지구, 하기 시작했지.
(일상대화_대학생의 놀이 문화)

(4)의 발화가 이루어지는 상황은 화자가 말하는 내용에 대하여 청자가 알고 있을 것으로 볼 수 없는 경우이다. (4ㄱ)에서 화자는 청자는 전혀 모르는

화자 자신의 군대에서의 일화를 이야기하고 있으며, (4ㄴ)에서도 청자는 전혀 모르는 화자 자신의 어렸을 때 놀던 습관적인 이야기를 하고 있기 때문이다. 위의 용례에서와 같이 상대방이 전혀 모를 법한 이야기를 상대방에게 진술할 때에도 '-지(요)'가 자연스러운 경우를 확인할 수 있다. '-지(요)'의 이러한 속성은 독백으로 이야기할 때뿐만 아니라 화자의 대화 속에서도 발견된다.

(5) 가: 아썸 회의에서 그러면 기자들도 많이 보고 그랬어요?
나: 어 어. 기자단 숙소에서 내가 일을 했거든.
가: 응.
나: 기자들하, 기자 분들하고 이야기를 한 건 아닌데.
가: 응.
나: 저분들이 뭐, 무슨 일을 하나 옆에서 그냥 지켜볼 수 있는 좋은.
가: 무슨 일을 해?
나: 기사 쓰지.
가: 음::.
나: 기사 쓰고, 재밌었어.
(일상대화_휴식시간)

(6) 가: 아니 그러니까 그게 아예 사서 하지 않겠단 얘기야?
나: 살 수가 없지. 구할려고 해도 구할 수도 없을 뿐더러,
(일상대화_삼십대)

(5, 6)의 밑줄 친 부분은 상대방의 물음에 대한 답으로서 '-지'를 사용하여 발화한 문장들이다. 이때에도 맥락상 화자 '나'가 대화 상대방인 '가'가 해당 명제 내용을 이미 알고 있다고 생각하여 말하는 것으로 볼 수 없음을 파악할 수 있었다. 위의 용례 (5, 6)의 밑줄 친 부분을 각각 '기사 써', '살 수가 없어'와 같이 화자의 청자의 지식 상태에 대한 가정이 없는 종결어미로 바로 앞에서 기술된 '-어'로도 표현될 수 있다.

그러나 일부 용례에서는 손현선(1996), 박재연(2006) 등의 선행 연구에서

언급한 바와 같이 '-지(요)'가 마치 청자의 지식 상태에 대한 기지 가정을 갖는 형태인 '-잖아(요)'와 비슷하게 파악되는 것으로 보이는 사례도 발견되었다.

(7) 가: 나도 그럴 거 같애. 잘 모르겠어. 그냥 그날 하루가 그냥 똑같이 딱 지나간 거 같구 그냥 잘 모르겠어.
나: 내가 그때 기분을 알지.
가: 근데 진짜 허무하더라. 나는 진짜 준비 기간이 되게 짧았잖아::. 진짜. 딱 한 달 전에 딱 사실 식 준비만 한 거니까. 그런 거지만 그래도 하면서 진짜 스트레스가 많았다. 회사 다니면서 준비할려니까 진짜 힘들더라.
나: 힘들지.

(주제대화_연애 에피소드)

(8) 가: 동쪽에서 서쪽으로 흐르는 거 맞아?
나: 한강은, 북에서 남으로 흐르지.

(일상대화_날씨에 대해)

(7)에서 발화자 '가'는 결혼 준비 때문에 힘들다고 하였고, 이에 대하여 화자 '나'는 상대방이 한 말을 그대로 이야기하면서 '힘들지'라고 하고 있다. 이때 '(상대방이)힘들다'라고 하는 밑줄 친 부분의 명제 내용은 화자와 청자 모두 알고 있을 법한 정보이다. 밑줄 친 부분에 앞서 발화자 '나'가 실제로 자기 자신의 힘들었음을 토로했기 때문이다. 따라서 얼핏 보기에 이때에는 '-지'가 '-잖아'처럼 청자가 알고 있는 내용임을 표현한 것으로 볼 수도 있다. 다음 용례(8)의 밑줄 친 부분은 '한강은 북에서 남으로 흐른다'라고 하는 명제 내용을 청자가 '알아야 한다고' 전제하여 말하는 것으로 보이기도 한다. 이러한 화자의 태도는 '-잖아(요)'에서도 발견된다. 이러한 '-지(요)'의 용례를 보면 '-잖아(요)'와 큰 차이가 없는 것으로 보인다.

이와 같이 '-지(요)'는 (7, 8)의 '-잖아(요)'처럼 청자가 해당 명제 내용을 알고 있을 것이라 가정하는 듯이 보이는 경우에 사용되는가 하면, (4~6)에서처럼 청자가 해당 명제 내용을 모르고 있을 거라 가정하는 경우에도 사용된다.

이렇게 반대되는 경우에 모두 사용되는 양상을 보일 수 있다는 것은 오히려 '-지(요)'에는 아예 청자의 지식 상태에 대한 화자의 태도가 필수적으로 포함되어 있지 않는 것으로 볼 수 있는 여지를 준다. 화자가 청자의 지식 상태에 대해 처음부터 가정하고 말하는 것이 아닐 수도 있다는 가능성을 보이는 것이다. 즉 '-지(요)'라는 언어 형식 자체에는 청자의 지식 상태에 대한 화자의 태도가 포함되어 있지 않지만, 맥락상의 용인으로 인하여 이와 같은 해석을 유발할 수 있다고 보는 것이 '-지(요)'의 핵심 기능을 설명하는 데 바람직하다고 보인다. 임동훈(2008:244)에서도 이러한 '-지(요)'의 특징을 언급하면서 '-지(요)'의 청자 지식에 대한 기지가정의 의미는 맥락 의존적인 것으로 보아야 한다고 한 바 있다. 이와 같이 '-지(요)'의 핵심 기능으로 청자의 지식 상태에 대한 기지가정을 포함할 수 없다는 것은 앞으로 4장에서 기술할 '-지(요)'가 의문문에서의 쓰임이 가능한 이유를 살펴보면 더욱 확실하게 알 수 있다.

지금까지 '-지(요)'는 '-어(요)'와 마찬가지로 [화자의 기지정보]를 표현할 때 사용되며 청자 지식 상태에 대한 전제는 포함되어 있지 않음을 살펴보았다. 하지만 그렇다고 해서 평서형의 문장에서 사용된 '-어(요)'와 '-지(요)'가 완벽하게 동일한 양태를 나타내는 것은 아니다. 앞서 설명한 바와 같이 관념화의 여부에 따라 이들을 가를 수 있다.

(9) 가: 졸업 학점 때문에.
　　나: 아 마음이 흔들리고 있어 어떡해. 그냥 다녀?
　　가: 휴학하면 나중에 후회한다니까.

(일상대화_식사 중 대학생 3인)

(9)의 밑줄 친 부분은 졸업 학점 때문에 휴학할지 말지를 고민하는 상황에서 자신의 현재 심정을 묘사하고 있는 발화이다. 이러한 경우에는 발화시 당시의 자신의 심정을 단순하게 그대로 표현하면 되며, 이러한 자신의 현재 심정을 관념화하여 말할 이유가 없다. 이러한 때에는 위의 밑줄 친 부분에서 종결어미 '-어(요)'를 '-지(요)'로 교체하여 말하게 되면 매우 어색함을 알 수 있

다. 그러나 아래의 용례 (10)과 같이 단순한 현재 심정이 아닌 어떤 명제에 대한 가치 판단이 이루어진 후에는 '-지(요)'의 사용이 자연스럽다.

(10) 군대 갔다 왔으면 당연히 육 년이지, 바보 아냐?

(일상대화_교육에 대해)

(10)이 발화된 상황은 화자가 관념화된 지식으로 청자에게 강조하여 알리려고 하는 의도를 가지고 있는 것으로 볼 수 있다. 군대를 다녀온 것을 계산해 보면 당연히 6년이라는 것, 즉 자신의 인지 체계에 관념화된 내용을 말하는 상황으로 이때에는 '-지'가 사용된 것이 자연스러우며, '-어'로 교체하면 부자연스러운 것을 알 수 있다.

이와 같이 결합되는 명제 내용이 [관념화된 정보]를 표상하는 경우에 '-지(요)'가 선택된다는 사실은 공기하는 부사어의 의미, 결합되는 용언의 의미, '의심'의 의미를 나타내는 부사 '설마'와 결합하였을 때의 의미의 해석 양상, 결합되는 우언적 구성의 의미 등을 살핌으로써 확인할 수 있다.

첫째로, '-지(요)'의 용례가 자신의 판단이 당연하며, 이치에 합당하다는 태도를 나타내는 부사어 '당연히'와 공기하는 경우를 많이 발견할 수 있었다.

(11) ㄱ. 고유한 우리말을 한자로 쓸 수 있다 생각했더니 당연히 못 쓰죠.

(강연_한국어의 형태론적 이해)

ㄴ. 응:: 뭐~, 이 년 단축해 준다는데 〈웃〉 당연히 좋아하지!

(주제대화_대통령 선거)

(11)은 '-지(요)'가 '당연히'와 공기하여 사용된 발화문의 예를 보이고 있다. 그런데 이 밑줄 친 부분에서 종결어미 '-지(요)'를 '-어(요)'로 교체하면 다소 어색한 문장이 된다. 이와 같이 '-지(요)'는 '당연히'라는 부사어와의 공기가 빈번하였다. 이러한 양상은 '당연히'의 사전적 의미가 '일의 앞뒤 사정을 놓고 볼 때 마땅히 그러하게'인 점을 생각해 보면 '-지(요)'가 관념화된 정보

를 전달할 때 선택된다는 것을 시사한다.

둘째로, '-지(요)'에 결합되는 용언 중 '당연하다', '물론이다'와 같이 당위성을 나타내는 어휘가 많다는 사실을 통해 '-지(요)'의 핵심 기능을 확인할 수 있다.

(12) ㄱ. 내가 그런 게 아니라 교수님 두 분이 갑자기 쳐다보면서 와서 배우면 되잖아요, 〈/웃〉 되게 지쳤었나 봐::, 당연하지::, 학생 하나에 삼십 분을 했는데.

(독백_대학교)

ㄴ. 아 물론이지. 그게 문제야 그게.

(일상대화_삼십대)

(12ㄱ, ㄴ)의 밑줄 친 부분에서 화자는 각각 '당연하지', '물론이지'라고 말하면서 해당 발화 내용의 당위성을 말하고 있다. 이때 '-지'를 '-어'로 교체하면 해당 발화는 맥락상 어색해진다. (12ㄱ, ㄴ)의 상황에서는 화자가 해당 내용에 대한 당위성을 정당성을 보여주어야 하기 때문이다. 이러한 당위성 및 정당성을 표현하기 위해서는 관념화된 정보를 나타내는 '-지(요)'가 쓰이는 것이 자연스럽다.

셋째로, '설마'라는 부사가 '-지(요)'와 공기하였을 때와 '-어(요)'와 공기하였을 때의 해석이 달라지는 양상을 통해 '-지(요)'가 [관념화된 정보]를 핵심 속성으로 하고 있다는 점을 유추할 수 있다.

(13) ㄱ. 설마 영수가 합격하겠어?

ㄴ. 설마 영수가 합격하겠지?

(한길 1986:26)[62]

62) (13)은 한길(1986:26)에서 '-어(요)'와 '-지(요)'가 서로 교체되어 사용될 수 있지만 이들의 사용으로 인하여 문장의 의미가 달라짐을 보여주기 위해 제시한 것이지만 이 연구에서는 왜 이러한 의미 차이가 나는지는 설명하지 않았다.

(13ㄱ)에서 화자는 영수가 합격할 수 없을 거라 전제하고 이에 반대되는 일은 일어나지 않을 것임을 표현하고 있고, (13ㄴ)에서 화자는 영수가 당연히 합격할 수 있을 거라 전제하고, 이것에 반대되는 일은 일어나지 않을 것임을 표현하고 있다. '설마'라는 부사는 '그럴 리는 없겠지만'을 의미하며 부정적인 추측을 강조할 때 쓴다. 여기에서 '설마'의 의미가 어디에 영향을 미치는지를 살펴보자. (13ㄱ)에서 '설마'라는 부사의 의미는 영수가 합격하는 사건 내부에 영향을 미치는 것을 알 수 있다. 즉 '[[[설마 영수가 합격하]겠]어]'의 범위로 영향이 미치는 것을 알 수 있다. 한편 (13ㄴ)에서는 영수가 합격할 거라는 화자의 믿음은 굳건하며, 그러한 명제 자체에 '설마'라는 부사의 의미가 덧붙는 것으로 해석된다. 즉 '[설마 [영수가 합격하겠지]]'의 범위로 영향이 미치는 것을 알 수 있다. 이러한 의미 해석의 차이를 보이는 이유는 '-지(요)'에 결합된 명제는 '-어(요)'와 다르게 관념화된 정보라는 점 때문인 것으로 설명될 수 있다. '설마'는 의심의 태도를 나타내는데 '-지(요)'는 화자의 관념화와 관련된 형태로서 화자의 명제 내용에 대한 높은 믿음, 확신의 정도를 함의한다. 그런데 '-지(요)'에 의해 관념화된 내용과 '설마'의 의미는 서로 상반된다. 따라서 (13ㄴ)에서 '설마'가 '영수가 합격하겠다'라는 명제 내용에 영향을 끼치지 않는 것으로 보인다. 이것은 위의 (13ㄱ, ㄴ)의 '설마'의 위치를 옮겨 보거나 쉼표의 삽입이 자연스러운 정도를 가늠해 봄으로써 다시금 확인할 수 있다.

(13′) ㄱ. 영수가 설마 <u>합격하겠어?</u>
ㄴ. 영수가 설마, <u>합격하겠지?</u>

(13′ㄱ)과 같이 '-어(요)'로 끝난 경우 '설마'의 위치를 서술어 바로 앞에 놓이게 하는 것이 자연스럽지만 (13′)에서와 같이 '-지(요)'로 끝난 경우에는 '설마'를 서술어 바로 앞에 놓이게 하려면 쉼표가 삽입되는 것이 자연스럽다. 이와 같이 '-어(요)'에 결합된 명제는 관념화되지 않았으므로 의심을 나타내는 '설마'라는 의미가 개입될 수 있지만 '-지(요)'에 결합된 명제는 관념화되었음을 나타내므로 거기에 의심을 나타내는 '설마'가 개입되면 모순이 일어난다.

넷째로, '-지(요)'는 명제 내용을 명사화하여 표현할 때 사용되는 '-는 것이-'와 같은 구성과 결합하는 경우를 다수 발견할 수 있는데, 이는 '-지(요)'가 '-어(요)'와는 다른 [관념화된 정보]를 나타낸다는 것을 암시한다.

(14) 그런 식의 대화기 때문에, 어떤, 〈목청가다듬〉 내 방식이 꼭 옳다는 소리 아니고요, 내 〈들숨, 스〉 그니까 나의 마음이 이렇단 얘기죠. 이런 거죠.
(대인관계_상담)

(14)의 밑줄 친 부분에서 화자는 '-는 것이-' 구성을 통하여 명제 내용을 명사화하여 표현하고 있다. 박나리(2012:251)에 따르면 '-는 것이-'는 문장을 명사화시키는 표현인데, 명사화는 동적인 사태를 사태 안에서 바라보는 것이 아니라 외부에서 하나의 동질적이고 고정적인 것으로 개념화시켜 바라보게 하는 메커니즘으로써, 요해적(了解的)이고 외망적(外望的)인 화자의 시점을 보여준다고 하였다.[63] 이와 같이 '-는 것이-'는 화자가 해당 문장의 내용을 외부의 시각에서 개념화할 때 사용되는 것으로 이해될 수 있는데, 이러한 '-는 것이-'의 의미는 '-지(요)'의 핵심 기능의 속성 중 하나인 [관념화된 정보]와도 매우 밀접한 관련을 맺는다. 관념화된 정보는 화자의 반복적이고 지속적인 인지 활동 및 확신을 통해 형성이 되는데 이를 통해 화자는 어떤 '관념'을 형성하게 되고, 이 관념은 '개념'과 동일시될 수 있기 때문이다. '개념'의 〈표준국어대사전〉에서의 뜻풀이를 살펴보면 '〈철학〉 여러 관념 속에서 공통된 요소를 뽑아내어 종합하여서 얻은 하나의 보편적인 관념. 언어로 표현되며, 일반적으로 판단에 의하여 얻어지는 것이나 판단을 성립시키기도 한다.'이다. '관념'이라는 말이 '개념'을 설명하기 위한 술어로 설명될 만큼 이 두 용어는 비슷한 의미를 가지고 있다. 이와 같이 '개념화'를 나타내는 '-는 것이-'가 '-지(요)'와 결합되는 경우가 많다는 것은 '-지(요)'의 핵심 기능을

63) 따라서 박나리(2012:251)에서는 요해적이고 외망적인 화자 시점을 함의한다는 것은 '그러므로', '따라서', '마침내', '즉' 등과 '-는 것이-'가 흔히 공기되는 현상을 통해 확인된다고 하였다.

'관념화'로 보는 것을 가능하게 한다.

이상으로 '-지(요)'의 핵심 기능에 대하여 살펴보았다. '-지(요)'의 명제 내용으로 화자의 인지 체계에 저장된 [화자의 기지정보] 및 [관념화된 정보]가 오며, 이를 토대로 '-지(요)'의 핵심 기능을 아래와 같이 정리할 수 있다.

[화자의 기지정보]이면서 [관념화된 정보]를 말한다.

〈'-지(요)'의 핵심 기능〉

위의 '-지(요)'의 핵심 기능은 4장에서 '-지(요)'의 문법적 특성과 맥락 기능을 자세히 살펴보면서 입증되는 동시에 '-지(요)'의 문법적 특성과 맥락 기능의 원리를 설명하는 연결 고리를 제공할 것이다.

3.3. '-네(요)'의 핵심 기능

선행 연구에서 기술된 '-네(요)'의 기능은 크게 세 가지로 나눌 수 있다. 첫째는 '감탄'이나 '놀람'을 나타내는 문장종결법적 기능, 둘째는 '새로 앎', '현재 지각'의 화자의 인지 상태를 나타내는 기능, 셋째는 인식 양태의 하위 범주인 증거성을 나타내는 기능이 그것이다.[64] 각각의 기능을 언급한 선행 연구들에 대하여 살펴보겠다.

첫째로, '-네(요)'에 '감탄'이나 '놀람'을 나타내는 문장종결법적 기능이 있는 것으로 본 선행 연구에는 고영근(1989), 윤석민(2000), 남기심·고영근(1985) 등이 있다. 그러나 《연세구어말뭉치》를 통해 확인한 결과 '-네(요)'가 '감탄'이나 '놀람'의 의미를 직접적으로 나타내는 경우의 빈도는 매우 낮게 나타났으며, '-네(요)'뿐만 아니라 '-어(요)'나 '-잖아(요)'와 같이 다른 형태

64) 이러한 분류에 속하지 않는 연구로 정경숙(2012, 2014, 2016) 등이 있다. 정경숙(2012)에서는 '-네(요)'를 의외성 및 공간 직시 시제 표지, 정경숙(2014)에서는 단언 서법 표지, 정경숙(2016)에서는 지식의 출처로 기술하고 있다.

를 통하여서도 나타나는 담화적인 기능으로 볼 여지가 있다. 또한 '감탄'이나 '놀람'과 같은 기능은 계열관계에 있는 '-어(요)', '-지(요)' 등의 종결어미들과의 대립 관계를 밝히는 데에 있어 도움이 되지 못하므로, 재고의 여지가 있다.

둘째로, '-네(요)'에 '새로 앎', '현재 지각' 등과 같이 화자의 인지 상태를 나타내는 기능이 있는 것으로 파악한 연구에는 장경희(1985), 한길(1991), Lee(1991), 손현선(1996), 박재연(1998, 1999, 2006, 2013, 2014), 신선경(2001), 박나리(2004), 이종희(2004) 등이 있다. '-네(요)'를 이와 같이 화자의 인지적인 태도와 관련하여 기술한 것은 본서의 관점과 궤를 같이하며, '-어(요)' 및 '-지(요)', '-군(요)'와의 변별 지점을 설명하기에 적합한 것으로 보인다. '-네(요)'의 기능으로 언급된 것 중 '새로 앎'은 해당 명제 내용이 화자의 지식 체계에 내면화되지 않은 상태임과 동일시할 수 있으며, 이는 '-어(요)' 및 '-지(요)'의 핵심 속성 중 하나인 [화자의 기지정보]와 대립의 관점에서 [화자의 미지정보]로 기술될 수 있겠다.

셋째로, '-네(요)'를 '증거성' 또는 '의외성'과 같은 인식 양태의 하위 범주 표지로 기술한 연구에는 송재목(2007, 2011, 2014, 2015), 임채훈(2008), 정인아(2010), 박진호(2011), 김진웅(2012) 등이 있다. 2장에서의 논의에 따르면 '증거성'은 '내면화(의외성)'에서 파생되는 개념으로 볼 수 있다.[65] 즉 내면화되지 않은(의외성을 지닌) 명제 내용을 말할 때 사용되는 언어 형식은 필연적으로 '증거성'을 지니기 마련이고,[66] 내면화된(의외성이 없는) 명제 내용을 말할 때에는 해당 정보가 화자의 '지식 체계' 내지는 '기억'에서 오기 때문에 필연적으로 '증거성'을 가지지 않는 것으로 보인다. 따라서 본서에서는 '증거성', '의외성'이라는 개념 대신 화자 자신의 지식 체계에 해당 명제 내용으로 내면화하였는지의 여부에 따른 대립을 통한 개념인 '화자의 기지정보' 및 '화자의 미지정보'로 비격식체 종결어미의 핵심 기능을 설명하기로 한다.

이와 같이 선행 연구들에서 언급하고 있는 '-네(요)'의 여러 기능 중에서

65) 2장에서 '내면화(의외성)'와 '증거성'의 이러한 관계에 대하여 논의한 바 있다.

66) 명제 정보에 대한 증거가(증거성 이론에서 증거의 하위로 분류되는) '감각', '추론', '내성', '전언' 중에 하나이기 마련이다.

핵심 기능으로서 적합한 '새로 앎'과 '현재 지각'을 받아들여 이들을 검증해 보고자 한다. 이 용어는 본서의 관점에 맞추어 각각 [화자의 미지정보]와 [현재 지각한 정보]로 기술하도록 하겠다. 그런데 명제 내용이 '현재 지각한 정보'라는 것은 필연적으로 그 명제가 '화자의 미지정보'임을 내포하고 있다. 어떤 사실을 현재 지각하여 말한다는 것은 명제 내용이 화자의 기억, 즉 내면화된 정보가 아닌 발화시 당시 획득한 정보라는 것을 함의하기 때문이다. 따라서 '-네(요)'의 핵심 기능으로 [현재 지각한 정보]라는 술어만 택할 수 있으나 본서에서는 '-네(요)'와 '-군(요)'가 '-어(요)'와 '-지(요)'와 화자의 지식 체계에 내면화되었는지의 여부에 따라 서로 변별될 수 있음을 명확히 하기 위하여 '-네(요)'의 핵심 기능을 명시할 때 [화자의 미지정보] 및 [현재 지각한 정보]라는 두 용어를 사용할 것이다. 아래에서 이러한 '-네(요)'의 두 핵심 기능에 대하여 기술하겠다.

첫째로, '-네(요)'가 [화자의 미지정보]와 결합하는 양상을 용례를 통해 살펴보겠다.

(1) ㄱ. 라면은 맛있네요. 떡은 뭐~, 그냥 그렇구.

(일상대화_식사 중 회사원 3인)

ㄴ. 어! 너 진짜 〈tr〉 장 〈/tr〉 배 나왔네 너! 어우::

(일상대화_대학생 4인 잡담)

(1ㄱ)에서 화자는 식당에서 라면을 맛본 후에 발화시 당시 깨달은 라면 맛에 대하여 '-네요'로 이야기하고 있다. (1ㄴ)에서는 청자의 배를 보고 배가 많이 나온 사실을 발화시 당시 깨닫고 해당 명제 내용을 '-네'에 결합하여 발화하고 있다. 감탄사 '어!'를 통해 화자가 해당 내용을 처음 알고서 놀랐다는 사실을 유추해 볼 수 있다. (1ㄱ)에서는 화자의 '미각', (1ㄴ)에서는 화자의 '시각'으로 획득한 정보를 명제 내용으로 하고 있다. 즉 공통적으로 화자의 감각을 통해 지각한 정보에 '-네(요)'가 결합하였다. 이와 같이 '-네(요)'에 결합되는 명제 내용은 화자의 지각을 통해 획득한 새로운 정보임을 알 수 있다.

이러한 '-네(요)'의 속성은 앞서 밝힌 [화자의 기지정보]를 명제 내용으로 할 때 사용되는 '-어(요)'와 '-지(요)'와는 어떻게 다른지를 비교해 보면 더 명확히 드러날 것이다. 이를 위해 위의 용례 (1)에서 '-네(요)'를 '-어(요)'와 '-지(요)'로 교체하여 비교해 보도록 하겠다.

(1′) ㄱ. 라면은 <u>맛있어요/맛있지요</u>. 떡은 뭐~, 그냥 그렇구.
ㄴ. 어! 너 진짜 〈tr〉 장 〈/tr〉 배 <u>나왔어/??나왔지</u> 너! 어우::

(1′)은 위의 용례 (1)의 '-네(요)'를 '-어(요)'와 '-지(요)'로 교체한 것이다. '-네(요)'를 '-어(요)'로 교체한 경우 어색한 문장이 되지는 않으나 의미가 달라진다. 용례 (1ㄱ)에서는 라면을 처음 먹고 자신이 지각한 내용을 표현하기 위하여 발화한 것이라면, (1′ㄱ)은 화자가 라면을 먹은 후 라면에 대한 정보를 청자에게 알려주기 위하여 발화한 것으로 들린다. 즉 (1ㄱ′)은 화자의 기지정보를 말하는 것으로 해석된다. 보통 어떤 정보를 청자에게 제공하는 경우에, 발화시 당시 지각한 불완전한 상태의 정보를 청자에게 제공하기보다는 자신이 알고 있는 것에 대해 전달할 가능성이 높다는 것을 생각해 보면 이와 같은 해석이 가능하다. 이와 같이 (1′ㄴ)의 '-어(요)'로 끝난 발화문 또한 상대방이 배가 나온 것을 당시에 발견하고 청자에게 알리기 위하여 화자 자신의 기지정보인 것으로 표현하기를 선택하여 말하는 것으로 볼 수 있다.[67][68]

한편 (1′ㄱ)에서는 종결어미를 '-지(요)'로 교체한 발화문이 자연스러우나 (1′ㄴ)에서 '-지(요)'로 교체한 발화문은 위의 상황에서의 적절성이 다소 낮게

67) 그러나 이러한 '-네(요)'와 '-어(요)' 발화문의 해석은 다소 자의적으로 느껴질 수 있으며, 용례 (1)의 의미와 (1′)의 '-어'로 끝난 문장의 의미 차이는 그다지 크게 느껴지지 않을 수 있다. '-네(요)'와 '-어(요)'의 의미 차이는 4장에서 문법적 특성(특히 주어 인칭과 결합 용언의 양상)을 기술한 것에서 명확히 드러날 것이다.

68) 이와 같이 '내면화'라는 인지 과정은 순간적으로도 이루어질 수 있는 것이므로 화자는 자신의 발화 목적(놀람 표현하기, 청자에게 정보 제공하기 등)에 따라 동일한 명제 내용(라면은 맛있다, 너는 배가 나왔다)을 [화자의 미지정보]로 표현하거나 또는 [화자의 기지정보]로 표현할 수 있다. 이때 선택에 관여하는 것은 각각의 선택으로 인하여 발생되는 맥락 기능에 대한 화자의 고려이다.

나타난다. 이러한 차이가 발생하는 이유에 대해서는 앞서 살펴본 '-지(요)'의 핵심 기능인 [화자의 기지정보], [관념화된 정보]가 위 예문 (1′)의 발화 상황에서의 명제 내용과 어울리는 속성인지를 생각해 보면 알 수 있다. (1′ㄱ)의 상황은 어떤 식당에서 처음 먹어보는 라면에 대한 맛을 보고 그 라면에 대해 지각한 내용을 말하는 상황이다. 그런데 여기에서 만약 화자가 '라면은 언제나 맛있다'라는 명제를 자신의 머릿속에 관념화하여 보유하고 있었다면 라면을 먹은 후에 (1′ㄱ)에서와 같이 '라면은 맛있지요'라고 발화하는 것이 자연스럽다. 그러나 (1′ㄴ)에서는 깜짝 놀람을 표시하는 감탄사 '어'가 발화에 포함되어 있다. 즉 발화시 당시에 알게 된 내용이 오는 것이 자연스러우므로, 명백한 내면화된 정보 및 관념화된 정보를 가리키는 '-지(요)'로의 교체는 부자연스러운 것이다.

이와 같이 '-네(요)'를 [화자의 기지정보]를 표현하는 '-어(요)' 및 '-지(요)'로 교체하게 되면 원래의 의미와 달라지거나 어색하게 된다는 점을 살펴봄으로써 '-어(요)' 및 '-지(요)'와 대비되는 '-네(요)'의 [화자의 미지정보]라는 핵심 기능 속성을 알아보았다.

다음으로 '-네(요)'가 [현재 지각한 정보]를 핵심 기능으로 하고 있음을 살펴보겠다. 이를 알아보기 위하여 《연세구어말뭉치》에서 출현한 '-네(요)'의 용례들을 화자가 해당 명제 정보를 어떻게 획득하였는지, 그 증거의 유형을 분류하여 볼 필요가 있다. 비록 본서에서 '증거성의 유형'에 대하여 큰 의미를 두고 있지는 않으나 '-네(요)'의 [현재 지각한 정보]가 어떠한 밑바탕을 가지고 있는 것인지를 살펴볼 필요가 있다.

'-네(요)' 발화문의 명제 내용의 증거는 크게 세 가지로 나뉠 수 있다. 화자의 '감각', '내성', '추론'이 그것이다. 첫째로 '감각'은 다시 '시각', '청각', '촉각', '미각', '후각'으로 나뉘어졌고, 이러한 감각들이 복합적으로 나타난 경우도 발견되었다. 둘째로 '내성'은 '감정'과 '인지 상태 및 생각'으로 나뉘어졌다. '내성(內省)'이란 〈표준국어대사전〉에 따르면 '자기 관찰' 즉, '자신의 심리 상태나 정신의 움직임을 내면적으로 관찰하는 일'을 뜻한다. 셋째로, '추론'은 '지각을 바탕으로 한 추론', '논리를 바탕으로 한 추론', '전언을 바탕으

로 한 추론'으로 나뉠 수 있었다. 이러한 내용을 용례와 함께 정리하면 아래의 〈표 4〉와 같다.[69)]

〈표 4〉 '-네(요)'의 증거 유형

증거의 유형	증거의 세부 유형	의미와 예문
감각	시각	• 시각을 통해 얻은 증거 예 진짜 미역국이 나오네. (일상대화_미팅)
	청각	• 청각을 통해 얻은 증거 예 '별이 쏟아지네' 노래 나오네. (주점대화_대학생 3인)
	촉각	• 촉각을 통해 얻은 증거 예 맥주가 별로 안 차갑네. (일상대화_미팅)
	미각	• 미각을 통해 얻은 증거 예 라면은 맛있네요. (일상대화_식사 중 회사원 3인)
	후각	• 후각을 통해 얻은 증거 예 맛있는 냄새가 나네.[70)]
	복합적 감각	• 시각, 청각, 촉각, 미각, 후각의 감각 증거가 복합적으로 나타난 경우 예 어 몸이 안 움직이네. (일상대화_날씨에 대해)
내성	감정	• 화자 자신의 감정을 증거로 하는 경우 예 아~ 잠깐만. 녹음하다 보니 기분이 나쁘네. (주제대화_연애 에피소드)

69) 조민정(2017:89~91)에서도 '-네(요)'의 증거 유형에 따라 '-네(요)'의 세부 유형을 나눈 바 있다. 그러나 세부적인 분류는 본서의 논의와 차이가 있다.

70) '후각'을 통한 증거성을 나타내는 용례를 《연세구어말뭉치》에서 찾을 수 없었으므로 본서에서 만든 예문을 넣었다.

	인지 상태 및 생각	• 화자 자신의 인지 상태나 생각 예 아직도 안 땄었어? 난 몰랐네. (일상대화_운전면허에 대해) 예 아 그렇게 따지면 나도 그거 취미네. (일상대화_취미)
추론	지각 추론	• 시각, 청각, 촉각 등의 감각으로 얻은 정보를 바탕으로 한 추론 증거 예 모범생 됐네. (일상대화_강의 시작 전 7인) 예 어머나, 영이가 또 감기에 걸렸네. (강연_크리스천의 대화)
	논리 추론	• 자신이 알고 있는 것을 바탕으로 한 추론 증거 예 뭐~ 이십 분 차이네. (전화대화) 예 그러고 보니깐 내일 어학당도 없네. (주제대화_일상)
	전언 추론	• 상대방으로부터 들은 것을 바탕으로 한 추론 증거 예 가: 장난 아니었어 진짜 조폭, 그날. 나: 안 가길 잘했네. (주제대화_이야기 만들기)

그런데 위 〈표 4〉의 증거 유형의 대분류인 '감각', '내성', '추론' 중에 '감각'은 '지각'이라는 '-네(요)'의 핵심 기능과 바로 연결 지을 수 있으나, '내성'과 '추론'은 '지각'이라는 활동과 다소 거리가 있는 것으로 보일 수도 있다. 그러나 '내성'과 '추론'은 모두 '지각'이라는 인지 활동을 바탕으로 하여야 획득될 수 있는 증거의 유형들이다.

(2) ㄱ. 아~ 잠깐만. 녹음하다 보니 기분이 나쁘네.

(주제대화_연애 에피소드)

ㄴ. 뭐~ 이십 분 차이네.

(전화대화)

(2ㄱ)은 '내성'을 증거로 한 발화문의 예이며, (2ㄴ)은 '추론'을 증거로 한 발화문의 예이다. 그런데 모두 발화시 당시의 지각을 통해 획득한 정보에서 시작하여 들게 된 생각 및 추론으로 인하여 얻게 된 명제 내용이다. 따라서 비록 어떤 발화문 명제 내용의 증거 유형이 '내성'이나 '추론'이 주된 것이라 할지라도 기본적으로 화자의 감각을 통한 지각의 과정이 선행되어야 획득될 수 있으므로 이들을 모두 [현재 지각한 정보]로 볼 수 있다.

이러한 '-네(요)' 명제의 [현재 지각한 정보]의 핵심 속성은 '-군(요)'의 [깨달은 정보]와 대비되어 나타난다. '-네(요)'와 '-군(요)'는 공히 [화자의 미지정보]를 명제 내용으로 하지만 '-네(요)'는 [현재 지각한 정보]를, '-군(요)'는 [깨달은 정보]를 나타냄으로써 변별된다.

(3) ㄱ. 아니 뭐~. 고기도 있구, <u>어! 문 닫았네</u> 여기,

(일상대화_대학생 4인 잡담)

ㄴ. 가: 우리들한테 만일에 내가 너처럼 수업이 없으면 후배 데리고서 이렇게 좋은 날::, 후배가 심심해하는데

나: <u>그래서 그렇게 복장 터지게 하고 발끈하게 했구나::</u>,

(주제대화_영화와 배우)

(3ㄱ)은 식당 문이 닫은 것을 발화시 당시 시각적으로 지각하여 말한 용례이며, (3ㄴ)은 상대방의 말을 들은 후에 비로소 깨닫고 이해하게 된 내용을 말한 용례이다. (3ㄱ)은 현재 지각한 내용을 말하며, 이때 선택된 종결어미는 '-네(요)'이며, (3ㄴ)에서는 어떤 정보를 단순히 '지각'을 한 경우는 발화시 이전이지만 인식 과정을 거쳐 그 정보에 대한 깨달음에 다다른 것은 발화시 당시임을 나타내며 이때 선택된 종결어미는 '-군(요)'이다.

(3ㄱ, ㄴ)에서 사용된 종결어미인 '-네(요)'와 '-군(요)'를 상호 교체하는 것이 가능한지 살펴보면, (3ㄱ)에서 '-네(요)'를 '-군(요)'로 교체하는 것은 자연스럽지만 (3ㄴ)의 '-군(요)'를 '-네(요)'로 교체하면 적절성이 떨어진다. 그 이유는 '-네(요)'는 화자가 명제 정보의 증거를 반드시 직접 지각한 경우에만 사

용되기 때문이다. (3ㄱ)에서는 화자가 직접 명제 내용인 '문을 닫았다'라는 정보를 자신의 눈으로 목격하여 그 증거를 획득하였다. 그러나 (3ㄴ)에서는 '복장 터지게 하고 발끈하게 했다'라는 정보에 대한 증거를 자신의 감각 기관을 통해 직접 획득한 것이 아니라 상대방의 발언을 통해 얻었다. (3ㄴ)의 '-군(요)'의 명제 내용은 화자의 직접 지각을 통한 정보가 아닌 것이다. 그러므로 (3ㄴ)의 '-군(요)'는 '-네(요)'로 교체되는 것이 불가능하다.

이상으로 '-네(요)'의 핵심 기능에 대하여 살펴보았다. '-네(요)'의 명제 내용으로 [화자의 미지정보]이면서 [현재 지각한 정보]가 오며, 이를 토대로 '-네(요)'의 핵심 기능을 아래와 같이 정리할 수 있다.

[화자의 미지정보]이면서 [현재 지각한 정보]를 말한다.

〈'-네(요)'의 핵심 기능〉

위의 '-네(요)'의 핵심 기능은 4장에서 '-네(요)'의 문법적 특성과 맥락 기능을 자세히 살펴보면서 입증되는 동시에 '-네(요)'의 문법적 특성과 맥락 기능의 원리를 설명하는 연결 고리를 제공할 것이다.

3.4. '-군(요)'의 핵심 기능

선행 연구들에서 '-군(요)'의 의미는 '-네(요)'와 더불어 그 양태적 의미와 특징이 활발히 연구된 바 있다. '-군(요)' 의미 연구의 시초는 이 종결어미를 '감탄형' 어미로 파악한 데에 있다. 한국어의 문장 유형에 감탄문이 있다고 보는 입장의 연구들은 바로 이 '-군(요)' 계열의 존재 등을 이유로 들어 주장하였다.[71)]

71) 노대규(1983)에서는 '-군', '-구먼요', '-구려' 등이 존재하며, 이들 감탄문 종결어미들의 통사적, 화용-의미적 특성이 평서형 어미들과 다름을 근거로 하여 한국어에 감탄문이 있음을 주장하였다.

선행 연구에서의 '-군(요)'의 의미는 '처음 앎'(장경희 1985, 박재연 2006), '깨달음'(한길 2004), '추론 지각'(노대규 1983, 김유정 2006), '새로운 인식'(윤석민 2000), '현재 지각'(이종희 2004), '사유 과정을 동반한 인식'(박재연 2014) 등과 같은 키워드로 정리될 수 있다. 이는 모두 화자의 인지적인 활동과 관련된 어휘로서 화자가 해당 명제 정보를 어떻게 받아들이는가에 대한 고찰을 통해 '-군(요)'의 의미를 설명할 수 있음을 시사한다. '-군(요)'는 인간의 인지 과정의 어느 국면을 표현하고 있는 것인지 살펴보겠다. 앞서 2장에서 밝힌 바와 같이 '-네(요)'는 '지각한 정보'를 말할 때 사용되는 반면, '-군(요)'는 '지각'의 단계보다 좀 더 깊은 인지 과정에 관여된 '인식된 정보'를 말할 때 사용한다. 선행 연구를 통한 고찰과 《연세구어말뭉치》의 출현 용례를 살핀 결과 본서에서는 이러한 '-군(요)'의 핵심 기능을 [화자의 미지정보], [깨달은 정보]로 파악하였다. 아래의 기술을 통해 이를 살펴보도록 하겠다.

선행 연구에서의 '-군(요)'의 의미에 대한 언급에서 장경희(1985)의 '처음 앎', 한길(1991, 2004)의 '새로이 깨달음', Lee(1991)의 'Unassimilated marker(비동화/비내면화 표지)', 고창운(1995)과 박재연(1999, 2006)의 '새로 앎', 박재연(2014)의 '사유 과정을 동반한 인식'을 주목할 필요가 있다. 공통적으로 '-군(요)'는 발화시 이전에 획득한 지식이 아닌 발화시 당시 화자가 알게 된 정보를 말할 때 사용된다고 하고 있다.[72]

(1) 간장 마이크::라고 들어 봤니? 간장 마이크, 아 니네들 〈웃〉 표정 보니까 아직 설명 안 했구나.

(수업대화_오디오EQ)

(2) 가: 교묘하게 자. 그 마지막에만 잠깐 넘겨 주면, 굉장히 〈Q〉 어우, 속았다 〈/Q〉 란 느낌이 확 드는.

나: 어 그래? 근데 내 친구가 재밌었다고.

가: 재밌어. 〈unclear〉 그게 〈/unclear〉 작년 여름에 봤거든?

72) 본서에서는 '-구나' 또한 '-군(요)'와 동일한 화자의 인지 상태를 표상한다고 보고 '-구나'가 출현한 용례 또한 포함하여 사용하기로 한다. 이와 관련하여 2장에서 언급한 바 있다.

나: 음::.
가: 되게 재밌었어. 그 〈tr〉 오 〈/tr〉 아마 〈tr〉 오 〈/tr〉 〈tr-iu〉
나: 〈웃〉 역시 개봉하기 전에 봤군 〈/웃〉

(1)에서 화자는 수업을 진행하면서 학생들의 표정을 보고 자신이 아직 '간장마이크'라는 것에 대하여 아직 설명하지 않았음을 알아차린 것을 종결어미 '-군(요)'를 통해 표현하고 있다. 즉 발화시 당시에 알게 된 정보에 '-군(요)'가 결합되는 것을 알 수 있다. (2)에서도 화자 '나'는 상대방이 발언한 내용을 종합적으로 보았을 때 한국에서 개봉하기 전에 그 영화를 봤다는 것을 깨닫고 발화시 당시 그 내용을 처음 알았음을 '-군(요)'를 통하여 표현하고 있다. 앞서 살핀 '-어(요)'와 '-지(요)'가 [화자의 기지정보]를 나타낼 때 사용되는 것과는 달리 [화자의 미지정보]를 나타낼 때 '-군(요)'가 사용됨을 확인할 수 있다. 이러한 속성은 '-네(요)'와 일치한다.

그런데 이러한 [화자의 미지정보]라는 핵심 기능적 속성만으로는 앞서 기술한 '-네(요)'와 '-군(요)'가 어떻게 다른지 설명할 수 없다. 위의 용례 (1)의 밑줄 친 부분의 '-구나'를 '-네'로 교체하여도 의미가 통한다는 것을 보면 알 수 있다.[73] '-군(요)'와 '-네(요)'를 변별하기 위해서는 2장에서 기술한 것과 같이 화자의 정보처리 과정, 인지 과정에 대하여 들여다 볼 필요가 있다.

2장에서 기술한 바에 따르면 '-네(요)'는 화자가 감각 기관을 통하여 '직접 지각한 것'을 바탕으로 획득한 정보를 나타낼 때 사용되며, '-군(요)'는 '이해, 추론'과 같은 인식의 과정을 통해 획득한 정보를 말할 때 사용된다. 즉 '-군(요)'는 인식 과정을 거친 정보를 전달하는 경우에 사용됨을 알 수 있었다. 이러한 '-군(요)'의 속성에 관하여 박재연(2014)에서도 언급된 바 있다. '-군(요)'가 '-네(요)'와 달리 이러한 인식의 과정을 거친 정보를 말할 때 사용된다는 것은 '-군(요)' 발화문에서 자주 나타나는 감탄사나 접속 부사의 의미를 살피거나, '-군(요)' 용례 중 어떤 경우에 '-군(요)'가 '-네(요)'로 교체 불가능한지를 살피거나, '-군(요)'

73) 물론 이 용례의 발화에서 '-구나'가 더 자연스럽다

에 결합되는 명제 내용의 속성을 살핌으로써 입증할 수 있다.

첫째로, '-군(요)' 발화문에서 자주 나타나는 감탄사를 통해 그 핵심 기능을 유추해 볼 수 있다.

(3) ㄱ. 거의 오빠, 내가 학교 다닌다 해도, 아:: 직업교육론은 만나겠군.

(일상대화_식사 중 대학생 3인)

ㄴ. 요새 막, 아:: 저번에 내가 게시판에 써 놓은 거 가지고 니가 벌레라 그러는구나?

(주점대화_대학생 3인)

(3ㄱ, ㄴ)의 밑줄 친 부분의 감탄사 '아'는 장음으로 표현되었다. '::'는 화자의 감정 표현 때문에 나타나는 표현적 장음 표시이다(서상규 외, 2013:64). 장음으로 발음되는 '아'는 인지적 과정을 거쳐 이해에 도달하였을 때 사용된다.[74] 인지적 과정을 거쳐 이해에 도날한 깨달음을 표현하는 경우 사용되는 장음의 '아'가 '-군(요)' 발화문에서 높은 빈도로 발견된다는 점은 '-군(요)'가 이러한 인지적 과정이 수반된 깨달음을 표현하는 경우에 사용된다는 점을 시사한다.

둘째로, '-군(요)'의 이러한 인식 과정을 거쳐 깨달은 정보를 나타내는 기능은 '-군(요)' 발화문에서 자주 출현하는 접속 부사를 통하여도 확인할 수 있다.

(4) 가: 아 지금 녹음을 위해서 그걸 하는 거야 당신?

나: 지금 내가, 그냥 잡담만 할래 〈웃〉 녹음을 하는 거야,

가: 어::, 그래서 당신 독백을 두 시간 했구나,

(주제대화_연애 에피소드)

---

74) 한편 이는 '-네(요)'가 '어머'와 같은 감탄사와 함께 사용되는 경우가 많은 것에 비교할 수 있다. '-네(요)'는 아래 용례에서와 같이 발화시 당시의 즉각적인 지각을 표현하는 감탄사 '어머'와 함께 사용되는 경우가 많다.

(1) 어머 어머 잠깐만. 허! 어머 언니 단발이 아니었네,

(일상대화_머리에 대해서)

말뭉치를 확인한 결과 '-군(요)' 발화문에서는 '그래서', '그러니까'와 같은 인과 관계를 나타내는 접속 부사의 출현 빈도가 높게 나타났다. '그래서', '그러니까'와 같은 접속 부사는 화자가 발화시 이전에 지각한 어떤 사건에 대한 이해 및 추론의 과정을 거쳐 발화시 당시에 이해한 것임을 암시한다. (4)에서 화자는 상대방이 독백을 하는 상황을 발화시 이전 과거에 '지각'을 한 적이 있다. 그러나 그 당시에는 그 사건을 단지 지각하였을 뿐이지 그 사건이 정확히 무엇인지에 대하여 이해의 단계에는 이르지 못하였다. 그러나 발화시 당시에 그 사건(상대방이 두 시간 동안 독백을 한 것)에 대한 정보를 입수한 후, 추론의 단계를 거쳐 과거에 지각했던 그 사건의 전모에 대하여 발화시 현재 완전히 이해하였음을 '-구나'를 통해 표현하고 있다. 이때 접속 부사 '그래서'는 이 과정을 암시한다. 과거에 지각한 사건의 원인을 이해한 것을 표현하기 위하여 인과 관계를 나타내는 '그래서'가 사용되었다.

셋째로, '-네(요)'와 교체되지 못하는 '-군(요)'의 용례를 살펴봄으로써 '-군(요)'의 핵심적인 기능을 밝힐 수 있다. 이 두 형태는 공히 [화자의 미지정보]를 나타낸다는 핵심 기능을 가짐에도 불구하고, 모든 상황에서 상호 교체될 수 있는 것은 아니다. '-군(요)'의 용례들에서는 대부분 '-군(요)'가 '-네(요)'로 교체될 수 있었으나 '-네(요)'는 '-군(요)'로 교체되는 것이 어색한 경우가 있었다.

(5) 가: 꼴키파 못하잖아 우리나라.
　　나: 아, 꼴키파가 <u>못하는구나/*못하네</u>.

(일상대화_잡담)

(5)에서 '-군(요)'를 '-네'로 바꾸면 어색하다. 만약 화자 '나'가 '-네'를 이용하여 말하게 되면 화자 '가'는 왜 자신이 한 말을 되풀이 하냐고 묻거나 자신의 이야기를 못 들었냐고 '나'에게 반문할 수 있다. 이러한 양상을 보이는 이유는 '-네(요)'의 핵심 기능은 [현재 지각한 정보]를 말하는 것에 있고, '-군(요)'의 핵심 기능은 그러한 '현재 지각'에 있지 않기 때문이다. '-네(요)'는 결

합된 명제 내용의 증거를 직접 화자 자신의 감각 기관을 통하여 입수한 것일 때만 사용 가능하다. 용례 (5)에서 화자가 '-네'를 사용하여 '꼴키파가 못하네'라고 말할 수 있으려면 화자가 자신의 감각 기관을 통하여 정말로 골키퍼가 못하는 장면을 지각하여야 한다. 그러나 용례 (5)의 상황에서 발화자 '나'는 해당 명제의 내용을 상대방으로부터 듣고 말하는 것이므로 '-네'를 사용하지 못한다. 한편 상대방이 어떤 명제 내용을 이야기한 것을 자신은 '이해하였다'라는 자신의 인식 상태를 나타내기 위하여 '-군(요)'를 사용하는 것이 자연스럽다. 이때, '-군(요)'는 전에는 몰랐지만 발화시 당시에 비로소 알게 되었다는 깨달음을 보이고 있다. 이와 같은 양상을 통하여 '-군(요)'는 [깨달은 정보]를 나타내는 기능을 하고 있다는 것을 확인할 수 있다.

'-군(요)'의 [깨달은 정보]를 전달하는 기능은 '-네(요)'와의 변별을 하는 데에 있어 핵심적인 기능이다. '-네(요)'는 현재 지각을 통해 직접 획득한 증거를 통해 알게 된 사실을 말하는 경우에만 사용된다. 반면 '-군(요)'는 이러한 직접적인 증거를 통해 알게 된 정보에도 결합할 수 있지만 간접적인 증거를 통해 획득하게 된 정보와도 결합할 수 있다. Givon(2001:327~328)에서는 증거성이 문법화되어 나타나는 경우 나타날 수 있는 가장 보편적인 이분 체계는 '직접 증거(directly-experienced evidence)'와 '간접 증거(indirect evidence)'의 대립이라고 한 바 있다. '직접 증거'는 해당 정보를 화자의 감각 기관을 이용하여 직접 획득한 것을 의미하며, '간접 증거'는 전언이나 어떤 현상에 대한 추론 등의 인지적 과정을 거쳐 정보를 획득한 것을 의미한다.[75] 이와 같은 대립은 '경험적(experiential):추론적(inferential)'과 같은 개념으로 볼 수 있기도 하다.[76] 보통 '-네(요)'는 명제 내용이 '경험적 증거' 및 '직접적 증거'를 통해 획득한 정보임을 암시한다. 즉 '-네(요)'는 직접 증거를 나타내는 표지라고 볼 수 있다(임채훈 2008, 송재목 2007, 김진웅 2012). 그러나

75) '직접 증거(direct)'와 '간접 증거(indirect)'라는 개념은 Givon(2001:327~328), Lee(1991:391) 등에서 언급된 바 있다.

76) '경험적(experiential)'과 '추론적(inferential)'이라는 증거성의 하위 부류 개념은 Woodbury(1986:194~196)에서 언급된 바 있다.

'-군(요)'는 '직접적 증거'뿐만 아니라 '추론적 증거' 및 '간접적 증거'를 통해 획득한 정보를 나타낼 때에도 자유롭게 사용될 수 있다.[77] 이러한 '-군(요)'의 특징은 감각 및 심리형용사 구문 또는 인지동사 구문에서의 인칭 사용 양상을 살핌으로써 입증될 수 있다.

(6) ㄱ. 한 한 번인가 둘이 포장마차에서 소주 한번 먹구 그랬거든요, 근데 그냥 느낌으로 니가 지금 좀 심란하구나 그냥,

(일상대화_삼십대)

ㄴ. 너 저번에 오빠한텐 술 먹고는 어? 기다릴 거라 그랬잖아. 너 기억 안 나는구나. 술 먹고 해 가지구 〈웃〉 (2인칭 주어)

(주점대화_대학생 3인)

(6ㄱ)의 밑줄 친 부분은 2인칭 주어의 심리적인 상태(심란하다)를 나타내는 문장이며 (6ㄴ)의 밑줄 친 부분은 2인칭 주어의 인지적인 상태(기억이 안 나다)를 나타내는 문장이다. '-네(요)' 용례에서는 2인칭 주어가 이러한 심리나 인지 상태를 나타내는 구문에 출현한 것을 발견할 수 없었으나 '-군(요)' 용례에서는 2인칭 주어의 심리 및 인지 상태 구문을 발견할 수 있었다. 만약 위의 용례 (6ㄱ, ㄴ)의 밑줄 친 부분의 종결어미 '-구나'를 '-네'로 교체하게 되면 다소 어색하게 된다.

(6′) ㄱ. ??니가 지금 좀 심란하네.

ㄴ. ??너 기억 안 나네.

즉 '-네(요)'는 1인칭 주어의 인지 및 심리 상태를 나타내는 데에 사용되는 것이 자연스럽지만 예문 (6′)에서와 같이 2인칭 주어의 인지 및 심리 상태 정

77) 따라서 '-네(요)'로 끝나는 문장들 중 많은 경우 '-네(요)'를 '-군(요)'로 교체할 수 있지만 '-군(요)'가 '-네(요)'로 교체될 수 있는 경우는 다소 제한적이다.

보를 나타내는 것은 상대적으로 어색하다.[78] 한편 '-군(요)'는 1인칭 주어와 2인칭 주어의 인지 및 심리 상태를 나타내는 데에 모두 쓰일 수 있다. 정리하면 '-네(요)'는 1인칭 주어의 인지 및 심리 상태를, '-군(요)'는 2인칭 주어의 인지 및 심리 상태를 나타내는 데에 자주 사용되며, 그것이 자연스럽다.

이러한 양상을 보이는 이유는 '-네(요)'와 '-군(요)'의 핵심 기능으로 설명될 수 있다. '-네(요)'는 [현재 지각한 정보]를, '-군(요)'는 [깨달은 정보]의 핵심 기능을 지닌다. 이에 따라 '-네(요)'는 직접 증거(경험적 증거)를, '-군(요)'는 직접 증거와 간접 증거(추론 증거) 모두에 의해 획득한 정보를 말할 때 사용됨을 밝혔다. 따라서 직접적으로 알 수 있는 화자 자신의 인지 및 심리 상태는 '-네(요)'를 통해 표현되는 것이 자연스러우며, 행동이나 얼굴 표정 등을 통해 추론하여 알 수 있는(즉 직접적으로 알 수 없는) 타인의 인지 및 심리 상태는 '-군(요)'로 표현되는 것이 자연스럽다. 이와 같이 '-네(요)'와 '-군(요)'는 결합된 명제 내용의 증거가 직접적인지의 여부에 따라 변별될 수 있으며, 이에 따라 발화시 당시 화자의 인지적 상태가 어떠한가에 따라 변별될 수 있다.

이와 같은 '-군(요)'와 '-네(요)'의 핵심 기능의 차이는 이들이 담화에서 연속적으로 나타날 때 더 극명히 드러난다.

(7) ㄱ. 어! 공책 있네, 아까 한 거구나,

(일상대화_대학생 4인 잡담)

ㄴ. 〈웃〉 중요한 위치에 있는 예가 빠졌네, … 〈3.4〉 아 … 한 가지는 있겠구나? 아 아, 〈3.3〉 어! 실수네,

(수업대화_콘솔)

(7ㄱ)에서 화자는 먼저 공책이 있는 것을 발견한다. 즉 시각을 통하여 공책을 발견한 것을 '-네'로 표현하였고, 그 공책이 왜 거기에 있는지에 대한 배경에 대한 이해에 도달하자 그 정보를 전달하기 위하여 '-구나'를 선택하였다.

78) 화자가 청자의 심리 및 인지 상태를 확실하게 알 만한 상황에서는 이와 같은 문장의 사용이 가능하기도 하다.

즉 발화시 당시 공책이 있는 상황을 지각한 정보는 '-네(요)'로, 추론과 이해라는 인식 과정을 거쳐 깨달은 정보는 '-군(요)'로 표현된다.

(7ㄴ)에서 '-네'는 화자의 시각을 통해 획득한 정보이다. 수업 자료에서 한 예가 빠졌다는 것을 발견하고 '-네'를 통해 말하였다. 이후 수업 자료에서 한 예가 빠진 사건의 전모(원인-과정-결과)를 이해하기 위하여 추론의 인식의 과정을 거친다. 위의 전사 자료에 의하면 3.4초 동안의 시간 동안 화자는 추론 등의 인식의 과정을 거친다. 이후 획득한 정보인 '한 가지는 있겠다'라는 내용은 '-구나'를 사용하여 표현하는 것을 알 수 있다. 그러다가 처음에 지각한 사건인 '수업 자료에서 한 예가 빠진 사건'의 전모(원인-과정-결과)에 대한 완전한 이해에 도달하여, '한 가지는 있겠다'라는 정보를 획득하였고, 그것이 단순 실수라는 새로운 사실을 지각하였을 경우에 다시 '-네'로 해당 정보를 표현하였다. 비록 '그것이 실수다'라는 명제 내용이 추론을 통해 획득되기는 하였지만, 그 명제 내용이 담고 있는 사건의 전모에 대해서는 아직 인식하지 못한 상태이다. 새로운 사실을 지각한 대로 발화하는 것이므로 '-네'가 선택된 것임을 알 수 있다. 즉 여기에서의 핵심은 '-군(요)'에 결합된 명제 내용은 추론 및 이해의 인식 과정을 거친 후 사건의 전모를 깨달은 정보라는 것이다.

이상으로 '-군(요)'의 핵심 기능에 대하여 살펴보았다. '-군(요)'는 [화자의 미지정보]이면서 [깨달은 정보]를 명제 내용으로 하며, 이를 토대로 '-군(요)'의 핵심 기능을 아래와 같이 정리할 수 있다.

[화자의 미지정보]이면서 [깨달은 정보]를 말한다.

〈'-군(요)'의 핵심 기능〉

위의 '-군(요)'의 핵심 기능은 4장에서 '-군(요)'의 문법적 특성과 맥락 기능을 자세히 살펴보면서 입증되는 동시에 '-군(요)'의 문법적 특성과 맥락 기능의 원리를 설명하는 연결 고리를 제공할 것이다.

3.5. '-거든(요)'의 핵심 기능

그간 선행 연구에서 '-거든(요)'의 기본적인 기능, 담화 상의 기능, 청자의 지식 체계에 대한 화자의 태도와 관련하여 활발한 논의가 이루어진 바 있다. 첫째로, '-거든(요)'의 기본적인 기능을 언급한 논의를 살펴보겠다. '-거든(요)'의 기본적인 기능에 관하여 '이유나 근거(이해영 1996, 이종철 2002, 타이라 카오리 2006, 조민하 2014, 한하림 2015, 장아함 2016, 한송화 2016)', '추론 표지'(문순표 2010) 등이 있었다. 그런데 이러한 '이유나 근거' 및 '추론 표지'는 '-거든(요)'의 핵심 기능이 되기에는 적절하지 않은 것으로 보인다. 지금까지의 본서의 논의에 따르면 비격식체 종결어미가 화자의 인지적인 태도와 관련이 되어 있는 것으로 보이는데, '이유나 근거'라는 개념은 두 절의 논리적인 관계에 관한 것이지 화자의 명제에 대한 인지적인 태도와 관련된 개념이 아니다. 또한 '이유나 근거'는 '-거든(요)'의 본질적인 기능이라기보다는 담화적인 기능으로 귀속시켜야 할 필요가 있다. 보통 '이유나 근거'는 두 절 이상의 관계에서 파악되는 개념이다. '-거든(요)'가 사용된 문장 하나만 놓고서는 그것 자체를 '이유나 근거'로 파악할 수 없다. 선후행 문맥이나 화청자의 전제, 담화 상황을 통해 '-거든(요)' 발화문의 기능이 '이유나 근거'임을 논할 수 있다. 따라서 '이유나 근거'는 '-거든(요)'의 자체에 내재해 있는 기능이라 보기 어려우며 담화적인 기능으로 파악되어야 한다.[79)]

둘째로, '-거든(요)'의 담화 상의 기능을 언급한 논의를 살펴보겠다. 이해영(1996)에서는 '-거든(요)'를 통하여 공유 정보를 쌓아 부담을 줄이는 기능을 하는 것으로 보았으며, 채영희(1998)에서는 주관적 태도를 나타내는 담화 서법 표지로 보았다. 구현정·이성하(2001)에서는 '화제 제시', 정연희(2001)에서는 '배경 제시', 이종철(2002)에서는 '정보 제공', '부담 줄이기', '청자 반응 유발', 타이라 카오리(2006)에서는 응답 발화일 경우에는 '이유나 전제', '추측시킴', '정보 추가'의 기능을, 혼잣말에서는 '추측시킴', '이유', '배경'의

79) 문법 형태소의 의미를 파악하기 위해서는 의미 및 기능의 층위를 정교하게 나누는 작업이 선행되어야 한다.

기능을 한다고 하였다. 문순표(2010)에서는 청자를 담화에 이끄는 기능을, 조민하(2014)에서는 '배경 및 이유'를 제시하는 기능을, 김명희(2013)에서는 배경 제시 및 공손성 표시의 기능을, 한하림(2015)에서는 '주제 전개 기능', '상호적 지식 형성 기능', '청자 반응 기대 표지', '거리감 좁히기' 등의 기능을 언급하였다. 장아함(2016)에서는 '이유 제시', '설명', '전제'의 '-거든(요)'의 의미별로 각각 부정적인 태도, 긍정적인 태도, 중립적인 태도로 나누어 기능을 살펴보았다. 한송화(2016)에서는 기본적 의미로 제시한 '근거의 제시'와 담화적 기능을 연관시켜 설명을 하고 있다. 이 연구에서 언급된 '-거든(요)'의 담화적 기능은 '청자의 정보 요청에 대한 응답', '선행 화자의 정보에 대한 정정과 정보 환기 기능', '청자에게의 행위 요청이나 청자의 행위 이행 근거 제시', '화자의 발화와 판단의 근거 제시와 담화 결속', '배경적 근거의 제시와 유지 기능' 등이 있다. 선행 연구에서 제시된 '-거든(요)'의 담화적 기능은 크게 '화제 제시', '배경 제시', '근거 제시'로 정리할 수 있다. 그러나 이러한 기능들은 본 연구에서의 핵심 기능으로 보기 어렵다. 이러한 기능들은 화자의 명제 내용에 대한 인지적인 태도와 관련이 없거니와 이와 동일한 기능은 '-잖아(요)' 등의 다른 종결어미를 통해서도 표현될 수 있으므로 다른 종결어미들과의 변별 지점을 설명해 줄 수 없기 때문이다.

셋째로, '-거든(요)'의 청자의 지식 체계에 대한 화자의 태도에 대해 기술한 논의를 살펴보겠다. 신지연(2000), 박재연(2006), 한송화(2016), 박동화(2017) 등의 연구에서 공통적으로 '-거든(요)'는 청자가 명제 내용을 모른다고 전제하고 전달할 때 사용하는 것으로 기술하고 있다. 이러한 고찰은 화자의 청자와 명제에 대한 인지적인 태도와 연관이 되는 것으로 볼 수 있으며, '-거든(요)'와 유사한 담화적 기능을 수행하는 것으로 보이는 '-잖아(요)'와의 변별 지점을 설명하는 데에도 유용한 내용이므로 본서에서 '-거든(요)'의 핵심 기능을 설명해줄 수 있는 주된 내용으로 보고자 한다.

이러한 인지적 태도는 필연적으로 '-거든(요)'에 결합된 명제 내용이 화자에게는 내면화된 정보임을 암시한다. 즉, '-거든(요)'에는 [화자의 기지정보]라는 속성이 전제되어 있다. 어떤 정보를 알고 있어야 그 정보에 대해 청자가 어떻게 생각하고 있는지 또한 판단할 수 있기 때문이다.

(1) ㄱ. 우리 아버지두 되게 검소하셔 가지구 우리 집안이 좀 검소하거던. 돈을 잘 안 줘.

(일상대화_가족과 사랑에 대해)

ㄴ. 역시 그 그 바탕에는 힘에 외교라는 게 있겠죠, 힘이라는 초강대국으로서의 자신감이라는 게 있었거든요, 그런 점에서 본다면은,

(방송_MBC 100분 토론)

이러한 양상은 (1ㄱ, ㄴ)을 통해 확인할 수 있다. 《연세구어말뭉치》에서 출현한 모든 '-거든(요)'의 용례는 (1ㄱ, ㄴ)과 같은 모두 [화자의 기지정보]의 속성을 필수적으로 가지고 있었다. '-거든(요)'가 화자에게 내면화된 정보를 표상한다는 것은 박재연(2006:237)에서도 언급한 바 있다.

한편 (1ㄱ, ㄴ)을 통하여 선행 연구에서 언급한 바와 같이 '-거든(요)'에 결합되는 명제의 내용이 [청자의 미지정보]임을 확인할 수 있다. 즉 화자는 자신이 말하려는 문장의 내용을 청자가 모른다고 생각할 때에 '-거든(요)'를 선택한다. (1ㄱ)에서는 화자가 자신의 가족에 대한 이야기를 하는 데에 있어 청자가 모름을 전제하고 있으며, (1ㄴ)에서도 자신의 전문적인 지식을 바탕으로 청자가 모른다고 생각하는 정보를 말하는 태도를 엿볼 수 있다. 이러한 청자 지식에 대한 미지정보를 나타내려면 보통 '-거든(요)'에 결합된 명제 내용은 화자 자신의 정보 영역에 속한 것이라야 한다.

이러한 '-거든(요)'가 [청자의 미지정보]를 나타내는 기능은 '-잖아(요)'의 기능과 대조되어 나타난다.

(2) 그렇게 남한테 신경 안 쓰고. 근데 너는 남한테 애정을 좀 주잖아. 근데 걔는 그렇지 않거든. 걔는 딱 정말 필요한 사람 아니면 애정 안 주거든.

(일상대화_저녁식사)

위의 용례에서 화자는 2인칭을 주어로 한 문장에서 '-잖아'를 사용하여 말하고 있다. 상대방 자신에 대한 내용은 상대방이 잘 알 것이므로 이에 대하여 상대도 알 것이라 가정하여 '-잖아'를 사용한 것이다. 이와는 대비되어 그 다음의 두 문장에서는 3인칭을 주어로 하여 그 사람에 대한 정보를 발화하는 곳에서는 '-거든'을 사용하여 발화하고 있다. 제3자에 대한 정보에 대하여 청자는 잘 모를 것이라 전제하였기 때문에 종결어미로 '-거든'을 선택한 것이다.

이와 같이 '-거든(요)'는 청자의 정보 영역에 있는 정보가 아닌 화자의 정보 영역에 속한 내용을 명제로 하여 말할 때 사용된다. 따라서 청자의 정보 영역에 있는 것으로 보이는 2인칭에 대한 정보를 문장의 화제로 삼아 이야기하는 경우에는 매우 드물었으며 아래와 같이 2인칭을 주어로 하는 문장에서 '-거든(요)'가 출현한 용례는 특별한 상황에서의 발화였다.

(3) 너? 〈2.2〉 넌 사람을 믿긴 믿는데, 기분에 따라서 막 바뀌고 막 싫어했다가 좋아했다가 막 그러거던,

(일상대화_대학생 3인 잡담)

(3)은 '-거든'이 2인칭 주어 문장에서 출현한 것을 나타낸다. 그런데 이 용례는 문맥을 살핀 결과 화자가 청자의 관상을 봐 주는 상황에서 발화된 것이다. 관상은 얼굴의 생김새를 보고 그 사람의 과거, 현재, 미래를 말해주는 것인데 보통 상대방에 관한 내용이라 하더라도 관상 전문가가 해당 정보의 소유권을 갖고 있는 경우가 대부분이므로 이와 같이 '-거든'을 사용하여 2인칭에 대한 정보를 말해주어도 어색하지 않은 것이다.

이상으로 '-거든(요)'의 핵심 기능에 대하여 살펴보았다. '-거든(요)'의 명제 내용으로 화자가 생각하기에 [청자의 미지정보]인 내용이 오며, 이를 토대로 '-거든(요)'의 핵심 기능을 아래와 같이 정리할 수 있다.

[청자의 미지정보]를 말한다.

〈'-거든(요)'의 핵심 기능〉

위의 '-거든(요)'의 핵심 기능은 5장에서 '-거든(요)'의 문법적 특성과 맥락 기능을 자세히 살펴보면서 입증되는 동시에 '-거든(요)'의 문법적 특성과 맥락 기능의 원리를 설명하는 연결 고리를 제공할 것이다.

3.6. '-잖아(요)'의 핵심 기능

선행 연구에서의 '-잖아(요)'에 관한 기술은 '-거든(요)'에 대한 기술과 비슷한 양상을 보인다. 3.5에서 살펴본 바와 같이 기본적인 기능, 담화 상의 기능, 청자의 지식 체계에 대한 화자의 태도로 나누어 '-잖아(요)'의 기능을 살펴보겠다.

첫째로, '-잖아(요)'의 기본적인 기능을 언급한 논의를 살펴보겠다. 이현희(2003)에서는 확인이나 동의를 나타낸다고 보았으며, 한승규(2010)에서는 '-잖아(요)'에 기본적으로 '확인'의 의미 기능이 있다고 보았다. 정미진(2012)에서도 '확인' 기능을 언급하였다. 이와 같이 '-잖아(요)'는 기본적으로 '확인'을 나타내는 것으로 파악되었는데, 이는 '-잖아(요)'가 '-지 않아(요)'가 축약되어 문법화 과정을 거쳐 형성된 것에 초점을 맞춘 것으로 보인다. 그런데 이러한 '확인하기'라는 기능을 '-잖아(요)'의 핵심 기능으로 보기는 어렵다. '확인하기'는 '-잖아(요)'뿐만 아니라 '-지(요)', '-네(요)' 등 다른 종결어미를 통해서도 충분히 수행될 수 있는 기능이기 때문이다.

둘째로, '-잖아(요)'의 담화 상의 기능을 언급한 논의를 살펴보겠다. 강현화(2009)에서는 '새로운 화제 도입', '청자 견해 확인', '동조 요구', '재확인을 통한 강조', '못마땅함이나 비난', '새롭게 깨닫거나 발견한 사실 드러내기'로 '-잖아(요)'의 담화적 기능을 분류하고 '-잖아(요)'가 각각의 담화적 기능을 나타내는 경우의 세부적인 화용적인 특징에 대하여 기술하였다. 한승규(2010)

에서는 '확인'의 의미 기능에서 '강조', '화제 제시', '비난' 등으로 분화되며, 원해영(2011)에서는 '정보 알림', '정보 정정', '핀잔', '공유 확인', '동조 요구'로 '-잖아(요)'의 담화적 기능을 설명하였다. 정명숙·최은지(2013)에서는 '동조 구함', '강조', '못마땅함', '비난', '주제 전환', '새 정보 제시', '가정', '(혼잣말에서의) 깨달음'을, 김은혜(2015)에서는 '확인', '정정', '대화 시작의 지표', '말할 내용이 생각나지 않아 대충 넘어가기', 박동화(2017)에서는 '-거든(요)'와 동일하게 '담화 흐름' 및 '방향 조정'의 기능을 가지며, '이유', '화제 도입', '못마땅함', '(혼잣말에서) 발견'을 나타낸다고 언급하였다. 이와 같이 선행 연구에서 언급된 '-잖아(요)'의 담화적 기능은 '화제 도입하기', '동조 요구하기', '확인하기', '못마땅함 드러내기'로 정리될 수 있겠다. 그런데 이러한 담화적 기능들은 '-거든(요)'의 담화적 기능들과 큰 차이점이 없으며, 동일한 기능이 여러 형태로 표현될 수 있다. 따라서 담화적 기능들은 종결어미의 핵심 기능으로 제시하기에는 적절하지 않다.

셋째로, '-잖아(요)'의 청자의 지식 체계에 대한 화자의 인지적인 태도를 언급한 논의를 살펴보겠다. 이현희(2003), 강현화(2009), 원해영(2011), 정미진(2012), 박동화(2017)에서 이러한 점을 언급한 바 있다. 이 연구들에서는 예외적인 상황도 언급하기는 하였으나 공통적으로 청자가 해당 명제 내용을 알고 있거나 알아야 한다고 전제하는 상태에서 '-잖아(요)'가 사용된다고 하였다. 이는 화자의 명제에 대한 인지적인 태도와 관련이 있으며, '-거든(요)' 및 계열관계에 있는 다른 종결어미들과의 변별 지점을 설명해 줄 수 있는 속성으로 본서에서 핵심 기능으로서 검토할 만하다.

선행 연구에서 공통적으로 이야기하고 있는 '-잖아(요)'를 말할 때의 화자의 인지적인 태도에 관련한 기능에 대해 살펴보겠다. 말뭉치의 용례를 전반적으로 살펴본 결과 청자의 지식 체계와 명제에 대한 화자의 인지적인 태도를 세분하여 살펴보는 것이 논의에 도움이 될 것으로 보인다. 첫째로, '청자의 지식 체계에 내면화된 내용', 둘째로, '청자의 신념 체계에 내면화된 내용',

셋째로, '청자가 내면화해야 할 내용'이다.[80] 이 세 속성은 [청자의 기지정보]로 수렴될 수 있다.

첫째로, 화자가 명제 내용을 '청자의 지식 체계에 내면화된 내용'으로 판단하고 '-잖아(요)'를 선택하는 경우를 살펴보겠다. '청자의 지식 체계에 내면화된 내용'은 쉽게 말해 '청자가 이미 알고 있는 정보'이다.

(1) ㄱ. 되게 마음이 복잡할 때, 너도 십자수 해 봤으면 알겠지만, 딱 그걸 하면 아무 생각이 안 나. 계속 실만 왔다 갔다 하잖아.

(일상대화_취미)

ㄴ. 내 학점은 내가::, 〈웃〉 알다시피 안 좋잖아?

(독백_취업)

ㄷ. 아까 여기 계산해서 알겠지만, 표준 편차 삼:: 곱하기 표준 편차 한 그 점수의 범위에 해당하는 팔십 점에 해당하는 것이 여기잖아요?

(강의_연구방법론)

이때 파생되는 기능은 '확인하기'로 나타났다. 즉 청자가 알고 있는 내용에 대하여 언급함으로써 해당 명제 내용을 확인하는 것이다. (1ㄱ~ㄷ)에서 '-잖아(요)'가 청자가 알고 있는 내용을 확인할 때 사용되었다. (1ㄱ)에서는 '너도 십자수 해 봤으면 알겠지만', (1ㄴ)에서는 '알다시피', (1ㄷ)에서는 '아까 여기 계산해서 알겠지만'이라는 내용이 '-잖아(요)'의 명제에 포함되어 있다. 이를 통해 화자는 해당 정보가 청자의 인지 체계에 내면화된 것으로 전제하고 확인하고자 말할 때, 즉 [청자의 기지정보]임을 전제하였을 때 '-잖아(요)'

80) 다만 여기에서 짚고 넘어가야 할 것은 이러한 청자의 인지적인 상태에 대한 판단은 화자의 몫이라는 사실이다. 종결어미가 현실 세계에서 정말로 청자가 해당 명제 내용을 지식 체계에 내재화된 내용으로 갖고 있는지, 명제 내용이 청자의 신념 체계에 맞는 내용인지, 청자가 정말로 알아야 하는 내용인지의 여부에 따라 결정되는 것이 아니라 오직 '화자의 판단'에 따라 종결어미 '-잖아(요)'가 선택되는 것으로 보아야 한다. 이러한 본서의 입장과 비슷하게 국어에서 다양한 문장종결법의 실현은 실제 상황에 따른 것이 아니라 화자에 의해 지각된 것에 의존한다는 내용을 윤석민(2000:55)에서 언급한 바 있다.

가 사용되는 것을 알 수 있다.

둘째로, 화자가 선행 명제 내용을 '청자의 신념 체계에 내면화된 내용'으로 판단하고 '-잖아(요)'를 선택하는 경우를 살펴보겠다. 화자가 인지하기로는 청자가 해당 내용을 알고 있지는 않으나 청자의 신념 체계에 들어맞을 것으로 보는, 즉 청자가 동의할 것으로 보는 내용이 명제로 올 수 있다.

(2) ㄱ. 내 친구들도 저금통 돈 주고 안 살 거야 막 이런 생각 많이 해. 어떻게 보면 저금통 사면 솔직히 돈 아깝잖아요.

(일상대화_물품 구입)

ㄴ. 가: 내일 일찍 빠져나와도 될 것 같애.
나: 근데 밥을 먹고 나와,
가: 밥을 마땅히 먹을 데가 없어 가지구,
나: 그래두 여기 와서 운동하고 밥 먹으면 너무 늦잖아.

(일상대화_교통수단과 하루 생활에 대해)

(2ㄱ)에서 화자는 저금통을 사는 것이 사실 돈이 아깝다는 자신의 의견을 말하면서 '-잖아(요)'를 종결어미로 선택하였다. 여기에서 명제 내용인 '저금통을 내 돈 주고 사는 것은 아깝다'라는 것은 어떤 '지식'에 해당되는 종류의 정보가 아니다. 이것은 단지 개인적인 의견, 사고방식 또는 신념으로 볼 수 있다. 화자는 자신의 이러한 의견에 청자도 동조할 것이라 전제하는 상황에서 '-잖아(요)'를 선택한 것이다. 용례 (2ㄴ)에서도 밑줄 친 문장의 명제 내용은 어떤 '지식'의 형태로 청자의 머릿속에 저장되어 있을 것으로 기대할 수 없는 유형의 내용이다. 화자가 '운동하고 밥 먹으면 너무 늦는다'는 자신의 의견을 명제 내용으로 하고 있다. 화자는 앞뒤 상황을 고려한다면 청자도 이러한 자신의 생각에 동조할 것이라고 전제하여 '-잖아(요)'가 선택된 것을 알 수 있다. 위의 용례 (2)를 살핀 결과 공통적으로 '-잖아(요)'에 선행한 명제 내용은 청자의 지식 체계에 관련된 것이 아니라 청자의 '의견, 사고방식, 신념'에 관련된 것으로 볼 수 있다. 따라서 청자가 모르는 내용, 경험해 보지 못한

상황에 대한 의견 또한 명제 내용으로 올 수 있다. 이때 화자는 청자의 지식 체계에 초점을 두지 않고, 신념 체계에 초점을 둔다. 이때 화자는 청자의 사고방식의 구조를 잘 알고 있다고 전제하며, 청자라면 이 주장에 동조할 것으로 믿을 때 '-잖아(요)'가 사용된다. 따라서 이때에는 청자가 처음 맞닥뜨리는 내용에 대해서 말할 때에도 화자는 '-잖아(요)'를 선택할 수 있다.

셋째로, 화자가 명제 내용을 '청자가 내면화해야 할 내용'이라고 생각하고 '-잖아(요)'를 선택하는 경우를 살펴보겠다. 이때 화자는 해당 명제 내용이 현재 청자의 인지 체계 내에 내면화되어 있지 않지만 그 정보가 내면화되었어야 한다고 생각하거나 앞으로 내면화되어야 한다고 생각한다.

(3) ㄱ. 새끼야 짤르면 되잖아.

(일상대화_잡담)

ㄴ. 무슨 말 한 거야, 말이 다르잖아 지금.

(일상대화_대학생 4인 잡담)

ㄷ. 아니 뭐~ 속도 낮춰 놓고 하면 되잖아.

(일상대화_교통수단과 하루 생활에 대해)

ㄹ. 너무 거칠게 하는 거예요 여자가::, 커브길에서 너무 샥, 속도도 안 줄여. 샥샥 가니깐 막 강남길이 막 살 떨려 가지구 있다가, 굴렀잖아요 급기야는 강남길이.

(일상대화_잡담)

ㅁ. 그래서 우리 집 요즘 보일러 넣잖아 비 오면. 방 축축하지 말라고.

(일상대화_날씨에 대해)

용례 (3ㄱ~ㅁ)에서 공통적으로 화자는 '-잖아(요)'에 결합된 명제 내용이 현재 상태에서 청자에게 내면화되지 않았다고 인지하고 있다. (3ㄱ)에서는 상대방에게 '(방울을) 자르면 된다'라는 명제 내용을 알아야 하는데 몰랐냐는 불만스러운 태도를 드러내면서 상대에게 핀잔을 주고 있다. (3ㄴ)에서도 화자는 상대방이 한 말이 이전에 한 말과 다르다는 점을 상대방이 알아야 한다고 '-잖아(요)'를 통해 표현하면서 상대방을 비난하고 있다. 이와 같이 용례 (3ㄱ, ㄴ)에서 화자는 해당 명제 내용을 청자가 알았어야 했는데 몰랐다는 점을 표현하면서 화자의 감정적인 태도를 보이고 있다. 여기에서 함축되는 기능은 '비난하기', '핀잔주기', '불만 말하기'와 같이 감정을 표현하는 것과 관련되어 있다. 한편 말뭉치에서의 앞선 맥락을 살펴보니, 용례 (3ㄷ)은 러닝머신을 어떻게 사용하면 좋을지에 대한 질문에 대한 대답으로 나타난 발화이다. '(러닝머신의) 속도를 낮춰 놓고 하면 좋다'는 명제 내용은 청자에게 내면화되지 않은 내용이며, 화자는 이 내용을 청자도 알아야 한다고 생각하여 '-잖아(요)'를 선택하여 말하였다. 용례 (3ㄹ, ㅁ)은 화자 자신이 잘 알고 있는 정보를 청자에게 전달할 경우에 '-잖아(요)'가 사용된 예이다. 사실 이때에는 화자가 명제 내용을 반드시 '알아야 한다'라고 생각하기보다는 '알아주었으면 좋겠다'라는 태도가 반영되어 있다. 자신의 이야기를 청자와 공유하고 싶은 정감적인 태도를 표현하기 위하여 '-잖아(요)'가 선택된 것으로 보인다.[81)]

한편 해당 명제 내용을 청자가 '알아야 한다고 생각했을 경우'에는 위의 용례 (3ㄱ~ㅁ)의 종결어미인 '-잖아(요)'를 다른 종결어미로 대체할 수 없으나 해당 명제 내용을 청자가 '알아주었으면 좋겠다고 생각했을 경우'에는 '-잖아(요)'를 '-어(요)', '-지(요)', '-거든(요)'로 교체할 수 있다. 용례 (3ㄱ~ㄷ)의 경우 해당 명제 정보가 청자에게 내면화되어 있지 않음을 알고는 있지만 그것을 알아야 하고, 왜 그것을 모르냐는 화자의 강한 태도가 포함되어 있으므로 각 문장의 '-잖아(요)'가 '-어(요)', '-지(요)', '-거든(요)'와 같은 다른 종결어미로 교체되면 그 원래의 뉘앙스가 사라진다. 그러나 (3ㄹ, ㅁ)의 경우에는 화자가 자신이 말하는 명제 내용을 알아주었으면 좋겠다는, 다소 소극적인 태도가 담겨 있으며, 이때의 '-잖아(요)'는 '-어(요)', '-지(요)', '-거든(요)'로 대체되어도 자연스럽다. 여기에서 '-거든(요)'는 '-잖아(요)'와 대립적인 대청자 태도를 지니는 종결어미임에도 불구하고 (3ㄹ, ㅁ)에서는 서로 교체가 가능하다. 그 이유는 해당 명제 내용이 청자에게 내면화되지 않았음을 인지하고 있

81) 이와 관련하여 '-잖아(요)'의 대인적 기능을 설명하면서 자세히 설명하도록 하겠다.

는 화자의 태도가 확실하며 해당 내용이 청자에게 내면화되어야 한다는 화자의 태도 또한 느슨하게 반영이 되어 있기 때문이다. 이와 같이 화자가 위의 용례(3ㄱ~ㅁ)의 명제 내용이 청자에게 내면화되지 않았음을 인식하고 있음에도 불구하고 화자는 이 명제 내용을 청자가 알아야 한다고 생각하거나 알아주었으면 좋겠다는 태도를 표현하기 위하여 '-잖아(요)'가 선택될 수 있음을 알아보았다.

지금까지 '-잖아(요)'에 내재해 있는 화자의 인지적인 태도를 세 가지로 세분하여 살펴보았다. '-잖아(요)'의 명제 내용으로 '청자의 인지 체계에 내면화된 내용', '청자의 신념 체계에 내면화된 내용', '청자가 내면화해야 할 내용'이 올 수 있음을 확인할 수 있었다. 이러한 태도는 '-잖아(요)'에 결합되는 명제 내용이 모두 '청자가 알고 있는/알아야 할 정보'인 데에서 파생된 것으로, 이는 [청자의 기지정보]로 정리될 수 있다.

이와 같이 '-잖아(요)'의 명제 내용으로는 [청자의 기지정보]라고 판단된 내용이 오녀,[82] 이를 토대로 '-잖아(요)'의 핵심 기능을 아래와 같이 정리할 수 있다.

[청자의 기지정보]를 말한다.

〈'-잖아(요)'의 핵심 기능〉

위의 '-잖아(요)'의 핵심 기능은 5장에서 '-잖아(요)'의 문법적 특성과 맥락 기능을 자세히 살펴보면서 입증되는 동시에, '-잖아(요)'의 문법적 특성과 맥락 기능의 원리를 설명하는 연결 고리를 제공할 것이다.

82) [청자의 기지정보]의 핵심 속성은 필연적으로 '-잖아(요)'에 결합된 명제 내용이 [화자의 기지정보]임을 함의한다. 화자가 해당 명제 내용이 무엇인지 알고 있어야 청자가 그 정보를 알고 있을지 없을지에 대한 판단을 할 수 있기 때문이다.

3.7. '-을게(요)'의 핵심 기능

선행 연구에서는 '-을게(요)'의 기본적인 기능을 주로 '약속하기' 또는 '의지 말하기'로 파악하면서 유사 기능을 가지는 '-겠-', '-을 것이-', '-을래(요)' 등과의 비교를 통하여 '-을게(요)'의 기능을 파악하는 경향을 보인다. 이윤진·노지니(2003)에서는 기본적으로 '의지', '약속'의 의미를 가지는데 청자 배려의 태도를 지니고 있으므로 담화적으로 약속, 알림, 청자의 허락이나 의견을 간접적으로 구하기, 완곡한 거부의 기능을 표현할 수 있다고 하였다. 이종희(2004)에서는 듣는이에게 요구가 있는지의 관점에서 '-을게(요)'와 '-을래(요)'의 의미의 차이를 기술하였고, 한길(2004)에서는 '약속', '알림'의 기능을 가지는 것으로 보았다. 박숙영(2006)에서는 기본 의미를 '의지'로 보고 청자 배려, 결정권의 측면에서 '-을래(요)'와의 차이점을 다루었다. 허경행(2011)에서는 '-을게'가 '-을래'에 비해서 들을 사람을 더 많이 의식하고, 의사 결정의 권한이 대부분 상대방에게 있음을 나타낸다고 보았다. 박재연(2013b)에서는 '-을게'가 '약속'을 기본 의미로 하고 있으며, 의미 추상화를 통해 2단계 의미 '청자를 고려한 화자의 의도'로 확장된다고 하고 있다. 최근 등장한 비규범적 용법은 3단계 의미인 '청자의 행위에 대한 화자의 의도'로 의미적 인접성에 기반한 환유적 과정으로 설명하고 있다. 장채린(2017)에서는 '-을게(요)'의 양태적 의미를 '발화시 당시 결정한, 청자의 의중에 부합하는 화자의 의지'라 설명하였다. 오승은(2018)에서는 '-을게(요)'의 양태적 의미는 '-겠-'과 유사하다고 보면서, 담화 맥락에 따른 의미를 제시하였다. 청자의 요구에 부응하는 담화 맥락이 제시되면 약속의 의미로, 청자의 요구와 상관없이 발화되는 담화 맥락이 제시되면 기대 미래의 의미로 해석된다고 하였다.

이상의 '-을게(요)'의 의미에 대한 선행 연구에서의 기술을 종합해 보면 '청자를 고려한 화자의 의지'로 간추릴 수 있다. '-을게(요)'를 이해하는 데에 있어 필수적인 요인은 '청자'로 설명되고 있다. 그런데 단순히 '-을게(요)'가 청자를 고려하여 발화할 때 사용된다는 언급은 구체성이 떨어지며, 다른 유사한 의미를 지닌 형식들과의 변별을 어렵게 만든다. '-겠-', '-을래(요)' 등의 유사한 어미들이 청자를 고려하여 발화될 때 사용되기 때문이다. 청자의 어떤 측면을 화자가 고려하는지에 대한 고찰이 필요하다. 이러한 점으로 미루어볼 때 박숙영(2006), 허경행(2011), 장채린(2017), 오승은(2018)에서의 언급을 주목할 필요가 있다. 이 연구들에서는 청자 관련 요인을 '청자의 결정권', '청자의 의중', '청자의 요구'의 측면으로 세분화하였다. 그런데 이러한 측면들은 결국 하나의 요인으로 수렴될 수 있을 것으로 보인다. '청자의 결정권'이란 화자 자신이 하고자 하는 행동에 대하여 청자가 어떻게 생각하며 그것을 용인할 것인가 그렇지 않을 것인가에 대하여 화자가 의식하는 것을 의미한다. '청자의 의중'을 고려하는 태도 또한 화자 자신의 미래 행동이 청자에게 받아들여질 것인지에 대하여 화자가 의식하는 것을 의미하며, '청자의 요구' 또한 이러한 맥락에서 이해될 수 있다. 따라서 이 세 측면은 모두 화자 자신의 행동(의지)에 대하여 청자가 어떻게 생각할 것인가에 대한 화자의 태도와 관련된 것이며, 이는 '청자의 의향에 화자의 행동이 부합하는지에 대한 고려'로 정리될 수 있다. 이러한 측면에서 '-을게(요)'의 기능을 살펴보면 다른 유사한 의미를 지닌 종결어미인 '-을래(요)'와의 변별을 수월하게 한다. 따라서 '-을게(요)'의 핵심 기능을 이러한 측면에서 살펴보겠다.

'-을게(요)'의 기능을 살필 때 가장 우선적으로 고려해야 하는 요인은 지금까지 앞에서 다룬 6종의 종결어미와는 다르게 화자의 '행동'을 명제 내용으로 취한다는 점이다. 이는 '-을래(요)'의 속성과도 일치한다. '-을래(요)' 또한 화자의 의지, 즉 행동을 표상한다. 그런데 화자의 의지를 나타낼 수 있는 형태는 '-을게(요)'와 '-을래(요)' 외에도 선어말어미 '-겠-', 우언적 구성 '-을 것이-' 등이 있다. 선행 연구 및 문법서에서 의지를 나타내는 표현들 중 가장 빈번하게 비교된 유사 문법 비교 표현들은 '-겠-', '-을 것이-', '-을게(요)', '-을래(요)'였다(장채린 2017:2~3). '-겠-'과 '-을 것이-'가 나타내는 '의지'와 '-을게(요)'가 나타내는 '의지'는 서로 어떻게 다른지 짚고 넘어가도록 하겠다.

장채린(2017)에 따르면 이 네 표현을 가르는 기준은 세 질문으로 요약될 수 있다고 한 바 있다. 첫째는 '해당 표현과 결합된 의지 및 의도의 내용이 발화시 당시의 화자의 결심인가', 둘째는 '청자의 의중을 의식하여 결심한 내용인가', 셋째는 '화자 자신의 의지의 내용이 청자의 의중에 부합하는 내용인가'이다. 첫 번째 기준에 의하여 '-을 것이-'와 나머지 세 표현으로 나뉜다. '-을 것이-'는 발화시 이전에 결심한 화자의 의지를 나타내고, '-겠-', '-을게(요)', '-을래(요)'는 발화시 당시에 결심한 화자의 의지를 나타낼 때 사용된다. 둘째 기준에 의해서 '-겠-'과 나머지 두 표현을 변별할 수 있다. '-겠-'은 청자의 의중을 의식하지 않았음을 표상하는 형태이며, '-을게(요)'와 '-을래(요)'는 청자의 의중을 의식한 채 자신의 의지를 말할 때 사용된다. 셋째 기준에 의해서 '-을게(요)'와 '-을래(요)'를 변별할 수 있다. '-을게(요)'는 청자의 의중에 부합하는 자신의 의지를, '-을래(요)'는 청자의 의중에 부합하지 않는 자신의 의지를 말할 때 사용한다.[83)]

즉 '-을게(요)'가 표상하는 '의지'는 발화시 당시에 결정한 화자의 의지이다. 따라서 '-을 것이-'와 비교하였을 때 현장성, 즉각성이 있는 것으로 설명될 수 있다. '-을게(요)'는 다음 예문에서와 같이 상대방의 질문이나 요청에 대한 즉각적인 응답을 할 때 사용될 수 있다.

(1) 가: 수진 씨, 언제 만날 수 있어요?
나: 지금 스케줄을 보니 이번 주는 어려울 것 같네요. 다시 전화 드릴게요/*드릴 거예요.

(2) 가: 정연아, 심부름 좀 해 줄래? 지금 슈퍼에 가서 양파 좀 사 와라.
나: ㄱ. 네, 엄마, 다녀올게요.
ㄴ. 네, 엄마, 다녀오겠습니다.
ㄷ. ?네, 엄마, 다녀올 거예요.

(장채린 2017:18~19의 예문)

83) 의지를 나타내는 네 표현들의 변별 기준과 분류는 장채린(2017:31)에서 설명한 바 있다.

(1)에서 언제 만날 수 있냐는 상대방의 질문에 대해 발화자 '나'는 발화시 당시에 자신의 스케줄을 보니 정하기 힘들 것이라 파악하고, 전화를 다시 주겠다는 내용을 말하기 위하여 '-을게(요)'를 선택하여 발화하였다. '다시 전화를 주겠다'라고 하는 내용이 발화시 당시의 결심임은 맥락을 통해 충분히 알 수 있다. 이때 '-을게(요)'의 사용은 자연스럽지만 '-을 것이-'의 사용은 매우 부자연스러운 것을 알 수 있다. 즉 발화시 당시의 결심을 말하는 데에 '-을 것이-'의 선택은 부적절하다.[84)]

다음으로 예문 (2)는 엄마가 딸에게 심부름을 시키는 상황에서의 대화이다. 상대방의 요청에 대한 응답으로 '-을게(요)'와 '-겠-'의 사용은 자연스러우나 '-을 것이-'의 사용은 부적절함을 확인할 수 있다. 이때에도 마찬가지로 요청을 듣고 발화시 당시 자신의 행동을 결정하여 그 의지를 표현하는 상황임을 알 수 있다. 발화시 당시에 결심한 자신의 의지를 나타내는 '-겠-'과 '-을게(요)'는 요청에 대한 대답으로 자연스럽지만 발화시 이전에 결심한 자신의 의지를 나타내는 '-을 것이-'는 적절하지 않은 것이다. 한편 '-을래(요)'는 발화시 당시에 결정한 자신의 의지를 나타내는 종결어미임에도 불구하고 [청자 의향에 부합하지 않는 화자의 미래 행동]을 말할 때 사용되므로 상대의 요청, 즉 상대의 의향에 부합하는 내용의 발화를 하는 위의 (2)의 발화자 '나'의 대답에서의 사용은 부적절하다.

이와 같이 '-을게(요)'가 표상하는 '의지'는 화자의 발화시 당시의 결심으로 설명될 수 있다. 여기에서 화자가 결심한 시각을 '결심시'로 보아 발화시와 비교하여 그림으로 나타내면 아래와 같다. 결심시와 발화시가 일치하는 '-겠-', '-을래(요)'의 경우도 아래의 〈그림 7〉과 같이 표현할 수 있을 것이다.

84) 이러한 양상은 '-을 것이-'가 '-겠-', '-을게(요)', '-을래(요)'에 비하여 수행성의 정도가 약함을 반영한다. Nuyts(2001:39)에 따르면 '사태에 관한 화자의 발화시 당시의 인식적 태도'를 '수행성(performativity)'으로 보았고, 이와 대조되게 단순한 사태에 대한 기술을 나타내는 것을 '기술성(descriptivity)'으로 보았다. 따라서 발화시 당시 결정한 화자의 의지의 내용을 말할 때 사용하는 '-겠-', '-을게(요)', '-을래(요)'는 수행성이 높으며, 발화시와 관계없는 의지를 나타내는 '-을 것이-'는 수행성의 정도가 상대적으로 낮은 것으로 볼 수 있다.

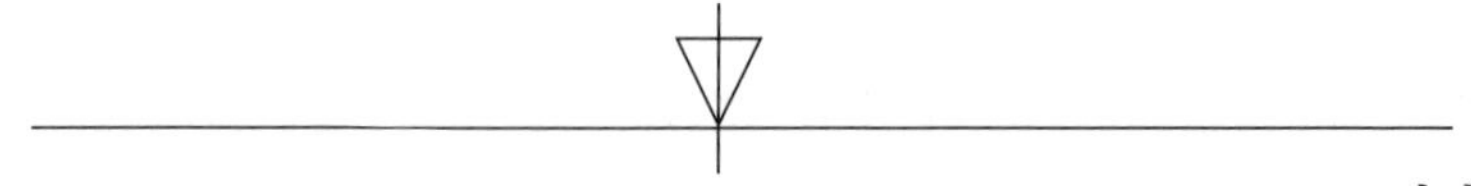

▽: 결심시
| : 발화시

〈그림 7〉 '-을게(요)'의 결심시와 발화시(장채린 2017:20)

한편 '-을 것이-'가 표상하는 '의지'는 발화시 이전에 한 화자의 결심이다. 이때의 결심시와 발화시를 비교하여 그림으로 나타내면 아래와 같다.

▽: 결심시
| : 발화시

〈그림 8〉 '-을 것이-'의 결심시와 발화시(장채린 2017:18)

그런데 이와 같은 '화자의 의지'라는 속성만으로는 '-을게(요)'와 '-을래(요)'를 변별할 수 없다. 두 형태 모두 화자의 결심시와 발화시가 일치하는 화자 의지를 표상하기 때문이다. '-을래(요)'와 차별되는 '-을게(요)'의 특징을 알아보기 위해서 '명제 내용이 청자의 의향에 부합하는가'와 관련된 내용을 살펴보겠다.

앞서 선행 연구를 통해 살핀 바와 같이 '-을게(요)'는 '청자의 의향에 화자의 행동이 부합하는지에 대한 고려'의 측면에서 기술될 필요가 있다. 이러한 측면을 중심으로 살펴보았을 때 '-을게(요)'는 청자의 의향에 부합하는 화자의 행동을 말할 때 선택되는 것으로 보인다. 이는 '-을게(요)'가 '-어 주/드리-'와 같은 보조 용언 구성과 자주 결합하는 경우가 다수 발견되었다는 점을 통해 확인할 수 있다. 《연세구어말뭉치》에 출현한 '-을게(요)'의 전체 용례 중 30%가 '-어 주/드리-'와 결합된 발화문이었다. '-어 주/드리-'는 문장의 주어가 객체를 위한 행동을 함을 나타내는 표현이다. 또한 '-을게(요)'의 태도 담지자는 문장의 주어이기도 한 화자이며, 객체는 청자이다. 따라서 '청자 의향에 부합하는 화자의 의지'라는 '-을게(요)'의 속성은 '-어 주/드리-'의 의미와 잘 어울린다.

(3) ㄱ. 그래, 집에 갈 때 파인애플 사 줄게.
ㄴ. 내가 따라 주께.

(일상대화_미팅)

(4) 가: 그거 어떻게 해야 돼?
나: 티비 연결하는 거는 어렵지 않아 쉬워.
(중략)
안 되겠다. 오늘 집에 가자, 내가 연결해 줄게, 오케이? 너네 그~ 가서 찍은 거 보고 싶지 다들?

(일상대화_삼십대)

(3ㄱ)에서 '-을게'를 통해 화자는 청자를 위해 파인애플을 사려고 하는 의지를, (3ㄴ)에서는 청자를 위해 (술을) 따라 주려고 하는 의지를 표현하였다. 그리고 '-어 주다'는 청자를 위한 행동의 의미가 담긴 '파인애플을 사다'와 '(술을) 따르다'라는 명제와 결합하여 화자의 의지가 청자를 위한 것이며, 청자에게 좋은 결과를 가져올 것이라는 의미가 부각되었다. 즉 청자의 의향에 부합하는 내용을 명제로 취했다. (4)에서도 화자 '가'는 티비를 연결하는 방법을 어려워하고 있음을 알 수 있다. 이것을 알고 화자 '나'는 '가'를 도와주려고 하고 있다. 티비에 연결하는 것을 청자 '가'를 위해서 해 주겠다고 하고 있다. 이와 같이 주어가 객체를 위한 행동을 함을 나타내는 '-어 주/드리-'와 '-을게(요)'가 자주 결합하는 현상은 '-을게(요)'가 청자의 의향에 부합하는 화자의 행동을 말할 때 사용됨을 시사한다.

그렇다면 이러한 '청자 의향에 부합하는 화자의 행동'이라는 의미는 화자가 어떤 판단의 과정을 거쳤을 때 형성되는 것인지 용례를 통해 살펴보겠다. '-을게(요)'가 사용되기 위해서는 반드시 맥락 속에서 청자의 의향이 명시적으로 드러나 있어야 하는 것은 아니다. 어떤 행위가 청자의 의향에 부합할 것인가 그렇지 않을 것인가에 대한 판단은 맥락 속에서 주어질 수도 있고, 원래 잘 알고 있었던 청자에 대한 지식에 기대어 판단할 수도 있으며, 사회적 가치, 문화 등과 같은 세상 지식에 기대어 판단할 수도 있다.

(5) ㄱ. 가: 되게 고급스럽구.

나: 아, 이 김O정 또 그거 받고 싶은 거야? 아, 생일 때 또 언니가 해 줄게.

(전화대화_여대생 2인)

ㄴ. 그~ 시험에 대한 정보는 되게 많고 막 그런데, 다운 받은 것도 되게 많고 자료도 되게 많거든. 오빠 다 줄게요.

(일상대화_식사 중 대학생 3인)

(5ㄱ)은 화자 '나'는 상대방 '가'의 어떤 물건에 대한 긍정적인 평가를 듣고 맥락상 상대방이 그 물건을 갖고 싶어 한다고 파악하여, 상대가 원하는 것을 해 주겠다고 표현하였다. 즉 맥락을 통해 자신의 행동이 청자의 의향에 부합할 것임을 유추하였다. (5ㄴ)에서는 상대방이 시험을 보는 것을 알고 있고, 시험에 대한 정보를 필요로 하고 있다는 점을 알고 있다. 즉 상대방이 원하는 것과 현재의 상황에 대해 잘 알고 있으므로 자신이 그 시험 자료를 주는 행위가 청자의 의향과 부합할 것이라고 판단하였다. 이와 같이 자신의 미래 행위가 청자의 의향에 부합할 것인지에 대한 판단은 맥락 속에서 추론을 통해 이루어질 수도 있고 평소에 알고 있던 화자에 대한 정보를 기반으로 하여 이루어질 수도 있다. 다음으로 이러한 판단이 사회적 가치, 문화 등과 같은 세상 지식에 기대어 이루어지는 경우를 살펴보겠다.

(6) 내가 안으로 들어가께.

(일상대화_미팅)

(6)은 식당에서 발화된 용례이다. 이 발화는 화자가 '식당 테이블의 안쪽

자리로 들어가는 것은 불편한 일이다'라는 전제를 가지고 청자를 배려하는 마음으로 말한 것이다. 한국 사회에서 식당 안쪽으로 들어가는 일이 불편한 것이라는 인식이 있다는 것을 모르는 사람이라면 (6)과 같은 발화를 이해하거나 생산하기 어려울 것이다. 이는 한국어를 모국어로 하지 않는 한국어 학습자가 '-을게(요)'의 사용 양상을 이해하고 적재적소에 사용하려면 맥락과 청자만 고려해서는 안 되며 한국 사회의 문화 및 가치관에 대한 지식 습득이 필요하다는 점을 시사한다.

지금까지 살펴본 결과 '-을게(요)'의 핵심 기능은 [청자 의향에 부합하는 화자의 미래 행동]을 말하는 것으로 아래와 같이 정리될 수 있다. 이러한 핵심 기능은 다음에 살펴볼 '-을래(요)'와의 변별을 용이하게 하며, 이를 통하여 '-을게(요)'와 '-을래(요)'의 의미적 대립 양상을 살펴볼 수 있다.

[청자 의향에 부합하는 화자의 미래 행동]을 말한다.

〈'-을게(요)'의 핵심 기능〉

위의 '-을게(요)'의 핵심 기능은 5장에서 '-을게(요)'의 문법적 특성과 맥락 기능을 자세히 살펴보면서 입증되는 동시에, '-을게(요)'의 문법적 특성과 맥락 기능의 원리를 설명하는 연결 고리를 제공할 것이다.

3.8. '-을래(요)'의 핵심 기능

선행 연구에서는 '-을래(요)'의 기본적인 기능을 주로 '의지'로 파악하면서, '-을게(요)'와의 비교를 통하여 의미를 파악하는 경향을 보인다. 문장종결법, 문체법, 상대높임법의 측면에서 다룬 논의들은 제외하고, 이들의 의미와 기능이 무엇인지를 밝히고자 한 논의들을 중심으로 살펴보겠다. 이윤진·노지니(2003)에서는 '-을래(요)'에 '의지'의 의미가 있는 것으로 보고, '제안과 청유', '부탁과 요청' 기능을 언급하고 있다. 박숙영(2006)에서는 '-을래(요)'

는 청자를 고려하지 않은 상태에서 자기의 의사를 밝히는 것으로 보았는데, '-을게(요)' 및 '-을 거예요'와의 변별을 위하여 '단정성/확신성', '일방성', '결정권', '명령에 대한 대답', '의지를 나타내는 부사어들과의 결합'의 측면에서 의지성의 정도를 비교하였다. 윤은경(2006)에서 평서문과 의문문으로 나누어 그 의미를 살폈다.

평서문에서는 화자의 의도를 일방적으로 청자에게 전달하는 기능을 하고, 의문문에서는 제안이나 명령, 위협, 부탁이나 명령, 단순 의지의 기능을 하는 것으로 기술하였다. 조향숙(2010)에서는 의문문에서의 '-을래(요)'의 기능에 대하여 다음과 같이 통찰력 있는 시각을 보여주고 있다. 의문문에서 '-을래(요)'는 청자의 응답을 적극적으로 요구하는 상황에서 사용되며, 화자가 청자에게 바라는 선택항이 있고, 그것을 관철시키고자 하는 의미가 강할 때 사용된다고 하였으며, '지금 어서 가서 잘래? 안 잘래?'와 같은 중첩 구성의 경우 '선택'의 의미가 더 강하게 나타난다고 하였다. 허경행(2011)에서는 들을 사람의 결정의 권한을 의식하는 상태에서 자신의 의지를 표명할 때 '-을래'가 사용된다고 하면서 '-을게'는 수용의 의지를, '-을래'는 거부의 의지를 나타낸다는 점에서 차이가 있다고 하였다. 홍혜란·강현화(2013)에서는 의문문으로 실현된 '-을래(요)'를 기본 의미, 확장 의미, 상황 의미로 나누어 살폈다. 이 연구에서는 '-을래(요)'의 기본 의미는 '의향 물음', 확장 의미는 '제안', '부탁', '제의', '요구', '명령' 등의 지시 화행, 상황 의미는 '비난', '책망', '협박', '경고', '시비', '걱정' 등으로 나타났다. 장채린(2017)에서는 '-겠-', '-을 것이-', '-을게(요)'와의 비교를 통하여 '-을래(요)'의 의미를 청자가 원하는 바를 인식은 하지만 그것에 상관없는 자신의 의지를 말하는 경우에 사용되는 것으로 보았다.

이상으로, 선행 연구에서 논의된 '-을래(요)'의 의미는 대체로 '의지'가 주를 이루고 있다. 이는 '-을게(요)'와 동일한 의미이다. 그렇다면 '-을래(요)'가 나타내는 의지와 '-을게(요)'를 비롯한 유사한 의미의 문법 항목들이 나타내는 의지가 어떻게 다른가를 가리는 것이 관건이 될 것인데, 이에 관하여 박숙영(2006), 허경행(2011), 장채린(2017)에서 언급이 있었다. 박숙영(2006)에서는 '청자를 고려하지 않은 상태의 의지'라고 하였고, '-을게(요)'보다 단정성, 일방성이 높은 것으로 기술하였고, 허경행(2011)에서는 청자의 권한을 의식하지만 그것을 거부할 때 '-을래(요)'가 사용된다고 하였으며, 장채린(2017)에서는 청자의 의향을 인식하지만 그것과 상관없는 의지를 말할 때 사용된다고 하였다. '-을게(요)'와 달리 '-을래(요)'는 청자를 배려하지 않는 상황에서 사용되는 것을 보면 청자를 고려하지 않을 때 사용되는 종결어미로 보일 수 있으나 분명히 '-을래(요)'는 화자가 청자의 생각, 바람, 의중, 의향을 의식한 상태에서 선택되는 종결어미이다(허경행 2011, 장채린 2017). 청자에 대한 '배려'와 '고려'의 문제는 다르다. 청자의 요청에 대한 거부를 하는 상황에서 자신의 의지를 말하는 경우에 '-을래(요)'가 사용되는 것을 보면 '-을래(요)'가 청자를 '의식한 상태'에서 사용된다는 것을 알 수 있다. 거부를 한다는 것은 상대방의 의향이 무엇인지 아는 것이 전제가 되어야 한다. 비록 청자의 의향에 부합되지는 않지만 최소한 청자의 의향이 무엇인지는 인식하고 있는 상태에서 '-을래(요)'가 선택될 수 있다. 이러한 점들을 고려하여 '-을래(요)'의 핵심 기능에 대하여 아래에서 자세히 살펴보겠다.

앞서 '-을게(요)'의 핵심 기능을 살펴보면서 '-을래(요)'와 '-을게(요)'가 표상하는 화자의 의지는 발화시 당시의 화자의 의지임을 확인한 바 있다.[85] '-을래(요)'가 표상하는 화자의 의지를 그림으로 나타내면 아래와 같다.

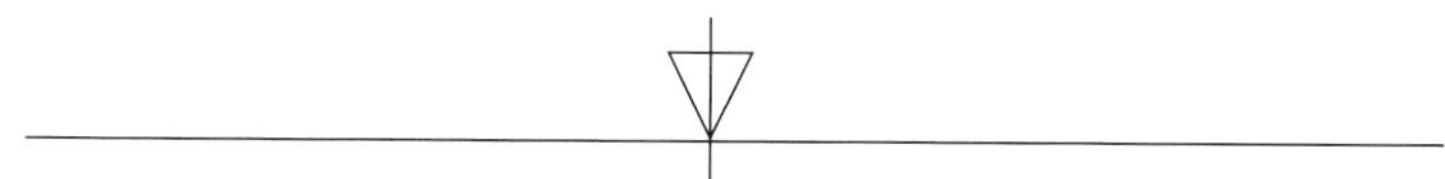

▽: 결심시
| : 발화시

〈그림 9〉 '-을래(요)'의 결심시와 발화시(장채린 2017:22)

'-을래(요)'가 표상하는 '의지'는 발화시 당시에 결정한 화자의 의지이다.

85) 이에 관련된 자세한 내용은 장채린(2017)의 내용 참고.

따라서 '-을 것이-'와 비교하였을 때 현장성, 즉각성이 있는 것으로 설명될 수 있다. 이러한 '-을래(요)'의 특징은 아래의 용례를 통해 살펴볼 수 있다.

(1) ㄱ. 여기서 오년 살고 십년 살다 보니까 "아이구, 이 땅이 좋구나. 난 그냥 여기서 살래."

(강연_한국어의 형태론적 이해)

ㄴ. 그리고 맡은 거니까 포기하기는 싫죠, 자기 자신이 한다고 한 일이니까. 그 끝두 책임지지 않구 순간의 감정에 이끌려서 무조건 〈Q〉 나 할래. 나 열심히 할래. 〈/Q〉 라고 했다가. 결과가 안 따라오면 얼마나 비참한 거겠어요.

(독백_사관학교)

(2) 가: 어후, 나 집에 갈래.
나: 왜?
가: 어 모기가 너무 많아.

(일상대화_잡담)

(1ㄱ, ㄴ)은 독백을 하는 중에 인용문에 나타난 '-을래(요)'의 용례를 보여주고 있다. 그런데 여기에서 주목할 만한 것은 '-을래(요)'가 언제 결정된 의지를 나타내는지를 암시하는 말들이 나온다는 점이다. 먼저 (1ㄱ)을 보면 '아이구, 이 땅이 좋구나'라는 말이 '난 여기서 살래'라는 문장 앞에 선행하는 것을 알 수 있다. 여기에서 '-구나'의 의미를 되짚어 볼 필요가 있다. '-구나'는 화자가 새롭게 인식하여 깨달은 사실을 말할 때 사용하는 종결어미이다. 즉 여기에서는 '이 땅이 좋다'라는 사실을 발화시 당시에 깨닫고 그 자리에서 '나는 여기에서 살겠다'라는 의지를 표명하고 있는 것이다. 그 땅이 좋다는 사실을 그 당시에 처음 알고 당장 자기는 그곳에서 살아야겠다는 발화시 당시의 결심을 말하고 있다.

이와 비슷하게 '-을래(요)'가 발화시 당시의 결심을 나타낸다는 점은 용례 (1ㄴ)을 통해서도 유추할 수 있다. '나 할래. 나 열심히 할래.'의 앞부분에 보면 '순간의 감정에 이끌려서'라는 내용이 나온다. 즉, '내가 하겠다'라고 하는 의지는 발화 당시의 그 순간에 감정에 이끌려 결심한 행동의 내용이라는 것을 추정해 볼 수 있다. 이와 같은 '-을래(요)'의 현장성 및 즉각성은 용례 (2)의 내용을 통해서도 엿볼 수 있다.

그러나 이러한 발화시 당시에 결심한 화자의 의지를 나타내는지의 여부를 살피는 것만으로는 '-을래(요)'와 '-을게(요)'를 변별할 수는 없다. 자신이 표현하려는 의도가 청자의 의향에 부합하는지의 여부를 살피는 것을 통해 이 두 종결어미들을 변별할 수 있다.

'-을래(요)'가 청자의 의향에 부합하지 않거나 그것에 상관없는 자신의 의지를 말할 때 사용된다는 점은 아래의 용례 (3)을 통해서 알 수 있다.

(3) 가: 아이스크림 먹고 싶어졌어. 아이스크림 먹고 싶다.
나: 아이스크림 사 줄까?
다: 어.
나: 아이스크림 사 줄게.
(중략)
나: 음~ 와플 먹지 뭐~.
다: 와플이 뭐야?
나: 아니면 와일드버디.
가: 딱딱한 거.
나: 와일드버디.
다: 딸기 없을까?
나: 딸기? 딸기 이거.
다: 싫어.
나: 돼지바 먹을래.[86]

86) 《연세구어말뭉치》에서 "돼지바 먹을래"라는 부분은 목소리가 잘 녹음이 되지 않아서 정확히 누구의 발화인지는 알 수 없다는 메모가 있었다. 그러나 문맥으로 따져 보았을 때 '돼지바 먹을래.'는 화자 '나'의 발화로 보는 것이 가장 자연스러우므로 여기에서는 화자

다: 나두 나두.

(일상대화_도서관에서)

(3)의 아래에서 두 번째 문장을 보면 '돼지바 먹을래'로 자신의 의지를 표현하고 있다. 화자 '나'가 다른 친구들에게 아이스크림을 사 준다고 해 놓고, 화자 자신이 아이스크림을 고를 때 '-을래(요)'를 사용하여 표현하고 있다. 자신의 의향이 다른 사람들의 의향과 관계없는 내용이므로 '-을래(요)'를 사용하여 발화하였다.

이와 비슷하게 일상생활에서 아래의 예문과 같이 메뉴를 고르는 대화에서 '-을래(요)'가 자주 쓰이는 것을 알 수 있다.

(4) 가: 뭐 먹고 싶어? 메뉴 정했어?
나: 나는 비빔밥 먹을래.
다: 나는 김치 볶음밥 먹을래.

위와 같이 여러 사람이 모여 식사 메뉴를 고를 때 어떤 특정 상황이 아닌 이상 상대방의 의향에 관계없이 자신의 의사를 표현하면 된다. 따라서 '-을래(요)'로 표현되는 것이 자연스럽다. 그런데 만약 같은 상황에서 손님끼리의 대화가 아닌 손님과 식당 종업원 또는 가게 직원과의 대화라면 이와 같은 내용의 명제가 어떤 종결어미를 통해 나타나는지를 한번 살펴보도록 하겠다.

(5) (손님들끼리의 대화)
손님1: 메뉴 정했어?
손님2: 음, 나는 비빔밥으로 할래. 너는?
손님1: 나도 비빔밥으로 할래.
(5′) (손님과 식당 종업원의 대화)

'나'의 발화로 보고 위와 같이 표기하였다.

종업원: 메뉴 정하셨어요?
손님1: ㄱ. 비빔밥으로 할게요.
ㄴ. ?비빔밥으로 할래요.

(5)는 손님1과 손님2의 대화이다. 서로 메뉴를 정하는 대화를 하고 있으며, 각자 원하는 메뉴를 '-을래(요)'를 사용하여 표현하고 있다. 한편 (5′)는 (5)에서와 같이 같은 장소에서 같은 명제 내용을 가지고 말하는 발화문이지만 대화하는 대상이 다르며 이에 따른 종결어미의 선택도 달라졌다. 즉 손님1은 '나는 비빔밥을 먹겠다'라는 똑같은 명제 내용을 표현하는 데 있어, (5)에서와 같이 동행한 사람에게는 '-을래(요)'를, (5′)에서와 같이 식당 종업원에게는 '-을게(요)'를 사용한 것이다.

(5′)을 보면 손님이 종업원에게 자신이 정한 메뉴를 이야기할 때 '-을래(요)'보다는 '-을게(요)'를 사용하여 말하는 것이 자연스러움을 알 수 있다. 그런데 사실 손님들이 무슨 음식을 시키건 대화 상대방인 식당 직원의 의향과는 사실 관계가 없다. 즉 비빔밥으로 메뉴를 정하겠다는 의지가 식당 직원이 원하는 바는 아니다. 그러나 해당 대화가 발생한 목적을 생각해 보면 궁극적으로 메뉴를 정하는 행위는 가게 직원이 마땅히 도와야 할 일인 것이다. 어떤 메뉴를 정하여 주문을 할 거라는 의지를 표현하는 것은 협조를 통해 대화의 목표를 향해 가기 위한 과정의 일부이기 때문에 청자인 식당 직원이 직접적으로 원하는 바가 아니라 하더라도 손님들은 식당 직원의 의향도 자신의 의지 내용과 부합할 것이라 생각할 것이다. 손님이 식당 직원에게 자신이 어떤 메뉴를 먹을 것이라고 말하면서 '-을게(요)'를 선택한 것은 자연스럽다.

반면 손님들끼리 메뉴를 정하는 일은 특별한 상황 설정이 없는 한 서로의 의향과 관계없는 일일 것이다.[87] 상대방의 의향을 의식하고 있지만 그것과 상관없는 자신의 의지를 말할 때 사용된다는 '-을래(요)'의 핵심 기능에 비추어 보면, 손님들끼리 메뉴를 정하는 상황에서 '-을래(요)'가 사용되는 것은 자

87) 여기에서 특별한 상황이란, 손님1이 손님2가 골랐으면 하는 메뉴가 있는 경우와 같은 상황을 말한다.

연스럽다.

이와 같이 '-을래(요)'는 상대방의 의중이 무엇인지 인지하고는 있지만 그것과 관계없는 자신의 의도를 말할 때 사용하는 것이므로 상대방과 서로 다른 의견을 가지고 있거나 상대의 제안, 요청 등을 거절할 경우에 사용될 가능성이 높다. 《연세구어말뭉치》에서 아래와 같이 그 사례를 찾아볼 수 있었다.

(6) ㄱ. 가: 지영이 책 읽어.
나: 투자한대. 지영이한테 우리가 돈을 빌려 줄까?
다: 나 동업은 안 해.
나: 아~ 동업 말구. 불려 달라구.
다: 그런 것두 안 해.
나: 괜찮아, 나 있는 돈으로만 살래.
(일상대화_버스에서 친구들과)

ㄴ. 가: 겔포스나 사 와서 드세요.
나: 그래도 약국에 좀 가 볼래.
(일상대화_대학생 놀이 문화)

ㄷ. 그래 나중엔 방송국에서 전화를 하믄은. 아 저 방송 안 할래요 그리고 끊었어요 나중에는,
(여성시대_3부, 4부)

우선 (6ㄱ)을 보면 '나'가 '가'와 함께 화자 '다'에게 돈을 투자해 보자고 말하니까 화자 '다'는 그것을 거절하였다. 그랬더니 화자 '나'는 그 거절에 대한 답으로 자신의 태도를 바꾸어 괜찮다고 말하며, 자신은 화자 '나'의 생각과 달리[88] 그냥 있는 돈으로만 살겠다며 자신의 의지를 표현한다. (6ㄴ)에서

88) 여기에서 화자 '나'의 생각은 '돈은 투자 등을 통하여 적극적으로 불려야 한다.'로 유추해 볼 수 있다. 화자 '가'의 말을 보면 유추할 수 있다. '가', '나', '다' 모두 대화를 나눌 시에 화자 '나'는 금융 관련 책을 읽고 있었다.

는 화자 '가'가 소화제를 사 와서 먹어 보라는 제안을 한다. 그런데 화자 '나'는 상대의 제안을 받아들일 의사가 없으며 자기가 직접 약국에 가 보겠다는 의지를 밝히면서 '-을래'를 선택하여 발화하였다. 한편 (6ㄷ)에서는 방송국에서 일을 하기를 바라고 제안한 것을 거절할 때 '-을래요'를 선택한 것을 알 수 있다. 이와 같이 상대방의 생각을 수용하지 않고, 그와 다른 자신의 생각 및 의도를 말할 때 '-을래(요)'가 선택된다는 점에서 볼 때 '-을래(요)'는 상대방의 의향을 인식하되 그것과 상관없는 자신의 의도를 의미한다는 것을 알 수 있다.

이상으로 '-을래(요)'의 핵심 기능에 대하여 살펴보았다. '-을래(요)'는 청자의 의향을 의식하고는 있으나 자신의 행동이 청자의 의향에 부합하지 않는다고 판단될 때 사용된다. 이를 토대로 '-을래(요)'의 핵심 기능을 아래와 같이 정리할 수 있다.

[청자 의향에 부합하지 않는 화자의 미래 행동]을 말한다.

〈'-을래(요)'의 핵심 기능〉

위의 '-을래(요)'의 핵심 기능은 5장에서 '-을래(요)'의 문법적 특성과 맥락 기능을 자세히 살펴보면서 입증되는 동시에, '-을래(요)'의 문법적 특성과 맥락 기능의 원리를 설명하는 연결 고리를 제공할 것이다.

3.9. 비격식체 종결어미들의 핵심 기능 분류 체계

지금까지 선행 연구 및 《연세구어말뭉치》의 용례 검토를 통한 논증을 통하여 각 비격식체 종결어미들의 핵심 기능을 도출하였다. 이러한 핵심 기능들을 정리하면 아래와 같다.

〈표 5〉 비격식체 종결어미들의 핵심 기능 정리

형태	핵심 기능
-어(요)	[화자의 기지정보]이면서 [관념화되지 않은 정보]를 말한다.
-지(요)	[화자의 기지정보]이면서 [관념화된 정보]를 말한다.
-네(요)	[화자의 미지정보]이면서 [현재 지각한 정보]를 말한다.
-군(요)	[화자의 미지정보]이면서 [깨달은 정보]를 말한다.
-거든(요)	[청자의 미지정보]를 말한다.
-잖아(요)	[청자의 기지정보]를 말한다.
-을게(요)	[청자 의향에 부합하는 화자의 미래 행동]을 말한다.
-을래(요)	[청자 의향에 부합하지 않는 화자의 미래 행동]을 말한다.

〈표 5〉의 비격식체 종결어미 핵심 기능들은 공유 또는 대립되는 속성들을 중심으로 체계화될 수 있다.

첫째로, 해당 명제 내용에 대한 자신의 태도를 표현하는지, 아니면 청자의 명제 내용에 대한 자신의 판단을 고려하여 표현하는지에 따라 크게 대명제 태도 종결어미와 대청자 태도 종결어미로 나뉠 수 있다. 전자에는 '-어(요)', '-지(요)', '-네(요)', '-군(요)'가 속하고 후자에는 나머지 네 종결어미들이 속한다.

'-어(요)', '-지(요)', '-네(요)', '-군(요)'는 모두 명제 내용에 대해 화자가 어떤 인지적 태도를 갖고 있느냐에 따라 핵심 기능이 변별된다. 따라서 이 네 형태는 명제에 대한 화자 자신의 인지적 상태만을 고려하여 결정하는 과정에 관여되는 것으로 볼 수 있으며 '대명제 태도'를 나타내는 종결어미로 분류될 수 있다. 반면 '-거든(요)', '-잖아(요)', '-을게(요)', '-을래(요)'는 모두 핵심 기능에 '청자'라는 개념이 포함된다. '-거든(요)'와 '-잖아(요)'는 청자의 인지적 상태에 대한 화자의 판단을, '-을게(요)'와 '-을래(요)'는 청자의 의향에 대한 화자의 판단을 나타낸다는 점에서 '대청자 태도'를 나타내는 것으로 분류될

수 있다.[89][90]

둘째로, 대명제 태도를 나타내는 종결어미들 중에서 다시 명제 내용이 화자의 기지정보인지의 여부를 기준으로 하여 두 부류로 나뉠 수 있다. 즉 대명제 태도를 나타내는 종결어미인 '-어(요)', '-지(요)', '-네(요)', '-군(요)' 중 화자의 기지정보를 나타내는 '어(요)'와 '-지(요)', 화자의 미지정보를 나타내는 '-네(요)'와 '-군(요)'로 나뉠 수 있다. 이는 다시 세부적으로 분류될 수 있는데, '-어(요)'와 '-지(요)'는 명제 내용에 대한 관념화의 여부에 따라, '-네(요)'와 '-군(요)'는 화자가 현재 지각한 정보를 나타내는지 혹은 깨달은 정보를 나타내는지의 여부에 따라 나뉠 수 있다.

셋째로, 대청자 태도를 나타내는 네 종결어미들은 명제 내용이 정보를 가리키느냐 행동을 가리키느냐에 따라 두 갈래로 나뉜다. 정보를 전달하는 종결어미에는 '-거든(요)'와 '-잖아(요)'가, 행동을 전달하는 종결어미에는 '-을게(요)'와 '-을래(요)'가 속한다. 이는 다시 또 나뉠 수 있는데, '-거든(요)'와 '-잖아(요)'는 청자의 인지 상태에 대한 화자의 태도에 따라 각각 청자의 미지정보와 청자의 기지정보를 나타내는 것으로 나뉠 수 있다. '-을게(요)'와 '-을래(요)'는 청자의 의향에 대한 화자의 태도에 따라 각각 청자 의향에 부합되는 화자의 의지와 청자 의향에 부합되지 않는 화자의 의지를 말할 때 사용되는 것으로 나뉜다.

지금까지 설명한 각 비격식체 종결어미들의 핵심 기능의 분류 체계를 표로 보이면 아래와 같다.

---

89) 노마 히데키(2002/2003:126~127)에서도 '대사태법성(event-oriented modality)'과 '대청자법성(hearer-oriented modality)'으로 양태를 나누어서 파악한 바 있다. 비록 세부적인 논의는 본서의 논의와 다르지만 화자의 '태도'를 이와 같이 명제가 가리키는 사건과 청자에 대한 태도로 나누어 파악한 것은 본서의 논의와 궤를 같이하는 것으로 볼 수 있다.

90) '대명제 태도'는 정확히 말하면 '자신이 명제 내용에 대하여 어떤 태도를 가지는지에 대한 화자의 판단'이고, '대청자 태도'는 '청자가 명제 내용에 대하여 어떤 태도를 가지는지에 대한 화자의 판단'이다. 따라서 전자는 '대명제 태도' 대신 '對화자 태도'라고 불리는 것이 더 적합한 것일 수 있다. 그러나 '對화자 태도'라는 용어는 들었을 때 무슨 뜻인지 잘 드러나지 않으므로 논의의 편의상 '대명제 태도'라 하겠다.

〈표 6〉 비격식체 종결어미의 핵심 기능 분류 체계

<table>
<tr><th colspan="2">분류</th><th colspan="2">핵심 기능</th><th>해당 형태</th></tr>
<tr><td rowspan="4">대명제태도</td><td rowspan="6">정보</td><td rowspan="2">[화자의 기지정보]</td><td>[관념화되지 않은 정보]</td><td>-어(요)</td></tr>
<tr><td>[관념화된 정보]</td><td>-지(요)</td></tr>
<tr><td rowspan="2">[화자의 미지정보]</td><td>[현재 지각한 정보]</td><td>-네(요)</td></tr>
<tr><td>[깨달은 정보]</td><td>-군(요)</td></tr>
<tr><td rowspan="4">대청자태도</td><td colspan="2">[청자의 미지정보]</td><td>-거든(요)</td></tr>
<tr><td colspan="2">[청자의 기지정보]</td><td>-잖아(요)</td></tr>
<tr><td rowspan="2">행동</td><td colspan="2">[청자 의향에 부합하는 화자의 미래 행동]</td><td>-을게(요)</td></tr>
<tr><td colspan="2">[청자 의향에 부합하지 않는 화자의 미래 행동]</td><td>-을래(요)</td></tr>
</table>

위의 〈표 6〉의 핵심 기능의 분류 체계에 따라 각 종결어미들에 대하여 4장과 5장에서 기술할 것이다. 4장, 5장의 기술은 두 부분으로 구성되어 이루어질 것이다. 첫째 부분은 각 종결어미들의 문법적 특성에 대한 기술이다. 종결어미들의 문장 유형의 양상, 주어 인칭과 결합 용언의 양상, 선어말어미와의 결합 양상에 대한 내용이며, 위에서 제시한 핵심 기능을 통해 이러한 문법적 특성을 일관되게 설명할 수 있다. 둘째 부분은 종결어미들의 맥락 기능에 대한 기술이다. 이 맥락 기능은 앞서 설명한 기능문법적 시각에 입각하여 '개념적 기능', '대인적 기능', '담화적 기능'으로 나뉜다. 각 종결어미들이 발휘할 수 있는 이러한 기능들 또한 모두 위의 핵심 기능에서 확장된 것임을 보일 것이다. 4장, 5장의 기술을 통하여 앞서 제시한 비격식체 종결어미들의 핵심 기능을 논증하는 동시에 그와 같은 문법적 특성, 맥락 기능이 나타나는 원리를 설명할 수 있게 될 것이다.

4

대명제 태도를 나타내는 종결어미

4장에서는 대명제 태도를 나타내는 종결어미 '-어(요)', '-지(요)', '-네(요)', '-군(요)'의 문법적 특성과 맥락 기능을 살펴보고자 한다. 3장에서의 논의에 따르면 명제 내용이 화자의 기지정보인지 혹은 미지정보인지에 따라 '-어(요)'와 '-지(요)'가 묶일 수 있고, '-네(요)'와 '-군(요)'가 한데 묶일 수 있다. '-어(요)'와 '-지(요)'는 화자가 명제 내용을 관념화하였는지의 여부에 따라 선택된다. '-네(요)'와 '-군(요)'는 화자가 현재 지각을 통해 명제 내용을 획득하였는지 아니면 깨달음을 통해 획득하였는지에 따라 선택된다.

4장에서는 대명제 태도를 나타내는 종결어미들의 문법적 특성(문장 유형의 양상, 주어 인칭과 결합 용언 양상, 선어말어미 결합 양상)과 맥락 기능(개념적 기능, 대인적 기능, 담화적 기능)을 비교하여 이들의 핵심 기능에 비추어 기술하고자 한다. 종결어미들의 문법적 특성과 맥락 기능에 대한 기술은 3장에서 밝힌 핵심 기능을 뒷받침하는 동시에, 어떻게 핵심 기능이 맥락 기능에 관여하는지를 밝히는 기술이 될 것이다. 이를 통해 각 종결어미들의 변별 지점이 확인될 수 있을 것이다.

4.1. 대명제 태도 종결어미의 문법적 특성

4.1에서는 '-어(요)', '-지(요)', '-네(요)', '-군(요)'의 문법적 특성을 '문장 유형의 양상', '주어 인칭과 결합 용언의 양상', '선어말어미와의 결합 양상'으로 나누어 살펴보겠다. 각 양상별로 종결어미들의 특징을 비교하여 살펴보면서 3장에서 밝힌 핵심 기능을 확인하고 핵심 기능이 어떻게 관여하여 이러한 문법적 특성을 지니는지, 그리고 이들이 어떠한 점에서 변별되는지에 대해 기술하도록 하겠다.

4.1.1. 문장 유형의 양상

'-어(요)'와 '-지(요)'는[91] 평서문, 의문문, 명령문, 청유문의 모든 문장 유형에서 사용될 수 있다. 한편 '-네(요)'와 '-군(요)'는 평서문과 특정한 질문의 기능으로만 나타나며, 전형적인 의문문, 명령문 및 청유문에서는 사용될 수 없다. 3장에서 밝힌 이들의 핵심 기능에 비추어 이와 같은 문장 유형의 양상을 살펴보도록 하겠다.

[1] 평서문에서의 양상

'-어(요)', '-지(요)', '-네(요)', '-군(요)'는 평서문에서 모두 사용 가능하다.

(1) ㄱ. 가: 제부도가 서해 어느 쪽에 있지?
　　나: 수원 바로 옆에 있어.
　　가: 아, 되게 가깝네.
　　나: 얼마 안 걸려.

(일상대화_날씨에 대해)

ㄴ. 전공을 살리지 않겠다는 생각도 안 하고 있고, 배운 게 그거 하나밖에 없다 보니, 그냥 그쪽으로 생각을 하고 있지요.

(독백_학교생활과 여행기)

ㄷ. 가: 니네 그니까 뭐야, 사인 가족?
　　나: 응.
　　가: 전형적인 핵가족이네.

(일상대화_가족과 사랑에 대해)

ㄹ. 아랑이 형이 한 말이 기억나는군.

(일상대화_대학생 놀이 문화)

91) '-지(요)'가 모든 문장 유형에서 사용된다는 것은 고영근(1976), 장경희(1985), 한길(1986), Lee(1999)를 비롯한 다수의 선행 연구들에서 언급되었다. 그러나 '-지(요)'의 어떠한 속성으로 하여금 '-지(요)'가 모든 문장 유형으로 나타날 수 있게 하는지에 대한 논의는 심도 있게 이루어지지 않았다.

평서문은 화자가 일정한 내용을 청자에게 전달할 때 사용하는 문장 유형이다(임홍빈·장소원 1995:353). 따라서 (1ㄱ, ㄴ)에서와 같이 화자가 이전부터 알고 있던 내용, 즉 [화자의 기지정보]를 말할 때와 (1ㄷ, ㄹ)에서와 같이 화자가 발화시 당시 알게 된 내용, 즉 [화자의 미지정보]를 말할 때 평서문으로 실현되는 것은 자연스러운 일이다.[92] 이들의 핵심 기능은 평서문의 기능과 상충되지 않으므로 평서문으로의 실현이 가능한 것으로 설명될 수 있다.

[2] 의문문에서의 양상

'-어(요)', '-지(요)', '-네(요)', '-군(요)'가 설명 의문문과 확인 의문문으로 사용될 수 있는지의 여부를 중심으로 이들의 양상을 살펴보겠다.[93] 의문문의 종류에 따라 요구되는 화자의 태도가 다르므로 특정 종류의 의문문에서 종결어미 사용에 제약이 있다면 이는 핵심 기능에 비추어 설명될 수 있을 것이다. 설명 의문문에서는 화자가 알지 못하는 정보가 의문사로 표현되므로, 의문문에서 화자의 모름을 표현하는 종결어미가 사용되어야 한다. 확인 의문문은 자신이 말하는 내용을 어느 정도 알고 있음을 시사하는 동시에 청자로 하여금 확인 또는 동의하여 줄 것을 바라는 태도를 가지므로 의문문에서 화자의 앎을 의미하는 종결어미가 사용될 수 있다.

우선 설명 의문문과 확인 의문문에서 '-어(요)'와 '-지(요)'의 사용이 가능한 점을 살펴보겠다.

(2) ㄱ. 너 언제 기숙사에 <u>들어가?/들어가지?</u>

---

92) 이들을 조금 더 자세히 살펴보면 [화자의 기지정보]를 말하는 경우에는 청자에게 정보 전달하는 것에 초점이 있고, [화자의 미지정보]를 말하는 경우에는 정보 전달보다는 화자의 즉각적인 생각, 느낌의 표출에 초점이 있는 것으로 보인다. 따라서 논자에 따라서는 '-네(요)' 및 '-군(요)'를 감탄의 종결어미로 보는 경우도 있었다. 그러나 본서에서는 문장 유형을 4가지로 보는 입장에서 이들의 특성을 기술하고자 한다.

93) 박재연(2005)에서는 설명 의문문에서 '-네(요)', '-군(요)'가 사용될 수 있는지의 여부를 중심으로 이들의 인식 양태적 의미를 기술한 바 있다. 본서는 이에 착안하여 종결어미들의 특성을 기술하고자 한다.

ㄴ. 야, 오늘 경제학 시험 봤어?

(일상대화_잡담)

ㄷ. 야 나 나 째즈 땐스 아:: 맞다, 너 스포츠 땐스 들었었지?

(일상대화_재수강 과목에 대해)

보통 평서문일 때에는 태도의 담지자는[94] 화자 자신이지만, 의문문에서는 태도의 담지자가 청자가 된다. 따라서 '-어(요)'와 '-지(요)'가 의문문에서 사용되어 태도 담지자의 전환이 일어나는 경우에는 청자의 앎이 전제되며, 화자 자신의 지식 체계에 대해서는 무표적인 태도를 가지게 된다. 즉 화자의 앎 또는 화자의 모름을 나타낼 수 있다. 앞서 3장에서 기술한 '-어(요)'와 '-지(요)'의 핵심 기능에는 (평서문에서) 청자의 지식 상태에 대한 가정이 전제되지 않는다는 점을 살펴보면 이를 알 수 있다. 따라서 화자의 모름을 나타내는 설명 의문문은 '-어(요)' 및 '-지(요)'로 실현될 수 있으며, (2ㄴ, ㄷ)에서와 같이 확인 의문문도 '-어(요)' 및 '-지(요)'로 실현될 수 있다.

'-지(요)'가 (2ㄱ)에서와 같이 설명 의문문에서도 사용될 수 있다는 사실을 통해 '-지(요)'의 핵심 기능에 청자 지식의 기지가정은 포함되어 있지 않다는 점을 다시금 확인할 수 있다. 손현선(1996), 박재연(2006), 최수정(2016) 등의 주장에서와 같이 만약 '-지(요)'가 청자 기지정보의 종결어미라면 의문문에서는 화자의 앎을 나타내게 된다. 그렇다면 '-지(요)'가 화자의 모름을 표현하는 설명 의문문에서 사용되는 것이 불가능해야 하는데, '-지(요)'는 '-어(요)'와 같이 설명 의문문에서의 사용에 제약이 없다. 이러한 양상은 청자 기지정보를 말하는 기능이 '-지(요)'에 필수적으로 포함되지 않았음을 방증한다.

'-지(요)'의 이러한 면모는 청자의 기지정보를 말할 때 사용되는, 즉 화자의 청자의 지식 상태에 대한 태도가 필수적으로 포함되어 있는 '-잖아(요)'와의 비교를 통해서도 살펴볼 수 있다. '-잖아(요)'는 의문문에서 화자의 모름을

94) 박재연(2006)에서는 일반적으로 양태 의미의 담지자는 '화자'이지만 의문문에서는 양태 의미의 담지자가 '청자'가 된다고 한 바 있다. 이에 착안하여 본서에서는 태도를 갖는 주체를 '태도의 담지자'라고 칭하였다.

표현하지 못하므로 설명 의문문으로 나타날 수 없다.

(3) ㄱ. 수요일에 수업이 있잖아?/있지?
ㄴ. 언제 *수업이잖아?/수업이지?

청자의 지식 상태에 대한 태도가 포함된 '-잖아(요)'는 (3ㄱ)에서와 같이 화자가 어느 정도 명제 내용에 대해 알고 있음을 표현하는 확인 의문문에서의 사용은 자연스러우나 (3ㄴ)에서와 같이 설명 의문문에서의 사용은 불가능하다. 반면 '-지(요)'는 (3ㄱ)에서와 같이 확인 의문문에서의 사용과 (3ㄴ)에서와 같이 설명 의문문에서의 사용이 모두 자연스럽다. 만약 '-지(요)'에 화청자 모두의 지식에 내재되어 있는 정보를 말한다는 핵심 기능이 있다면 '-잖아(요)'와 같은 양상이 나타나야 할 것이지만 그렇지 않다. 이를 통해 '-지(요)'가 청자의 지식 상태에 대한 전제를 필수적으로 가지는 종결어미로 보기 어려움을 알 수 있다.[95)]

다음으로 '-네(요)'와 '-군(요)'가 설명 의문문과 확인 의문문에서 사용될 수 있는지의 여부를 살펴보겠다. 우선 《연세구어말뭉치》에서의 '-네(요)'와 '-군(요)'가 의문형 억양으로 실현된 빈도를 살펴보면 아래와 같다.

〈표 7〉 '-네(요)'와 '-군(요)'가 출현한 억양 유형별 빈도

억양 유형	-네(요)	-군(요)
평서형 억양	1373회(87.7%)	177회(94.1%)
의문형 억양	193회(12.3%)	11회(5.9%)

여기에서 의문형의 억양은 《연세구어말뭉치》에서 전사된 '-네(요)' 및 '-군(요)'의 용례들 중 물음표가 부착된 것을 기준으로 판별되었다. 의문형의 억양

95) 따라서 '-지(요)'의 용례에서 가끔 나타나는 청자의 지식 상태에 대한 화자의 가정은 임동훈(2008:244)의 기술과 같이 맥락에 의해 나타나는 것으로 보아야 할 필요성이 제기된다.

으로 출현한 '-네(요)' 및 '-군(요)'를 대부분 보면 상승조의 억양으로 실현되었기는 하지만 정말 이 용례들을 전형적인 의문형 어미로 볼 수 있는지는 논의가 필요하다. 선행 문헌에서는 논자에 따라서 '-네(요)' 및 '-군(요)'가 사용될 수 있는 문장 유형의 종류를 달리 보기도 하였다. 이들이 평서문(또는 감탄문)에서 사용된다고 본 문헌에는 윤석민(2000), 김태엽(2001), 이종희(2004), 〈표준국어대사전〉 등이 있었고, 평서문, 의문문에서 사용된다고 본 문헌에는 한길(1986), 손현선(1996), 〈연세한국어사전〉 등이 있었다.

이와 같이 그간의 논의에서 '-네(요)'와 '-군(요)'의 문장 유형의 양상에 대하여 여러 의견이 있는 것을 알 수 있다. 이러한 양상에 대하여 박재연(2005:108)에서는 '-네(요)' 및 '-군(요)'가 올림의 억양으로 시행된 것을 진정한 의미에서의 의문문으로는 볼 수 없지만 '유사의문문(pseudo-interrogative)'으로 볼 수 있다고 설명하고 있다. 박재연(2005)에서는 '-네(요)'가 아직 화자의 지식 체계에 내면화되지 못한 정보를 나타낼 때 사용되며 '-군(요)'가 새로 앎을 나타내는 것과 같이 이들이 전반적으로 불완전한 앎을 표현하므로 의문문을 사용하는 화자의 태도와 비슷함을 떠올려 보면 왜 의문형 억양으로 '-네(요)' 및 '-군(요)'가 사용되는지를 알 수 있다고 하였다. 이러한 '-네(요)'와 '-군(요)'의 핵심 기능의 속성으로 인하여 이들은 아래의 용례에서와 같이 확인 의문문에서 사용될 수 있는 것처럼 보인다.

(4) ㄱ. 여기 분필이 한 개도 없네?

(강의_한국어의 이해)

ㄴ. 아:: 형이 아직 안 갔기 때문에 동생도 아직 못 했군요?

(라디오방송_이지현의 라디오 상담실)

위의 (4ㄱ)에서는 분필이 한 개도 없다는 것을 지각하여 청자의 반응을 유도하고 있으며 (4ㄴ)에서는 청자의 말을 듣고 깨달은 내용을 확인하듯 말하고 있다. 모두 불완전한 앎을 나타내며 이것은 확인 의문문에서의 화자의 인지적 태도와 일치한다. 따라서 '-네(요)'와 '-군(요)'가 확인 의문문에서 나타나는 것으로 볼 수도 있다. 그런데 여기에서 화자는 자신의 불완전한 지식을 진술함으로써 확인 질문의 효과를 내고 있는 것을 알 수 있다. '질문'을 통해 확인을 하는 것이 아니라 '진술'을 통해 확인을 하는 것으로 보인다. 즉 여기에서는 태도 담지자의 전환 없이 자신의 인지적인 상태의 불안정함을 진술함으로써 이러한 확인 의문하기의 기능이 수행되는 것을 알 수 있다.

또한 '-네(요)'와 '-군(요)'는 설명 의문문에서 사용될 수 없다.

(5) *넌 언제 기숙사에 들어가네/들어가는군?

만약 '-네(요)' 및 '-군(요)'의 태도 담지자의 전환이 일어나면 [청자의 미지 정보]에 대해 물어본다는 핵심 기능을 가지게 되는데 이러한 태도는 일반적으로 의문문에서 허용되지 않는다. 보통 의문문은 청자가 조금이라도 알고 있음이 전제되는 문장 유형이기 때문이다. 설명 의문문에서 이들 종결어미가 사용될 수 없는 근본적인 이유가 여기에 있다.

따라서 본서에서는 '-네(요)'와 '-군(요)'는 엄밀히 보았을 때 '의문형 종결어미'로 분류할 수는 없지만 '확인 질문하기'와 같은 기능으로 수행될 수 있는 것으로 볼 수 있다.[96] 이러한 양상을 보이는 것은 모두 '-네(요)'와 '-군(요)'의 본연의 핵심 기능으로 인한 것이다.

[3] 명령문 및 청유문에서의 양상

'-어(요)', '-지(요)'는 명령문 및 청유문에서의 사용이 가능하나 '-네(요)'와 '-군(요)'는 그렇지 않다. 이러한 양상은 명령문과 청유문의 성격을 이들의 핵심 기능에 비추어 보면 설명될 수 있다. 우리가 보통 명령이나 청유를 할 때 해당 행동의 내용이 청자가 할 수 있는 일인지를 생각하고, 그 행동의 결과가 자신에게 원하는 상황을 가져올 것인지를 판단하는 인지적인 행위가 선행된다. 이는 모두 명령 및 청유의 미래 행동 내용, 즉 명제 내용이 화자의 지식체

96) '의문문'과 '질문하기'는 다른 것으로 파악한다. '의문문'은 '문장 유형'에 속하는 개념이며, '질문하기'는 '기능'에 속하는 개념으로 보았다.

계에 내면화되어 있어야 가능한 일이다. Searle의 논의를 토대로 명령과 관계있는 '요청' 화행의 적절조건에 입각하여 화자가 명제에 대하여 어떤 태도를 가지고 있을 때 명령의 기능이 성립하는지 생각해 보도록 하겠다.

〈표 8〉 '요청'의 적절조건(Searle, 1969)

적절조건	요청(assert)
명제내용	청자의 미래 행동 A
예비조건	1) 화자는 청자가 행동 A를 할 수 있다고 믿는다. 2) 요청이 없으면 청자가 행동 A를 하리라는 것이 분명하지 않다.
성실조건	화자는 청자가 행동 A를 행하기를 원한다.
핵심조건	청자로 하여금 행동 A를 행하게 하려는 시도로 간주된다.

〈표 8〉에서 예비조건과 성실조건을 참고하면 명령은 화자가 해당 미래 행동의 내용을 충분히 생각한 후에 이루어진다는 것을 알 수 있다. 따라서 필연적으로 명령의 내용은 [화자의 기지정보]를 나타낼 수밖에 없다. 이러한 양상은 청유를 하는 경우에도 적용된다. 행동의 주체에 화자가 더해진다는 것 외에 위의 '요청'의 적절 조건과 유사하다.

그러므로 [화자의 기지정보]를 나타내는 '-어(요)'와 '-지(요)'는 명령문 및 청유문으로 사용되는 것이 가능하나 [화자의 미지정보]를 나타내는 '-네(요)'와 '-군(요)'는 명령문 및 청유문으로 사용되는 것이 어색할 것이라는 예측을 해 볼 수 있다.

(6) ㄱ. 잠깐 나가 계세요.

(주제대화_연애 에피소드)

ㄴ. 같이 치워.

(주제대화_학원강사와 고등학생)

ㄷ. 어떤 원칙으루 이 문제는 처리돼야 된다고 생각하시는지 간단히 좀 얘

기 좀 해 주시죠.

(TV방송_SBS토론공방)

ㄹ. 자~ 일 대 영인 전반전, 아~ 전반전에 어떤 장면들이 있었는지, 하이라이트로 준비했습니다. 함께 보시죠.

(방송_스포츠중계)

ㅁ. (명령문·청유문으로서) *잠깐 나가 계시네요/계시는군요.

(6)을 보면 앞에서 언급한 바와 일치된 양상이 나타나는 것을 알 수 있다. [화자의 기지정보]를 나타내는 '-어(요)'와 '-지(요)'로 (6ㄱ, ㄷ)에서와 같이 명령문, (6ㄴ, ㄹ)에서와 같이 청유문을 나타낼 수 있으나 [화자의 미지정보]를 나타내는 '-네(요)', '-군(요)'로는 (6ㅁ)에서와 같이 명령문과 청유문을 나타낼 수 없다. 이와 같이 문장 유형의 성격과 각 종결어미들의 핵심 기능을 살펴봄으로써 이들의 문장 유형의 양상이 설명될 수 있다.

[4] 정리

지금까지의 '-어(요)', '-지(요)', '-네(요)', '-군(요)'의 문장 유형의 양상을 살핀 결과는 다음과 같다.

① 평서문으로 사용 가능한 종결어미: '-어(요)', '-지(요)', '-네(요)', '-군(요)'
② 의문문으로 사용 가능한 종결어미: -어(요), -지(요) ('-네(요)', '-군(요)'는 확인 질문하기의 기능으로만 수행됨)
③ 명령문, 청유문으로 사용 가능한 종결어미: -어(요), -지(요)

위의 내용을 보면 '-어(요)'와 '-지(요)'의 문장 유형의 양상이 동일하고, '-네(요)'와 '-군(요)'의 문장 유형의 양상이 동일함을 알 수 있다. 이는 각 쌍들이 가진 공통된 핵심 기능 속성으로 인한 것임을 유추할 수 있다. '-어(요)'와 '-지(요)'는 [화자의 기지정보]를 말한다는 핵심 기능을 공유하며, '-네(요)'와 '-군(요)'는 그와 대립되는 [화자의 미지정보]를 말한다는 핵심 기능을 공유한다. 즉 [화자의 기지정보] 대 [화자의 미지정보]의 대립적인 양상이 뚜렷이 드러난다. 이와 같은 핵심 기능의 공유 양상은 문장 유형의 양상과도 일치하여 나타나는 것을 위에서 확인하였으며, 3장에서 설정한 이러한 각 종결어미들의 핵심 기능이 타당함을 시사한다.

4.1.2. 주어 인칭과 결합 용언의 양상

3장에서 기술된 종결어미의 핵심 기능은 주어 인칭 및 결합 용언의 양상을 설명하는 데에도 용이하다. 4.1.2에서는 네 종결어미들의 심리형용사와 감각형용사 구문에서의 주어 인칭 사용의 양상과 '-네(요)' 및 '-군(요)'의 1인칭 주어 제약 현상을 살펴보겠다. 각 종결어미들의 심리형용사와 감각형용사 구문의 주어 인칭 사용 양상은 네 종결어미들의 핵심 기능을 변별하는 데에 시사점을 준다. 1인칭 주어의 심리·감각형용사 구문의 명제 내용은 타인이 알기 어려운 화자 자신의 정보 영역에 해당되는 정보로서 [화자의 기지정보]로 표현될 가능성이 높으며, 2인칭 및 3인칭 주어의 심리·감각형용사 구문의 명제 내용은 화자가 알기 어려운 정보로서 지각 및 추론 등의 인식 활동을 거쳐 얻게 된 정보를 나타내는 [화자의 미지정보]로 표현될 가능성이 높기 때문이다. 또한 '-네(요)' 및 '-군(요)'의 1인칭 주어 제약 현상은 이들 종결어미가 [화자의 미지정보]를 나타낸다는 핵심 기능이 있음을 시사한다. 지금부터 각 종결어미의 핵심 기능에 비추어 각 종결어미들의 심리·감각형용사 구문에서의 주어 인칭 사용의 양상을 살펴보겠다.

[1] 심리·감각형용사 구문에서의 주어 인칭 사용의 양상

심리·감각형용사 구문에서의 주어 인칭 사용의 양상을 살펴보겠다. [화자의 기지정보]를 나타내는 '-어(요)'와 '-지(요)'는 2, 3인칭 주어의 심리·감각형용사 구문과의 결합이 부자연스럽다. '-어(요)' 및 '-지(요)'의 명제 내용으로 화자 자신의 정보의 영역 내에 있는 것이 오는 것이 가장 자연스러운데 타인의 현재 심리 및 감각 상태는 화자가 잘 알기 어려운 속성을 지녔기 때문이다.

(7) ㄱ. {나는, *너는, *그는} 여자 친구하고 헤어지기가 싫어/싫지.

ㄴ. {나는, *너는, *그는} 밥을 너무 많이 먹어서 속이 더부룩해/더부룩하지.

(7ㄱ, ㄴ)에서 종결어미에 결합한 용언은 '싫다'와 '더부룩하다'로 유현경(1996)에서 각각 '심리형용사'와 '감각형용사'로 분류된 형용사들이다. 이 같은 형용사들은 유현경(1996)에서 '주관 형용사'로서 불리며 경험주의 주관적인 감정이나 감각을 나타내므로 주어 인칭의 제약이 있는 것으로 설명되어 왔다. 즉 심리나 감각을 나타내는 소위 '주관 형용사' 구문의(평서문일 경우) 주어에는 1인칭이 와야 한다는 것이다. 위의 예문 (7)을 보면 심리형용사와 감각형용사를 서술어로 할 경우 주어가 1인칭인 경우를 제외하고 어색한 것을 확인할 수 있다. 즉 심리 및 감각의 경험주로 화자 자신이 와야 하는 것이다.

이러한 문법적 특성은 형용사의 종류에 따른 특징으로 기술될 수도 있으나, 종결어미의 핵심 기능과의 충돌로 인하여 이러한 사용상의 제약이 생기는 것으로 설명될 수 있나. 이것은 위 예문의 종결어미 부분을 다른 종결어미로 대치하여 그 적격 여부를 살펴보면 드러난다. 이를 기술하기 위해 아래에서 논의의 편의상 (7ㄱ)의 2, 3인칭을 주어로 하는 예문 중 종결어미 부분만을 다른 종결어미로 대치하여 살펴보겠다.

(7′) ㄱ. {?너는, ?그 사람은} 여자 친구와 헤어지기 싫네.

ㄴ. {너는, 그 사람은} 여자 친구와 헤어지기 싫군.[97]

(7′)는 앞서 제시한 예문 (7)의 종결어미 부분을 '-네(요)', '-군(요)'로 대치해 본 것이다. 이 경우에는 앞서 살펴본 '-어(요)'와 '-지(요)'의 심리형용사 구문에서의 2, 3인칭 주어 제약 현상이 다소 느슨해지거나 아예 해소되는 양상을 볼 수 있다. (7′ㄱ)은 심리형용사 구문에서 '-네(요)'가 사용된 문장인데 이때 2, 3인칭 주어는 약간 어색하기는 하지만 특정 맥락이 주어지면 가능하게

97) '-군' 대신 유사한 기능을 지니는 것으로 보이는 '-구나'로 바꾸어도 이 예문은 자연스럽다.

된다. 예컨대 화자로 하여금 2, 3인칭 주어의 심리 상태를 확실하게 예측할 수 있게 하는 상황, 예컨대 청자의 얼굴 표정이나 행동 등과 같은 정보가 주어지는 맥락 속에서는 (7′ㄱ)의 사용이 자연스러워질 수 있다. 또한 주어에 붙은 보조사 '은/는'을 주격 조사 '이/가'로 대치하면 해소되는 듯 보이기도 한다.[98] 또한 (7′ㄴ)에서와 같이 '-군(요)'는 2, 3인칭 주어의 심리형용사 구문에서의 사용이 매우 자연스럽다.

동일한 명제 내용임에도 불구하고 종결어미에 따라 주어 인칭 사용의 양상이 다르게 나타나는 이유는 각 종결어미들의 핵심 기능과 명제 내용의 속성 간의 호응 때문으로 볼 수 있다. '-네(요)'는 [화자의 미지정보] 및 [현재 지각한 정보]를 나타내며, 2, 3인칭 주어의 심리 상태는 앞서 말한 바와 같이 화자의 미지정보로서 표현될 가능성이 높으나, 해당 주체의 마음속에 있는 것이므로 감각 기관을 통해 '지각되기는 어려운' 성격을 띤다. 따라서 2, 3인칭 주어의 심리 상태는 [화자의 기지정보]를 나타내는 '-어(요)' 및 '-지(요)'로 표현될 가능성은 매우 낮지만, '-네(요)'로 표현될 가능성은 있으며, 2, 3인칭 주어의 심리 상태는 '지각'의 대상이 되기 어렵다는 측면에서 (7′ㄱ)과 같이 다소 그 적절성이 떨어지는 양상으로 나타나는 것이다.

한편 (7′ㄴ)에서와 같이 '-군(요)'는 2, 3인칭 주어의 심리형용사 구문에서 사용되는 데에 제약이 없다. 이는 타인의 심리 상태는 지각의 대상이 어려우나 깨달음의 대상이 되기는 쉽기 때문인 것으로 풀이된다. 타인의 심리 상태는 행동, 말투, 분위기, 표정 등의 단서를 이용하여 '추론하는 과정'의 인지적 활동의 결과로 인하여 깨달은 정보가 되는 것이 가능하다. 따라서 [깨달은 정

98) (7″) ㄱ′. {네가, 그 사람이} 여자 친구하고 헤어지기 싫네.
(7″ㄷ′)은 (7′ㄷ)에서 '너는', '그 사람은'이라고 한 부분을 각각 '네가', '그 사람이'로 바꾼 것이다. 이때 조사 '이/가'가 가지는 신정보적인 요인 때문에 2, 3인칭의 주어의 심리 상태를 나타내는 명제에 종결어미 '-네'가 붙은 것이 허용되는 것으로 보인다. '-네'는 [화자의 미지정보] 및 [현재 지각한 정보]의 양태를 지닌 종결어미인데 조사 '이/가'로 인하여 다른 사람이 아닌 바로 '네가' 또는 '그 사람이' 오늘 집 밖에 나가기 싫은 것을 화자가 발화시 당시에 처음 지각하여 알게 되었을 경우를 말한 발화문에서는 이 둘의 조합이 자연스럽게 느껴진다. 즉 '-네'가 가지는 현재 지각의 의미와 조사 '이/가'가 가지는 신정보적인 요소가 서로 호응하여 이 예문의 적합성이 높아지는 것으로 볼 수 있다.

보]를 나타내는 '-군(요)'가 2, 3인칭 주어 심리형용사 구문에서 사용되는 것은 자연스럽다.[99)]

지금까지 동일한 심리 상태를 서술한 명제 내용에 종결어미만 달리 하였을 뿐인데 주어 인칭의 허용성이 서로 달라지는 이유를 살펴보았다. 이를 통해 이들의 핵심 기능을 다시 한 번 엿볼 수 있었고, 이러한 핵심 기능을 통하여 왜 심리·감각형용사 구문에서의 주어 인칭 제약 및 해소 현상이 일어나는지에 대한 이유를 설명할 수 있었다.

[2] '-네(요)' 및 '-군(요)'의 1인칭 주어 제약 현상

'-네(요)' 및 '-군(요)'의 1인칭 주어 제약 현상에 대하여 살펴보겠다. '-네(요)'와 '-군(요)'의 1인칭 주어 제약 현상은 임채훈(2008), 정경숙(2012) 등에서 기술된 바 있다.

(8) ㄱ. {*나는, 너는, 현준이는} 만화 영화 매니아네/매니아군.
　　ㄴ. {*나는, 너는, 현준이는} 지금 밥 먹으러 가네/가는군.[100)]

(8ㄱ)에서와 같이 1인칭 주어에 '-네(요)'와 '-군(요)'가 쓰이는 것이 어색한 이유는 이들이 [화자의 미지정보]를 말할 때 사용되는 종결어미이기 때문이다. 나 자신이 만화 영화 매니아인 것과 나 자신이 밥 먹으러 가는 사실은 모두 화자가 이미 알고 있는 내용, 즉 화자의 기지정보이므로 서로의 속성이 충돌된다. 지각 또는 깨달음이라는 인지 행위는 그 대상이 주체와는 떨어진 객체로서 객관화가 된 것일 필요가 있는데, 자신의 속성 및 자신의 행동은 화자 자신이 이미 알고 있거나 자신의 의지의 결과이기 때문에 지각 또는 깨달음의 대상이 되는 것이 어색하다.

---

99) 지금까지 살펴본 종결어미에 의한 심리 상태 구문의 주어 인칭제약 해소 현상은 유현경(1996:50~55)에서 제시한 인칭제약 해소 방법인 '과거형의 시제', '-어 하다' 동사 구문과의 대응', '추측의 표현', '시점의 옮김'에 덧붙여 제시될 수 있을 것으로 생각된다.

100) 하게체 '-네'일 경우에는 비문이 되지 않는다. 여기에서는 '해체'의 '-네'를 가정한다.

그렇지만 이와 같은 1인칭 주어 제약 현상은 특정 맥락이 주어지면 해소되기도 한다.

(9) ㄱ. (자신의 노래가 녹화된 영상을 보면서) 나도 몰랐는데 무대에서 더 노래를 잘하네/잘하는군.

ㄴ. (사진을 보며) 어렸을 때에는 나도 귀엽게 웃었네/웃었군.

이들은 모두 화자 자신의 속성이나 행동이라 하더라도 관찰의 대상이 되어 자신이 몰랐던 것에 대하여 새롭게 깨닫게 되는 상황에서 발화되었다. (9)에서 모든 주어는 1인칭이기는 하지만 결합된 명제 내용 모두 화자에게 생소한 새로운 내용이므로 화자에게 내면화되지 않은 정보로서 지각 및 깨달음의 대상이 될 수 있다. 이와 같이 명제 내용이 화자의 '현재 지각, 깨달음의 대상'이 될 수 있는 맥락에서는 '-네(요)' 및 '-군(요)'의 1인칭 주어 제약이 해소된다.

'-네(요)' 및 '-군(요)'의 1인칭 주어 제약의 해소 현상은 인지동사나 심리·감각형용사와 결합하였을 경우에도 나타났다. 그런데 이러한 인지동사 구문에서의 1인칭 주어 제약의 해소 현상은 '-네(요)'가 인지동사와 결합한 경우에 두드러지게 나타났다. 말뭉치에 출현한 '-네(요)'의 인지동사 구문에서 1인칭 주어의 사용이 자유로워지는 것을 살펴보겠다.

(10) ㄱ. 아 이거 말고 지금 들어갈 게 몇 개 더 있는데 지금 기억이 안 나네?

(주제대화_광고 토론)

ㄴ. 저는 그때 안 가서 모르겠네요.

(회의_총학생회전체회의)

(10)에서 '-네(요)'가 '기억이 안 나다', '모르다'와 같은 인지 상태를 나타내는 서술어와 결합한 것을 알 수 있다. 1인칭 주어의 인지 상태는 가변적이

므로 화자의 지각의 대상이 될 수 있다.[101] '알다/모르다', '기억이 나다/안 나다'와 같은 인지 상태는 언제든 변화될 수 있는 속성을 지닌다. 따라서 그 주체가 화자 자신이라 할지라도 인지 상태를 나타내는 서술어가 오는 경우에는 (10)에서와 같이 1인칭 주어와 '-네(요)'의 사용이 자연스러운 것이다.

그런데 1인칭 인지동사 구문에서 '-군(요)'가 사용될 수는 있으나 말뭉치에 출현한 인지동사 구문에서 '-군(요)'가 사용된 경우를 살펴보면 1인칭 주어는 나타나지 않았고, 대부분 아래와 같이 2, 3인칭 주어가 발견되었다.

(11) ㄱ. 아이 형 모르겠구나,

(일상대화_대학생 놀이 문화)

ㄴ. 가: 〈혀차는 소리〉 아 저렇게. 또 한편으로는. 〈Q〉 문화를 절대〈웃〉 이해를 못 하면은 저런 행동을 왜 하는지 〈/웃〉

나: 어::,

가: 절대로 모르겠구나. 〈/Q〉

(독백_영화 이야기)

타인(2, 3인칭 주어)의 인지적인 상태는 외부 단서를 통해 지각하고, 그것에 대한 판단을 내려 말하기까지 다소 시간이 걸린다. 1인칭 주어의 인지 상태와 달리 2, 3인칭 주어의 인지 상태를 파악하는 데에는 추론과 이해의 인식 과정이 더 요구된다. 따라서 2, 3인칭의 주어의 인지 상태를 표현하는 경우에는 [깨달은 정보]를 표현하는 '-군(요)'의 사용이 주로 나타나는 것으로 설명될 수 있다.

다음으로 '-네(요)' 및 '-군(요)'의 1인칭 주어 제약의 해소가 심리·감각형용사 구문에서 나타난 것을 살펴보겠다.

(12) ㄱ. 네가 잘 지낸다니 기쁘네/기쁘군.

---

101) 자신의 불변적인 속성은 화자 자신에게 이미 내면화되어 있을 가능성이 있으므로 지각이나 깨달음의 대상이 되기 어려움을 떠올려보면 알 수 있다.

ㄴ. 할머니가 힘들어 하시는 걸 보니 마음이 아프네요/아프군요.

(12)를 보면 1인칭 주어 심리·감각형용사 구문에서의 '-네(요)', '-군(요)'의 사용은 자연스러운 것을 알 수 있다. 남기심·고영근(1993/2011:115)에서는 '고프다', '아프다', '싫다', '좋다' 등과 같은 형용사들은 심리적, 물리적 요인의 영향을 받아 변할 수 있는 화자의 심리 상태를 서술한다고 하였다. 즉 어느 순간 슬프거나 기쁜 심리가 생길 수 있으며, 이러한 감정 자체는 가변적이라는 특징을 가지고 있다. 비록 화자가 자신의 심리나 감각의 주체이기는 하지만 이러한 가변적인 심리나 감각은 외부 요인에 의하여 생긴다. 즉 심리 또는 감각은 화자에게 속한 것이지만 화자의 '의식적인 통제권' 안에 있는 영역의 것이 아니다. 그러므로 화자 자신의 심리나 감각은 지각 및 깨달음의 대상이 될 수 있기에 (12)에서와 같이 1인칭 심리·감각형용사 구문에서 '-네(요)'와 '-군(요)'가 사용될 수 있다.

[3] 정리

지금까지 네 종결어미들의 주어 인칭과 결합 용언의 양상을 각 핵심 기능에 비추어 살펴보았다. 첫째로 심리·감각형용사 구문에서의 인칭 사용 양상을 살핀 결과 다음과 같았다. 2, 3인칭 주어의 심리·감각형용사 구문은 화자의 정보 영역에 포함되기 힘든 속성을 지녔으므로 화자의 기지정보보다는 화자의 미지정보로서 표현되는 것이 자연스럽다. 따라서 2, 3인칭 주어의 심리·감각형용사 구문에서 '-어(요)' 및 '-지(요)'의 사용에 제약이 있었으나, '-네(요)'와 '-군(요)'의 사용은 비교적 자연스럽다. 이를 통하여 '-어(요)' 및 '-지(요)'의 주어 인칭 및 결합 용언의 양상이 비슷함을 알 수 있었는데 이는 이들이 [화자의 기지정보]라는 핵심 기능을 공유하고 있기 때문인 것으로 풀이될 수 있으며, '-네(요)' 및 '-군(요)'의 주어 인칭 및 결합 용언의 양상이 비슷한 것은 이들이 [화자의 미지정보]라는 핵심 기능을 공유하고 있기 때문인 것으로 풀이될 수 있다. 여기에서도 문장 유형의 양상을 살핀 결과와 마찬가지로 [화자의 기지정보] 대 [화자의 미지정보]라는 대립적인 속성이 부각되어 나타나는 것을 알 수 있다.

둘째로 1인칭 주어 구문은 보통 화자가 이미 잘 알고 있는 속성을 가지므로, [화자의 미지정보]를 나타내는 '-네(요)' 및 '-군(요)'의 사용에 있어 대체적으로 제약이 있었으나, 일부 과거 시제 구문, 인지동사 구문, 심리·감각형용사 구문에서는 이러한 제약이 해소되는 것을 알 수 있었다. 즉 1인칭 주어에 관한 정보라 할지라도 지각이나 깨달음의 대상이 될 수 있는 조건이 주어지면 제약이 해소된다. 이와 같은 양상을 통해 '-네(요)'와 '-군(요)'가 위의 두 종결어미와 대립되는 속성을 지닌 점이 드러나며, 각각 [현재 지각한 정보]와 [깨달은 정보]를 나타낸다는 것을 확인할 수 있다.

4.1.3. 선어말어미와의 결합 양상

'-어(요)', '-지(요)', '-네(요)', '-군(요)'의 핵심 기능은 이들이 선어말어미와 어떠한 양상으로 결합되는지에 대해서도 시사점을 제공한다. '-어(요)'는 '-시-', '-었-', '-겠-'과의 결합에 있어서 제약이 없으나 '-더-'와는 결합하지 못한다. '-지(요)'는 '-시-', '-었-'과 추측의 '-겠-'과만 결합될 수 있으며, 의지의 '-겠-', '-더-'와는 결합될 수 없다. '-네(요)'는 '-시-', '-었-', 추측의 '-겠-'과 결합 가능하나 의지의 '-겠-', '-더-'와 결합할 수 없으며, '-군(요)'는 '-시-', '-었-', 추측의 '-겠-', '-더-'와 결합 가능하나 의지의 '-겠-'과 결합하지 못한다. 이러한 양상은 각 선어말어미들의 의미와 종결어미들의 핵심 기능이 어울릴 수 있는지의 여부에 따라 결정된다. 4.1.3에서는 대명제 태도를 나타내는 종결어미들의 선어말어미와의 결합 양상에 대하여 개별 형태를 중심으로 살펴보겠다.

[1] '-어(요)'의 선어말어미 결합 양상

'-어(요)'는 선어말어미 '-시-', '-었-', '-겠-'과의 결합에 있어 제약이 없으나 '-더-'와의 결합에 제약이 있다. 그런데 선어말어미 '-겠-'이 종결어미 '-어(요)'에 결합될 경우에 주어에 따라 '-겠-'의 의미가 다르게 해석되는 경우가 있으므로 좀 더 자세히 살펴볼 필요가 있다.

(13) ㄱ. 난 이번 올림픽에서 금메달을 따겠어.
　　ㄴ. 넌 이번 올림픽에서 금메달을 따겠어.

(13ㄱ)에서의 주어는 1인칭 화자인데 이때의 '-겠-'은 화자의 '의지'로도 해석될 수 있으며 비교적 그 가능성은 낮지만 '추측'으로도 해석될 수 있다. 그러나 2인칭을 주어로 하는 문장인 (13ㄴ)에서는 '-겠-'이 '의지'가 아닌 '추측'의 의미로만 해석된다. 주어를 제외한 나머지 부분의 명제 내용과 종결어미는 같은데 이러한 해석 가능성의 차이가 왜 생기는가? (13ㄱ)의 명제 내용인 '난 이번 올림픽에서 금메달을 따겠다'라고 하는 내용은 화자 자신을 주어로 하고 있다. 즉 이 내용은 화자 자신에 관한 것이므로 그 내용이 추측이든 의지든 화자에게 내면화된 내용인 [화자의 기지정보]로서 '-어(요)'로 표현될 수 있다.

한편 '타인의 현재 의지'는 화자의 기지정보로 표현되기 어려운 성격의 정보이다.[102] '의지'라는 것은 그 사람의 마음에서 비롯되는 것이므로 화자가 발화시 당시 알아차리기 어렵다. 따라서 (13ㄴ)은 2인칭 주어의 의지로 해석되기 어렵다.

반면 '타인의 미래 상황에 대한 추측'은 증거를 통하여 획득할 수 있는 성격의 정보이다. 그 사람이 열심히 연습하는 모습, 그 사람의 일기, 그 사람의 경기 기록, 몸 상태 등을 통해 그 사람이 이번 올림픽에서 금메달을 딸 거라고 추측할 수는 있다. 증거를 통한 추측은 화자 자신의 지식 체계에 편입시킬 수 있는 성격의 정보가 된다. 따라서 (13ㄴ)의 문장에서 '-겠-'은 '의지'가 아닌 '추측'으로만 해석되는 것으로 볼 수 있다.

그런데 예문 (13)에서 주어 인칭에 따라 '-겠-'의 해석이 갈리는 것은 주어 인칭과 선어말어미 '-겠-'의 관계에서 생기는 현상이라는 주장이 있을 수도

102) 장채린(2017)에서는 '-겠-'을 '발화시 당시'의 의지를 나타낸다고 보았다.

있다. 즉 의지의 '-겠-'은 그 의미적인 특성으로 인하여 1인칭 주어만 허용되며, 추측의 '-겠-'은 1, 2인칭 주어가 모두 허용되는 것으로 보아야 한다고 보는 입장이 있을 수도 있다. 그러나 만약 이 주장이 맞는 것으로 보려면 어떤 종결어미가 와도 항상 의지의 '-겠-'에는 1인칭 주어만 허용되며, 추측의 '-겠-'에는 1, 2인칭 주어가 모두 허용되어야 할 것이다. 그런데 실제로 그렇지 않다. (13)과 동일한 명제가 '-어'가 아닌 다른 종결어미 '-지', '-네', '-군'과 결합한 문장에서의 '-겠-'의 의미 해석은 다른 양상으로 나타나기 때문이다. 예문을 통해 살펴보자.

(13′) ㄱ. 난 이번 올림픽에서 메달을 따겠지/따겠네/따겠군. ('추측'으로만 해석됨)
ㄴ. 넌 이번 올림픽에서 메달을 따겠지/따겠네/따겠군. ('추측'으로만 해석됨)

(13′)는 (13)에서의 종결어미 '-어' 부분만을 각각 '-지', '-네', '-군'으로 대치하여 본 것이다. (13′ㄱ)에서 선어말어미 '-겠-'은 모두 '추측'으로 해석된다. 위의 예문 (13′ㄱ)에서의 주어는 1인칭이며 종결어미는 '-지', '-네', '-군'이다. 이때 앞서 살펴본 (13ㄱ)의 문장에서 '-겠-'이 화자의 '의지'와 '추측' 모두로 해석되는 것과는 다르게 (13′ㄱ)에서는 '-겠-'이 화자의 '추측'으로만 그 의미가 제한된다. 즉 (13ㄱ)과 (13′ㄱ)의 예문에서 모두 1인칭을 주어로 하고 있음에도 불구하고 종결어미에 의하여 '-겠-'의 의미가 제한되는 양상을 보인다. 만약 주어의 인칭과 선어말어미 '-겠-'과의 관계에 의하여 이러한 해석의 가능성이 결정되는 것이라면 (13′ㄱ)의 '-겠-'은 (13ㄱ)에서와 마찬가지로 '의지'와 '추측'으로 모두 해석될 수 있어야 한다. 그러나 실제 언어 현상은 이와 같이 다른 양상으로 나타났다. 따라서 종결어미의 핵심 기능과 선어말어미의 의미의 상호작용에 따른 현상으로 볼 필요가 있다.[103)]

103) 왜 위의 (13′)에서 선어말어미 '-겠-', 종결어미 '-지', '-네', '-군'과 결합되었을 때의 의미가 '추측'으로만 제한되는지에 대해서는 아래에서 '-지(요)', '-네(요)', '-군(요)' 각각의

다음으로 선어말어미 '-더-'와 '-어(요)'의 결합 제약을 살펴보겠다.

(14) *철수가 밥을 먹더어.(한길 1986:26)

(14)는 선어말어미 '-더-'와 종결어미 '-어'의 결합이 불가능함을 보인다. '-더-'는 과거에 새롭게 인식함을 나타낸다. 따라서 화자의 기지정보를 표현하는 '-어'와는 그 의미가 상충되므로 이들의 결합이 불가능하다. 비록 '-더-'가 결합한 명제 내용은 화자가 과거에 지각한 정보로 발화시 당시에 이미 화자의 지식 체계에 내면화되었을 가능성은 있으나 화자가 '-더-'를 사용함으로써 표현하고 싶은 것은 '이전까지는 몰랐으나 과거의 어느 시점에 비로소 처음 알게 되었음'이므로 '-어'나 '-지' 등과 같이 '이전부터 알고 있음'을 의미하는 종결어미와 '-더-'가 결합되는 것은 어색한 일이 될 것이다.

[2] '-지(요)'의 선어말어미 결합 양상

'-지(요)'는 '-시-', '-었-', '추측'의 '-겠-'과 같은 선어말어미들과의 결합에 있어 제약이 없다. 그러나 '의지'의 '-겠-'과 과거 지각의 의미를 보이는 '-더-'와는 결합 불가능하다. '-지(요)'에 '-더-'와의 결합 제약이 있는 것은 '-어(요)'와 동일하므로 생략하고, '-겠-'과의 결합 양상을 중심으로 살펴보겠다.

'-지(요)'는 추측의 '-겠-'과 결합할 수 있지만 의지의 '-겠-'과 결합할 수 없다.

(15) ㄱ. 지리적인 인접에 따라서, 어떤 옆 방언권의 영향을 받기도 하겠지요.
(강의_한국어의 이해)
ㄴ. 그러면서 그 주변에 오빠 친구들, 내가 얼마나 그~ 그 사람에 대해서 캐묻고 다녔으면, 그 오빠 친구들은 당연히 알겠지.
(독백_짝사랑)

선어말어미 결합 양상을 핵심 기능에 비추어 살펴볼 때 자세히 기술하도록 하겠다.

ㄷ. 그래서, 전수조사에서는 별 다른 수학이 필요 없겠지 그지? 그냥, 사실이니깐.

(수업대화_과외 수업)

(15)의 밑줄 친 부분은 모두 화자의 추측을 나타낸다. 《연세구어말뭉치》에서 나타난 모든 '-겠-'과 '-지(요)'의 결합을 살펴본 결과 모두 화자의 추측을 나타내는 것으로 해석되었다. 이러한 양상은 '-어(요)'가 추측의 '-겠-', 의지의 '-겠-'과 모두 결합된다는 점과 다른 모습이다.

(16) ㄱ. 어. 내가 막~. 괜히 막~, 극복 내가 극복하겠어 막~ 〈웃〉 이러면서 떠들고 〈/웃〉

(수업대화_과외 수업)

ㄴ. 차라리 희선이 누나가 하는 게 낫겠어.

(토론_언어와 사회 토론)

(16ㄱ)의 밑줄 친 부분에서의 '-겠-'은 화자 자신의 의지를 나타내며 (16ㄴ)의 '-겠-'은 화자의 추측을 나타낸다. 이처럼 '-어(요)'는 '-겠-'과의 결합에 있어서 특별한 제약을 보이지 않지만 '-지(요)'는 아래의 (16′)에서 볼 수 있듯이 의지를 나타내는 '-겠-'과는 결합할 수 없다.

(16′) ㄱ. 내가 극복하겠지.

ㄴ. 차라리 희선이 누나가 하는 게 낫겠지.

(16′)는 위의 (16)의 밑줄 친 부분의 종결어미 '-어(요)'를 '-지(요)'로 교체해 본 것이다. (16ㄱ)에서는 '의지'로 해석되던 '-겠-'이 종결어미의 교체로 인하여 (16′ㄱ)에서는 '추측'의 의미로밖에 해석되지 않는다. 즉 '-지(요)'에 '-겠-'이 결합된 경우 모두 '의지'가 아닌 '추측'으로만 해석되는 것이다. 이를 토대로 '-지(요)'가 근본적으로 '의지'의 의미와의 결합에 있어서 제약이

있는 것이 아닌지 의심해 볼 수 있다. 그런데 아래의 용례 (17ㄱ~ㄷ)에서 볼 수 있듯이 '-겠-'과 유사하게 '의지'의 의미를 가지는 '-을 것이-'와 '-지(요)'의 결합 구성에서는 '-을 것이-'가 '의지'로 해석되는 것이 자연스러워 보인다.

(17) ㄱ. 이거 안 먹을 거죠? 김치?

(일상대화_대학생 4인 잡담)

ㄴ. 고객님 성함으로 보내 주실 거죠?

(전자상거래 대화)

ㄷ. 녹음해서 〈name〉 사장 갖다 줄 거지?

(일상대화_삼십대)

위의 (17ㄱ~ㄷ)은 '-을 것이-'가 '-지(요)'와 결합되는 것을 보이는데 여기에서는 '-을 것이-'가 '추측'이 아닌 '의지'를 나타내는 것으로만 해석된다. 이러한 양상은 '-지(요)'에 '의지'의 의미가 결합되는 것이 불가능하지 않다는 것을 보여준다.

이와 같이 '-어(요)'와 다르게 '-지(요)'는 결합된 '-겠-'과 '-을 것이-'가 각각 '추측'과 '의지'로 해석이 제한된다. 이와 같은 '-어(요)'와 '-지(요)'의 선어말어미와 또는 우언적 구성과의 결합 양상의 차이를 살피는 일은 '-어(요)'와 '-지(요)'의 핵심 기능 속성의 차이점을 입증하는 데에 시사점을 제공하므로 자세히 살펴볼 필요가 있다.

'-지(요)' 발화문에서 '-겠-'의 해석이 특정 의미로만 제한되는 이유를 알아보기 위해서 '-겠-'으로 표현되는 추측 및 의지가 '-지(요)'가 갖고 있는 핵심 기능적 속성과 어떤 점에서 서로 충돌을 일으키는지를 살펴보겠다.

(18) ㄱ. 올해는 나도 졸업하겠어. ('의지'와 '추측'으로 모두 해석 가능)

ㄴ. 올해는 나도 졸업하겠지. ('추측'으로만 해석 가능)

(19) ㄱ. 올해는 나도 졸업할 거야. ('의지'와 '추측'으로 모두 해석 가능)

ㄴ. 올해는 나도 졸업할 거지. ('의지'로만 해석 가능)

(18, 19)에서 명제 내용으로 취하고 있는 화자 자신의 의지 및 추측이라는 내용의 속성은 화자 자신의 정보 영역에 속하기 쉬운 내용의 것들이다. 따라서 만약 [화자의 기지정보]라는 핵심 속성을 공유하는 '-어(요)'와 '-지(요)' 모두 같은 양상으로 나타나야 할 것으로 생각될 수 있지만 (18, 19)에서와 같이 그렇지 않다. 따라서 [화자의 기지정보]라는 핵심 속성은 이와 같은 해석의 제한에 관여를 하지 않으며 또 다른 핵심 속성인 [관념화된 정보]인지의 여부를 통해 이와 같은 제약을 설명할 수 있을 것으로 보인다.

위의 (18ㄴ)을 보면 '-겠-'이 나타내는 '추측'은 관념화가 될 수 있지만 '-겠-'이 나타내는 '의지'는 관념화가 될 수 없는 것으로 보이며, (19ㄴ)을 보면 '-을 것이-'가 나타내는 '의지'는 관념화의 대상이 될 수 있지만 '-을 것이-'가 나타내는 '추측'은 관념화의 대상이 될 수 없는 것으로 보인다. 그렇다면 '-겠-'이 표상하는 '의지'와 '-을 것이-'가 표상하는 '의지'의 의미는 어떤 차이가 있는가. '-겠-'은 '발화시 현재 결심한 화자의 의지'를 나타내며, '-을 것이-'는 '발화시 이전에 결심한 의도'를 표상한다는(장채린 2017) 특성을 통해 살펴보겠다.

(20) (회의 중에)

가: 혹시 이 자료 좀 복사해 주실 분 계십니까?

나: ('가'의 말을 듣고 결심한 경우) 제가 복사해 <u>오겠습니다</u>.

(복사해 올 사람이 정해져 있거나 회의 전에 결심한 경우) 제가 복사해 <u>올 겁니다</u>.

(21) 가: 너는 졸업 후에 계획이 뭐야?

나: 나는 전국 방방곡곡을 돌아다니면서 구전 동화를 <u>수집할 거야</u>.

??나는 전국 방방곡곡을 돌아다니면서 구전 동화를 <u>수집하겠어</u>.

(20)에서는 화자 '가'의 이야기를 듣고 화자 '나'가 그 요청에 바로 반응하여 발화시 당시 자신의 결심을 이야기할 경우 '-겠-'을 사용하며, 상대방의 요청에 반응한 결과가 아닌 회의 전에 결심한 화자의 의도를 표현할 경우에

는 '-을 것이-'가 사용되는 것을 확인할 수 있다. (21)에서는 '가'가 발화시 당시의 결심이 아닌 이전에 결정한 상대방의 계획에 대해 질문하고 있고, 발화시 이전에 결심한 자신의 의도에 말하기 위해서 '-을 것이-'를 선택하고 있으며 '-겠-'은 이때 어색함을 알 수 있다.

이와 같이 '-을 것이-'는 발화시 이전에 화자가 결심한 의도를 의미하며 '-겠-'은 발화시 당시의 화자가 결심한 의지를 의미하는 것인데, 이 중에 '-지(요)'가 표상하는 관념화의 대상이 될 수 있는 것은 무엇인지 살펴보겠다. 우선 발화시 당시에 생각해 낸 화자 자신의 의지는 관념화되기 어렵다. '관념'은 어떤 정보가 내면화되기만 하면 바로 형성되는 것이 아니다. 앞서 2장에서도 언급한 바와 같이 어떤 정보가 지각의 과정을 거쳐 지식이 되고 그것이 내면화되면 바로 관념으로 나아가는 것이 아니다. 어떤 정보가 관념이 되기까지 일정한 일련의 과정이 필요하다. 따라서 발화시 당시에 맞닥뜨리거나 자신이 생각해 낸 정보를 바로 관념화로 연결시키기는 어려울 것으로 볼 수 있다. 비록 해당 내용이 자신의 의지이며 내면화된 내용이라 할지라도 그 발화시 당시의 의지를 바로 '관념화된 정보'로서 발화하는 것은 불가능할 뿐만 아니라 그럴 필요가 없다. 단지 발화시 당시에 결심한 자신의 의지는 그대로 관념화하지 않은 상태로 발화하는 것이 가장 자연스럽다. 따라서 화자 자신의 의지를 나타내는 '-겠-'은 종결어미 '-어(요)'와 결합되는 것은 자연스럽지만 '-지(요)'와 결합되는 것은 매우 어색하다. 따라서 아래의 (22)에서와 마찬가지로 '-겠지(요)'로 끝난 문장에서 '-겠-'이 '의지'로 해석되지 않는다.

(22) ('의지'의 의미로) 나는 올해에는 꼭 졸업하겠어/*졸업하겠지.

한편 '-을 것이-'가 의미하는 '의지'는 앞서 밝힌 바와 같이 발화시 이전에 결심한 화자의 의도를 의미한다. '-겠-'이 표현하는 의지의 속성과 다른 것이다. '-을 것이-'로 표현된 발화시 이전에 결심한 화자 자신의 의지는 '관념화'의 대상이 될 수 있는 것으로 보인다. 발화시 이전에 결심한 미래의 일이므로 결심시부터 발화시까지 화자가 해당 정보를 관념화시킬 시간이 충분히 주어진다. 과거에 결심한 미래 행동(=의지)의 내용을 계속 의식적으로 '강화'하는 작업을 거치고, 당연히 그렇게 할 거라는 하나의 굳어진 신념을 만든다.

(23) 가: 방학 때 너도 우리랑 같이 여행할 거지?
나: 무슨 소리야? 나는 고향에 <u>내려갈 거지</u>.

(23)에서 밑줄 친 부분에서 화자는 '-을 것이-'와 '-지-'의 결합 구성을 이용하여 관념화한 자신의 의지를 표현하고 있다. 상대방의 생각과는 다른 자신의 계획/의지를 강한 어조로 관념화시켜 말하기 위하여 '-지(요)'를 선택한 것으로 보인다. 그런데 실제 사용되는 예를 보니 '-을 거지(요)'는 평서문보다는 의문문에서 사용되는 경우가 많았으며, '-을 거지(요)'가 평서문으로 사용되는 경우에는 '-을 거지롱'과[104] 같은 형태로 실현되는 경우를 다수 발견할 수 있었다. 이러한 양상과 이유를 좀 더 살펴보도록 하겠다.

앞서 제시하였던 용례 (17ㄱ~ㄷ)에서와 같이 《연세구어말뭉치》에서 찾은 '-을 거지(요)'의 예문 전체가 모두 의문형이었다. 용례 (17ㄱ~ㄷ)에서처럼 화자가 청자의 의도를 파악하고 그것에 대해 청자가 확신을 가지고 있는지의 여부(관념화하였는지)를 질문할 때 '-을 거지(요)'를 사용한 것이다. 화자 자신의 의지를 관념화하여 유표적으로 드러내기보다는 타인이 관념화한 의지에 관하여 질문하는 것이 실생활에서 더 자주 일어날 가능성이 있기 때문에 '-을 거지(요)'가 평서형보다 의문형에서 더 자주 발견되는 것으로 보인다.

그런데 자신의 의지를 나타내는 '-을 것이-'가 '-지(요)'와 결합하여 평서문으로 나타나는 경우를 인터넷 검색으로 찾을 수 있었는데 대부분 '-을 거지롱'의 형식으로 나타났다.

104) '-을 거지롱'에서 '-지롱'은 실생활에서 화자가 청자에게 어떤 내용을 자랑하여 말하고 싶을 때 자주 사용되는 구어 표현이다. '-지롱'은 비록 〈표준국어대사전〉을 비롯한 여타 사전에 등재되어 있지 않은 상태이며 이 종결 표현에 대한 선행 연구도 없다. 그러나 실제 언어생활에서 '-지롱'은 '나 다음 주에 제주도 가지롱', '나 이제 대학생이지롱' 등과 같이 동사나 지정사 뒤에 쓰여 화자의 자랑하는 담화 기능을 나타내는 경우가 많이 발견되므로 특정 기능을 가진 종결어미로 다루어야 할 필요가 있다.

(24) ㄱ. 다 마실 거지롱!

ㄴ. 맛난 거 먹을 거지롱!

(24ㄱ, ㄴ)을 보면 '-을 거지(요)'가 진술의 상황에서 사용될 경우에는 보통 화자 자신의 계획을 강조하여 남들에게 자랑하려고 사용되는 경우를 다수 발견할 수 있다. 특별한 맥락이 상정되지 않는 이상 자신의 의도를 그냥 단순하게, 관념화하지 않은 내면화된 정보로서 '-어(요)'를 사용하여 '-을 거야/거예요' 또는 단순히 '-지(요)'를 결합하여 발화해도 된다. 즉 앞서 제시한 예문 (23)의 밑줄 친 부분인 '나는 고향에 내려갈 거지.'를 '나는 고향에 내려가지.'로 말하는 것이 더 자연스럽다. 그런데 굳이 '-을 거지(요)'를 통해 자신의 의도를 상대방에게 확고하게 관념화된 내용으로 전달한다는 것은 특별한 발화 의도가 없지 않고서는 다소 어색한 상황으로 볼 수 있다. 따라서 평서문에서의 '-을 거지(요)'는 실제 용례에서 찾아보기 어려웠으며 있더라도 '-을 거지롱'의 형태로 상대방에게 자랑하려는 의도를 표현하는 것을 쉽게 발견할 수 있었다.

한편 '-겠지(요)'의 '-겠-'은 '추측'의 의미만으로 해석되는 반면 '-을 거지(요)'의 '-을 것이-'는 왜 '추측'의 의미로 해석되는 것이 어색한지에 대해 살펴보겠다. '-겠-'은 '화자 인식 지향적'이며 '-을 것이-'는 '상황 지향적'이다(최정진 2012). 이는 '-겠-'에 결합된 명제 내용은 '화자의 인식'과 관련된 뜻으로 해석될 가능성이 높으며 '-을 것이-'는 명제 내용의 행동주에 관련된 의미로 해석될 가능성이 높음을 의미한다. 또한 추측의 '-겠-'은 어떤 사실과 그에 직면한 화자의 문제이며 '현재 사실과 관련성'이 있으며, '-을 것이-'에는 이러한 현재 사실과의 관련성이 없는 것으로 볼 수 있다(임홍빈 1980:606~607).

(25) ㄱ. 설명을 들으니까 이제 좀 알겠어. (임동훈 2001:121의 예문)

ㄴ. 설명을 들으니까 이제 좀 알 거야.[105)]

(25ㄱ, ㄴ)의 문장들에서 '-겠어'와 '-을 거야'의 결합 구성은 '주어'가 생략된 동일한 명제 내용을 취하고 있다. 그런데 (25ㄱ)의 생략된 주어와 (25ㄴ)의 생략된 주어는 다르게 유추된다. (25ㄱ)의 문장에서의 주어는 화자 자신으로 이해하며, (25ㄴ)에서의 주어는 화자가 아닌 2인칭 또는 3인칭으로 이해하는 것이 자연스럽다. 이러한 양상은 '-겠-'이 화자 인식 지향적이며 '-을 것이-'는 상황 지향적이라는 데에서 기인한다. 이남순(1981:11)에서 '-겠-'은 '-을 것이-'보다 '주관성이 강한 판단'으로 말한 것과 궤를 같이하는 내용이다. '-겠-'이 '-을 것이-'보다 화자 인식 지향적이며 주관성이 높다는 점은 화자가 자신의 추측을 관념화하여 말할 경우에도 '-겠-'이 '-을 것이-'보다 적절할 것이라는 점을 암시한다. 반면 '-을 것이-'는 상황 지향적인 성격을 지녔으며 '-겠-'보다 객관적인 판단을 나타낸다. 이러한 특징을 보여주듯 '-을 것이-'가 '-시(요)'와 결합할 경우에는 '-을 것이-'가 '추측'의 의미로 해석되기보다는 당위성의 의미로 나타나는 경우가 발견되었다.

(26) 가: 〈Q〉 … 대해선 제가 잘못했습니다, 〈/Q〉 그랬드니, 너무 뭐라고 하지 마세요 많이 취했으니까 걔 힘들 거라고, 맞으면서,
나: 어.
가: … 〈unclear〉 그러니까 〈/unclear〉 어머님이, 안 때리고 또 째려보는 거야.
나: 어,
가: 그냥 조용히 〈웃〉 맞을 것이지, 〈/웃〉
나: 〈웃〉 〈Q〉 웬 말이 많어! 〈/Q〉 〈웃〉

(주제대화_연애에피소드)

105) 이 예문은 임동훈(2001:121)의 예문을 필자가 바꾼 것이다. 이 예문은 본문의 설명과는 큰 관계가 없으며 단지 이 예문이 '-겠-'의 특성을 잘 반영하고 있기 때문에 가져와 본서에서 사용하였다.

용례 (26)의 밑줄 친 부분에서 '-을 것이-'와 '-지'의 결합 구성이 의미하는 바는 화자의 '추측' 또는 '의지'가 아닌 '당위성'이다. 그 당시에 '그냥 조용히 맞아야 했다'라고 하는 화자의 객관적인 판단, 여기에서는 '당위성'이 위와 같이 표현된 것이다. '-을 것이-'의 '객관적 영역'의 추측이 관념화를 의미하는 '-지'와 결합하여 '당위성'이라는 파생적 의미를 형성하고 있는 것이다. 만약 위의 밑줄 친 부분의 명제 내용을 '-겠-'을 사용하여 '그냥 조용히 맞겠지'라고 하면 '-겠-'의 화자 인식 지향적 성격이 발휘되어 화자의 당시 상황에 대한 개인적인, 주관적인 추측의 의미로 해석된다.

따라서 이러한 '-겠-'과 '-을 것이-'이 가진 속성들과 '-지(요)'가 가지는 핵심 기능 속성 간의 상호작용에 의하여 이러한 의미 해석의 제약이 생기는 것으로 설명될 수 있다.

[3] '-네(요)'의 선어말어미 결합 양상

'-네(요)'는 선어말어미 '-시-', '-었-', 추측의 '-겠-'과의 결합은 자유롭지만 의지의 '-겠-', '-더-'와는 결합 제약이 있다. 우선 '-겠-'과의 결합 양상을 살펴보겠다.

(27) (화자의 의지를 표현한 경우) *내일은 꼭 운동하겠네.

(27)과 같이 '-네'는 의지의 '-겠-'과 결합되기 어렵다.[106] 이는 화자 자신의 '의지'는 지각이나 관찰의 대상이 되기 어렵기 때문이다. 〈연세한국어사전〉에서 '의지'는 '어떤 목적을 이루려는 굳은 마음. 자기의 행위를 선택하고 통제하는 마음의 힘'이라고 한 바 있다. 즉 '의지'는 화자의 통제하는 마음이 만들어낸 것이므로 화자에게 이미 내면화된 내용이라 할 수 있다. 이는 '-네(요)'의 [화자의 미지정보]를 나타낸다는 기능에 위배된다. 따라서 '-네(요)'에 추측의 '-겠-'은 결합될 수 있지만 의지를 나타내는 '-겠-'은 결합될 수 없는

106) 그러나 만약 하게체의 '-네'일 경우라 하면 이 문장은 자연스럽다. 본서에서는 '해(요)체'를 대상으로 하고 있으므로 하게체 '-네'에 대한 설명은 생략하기로 한다.

것으로 설명된다.

본서에서 《연세구어말뭉치》를 확인한 결과 이러한 추측의 선어말어미 '-겠-'과 '-네(요)'가 결합한 경우의 비율이 매우 높은 것을 알 수 있었다. '-네(요)'의 용례 1,373개의 용례 중 약 9%가 '-겠네(요)'로 나타났으며, '-어(요)', '-지(요)', '-군(요)'와 '-겠-'과의 결합형의 빈도를 비교해 본 결과 '-겠네(요)'가 압도적으로 높은 비율로 나타났다. 왜 '-겠-'은 다른 종결어미보다 '-네(요)'와의 결합형으로 많이 나타나는가? 이 문제에 대한 답은 '-겠-'의 의미와 '-네(요)'의 핵심 기능의 고찰을 통해 살펴볼 수 있다. '-겠-'은 내면화되지 않은 정보에 기반을 둔 추측을 나타내며(임동훈 2008:237~238), '-네(요)'는 [화자의 미지정보] 및 [현재 지각한 정보]를 말할 때 사용한다. '-겠-'과 '-네(요)' 모두 인지적으로 '내면화되지 않은 정보'를 말하는 것과 연관되어 있는 형태이다. 따라서 '-겠네(요)'의 결합이 자연스러우며 빈도도 높게 나타나는 것으로 볼 수 있다.

한편 '-네(요)'는 과거 지각을 나타내는 선어말어미 '-더-'와의 결합이 불가능하다.

(28) ㄱ. 어제 마트에 사람이 <u>많더라</u>.
    ㄴ. *어제 마트에 사람이 <u>많더네</u>.

(28ㄱ)은 화자가 어제 마트에 사람이 많다는 것을 인식하고 말하는 것을 나타낸다. 그러나 (28ㄴ)은 어색하다. 왜냐하면 '-네(요)' 자체의 의미가 '현재의 지각'을 나타내기 때문에 과거에 지각한 내용을 나타내는 '-더-'와 결합한 예문 (28ㄴ)은 비문이 된다. 즉 '-네(요)' 명제의 핵심적인 속성인 [현재 지각한 정보]와 '-더-'의 '과거 지각'의 의미가 서로 어긋나기 때문에 이러한 선어말어미 제약이 생기는 것이다.

[4] '-군(요)'의 선어말어미 결합 양상

'-군(요)'는 과거 시제의 '-었-', 추측의 '-겠-', '-더-'와의 결합이 가능하다. 그렇지만 의지의 '-겠-'과는 결합이 불가능하다. 아래에서는 '-군(요)'가 추측의 '-겠-'과의 결합은 가능하나 의지의 '-겠-'과는 결합이 불가능한 점, '-네(요)'와 다르게 '-더-'와의 결합이 가능한 점을 중심으로 살펴보겠다.

(29) ㄱ. 거의 오빠, 내가 학교 다닌다 해도, 아:: 직업교육론은 만나겠군. 교육인류학 내가 신청했던가?

(일상대화_식사 중 대학생 3인)

ㄴ. 내가 없으면 이 여자는 안 되겠구나::. 하는 생각이 너무:: 뼈저리게 들어 가지고,

(독백_결혼)

(30) (의지의 의미로) *나는 이번에 꼭 운전면허를 따겠구나.

(29)를 통해 추측의 '-겠-'과 '-군(요)'는 결합이 자연스러우나 (30)을 통해 의지의 '-겠-'과 '-군(요)'의 결합은 부자연스러운 것을 알 수 있다. '-군(요)'에 추측의 '-겠-'만 결합 가능한 이유는 '-군(요)'에 결합하는 명제의 내용은 각각 '깨달음'의 대상이 되어야 하는데, 화자의 '의지'는 화자에게 이미 내재해 있는 것으로 지각이나 깨달음의 대상이 될 수 없기 때문이다.

다음으로 '-더-'와 '-군(요)'와의 결합 의미에 대해 살펴보겠다. '-더-'와 '-군(요)'는 '과거의 깨달음'을 의미한다. '과거의 깨달음'은 '-더-'와 '-군(요)'가 결합되어 화자가 발화시 이전에 인식했음을 나타낸다.

(31) 얼마 전에 그~ 입학식을 치뤘던 한 유치원, 그 원장 선생님이 이런 말씀을 하시더군요,

(여성시대 3부, 4부)

(31)은 얼마 전에 유치원 원장 선생이 말하는 것을 인식하였다는 사실을 말하는 문장이다. 이와 같이 '-군(요)'에 과거 지각의 선어말어미 '-더-'가 결합할 수 있다는 사실은 왜 '-군(요)'가 특정 시제에 종속되지 않은 '인식'을 나

타내는지를 방증한다. '-네'는 어원적으로 현재 인식의 '-느-'를 포함하므로 의미상 화자의 '현재' 지각을 나타내게 된다. '-더-'와도 결합하지 못하는 문법 제약으로 인하여 '-네(요)'가 현재 종속적인 종결어미라는 것은 쉽게 유추해 볼 수 있다. 그렇지만 '-군(요)'는 그 자체로 현재의 깨달음을 나타내며, '-더-'가 결합되면 과거의 깨달음을 나타낸다는 점으로 미루어 보았을 때 현재 종속적인 종결어미로 볼 수 없다. 따라서 본서에서는 '-군(요)' 명제의 핵심적 속성을 '현재 깨달은 정보'가 아닌 '깨달은 정보'로 기술하였다.

한편 '-었-', '-더-'의 연속체가 '-군(요)'와 결합된 용례가 있어 살펴보도록 하겠다.

(32) 과학 주간지에 발표한 주장인데요, 오염 물질 중에서도 특히 중금속인 납과 망간이, 인간의 뇌에 영향을 주어서 폭력적이고 반사회적인 행동을 촉발시킨다고 지적을 했더군요.

(라디오 방송_서울서울서울)

(32)의 밑줄 친 부분은 '-었-', '-더-', '-군요'가 결합된 예를 보인다. 화자가 발화시 이전에 과학 주관지에서 발견한 정보를 인식한 것을 발화시 현재 청자에게 전달하고 있다. 좀 더 명확하게 이해하기 위해서는 '-었-'과 '-더-'가 관여하고 있는 시간을 세분할 필요가 있다. 시제 구분의 기준이 되는 '발화시', 그리고 화자가 위의 (32)의 명제 내용을 인식한 '인식시', 그리고 과학 주관지에서 중금속인 납과 망간이 인간의 뇌에 영향을 주어서 폭력적인 행동을 촉발시킨다고 주장한 사건의 시각인 '사건시'의 세 시점으로 나누어 파악할 수 있다. 용례 (32)의 밑줄 친 부분인 '했더군요'에서 '-더-'는 인식시가 발화시 이전임을 나타내며, '-었-'은 명제 내용이 나타내는 사건시가 인식시 이전임을 표시한다. 과거 시점에 과학 주관지에서 이미 주장해 놓은 내용을 이후에 화자가 인식한 내용을 화자가 발화한 것이다.

이와 같이 '-군(요)'에 '-더-'가 결합하여 화자의 과거 인식을 나타낼 수 있다는 사실은 '-네(요)'와의 변별점이 된다. '-네(요)'의 [현재 지각한 정보]라는 속성은 현재라는 시간에 종속적인 인지 상태를 의미하며, '-군(요)'는 시간에 구애받지 않는 화자의 깨달음을 표상한다.

[5] 정리

대명제 태도의 종결어미를 살펴본 결과 '-겠-', '-더-'와의 결합 제약과 관련하여 살펴볼 점이 있었다. 첫째로 '-겠-'은 '의지'과 '추측'의 의미로 나뉘는데 '-어(요)'만 '의지'의 '-겠-'과 결합 가능하였고, 나머지 종결어미들은 '의지'의 '-겠-'과 결합하지 못하였다. '-겠-'이 가진 '화자의 의지'는 화자의 정보 영역에 속하는 것이므로 [화자의 기지정보]로 표현될 가능성이 높으므로 [화자의 미지정보]를 나타내는 '-네(요)'와 '-군(요)'와 결합하지 못하며, '-겠-'은 화자의 발화시 당시 결심한 의지를 나타내므로, 인지적인 시간 등이 요구되는 관념화된 정보를 나타내는 '-지(요)'와 결합되지 못한다. 이를 통하여 '-어(요)'가 '-네(요)'와 '-군(요)'와는 다른 [화자의 기지정보]를 나타낸다는 점을 알 수 있었고, '-지(요)'와는 다른 [관념화되지 않은 정보]를 나타낸다는 점을 확인할 수 있었다. 2인칭 주어 구문에서의 '-겠어(요)'가 항상 '추측'으로 해석되는 이유는 2인칭 주어의 '의지'는 화자의 정보 영역에 속하기 어려운 내용이므로 '-어(요)'가 지닌 핵심 기능과 상충되기 때문인 것을 알 수 있었다.

둘째로, '-더-'는 '-어(요)', '-지(요)', '-네(요)'와 결합하지 못하는데, 이는 모두 '-더-'가 지닌 과거 지각의 의미가 종결어미의 핵심 기능과 상충되는 데에서 옴을 밝혔다. 즉 '-더-'는 과거의 어느 순간까지의 미지정보였음을 보이는데 이러한 의미는 '-어(요)'와 '-지(요)'의 [화자의 기지정보]라는 핵심적인 속성과 상충되며, [현재 지각한 정보]를 나타내는 '-네(요)'와도 상충된다. 한편 '-군(요)'는 '-더-'와 결합하여 과거의 깨달음을 나타낼 수 있으며, 이는 '-군(요)'가 '-네(요)'와 달리 현재 종속적인 형태가 아님을 암시한다.

이와 같이 각 선어말어미들이 가진 속성들과 종결어미의 핵심 속성 간의 상호작용에 의하여 이러한 양상을 보이는 것으로 설명될 수 있었다.

4.2. 대명제 태도 종결어미의 맥락 기능

맥락 기능이란 핵심 기능과는 대비되는 개념으로, 해당 형태가 실제 발화에서 사용되었을 때의 기능을 말한다. 본서에서는 2장의 논의와 같이 맥락 기능을 '개념적 기능', '대인적 기능', '담화적 기능'으로 나누었다. 4.2에서는 대명제 태도 종결어미의 맥락 기능을 이와 같이 세 층위로 나누어 제시하고, 공통적으로 나타나는 기능과 독자적으로 나타나는 기능을 추출하여 살펴보겠다. 이를 통해 3장에서 밝힌 각 대명제 태도 종결어미들의 핵심 기능의 타당성을 밝히고, 각 종결어미들 간의 변별 지점 및 각 핵심 기능들 간의 대립 관계를 파악하게 될 것이다.

4.2.1. 개념적 기능

'개념적 기능'은 종결어미 자체에 내재한 기능을 의미한다. 본서에서는 개념적 기능을 기술하기 위하여 각 종결어미가 포함된 발화가 나타내는 문장 차원에서의 기능을 살피고 핵심 기능이 어떻게 여기에 관여하는지를 살펴보고자 한다.

《연세구어말뭉치》의 용례 분석을 통해 밝힌 '-어(요)', '-지(요)', '-네(요)' '-군(요)' 발화문의 문장 차원에서의 개념적 기능은 다음과 같이 정리될 수 있다.

〈표 9〉 대명제 태도 종결어미들의 개념적 기능

종결어미	-어(요)	-지(요)	-네(요)	-군(요)
개념적 기능	① 진술하기 ② 질문하기 ③ 명령하기 ④ 청유하기	① 진술하기 ② 의지 표현하기 ③ 청유하기 ③ 기원 및 바람 표현하기	① 진술하기 ② 확인하기 ③ 확인 질문하기 ④ 인정하기 …	① 진술하기 ② 확인 질문하기 …

	⑤ 즉각적인 감정, 감각 표현하기 ⑥ 의지 표현하기 ⑦ 가정하기 …	④ 아쉬움, 비난, 원망 등 부정적인 감정 표현하기 ⑤ 확인 질문하기 ⑥ 가정하기 ⑦ 명령하기 …		

위의 표를 보면 '진술하기', '질문하기'와 같은 기능은 모든 종결어미에서 공통적으로 나타나고, '가정하기' 등의 기능은 '-어(요)'와 '-지(요)'에서만 나타나며, '즉각적인 감정, 감각 표현하기' 등과 같은 기능은 한 종결어미에서만 독점적으로 나타나는 것을 알 수 있다. 즉 어떤 기능은 여러 종결어미들에 걸쳐 공통적으로 나타나고, 어떤 기능은 일부 종결어미에 한해 나타나는 양상이 포착된다. 네 종결어미가 공통적으로 나타나는 기능들은 핵심 기능의 대립을 보이기에 적절하지 않으므로 이를 제외한 양상을 살펴 각 종결어미들이 변별되는 지점과 이들이 지니는 핵심 기능의 대립 양상을 밝히도록 하겠다. 기술할 내용을 정리하면 다음과 같다.

[1] '-어(요)', '-지(요)'가 공통적으로 가지는 개념적 기능: 진술하기, 확인 질문하기, 명령하기, 청유하기, 의지 표현하기, 가정하기

[2] '-어(요)'에서만 나타나는 개념적 기능: 즉각적인 감정, 감각 표현하기

[3] '-지(요)'에서만 나타나는 개념적 기능: 아쉬움, 비난, 원망 등 부정적인 감정 표현하기, 기원 및 바람 표현하기

[1] '-어(요)', '-지(요)'가 공통적으로 가지는 개념적 기능

'-어(요)'와 '-지(요)'가 공통적으로 가지는 개념적 기능에는 '진술하기', '(확인) 질문하기', '명령하기', '청유하기', '의지 표현하기', '가정하기'가 있다. '진술하기'와 '(확인) 질문하기'는 네 종결어미에서 공통적으로 나타나는

기능이므로 여기에서는 '명령하기', '청유하기', '의지 표현하기', '가정하기'로 나타난 '-어(요)'와 '-지(요)'를 살펴보고, 왜 이러한 기능이 '-네(요)'와 '-군(요)'에는 출현하지 않았는지에 대해서도 그 핵심 기능에 비추어 살펴보겠다.

'명령하기', '청유하기', '의지 표현하기'는 행동의 주체만 다를 뿐 이들은 모두 공통적으로 '행동'을 토대로 이루어지는 기능이다. 따라서 한자리에서 논의하도록 하겠다.

(1) ㄱ. 그냥, 자유롭게 얘기해 보세요.

(강의_공대 수업)

ㄴ. 예 이 교수님께서 짧게 좀 결론 좀 내 주시죠.

(TV 방송_SBS 토론 공방)

(2) ㄱ. 나랑 같이 쉬어.

(주제대화_연애에피소드)

ㄷ. 형, 우리 저~ 뭐야~ 기말 고사 끝나고. 술 먹으러 가죠,

(경영학과 토론_논문주제선정)

(3) ㄱ. 그건 내가 해.

ㄴ. 아직 안 빨았으니까 내일 한 번 더 입고 빨지 뭐~,

(일상대화_교통수단과 하루 생활에 대해)

(1)은 명령하기, (2)는 청유하기, (3)은 의지 표현하기의 기능으로 나타난 용례들이다. (1)은 청자의 행동을 (2)는 화자와 청자의 행동을 (3)은 화자의 행동을 표현한다는 점에서 이들의 기능이 갈리는 것을 알 수 있다. 이와 같이 명령, 청유, 의지의 대상이 되는 행동이 [화자의 기지정보]를 말할 때 사용되는 '-어(요)' 및 '-지(요)'에 결합될 수 있는 이유는 무엇인가.

(1~3)에서 나타나는 기능이 실생활에서 수행되는 배경을 생각해 보자.[107] 보통 화자는 명령, 청유, 의지의 대상이 되는 행동을 말하기 전에 이 행동에

107) 앞서 문법적 특성을 설명하면서 '-어(요)' 및 '-지(요)'가 명령문과 청유문에서 사용될 수 있음을 지적하여 이러한 특징을 언급한 바 있다.

대한 판단을 한 후에 (1~3)과 같이 말한다. (1ㄱ)을 예로 들어 보겠다. (1ㄱ)에서 화자는 청자에게 '자유롭게 얘기해 보세요'라고 말하며 행동을 권하고 있다. 이때 화자는 청자가 현재 자유롭게 얘기하는 행동이 (화자를 위해 또는 수업을 위해) 이롭다고 생각하여 해당 명제 내용을 청자에게 명령한다. 즉 화자는 '청자가 자유롭게 얘기하는 것이 필요하다/요구된다/바람직하다'라는 생각이 자신의 지식 체계에 내면화되어 있는 것이다. 비록 (1ㄱ)의 내용 자체가 현재 '사실에 기반한 것'이거나 현실 세계에서 '실현된' 내용은 아니지만 화자는 해당 명제 내용이 실현되는 상황이 필요하거나/요구되거나/바람직하다고 믿으며 이러한 생각은 이미 화자에게 내면화되어 있고, 이를 토대로 상대방에게 명령을 내리는 것으로 볼 수 있다. 청유의 상황 및 화자 자신의 의지를 말하는 경우에도 이와 행동의 주체만 다르지 같은 맥락에서 기술될 수 있다. 역으로 화자가 한 번도 생각해 보지 않은 내용은 명령이나 청유, 자신의 의지를 말하는 것의 소재가 될 수 없다는 것을 생각해 보면, 왜 [화자의 미지정보]를 나타내는 '-네(요)'와 '-군(요)'는 명령하기, 청유하기, 의지 표현하기의 기능을 나타내지 못하고, [화자의 기지정보]를 나타내는 '-어(요)'와 '-지(요)'는 이러한 기능을 나타낼 수 있는지 분명해진다.

다음으로 '-어(요)'와 '-지(요)'에서만 나타나는 '가정하기'의 기능에 대하여 살펴보겠다. 이 기능 또한 '-네(요)' 및 '-군(요)'를 통해서는 나타나기 힘든 기능으로서 [화자의 기지정보] 및 [화자의 미지정보]의 대립의 양상을 보이는 데에 시사점을 줄 수 있다.

(4) ㄱ. 재단 전입금 전혀 없구 어, 학교 등록금 가지구만 유지를 하는데. 돈이 지금 그 정도 되는데 그 정도에서 지금 이케 아껴 쓰구 아껴 쓰구 하니까 그 정도 되는 건데 <u>돈이 만약에 넘쳐 봐</u>. 만약 학교에서 뭐~. 연대 같은 경우에 이십억 삼십억 되는 거 같은데. 일인당. <u>갑자기 한 삼사백 생겨 봐</u>, 그러면은 그 돈이 는 만큼 생활이 여유가 있을 거 같애? 그거 한 만큼 또다시 규모를 늘린다구.

(일상대화_교육에 대해)

ㄴ. 그런 게 뭐냐면은, 그니까 전경 갔다 형이 얘기해 줬는데, 한총련 출범식을 만약에 하지. 그러면은, …(후략)…

(일상대화_정치와 경제)

(4ㄱ)에서는 돈이 많이 있는 상황을 가정하면서 위의 밑줄 친 부분과 같이 종결어미 '-어'로 표현하였다. 위의 밑줄 친 부분이 가정하는 상황을 표현한다는 것은 '만약에', '그러면'과 같은 부사어를 통해 알 수 있다. 물론 위의 밑줄 친 부분에서 '-어 보-'와 같은 보조용언 구성으로 인하여 가정의 상황을 표현하였다고 볼 수도 있겠지만 '-어 보-'가 없이 '-어'만으로도 가정의 기능을 나타낼 수 있다.[108] (4ㄴ)에서 '-지' 다음에 나온 부사 '그러면'은 앞의 내용이 뒤의 조건이 될 때 쓰는 말이다. (4ㄴ)의 밑줄 친 부분은 가정하는 상황의 조건에 해당되는 내용을 말하는 것을 알 수 있다. 만약 한총련이 출범식을 하면 벌어지는 일들에 대해서 말하고 있다.

[화자의 기지정보]를 나타내는 '-어(요)'와 '-지(요)'가 어떻게 이러한 가정하기의 기능으로 나타날 수 있는가? 우선 '가정(假定)'에 대한 뜻풀이부터 살펴보겠다. 〈표준국어대사전〉에서 '가정'은 '〈논리〉 결론에 앞서 논리의 근거로 어떤 조건이나 전제를 내세움. 또는 그 조건이나 전제'로 보고 있다. 이러한 뜻풀이에 근거하면 '가정'이라는 의식 활동은 화자가 발화시 당시 새로 습득한 정보만 가지고 할 수 없다. 이미 화자의 머릿속에 존재해 있는 '논리', '세상 지식'과 같은 것을 골자로 하여 새로운 상황을 도입해 보고 그것에 대한 '결과'까지 생각해 보는 것이다. 비록 이러한 일련의 과정들은 실제로 실현되었거나 세상에 존재하는 실물이 아니더라도 화자의 머릿속에서 행해질 수 있는 과정들인 것이다.

이와 같이 '가정하기'라는 인식적인 활동은 화자의 내면화된 지식을 바탕으로 이루어짐을 알 수 있다. 따라서 '가정하기'의 기능은 [화자의 기지정보]의 속성을 가진 '-어(요)'와 '-지(요)'를 통해서는 나타날 수 있지만 [화자의 미

108) 위의 밑줄 친 부분 대신 '만약에 돈이 넘쳐', '갑자기 한 삼사백 생겨'라고 하여도 문맥상 '-어'가 '가정하기'의 기능을 하고 있는 것을 알 수 있다.

지정보]를 나타내는 '-네(요)' 및 '-군(요)'를 통해서는 나타날 수 없는 것이다.

[2] '-어(요)'에서만 나타나는 개념적 기능

대명제 태도를 나타내는 비격식체 종결어미 중 '-어(요)'에만 나타나는 개념적 기능에는 '즉각적인 감정, 감각 표현하기'가 있다.[109] 이러한 기능이 왜 같은 [화자의 기지정보]를 나타내는 '-지(요)'에는 나타나지 않는지 어떠한 핵심 기능으로 인하여 이러한 차이가 나타나는지를 중심으로 살펴보겠다.

(5) ㄱ. 아이 미안해. 잘 들어갔어?

(일상대화_미팅)

ㄴ. 걔한테 갈려구 생각하면, 그 정이 있어서 그 정두 아니구 뭔가 딱 내 발목을 잡고 있는 거 같애. 못 가겠어, 너무 슬퍼. 내 남자 친구랑 헤어진다는 거

(일상대화_가족과 사랑에 대해)

ㄷ. 아이씨 더워. 뜨거워.

(일상대화_수강신청과목)

화자는 (5ㄱ)에서 청자에 대한 미안한 감정을 표현하고 있으며, (5ㄴ)에서는 자신의 현재 심리 상태를, (5ㄷ)에서는 발화시 당시에 감각 기관을 통해 느낀 내용을 표현하고 있다. (5ㄱ, ㄴ)의 밑줄 친 부분의 '-어'는 '-네'로 교체될 수는 있으나 다소 해당 감정에 대한 화자의 거리감이 느껴져서 각각 미안하다는 감정, 슬프다는 감정이 진정성 있게 들리지 않으며, '-지'으로 교체되면 매우 어색하다. (5ㄷ)의 밑줄 친 부분 또한 '-네'로 교체될 수 있으나 그 감각을 통해 얻은 정보와 화자와의 거리감이 느껴져 즉각적으로 느낀 감각의 내

109) 이 기능은 종결어미 자체의 기능보다는 명제 내용에 의해 발휘되는 기능이라고도 볼 수 있으나 '-지(요)'나 '-네(요)', '-군(요)' 등과 같은 계열관계에 있는 다른 비격식체 종결어미들은 화자의 즉각적인 감정이나 감각을 표현할 때 잘 사용되지 않는다는 점에서 이를 '-어(요)'의 기능으로 설정하여 살피는 것이 유용하리라 판단되었다.

용을 표출하는 상황에서는 다소 어색함을 알 수 있다. 또한 (5ㄷ)의 밑줄 친 부분에서 '-어'가 '-지'로 교체되면 매우 어색해진다.

이러한 양상이 나타나는 이유에 대하여 '-어(요)'가 [관념화되지 않은 정보]를 나타내는 핵심 기능을 지녔기 때문으로 설명할 수 있다. 이러한 내용은 발화시 당시의 순간적인, 즉각적인 감정 및 감각의 내용을 말하는 것이므로 '-지(요)'를 통해 관념화된 정보로 표현하는 것은 부적절하다. 관념화된 정보란 내면화된 정보가 습관적으로 굳어지거나 화자 자신의 확신을 통해 형성되는 특징을 지니고 있는데,[110] 자신의 즉각적인 감정이나 감각 정보는 이러한 성격과는 거리가 멀다. (5)에서 나타난 화자 자신의 현재의 감정이나 일회적인 느낌은 어떤 정보가 습관적으로 굳어지거나 화자의 확신을 통해 형성된다고 볼 수 없기 때문이다.

이와 같이 '즉각적인 감정, 감각 표현하기'의 기능이 왜 '-지(요)'로는 나타나기 힘들고 '-어(요)'의 용례에서 특징적으로 나타나는지에 대하여 핵심 기능을 통해 알아보았나. '-지(요)'와 차별되는 핵심 기능인 [관념화되지 않은 정보] 대 [관념화된 정보]의 대립을 통해 기술될 수 있었다.

[3] '-지(요)'에서만 나타나는 개념적 기능

네 종결어미 중 '-지(요)'에서만 나타나는 개념적 기능으로는 '아쉬움, 비난, 원망 등 부정적인 감정 표현하기, 기원 및 바람 표현하기'가 있었다. '-지(요)'와 마찬가지로 [화자의 기지정보]를 말할 때 사용되는 '-어(요)'는 왜 이러한 기능을 나타낼 수 없는지에 대하여 '-지(요)'의 핵심 속성 중 하나인 [관념화된 정보]를 통해 설명될 수 있음을 밝히겠다.

(6) ㄱ. <u>아 나나 좀 사 주지</u>. 난 아무도 안 사 줘.

(일상대화_가족과 사랑에 대해)

ㄴ. 하:: 어제 스누피 매점 가는데 스누피:: 이게 너무 이쁜 거야 파일이::.

---

110) 2장의 논의 참조.

니네들 나한테 부탁하지:: 그럼 내가 또 사다 줬을 텐데, 아:: 진짜 이뻤는데,

(일상대화_강의 시작 전 7인)

ㄷ. 아 내 엄마한테, 엄마한테 뭐라고 할 순 없구? 그냥 세탁소 갖다 주지. 〈쉼없음〉 왜 엄마가 굳이 다려 준다구 다려 갖구 바지 또 두 줄 잡혀 갖구, …(후략)…

(독백_취업)

(6ㄱ~ㄷ)의 '-지(요)' 발화문을 통하여 화자는 자신이 생각하는 이상적으로 바람직한 상황을 말한다. 즉 (6ㄱ)에서는 '다른 사람들이 나에게 사주는 상황', (6ㄴ)에서는 '상대방이 자신한테 부탁하는 상황', (6ㄷ)에서는 '엄마가 세탁물을 세탁소에 맡기는 상황'을 이상적인 상황으로 생각하여, 화자의 머릿속에 이상적으로 존재하는 바람직한 상황, 즉 관념을 말하고 있다.[111] 그런데 실제로 이러한 상황은 발화 상황 당시 일어나지 않은 상황이다. 즉 실현되지 않은 바람직한 상황이 '관념성'을 나타내는 '-지(요)'와 결합됨으로써 '비난'과 같은 부정적인 감정을 표현하는 함축적인 기능을 발생시키는 것이다.

그런데 《연세구어말뭉치》의 용례를 살펴보면 '-지(요)'가 비실현된 과거 상황과 결합되는 경우 주어의 인칭이 모두 2, 3인칭으로만 나타났으며 1인칭은 발견되지 않았다. 이와 같이 1인칭 주어의 비실현된 과거 상황, 즉 화자 자신의 후회를 나타내는 경우에는 '-지(요)'가 사용될 수 없어 주목할 필요가 있다.

(7) ㄱ. (후회의 기능으로) *내가 너한테 부탁하지.

ㄴ. 내가 너한테 부탁할걸.

111) 2장의 〈표 3〉에 따르면 '관념'은 '심적 형상'이므로 '화자의 머릿속에 이상적으로 존재하는 바람직한 상황'은 '관념'이 될 수 있다.

후회의 기능을 나타내고자 할 때 (7ㄱ)에서 볼 수 있는 바와 같이 '-지'가 사용되지 못하며, 이러한 후회의 기능은 (7ㄴ)에서와 같이 '-을걸'로 표현될 수 있다. 그렇다면 왜 이러한 후회하기의 기능을 표현하는 경우에 1인칭 화자 주어는 사용되지 못하는가? 이는 각 인칭들이 비실현된 과거의 상황과 결합할 경우에 그 명제 내용에 대한 관념화가 가능한지의 여부에 달려 있다. '후회'는 화자 자신이 제어 가능했던 과거의 일을 의미한다(김병건 2015:90). 즉 후회가 나타내는 상황은 화자 자신의 의지로 바꿀 수도 있었던 과거의 일이다. 이러한 자신의 의지 및 능력으로 제어할 수 있었던 일을 관념화하여 말한다는 것은 다소 어색하다. 만약 제어 가능했던 일을 관념화하여 '-지(요)'에 결합하여 말했다면, 어떤 상황이 바람직하다는 관념화된 생각을 가지고 있었음에도 불구하고 자신은 그 행동을 하지 않았다는 것을 내비치는 것이 되므로 자신의 관념과 자신의 의지가 제각기인 모습을 보이게 되어 모순이 생긴다.[112)]

한편 1인칭 화자 자신이 하지 못했던 일에 대한 '후회', 즉 제어 가능했던 과거의 일을 표현할 때에는 보통 '-을걸'을 통해 표현한다. '-을걸'은 보통 '-을 것을'에서 변화한 것으로 본다(이지영 2017:22). 그런데 여기에서 '-을 것을'의 '-을 것'이 단순히 동사를 명사화시키는 관형사형 어미와 의존명사의 결합 구성으로도 볼 수 있으나, '-을 것이-'가 '의지' 및 '의도'를 나타내는 우언적 구성으로도 사용되는 것을 감안하면 '-을걸'이 표현하는 의미를 '화자의 과거의 의도한 바를 하려고 한 바를 (하지 못했다)'로 볼 수 있다. 따라서 화자 자신의 후회를 나타낼 경우에는 자신이 제어 가능했던 일, 즉 의지 및 의도를 실현하지 못했다는 의미를 가지는 '-을걸'이 사용된다고 볼 수 있다.

이상으로 비실현된 과거의 상황과 '-지(요)'가 결합한 경우를 살펴보았다. (7)에서와 같이 '-지(요)'가 비난 등과 같은 부정적인 감정을 나타내는 경우에

112) 비실현된 과거 상황은 1인칭 주어와 결합하지 못하나 비실현된 '미래' 상황은 1인칭 주어와 결합하여 아래의 (1)과 같이 화자의 의지를 나타낼 수 있다는 점으로 미루어볼 때, 명제 내용의 의미적 속성과 '-지(요)'의 핵심 기능의 속성 간의 상호작용을 통해 이러한 제약이 생김을 알 수 있다.

(1) 내가 내일 사진기를 가져가지.

'-지(요)'가 '-어(요)'로 교체되면 그 원래의 의미가 사라지고 명령의 의미로 바뀜을 알 수 있다.[113] 왜 이러한 양상을 보이는지에 대하여 '-지(요)'는 [관념화된 정보]와 결합하지만 '-어(요)'는 [관념화되지 않은 정보]와 결합한다는 핵심 기능적인 차이에서 그 이유를 찾을 수 있다. 이를 위해 '관념'의 사전적 의미를 살펴보겠다.

1. 어떤 일에 대한 견해나 생각.
2. 현실에 의하지 않는 추상적이고 공상적인 생각.
3. 〈불교〉 마음을 가라앉혀 부처나 진리를 관찰하고 생각함.
4. 〈심리〉 사고(思考)의 대상이 되는 의식의 내용, 심적 형상(心的形象)을 통틀어 이르는 말.
5. 〈철학〉 어떤 대상에 관한 인식이나 의식 내용.

〈'관념'의 사전에서의 뜻풀이〉 (표준국어대사전)

'관념'의 사전적 의미 2번을 보면 '현실에 의하지 않는 추상적이고 공상적인 생각'이라 되어 있다. '현실에 의하지 않는'이라는 부분을 주목할 필요가 있다. '관념'은 현재에 종속된 생각이 아닌 것이다. 시간 초월적인 개념인 것이다. 앞서 살펴본 바와 같이 '-어(요)'로는 비실현된 과거의 일을 나타내는 것이 불가능하지만 '-지(요)'는 가능하다는 점에서 '-어(요)'와 다르게 '-지(요)'는 [관념화된 정보]를 나타낸다는 것을 다시금 확인할 수 있다.

[4] 정리

[1]의 기술을 통해서는 '명령하기', '청유하기', '의지 표현하기', '가정하기'는 모두 화자의 지식 체계에 내면화된 정보를 바탕으로 이루어지는 것이므로 [화자의 기지정보]를 나타내는 '-어(요)'와 '-지(요)'로 나타날 수 있지만 그렇지 않은 '-네(요)'와 '-군(요)'로는 나타날 수 없음을 확인할 수

113) 각각 '나 좀 사 줘.', '니네들 나한테 부탁해.', '그냥 세탁소에 갖다 줘.'가 된다.

있었다.

[2]의 기술을 통해서는 즉각적인 감정 및 감각은 관념화되어 나타나기 힘들다는 속성을 지니고 있으므로 이들은 '-지(요)'로 표현되지 않고 '-어(요)'로 표현된다는 점을 확인하였다. 이를 통해 '-어(요)'와 '-지(요)'의 대립이 관념화 여부와 관련되어 있음을 설명하였다.

[3]의 기술을 통해서는 비실현된 과거 사건과 '-지(요)'가 결합되어 '아쉬움, 비난, 원망 등의 부정적인 감정을 표현하는 기능'으로 나타나는 양상을 살폈다. 비실현된 과거 사건과 결합된 '-지(요)'는 '이상적으로 보았을 때 이러해야 바람직했을 텐데 그렇지 못하였다'라는 의미를 함축한다는 점을 설명하였고, 이것은 '-지(요)'의 '관념성'이 매개가 되어 나타나는 것으로 설명될 수 있었다. 아울러 '-지(요)'와 마찬가지로 [화자의 기지정보]를 말할 때 사용되는 '-어(요)'는 왜 이러한 기능을 나타낼 수 없는지에 대하여 '-지(요)'의 핵심 속성 중 하나인 [관념화된 정보]를 통해 설명될 수 있음을 밝혔다.

이와 같이 각 개념적 기능들이 가진 성격과 종결어미의 핵심 속성 간의 상호작용에 의하여 이러한 양상을 보이는 것으로 설명될 수 있었다.

4.2.2. 대인적 기능

2장에서 살펴본 바와 같이 대인적 기능은 언어를 화자와 청자 간의 교환의 산물로 보는 관점에서 밝힐 수 있는 기능을 가리킨다. 타인과 상호작용하고, 세계에 대한 자신의 관점을 드러내고, 관점이 변화하도록 유도하기 위하여 언어를 사용하는 것에 초점을 맞추어 각 종결어미들이 어떠한 기능을 나타내는지를 살펴보겠다.

《연세구어말뭉치》의 용례 분석을 통해 밝힌 '-어(요)', '-지(요)', '-네(요)' '-군(요)' 발화문의 대인적 기능은 다음과 같이 정리될 수 있다.

〈표 10〉 대명제 태도 종결어미들의 대인적 기능

종결어미	-어(요)	-지(요)	-네(요)	-군(요)
대인적 기능	① 단언성 강화하기[114)] ② 객관성 부여하기[115)] …	① 단언성 강화하기(확신 표현하기) ② 호응 유발하기 ③ 상대의 공감 요구하기 ④ 앞선 발화에 대한 강한 동의·반대 표현하기 …	① 맞장구치기 ② 단언성 약화하기 ③ 책임성 약화하기 ④ 사실성 강화하기 ⑤ 객관적 태도 표현하기 ⑥ 과거의 감정 공유하기 ⑦ 청자의 집중 유도하기 ⑧ 청자의 반응 유도하기 …	① 수용 표현하기 …

대인적 기능은 크게 두 유형으로 나뉠 수 있다. 첫째는 단언성, 사실성, 객관성, 책임성 등과 같이 화자가 명제 내용을 어떠한 강도로 표시하고 있는지와 관련한 기능으로서,[116)] 기본적으로 화자와 명제 내용 간의 상호작용으로 나타나는 기능으로 볼 수 있으나 이는 청자에 대한 공손성을 표현하는 등의 대인적인 기능이 있으므로 대인적 기능에 포함시켜 살펴보았다. 둘째는 청자의 발화를 유도하거나 그에 대한 반응을 나타내는 과정에서 나타나는 기능으로서 화자와 청자의 상호작용으로 나타나는 기능이다. 아래에서는 이 둘의

114) '-네(요)' 및 '-군(요)'와 비교하였을 경우의 기능이다.
115) '-지(요)'와 비교하였을 경우의 기능이다.
116) 이것은 '-겠-', '-을 것이-' 등의 선어말어미 또는 우언적 구성의 인식양태 표지의 기능과 유사하다고 볼 수 있다.

층위를 재분류하여 살펴보겠다. 이를 통해 3장에서 밝힌 네 종결어미들의 핵심 기능들이 이러한 대인적 기능의 양상을 보이는 데에 어떻게 관여하는지를 기술하겠다. 기술할 내용을 정리하면 아래와 같다.

[1] 화자와 명제와의 상호작용으로 인한 대인적 기능: 단언성, 사실성, 객관성, 책임성 강화 및 약화
[2] 화자와 청자의 상호작용으로 인한 대인적 기능: 청자 발화 유도 및 청자 발화에 대한 반응

[1] 화자와 명제와의 상호작용으로 인한 대인적 기능

화자는 명제에 대한 단언성, 사실성, 객관성, 책임성의 정도를 조절함으로써 청자에게 공손성을 표현하는 등의 기능을 발휘할 수 있다. 이러한 대인적 기능을 기술하기 전에 한 가지 주목할 점은 단언성, 사실성, 객관성, 책임성 등의 성도의 차이가 항상 절대적, 고정적으로 나타나지 않는다는 것이다. 예컨대 '-어(요)'의 단언성은 '-지(요)'보다는 낮지만 '-네(요)'나 '-군(요)'보다는 높으며, '-어(요)'의 객관성은 '-지(요)'보다 높으며, '-네(요)'의 사실성은 '-군(요)'보다 높다. 이와 같이 단언성, 사실성, 객관성, 책임성은 정도에 의한 상대적 개념으로 이해할 필요가 있다. 이러한 점을 전제로 하여 단언성, 사실성, 객관성, 책임성을 기준으로 하여 각 종결어미들이 어떠한 양상을 보이는지 용례를 통해 살펴보고 핵심 기능이 어떻게 관여되는지를 기술하겠다.

① 단언성

단언성은 화자가 명제 내용을 얼마나 확신하여 이야기하느냐의 정도와 관련이 있는 개념이다. 일반적으로 단언성이 높으면 다소 청자의 체면에 위협이 될 가능성이 있으며, 단언성이 낮으면 청자의 체면 위협의 정도를 낮출 수 있다. 아래에서는 이러한 단언성 정도의 비교를 통해 '-어(요)'와 '-네(요)', '-어(요)'와 '-지(요)'의 차이를 살펴보겠다. 나아가 [화자의 미지정보]와 [화자의 기지정보]라는 핵심적 속성은 단언성에 있어서 어떠한 차이를 유발하는지를

살펴보겠다.

첫째로 [화자의 기지정보]를 나타내는 종결어미는 [화자의 미지정보]를 나타내는 종결어미보다 단언성의 정도가 높게 나타나는 것을 알 수 있다. 이러한 차이를 '-어(요)'와 '-네(요)'의 단언성 정도의 차이를 비교함으로써 살펴보겠다. '-어(요)'는 기본적으로 [화자의 기지정보]를 나타내는데, 이와 같이 화자의 지식 체계에 내면화된 내용을 말하기 위해서는 명제 내용을 파악하며 그것을 알게 되고, 자신의 머릿속에 저장하는 과정이 선행된다. 즉 누군가의 머릿속에 내면화된 내용을 말할 경우에 화자는 그 내용에 대한 확실한 앎을 내비치게 되므로 '-어(요)'로 발화를 끝낼 경우는 [화자의 미지정보]를 나타내는 종결어미들보다 비교적 단언성이 크게 느껴진다.

(8) 지금 있는 점포에서 그대로 하실 경우에는, <u>아 제가 아까 말씀드린 그 방법으로 업종을 약간 전환하는 것이, 바람직하다고 판단이 되네요</u>.

(라디오방송_서울서울서울)

(8′) 지금 있는 점포에서 그대로 하실 경우에는, <u>아 제가 아까 말씀드린 그 방법으로 업종을 약간 전환하는 것이, 바람직하다고 판단이 돼요</u>.

(8)은 라디오의 상담 프로그램에서 라디오 청취자의 사업 관련 질문에 대하여 경제 전문가가 대답을 해 주는 발화를 담고 있다. 이때 경제 전문가인 화자는 상대방의 질문에 대하여 위와 같이 답하는 데에 종결어미로 '-네(요)'를 선택하였다. 한편 예문 (8′)은 용례 (8)의 종결어미 부분만을 '-어(요)'로 바꾼 것인데 상대적으로 단언성이 강화되어 보인다. 즉 '-네(요)'를 통해서 화자 자신의 의견을 말할 때보다 '-어(요)'를 통하여 화자 자신의 의견을 표출할 때 더욱 단언성이 높아짐을 알 수 있다. 상대적으로 '-네(요)'를 통해 의견 표출하는 것보다 '-어(요)'를 통한 의견 표출이 더 화자의 명제에 대한 확신의 정도가 부각되는 것으로 보인다.

이와 같이 화자의 명제에 대한 인지적인 태도의 차이가 단언성의 차이를 불러올 수 있다는 사실은 Givon(1984/2001:326~327)의 언급에서도 찾을 수 있다. 이 연구에서는 명제의 양상에는 '의문시되지 않는 지식(필연적인 참, 분석적인 참, 전제된 참)', '현실-단언된 지식(사실)', '비현실-단언된 지식(가능/조건 진리)'의 세 가지가 있다고 하면서 이 세 가지 종류의 지식은 아래와 같은 의사소통의 매개 변수로 설명될 수 있다고 설명하였다.

〈표 11〉 명제 양상에 따른 특징(Givon 1984/2001)[117]

기준	의문시되지 않는 지식	현실 단언	비현실 단언
ㄱ. 청자의 P에 대한 화자의 가정	P를 잘 알거나 믿는다.	P를 잘 모른다.	P를 잘 모른다.
ㄴ. P에 대한 화자의 믿음의 정도	가장 강하다.	강하다.	약하다.
ㄷ. 증거를 가지고 화자가 P를 뒷받침해야 할 필요성	불필요하다.	필요하다.	불가능하다.
ㄹ. P를 뒷받침하는 화자의 증거에 대한 힘	문제가 안 된다.	강하다.	약하다.
ㅁ. P의 도전을 용납할 화자의 의향	가장 약하다.	있다.	있다.
ㅂ. 화자가 P에 도전할 가능성	낮다.	중간	높다.

Givon(1984/2001:326~327)에서 제시한 명제의 양상들을 본서에 적용해 보았을 때 '-어(요)'는 [화자의 기지정보]를 의미하므로 첫 번째 양상인 '의문시되지 않는 지식'을, '-네(요)'는 [화자의 미지정보] 및 [현재 지각한 정보]를 의미하므로 두 번째 양상인 '현실 단언'을 명제 내용으로 할 경우에 사용되는 것으로 볼 수 있다. 그런데 위의 〈표 11〉의 기준 ㄴ~ㅁ을 보면 어떤 문장

117) 이기동(1987:81)에서의 번역을 따랐다.

의 명제 내용의 양상이 첫 번째 유형일 경우에 두 번째 유형일 경우보다 화자의 명제 내용에 대한 믿음의 정도가 높고, 명제 내용에 대한 반론을 받아들일 화자의 마음의 준비가 덜 되어 있는 것을 알 수 있다. 즉 화자의 지식 체계로 받아들여지는 과정이 끝난 상태의 정보는 아직 현재 지각을 통하여 지식 체계로 흡수되고 있는 상태의 정보보다 단언성이 높다는 것을 유추할 수 있다. 이는 [화자의 기지정보]를 말할 때 사용되는 종결어미가 [화자의 미지정보]를 말하는 종결어미보다 단언성이 높을 가능성이 있음을 시사한다.[118)]

둘째로 [관념화된 정보]를 나타내는 '-지(요)'가 [관념화되지 않은 정보]를 나타내는 '-어(요)'보다 단언성의 정도가 높은 양상을 살펴보겠다. '-지(요)'의 용례들은 대체적으로 화자의 명제 내용에 대한 확신의 정도가 '-어(요)'의 경우보다 높게 느껴지는 경우가 많게 나타났다.

(9) ㄱ. 백 퍼센트 맞지.

(수업대화_과외 수업)

ㄴ. 부작용을 최소화하고 그 장점을 최대한 살려 나가야 된다는 거지.

(경영학과 토론1_금융실명제)

ㄷ. 근데 그거를 다 포용하지 못하고, 자기랑 생각 같은 사람들을 모아 가지구, 하다 보니까, 당연히 좁아질 수밖에 없지.

(주제대화_영화와 민족)

(9ㄱ~ㄷ)은 모두 맥락상으로 볼 때 청자에게 자신의 의견을 표현하는 경우이며, 모두 종결어미 '-지'와 결합하였다. 이때 화자는 명제 내용에 대한 확신

118) 이와 관련하여 강계림(2013:28)의 언급을 주목할 필요가 있다. 강계림(2013:38)에서는 증거성 표지의 단언성 위계에 대하여 아래와 같이 기술하였는데 본서에서 관찰한 바와 유사한 양상을 보이고 있다.(단 본서에서는 '직접 증거' 표지에 '-더-'뿐만 아니라 '-네'도 속할 수 있다고 보았음.)

무표적 단언 (-어(요))	직접 증거 (-더-)	성찰 증거 (-은 것 같아)	매개 증거 (-대)

+단언성 ←------------------------------------→ -단언성

의 정도가 매우 높게 느껴진다. 위의 밑줄 친 부분에서 종결어미 '-지'를 '-어'와 같은 다른 종결어미로 바꾸어 그 의미를 살펴보면 '-지'가 있는 쪽의 확신의 정도가 높다는 것을 알 수 있다.

(9′) ㄱ. 백 퍼센트 맞지/맞아.
ㄴ. 부작용을 최소화하고 그 장점을 최대한 살려 나가야 된다는 거지/거야.
ㄷ. 근데 그거를 다 포용하지 못하고, 자기랑 생각 같은 사람들을 모아 가지구, 하다 보니까, 당연히 좁아질 수밖에 없지/없어.

(9′)를 보면 '-어'보다 '-지'로 끝난 발화문에서 화자의 명제 내용에 대한 확신의 정도가 더 높게 느껴진다. 이와 같이 '-지' 발화문에서 화자의 확신이 더 높게 느껴지는 이유는 '-지(요)'가 [관념화된 정보]를 나타낼 때 쓰인다는 점과 관련하여 설명될 수 있다. '관념'의 의미는 앞서 살펴본 바와 '어떤 일에 대한 견해나 생각, 현실에 의하지 않는 추상적이고 공상적인 생각' 등을 의미한다. 현실 세계를 그대로 반영하는 명제 내용은 '-어(요)'를 통해 표현하고, 현실 세계뿐만 아니라 그에 대한 화자 자신의 견해와 관점, 추상화를 시킨 생각은 '-지(요)'를 통해 표현함은 앞서 증명하였다. '-어(요)'를 통해 전달되는 내용인, 현실 세계 자체를 그대로 반영하는 행위에는 화자의 관점이나 견해가 들어가 있을 가능성이 '-지(요)'보다는 낮다. '-지(요)'를 통해 전달되는 화자 자신의 견해와 관점은 화자의 충분한 인식 과정을 거쳐 형성된 추상적인 생각이므로 거기에 화자의 '확신'이 포함되어 있을 가능성이 '-어(요)'보다는 크다.

이와 같이 '-지(요)'로 끝나는 발화문들은 명제 내용에 대한 화자의 확신의 정도가 높고, 단언성이 높으므로 청자의 체면을 위협하는 발화가 될 수도 있다. 단언성이 높다는 것은 상대의 생각이나 의견이 개입될 여지가 줄어듦을 의미하므로 청자 체면의 위협의 정도 또한 높아질 가능성이 있다. 따라서 실제 발화에서 화자는 이러한 '-지(요)'의 단언성을 다소 약화시키기(mitigate) 위하여 '뭐'와 같은 담화표지를 사용하기도 한다.

(10) ㄱ. 어:: 피씨알이라고? 뭐 어떻게 말해야 되나? 실험의:: 기법 중의 하난데, 유전자 조작이지 뭐~,

(전화대화)

ㄴ. 〈tr-iu〉 으 글쎄. 그~ 그렇게 정확히는 모르겠는데, 〈tr〉 얼 〈/tr〉 얼핏 들은 걸로 보면은, 그거 뭐~, 그런 경우는, 차명 계좌가 되겠지 뭐~, 가명 계좌보다는.

(토론_경영학과 토론)

ㄷ. 같이 영화나 보구 뭐~ 그런 거요. 같이 영화 보는 정도죠 뭐~,

(써클_ycc잡담)

ㄹ. 아 근데 그건 어쩔 수 없죠 뭐~.

(주점대화_대학생 10인 이상)

(10ㄱ~ㄹ)에서 '-지(요)'의 뒤에 담화표지 '뭐'가 출현한 것을 보이고 있다. 이때 '뭐'는 '무관심이나 비관여적 태도' 내지는 '발화 내용에 대한 비단정적 태도 표출'의 기능을 나타내는 것으로 보인다.[119] 담화표지로서의 '뭐'의 이러한 기능은 '-지(요)'가 가진 높은 단언성 및 그로 인한 낮은 공손성의 정도를 다소 약화시킬 수 있는 요소로서 발휘된다. '-지(요)'의 발화문에서 이러한 담화표지 '뭐'가 나타나는 경우는 《연세구어말뭉치》에서 유의미하게 높게 빈도가 나타났다. '-지(요)'와 유사한 의미를 지녔다고 볼 수 있는 '-어(요)'의 용례들에서는 담화표지로서의 '뭐'가 출현한 경우가 '-지(요)'의 용례들에 비해서 현저히 드물었다. 그리고 (10ㄱ~ㄹ)의 밑줄 친 부분에서 '-지(요)'를 '-어

119) 구종남(2015:54~73)에서는 '뭐'의 기능을 '이해 불가한 상황에 대한 의문 태도 표출', '머뭇거림 표시', '발화 내용의 불확실성 표시', '불쾌감 표출', '반어적 해석 기능', '평가절하의 태도 표출', '화자의 처지나 상황에 대해 불만 표시', '상대의 제안/요구에 대한 부정적 태도 표출', '주어의 행위에 대한 비판적 태도 표출', '무관심이나 비관여적 태도 표출', '초점화 기능', '발화 내용 강조', '문제에 대한 안일한 인식 태도 표출', '상대에 대한 도전적 태도 표출', '발화 내용에 대한 비단정적태도 표출', '이의 제기적인 심리 태도 표출', '부정의 기능', '발어사로서 막연한 심리 태도 표출과 부차적 기능'으로 설명하고 있다. 위의 용례에서 사용된 '뭐'의 기능은 이 중에서 '무관심이나 비관여적 태도 표출' 내지는 '발화 내용에 대한 비단정적 태도 표출'로 볼 수 있다.

(요)'로 교체하면 담화표지 '뭐'의 사용이 불필요하며 어색하게 느껴진다. 이와 같이 '-어(요)'로 끝나는 발화문에서는 헤지(hedge)의 기능을 가지는 담화표지 '뭐'가 사용될 필요성이 '-지(요)' 발화문보다 낮다는 것은 역시 '-지(요)' 발화문의 단언성 및 화자 확신의 정도가 '-어(요)'의 발화문보다 상대적으로 높다는 점을 방증한다.

② 사실성

사실성은 '-네(요)'와 '-군(요)'를 비교하였을 때 기술될 수 있는 속성이다. 사실성의 정도의 차이를 비교함으로써 [현재 지각한 정보]와 [깨달은 정보] 간의 차이가 변별될 수 있다.

'-네(요)'는 발화시 당시 지각한 것을 토대로 말하므로 사실성이 강화되는 기능이 있다. 사실성 강화하기는 발화시 당시에 화자의 감각 기관을 통해 실제 세계에 존재하는 실체를 지각하여 제공하는 정보임을 강조함으로써 발생되는 기능으로 볼 수 있다.

(11) ㄱ. 와아 대단해. 이게 이게 진짜 효과가 있네.

(주점대화_대학생 10인 이상)

ㄴ. 머리 깎았네.

(주점대화_대학생 10인 이상)

ㄷ. 아 야 이거 육백 원 〈tr〉 똑같 〈/tr〉 가격도 똑같네::.

(일상대화_강의시작전 7인)

(11ㄱ~ㄷ)은 화자가 발화시 당시에 감각을 통하여 지각한 내용을 말할 때 사용한 발화문들이다. 어떤 정보를 발화함에 있어, 그 정보가 간접적인 지식이 아닌 발화시 현재의 '지각'에서 온 것임을 표현할 때 그 내용은 직접적인 증거를 가졌음이 시사되어 '사실성'이 부각되는 기능을 가질 수 있다. 만약 위의 용례의 밑줄 친 부분의 '-네(요)'를 '-군(요)'로 바꾸면 '-네(요)'보다는 간접적인 증거를 통한 추론에 기대어 화자가 인식하였음이 시사되므로 '사실

성'의 정도가 낮아지는 것을 알 수 있다.

(11′) ㄱ. 와아 대단해. 이게 이게 진짜 효과가 있군/있구나.
ㄴ. 머리 깎았군/깎았구나.
ㄷ. 아 야 이거 육백 원 〈tr〉 똑같 〈/tr〉 가격도 똑같군/똑같구나::.

(11′)은 (11)의 밑줄 친 부분의 '-네'를 '-군(요)'로 교체해 본 것이다. 이때의 문장들은 '-네(요)'로 끝난 문장들보다 다소 사실성이 낮아진다. 자신이 직접 지각한 것에 의한 발화가 아닌 어떤 증거를 입수하여 그것에 대한 화자의 추론이 바탕이 된 내용들이기 때문이다. Lee(1991:403), Lee(1993:148)에서도 '-네'가 '-구나'보다 더 사실적이고 확실하다고(more factual and definite) 한 바 있으며, 장경희(1985:101)에서도 '-구나'는 '사실성'을 전제하지 않고, 명제 내용에 대한 진리치를 보장하지 않는다고 하였으나 '-네'는 화자의 지각, 즉 감각 기관을 자극할 수 있는 물리적인 대상의 존재를 전제로 하기 때문에 '사실성'을 전제로 한다고 하였다. 이와 같이 '-네(요)'와 '-군(요)'가 모두 [화자의 미지정보]의 속성을 공통적으로 지니고 있으나 '-네(요)'는 실제 세계에 존재하는 실체를 자신의 감각 기관을 통하여 직접 획득하여 말할 때 사용되며 '-군(요)'는 어떤 실체가 없어도 화자의 머릿속 두뇌 활동을 통하여 간접적으로 획득한 정보를 말할 때 사용되므로 이러한 차이가 생기는 것이다.

'-네(요)'가 '-군(요)'보다 사실성이 강하다는 사실은 2인칭 주어의 심리 및 감각형용사 구문에서 '-네(요)'가 사용되지 못하고 '-군(요)'만 사용될 수 있다는 점에서도 유추될 수 있다.

(12) 너 지금 정말 ?기쁘네/기쁘구나.

예문 (12)는 2인칭 주어의 심리형용사 구문이다. 이 구문에서 '-네(요)'는 종결어미로 사용될 수 없지만 '-군(요)'는 사용될 수 있다. 2인칭 주어의 감각 및 심리 상태는 청자가 그것에 대한 발언을 하기 전까지 확실하게 알 수 없는 내용이다. 즉 사실성이 낮은 정보이며, 화자는 해당 정보를 간접적인 정보를 증거로 하여 추론하는 수밖에 없다. 이와 같이 사실성이 낮은 2인칭 주어의 심리 및 감각 정보가 '-네(요)'에 결합될 수 없고, '-군(요)'에 결합될 수 있다는 사실은 '-네(요)'의 사실성이 '-군(요)'에 비해 높은 형태로 볼 수 있다는 점을 시사한다.[120)]

이러한 '사실성 강화하기'의 기능은 또 다시 여러 기능으로 확장될 수 있다. 용례 (11ㄱ, ㄷ)에서는 '진짜 효과가 있다', '가격도 똑같다'라는 명제 내용의 사실성이 부각되므로 확실성이 부여될 수 있다. (11ㄴ)에서는 '(너) 머리 깎았다'라고 하는 정보의 사실성을 강화시켜 말함으로써, 즉 상대방에 관련된 정보의 사실성을 높임으로 하여 중요한 정보인 듯한 효과를 줄 수 있으므로, 상대방에 대한 관심을 표현할 수 있다. '-네(요)'로 상대를 인정하거나 칭찬하는 기능을 수행하는 경우가 많음을 떠올려 보면 이를 알 수 있다.

이와 같이 [현재 지각한 정보]를 말할 때 사용된다는 '-네(요)'의 핵심 기능에서 사실성이 강화되는 효과를 가져오고 이를 통해 다양한 대인적인 기능이 발휘될 수 있다. 또한 이러한 '-네(요)'의 [현재 지각한 정보]라는 속성은 '-군(요)'의 [깨달은 정보]와 대비되어 왜 '-네(요)'가 '-군(요)'에 비해 사실성이 높은지를 설명해주는 기제로 볼 수 있다.

③ 객관성

객관성은 화자와 명제 내용 간의 거리의 정도를 의미한다. 화자와 명제 내용 간의 거리가 멀면 객관성이 높은 것으로 볼 수 있고, 화자의 명제 내용 간의 거리가 좁으면 객관성이 낮은 것으로 볼 수 있다. 객관성을 기준으로 '-어(요)'와 '-지(요)'의 차이, '-네(요)'와 '-어(요)'의 차이를 살펴보겠다.

첫째로 '-어(요)'와 '-지(요)'의 객관성의 정도를 비교해 보겠다. '-어(요)'의 '객관성 부여하기'의 대인적 기능은 '-지(요)'와 비교하였을 때 나타나는 기능

120) Lee(1991:407~408)에서도 '-네(요)'와 '-군(요)'을 구분할 수 있는 특징 중 하나가 '사실성(factual)'의 정도의 차이라고 언급한 바 있다.

이다. '-지(요)'와 '-어(요)'는 공통적으로 [화자의 기지정보]의 핵심 기능의 속성을 지니고 있지만 '-지(요)'는 [관념화된 정보]를 말할 때 사용된다는 점에서 '-어(요)'와 차이가 있다. 이러한 '-지(요)'의 관념성으로 인하여 '-지(요)'로 표현되는 발화문의 주관성은 높아진다.

(13) ㄱ. 그러니까 다 붙을 수 있는 건 아닙니다. 그렇지만 어::~ 그~ 상당히 많은 단어들에 우리가 붙을 수 있어요.

(강연_한국어의 형태론적 이해)

ㄴ. 가: 지하 경제가 반드시 나쁜 거는 아니라구.
나: 어~, 금융 거래 실명제가 된다고 해서,
가: 음,
나: 지하 경제가 없어지는 건 아니야.

(경영학과 토론_금융실명제)

(13′) ㄱ. 그러니까 다 붙을 수 있는 건 아닙니다. 그렇지만 어::~ 그~ 상당히 많은 단어들에 우리가 붙을 수 있지요.

ㄴ. 가: 지하 경제가 반드시 나쁜 거는 아니라구.
나: 어~, 금융 거래 실명제가 된다고 해서,
가: 음,
나: 지하 경제가 없어지는 건 아니지.

(13)의 발화문에서 화자는 정보를 청자에게 제공하는 데에 종결어미 '-어(요)'를 선택하였다. 한편 예문 (13′)에서는 동일 명제 내용에 '-어(요)' 대신 '-지(요)'가 붙은 예를 보이고 있다. '-어(요)'가 사용된 (13)보다 '-지(요)'가 사용된 (13′)의 발화들에서 화자의 주관성의 정도가 더욱 높게 느껴진다. 동일한 정보를 제공하지만 종결어미의 선택으로 인하여 객관성 및 주관성의 정도의 차이를 불러오는 것이다. 이와 같이 동일 명제를 전달함에도 불구하고 '-지(요)'로 끝낸 문장은 주관성이 높고 '-어(요)'로 끝낸 문장은 객관성이 높은 이유는 '-지(요)'에 내재해 있는 관념화와 관련된 핵심 기능 때문인 것으로 볼

수 있다. 2장에서 언급한 바와 같이 관념은 어떤 정보가 내면화되기만 하면 바로 형성되는 것이 아니다. 2장에서 언급한 Hume의 기술에 따르면 관념은 화자의 의식 속에서 해당 정보가 의식적으로 강화되어야 형성될 수 있음을 역설한 바 있다. 화자는 어떤 경험이나 지식을 확고하다고 믿을 때 그 내용이 관념이 될 수 있다. 따라서 화자가 '관념'을 형성할 경우에 확신의 정도 또한 덩달아 높아질 가능성이 커지는 것이다. 따라서 이러한 관념화와 관련이 있는 종결어미인 '-지(요)'는 단순히 내면화된 정보만을 표상하는 '-어(요)'에 비해 상대적으로 주관성을 더욱 강화하는 기능을 나타내며, '-어(요)'는 상대적으로 객관성을 표현하게 되는 것으로 설명될 수 있다.

둘째로, '-네(요)'와 '-어(요)'의 객관성의 정도를 비교해 보겠다.[121] '-네(요)'의 명제 내용으로 화자의 심리나 감각 정보가 담기게 되면 화자의 객관적 태도가 발휘된다. 이는 '-네(요)'의 [화자의 미지정보] 및 [현재 지각한 정보]의 핵심적인 속성이 심리 및 감각 정보의 속성과 만나면서 생기는 맥락적인 기능으로 볼 수 있다.

(14) ㄱ. 아::하 시간도 이 정도 되고, 피곤하네,

(주제대화_군대)

ㄴ. 그렇게 얘기하니까 미안하네. 난 막 자랐지만.

(일상대화_삼십대)

ㄷ. 예, 저희가 미리 사정이 늦어지면 전화 드려야 되는데, 너무 죄송하네요.

(전자상거래 대화)

ㄹ. 예 지금 그 한계령에서 어머니와 함께, 또 아내와 함께 찍은 사진을

121) 정경숙(2014)에서도 '-네(요)'의 객관성에 대하여 언급한 바 있다. 아래와 같이 '-네'와 '-다'를 비교하여 '-네'로 나타낸 경우에는 화자가 자신의 감정을 객관화시켜 말하는 느낌이 나고, '-다'로 나타낸 경우에는 화자와 그 감정이 분리될 수 없는 듯한 느낌이 난다고 하였다.

ㄱ. 나 지금 정말 화 나네/난다.

ㄴ. 네 얘기 들으니까 정말 슬프네/슬프다.

이룹게 보내 〈tr〉 주셨 〈/tr〉 보내 주셨는데 아 너무 좋네요. 어머님이 되게 흐뭇해하시고,

(여성시대 3부, 4부)

(14ㄱ~ㄹ)은 '-네(요)'의 명제 내용으로 1인칭 주어, 화자의 심리 및 감각 상태를 나타내는 정보가 온 예이다. 이때 '-네(요)'로 인하여 '피곤하다', '미안하다', '죄송하다', '좋다'라는 화자의 심리 및 감각의 내용에 약간의 거리감이 생기는 것을 알 수 있다. 이러한 기능은 밑줄 친 부분의 '-네(요)'를 '-어(요)'로 교체해 보면 알 수 있다.

(14′) ㄱ. 아::하 시간도 이 정도 되고, 피곤해.

ㄴ. 그렇게 얘기하니까 미안해. 난 막 자랐지만.

ㄷ. 예, 저희가 미리 사정이 늦어지면 전화 드려야 되는데, 너무 죄송해요.

ㄹ. 예 지금 그 한계령에서 어머니와 함께, 또 아내와 함께 찍은 사진을 이룹게 보내 〈tr〉 주셨 〈/tr〉 보내 주셨는데 아 너무 좋아요. 어머님이 되게 흐뭇해하시고,

위의 (14′)는 용례 (7)의 밑줄 친 부분의 종결어미를 '-네(요)'에서 '-어(요)'로 교체한 것을 보인다. (14′)에서는 '-어(요)'로 표현된 화자의 심리 및 감각의 명제 내용이 화자에게 더 가까운 것처럼 보인다.[122] '-네(요)'로 표현된 화자의 심리 및 감각의 명제 내용은 화자에게 거리감이 느껴지는 것과 다른 양상이다. 이러한 차이가 생기는 이유는 종결어미 '-네(요)'와 '-어(요)'의 핵심 기능 때문인 것으로 설명할 수 있다. 심리 및 감각의 내용은 화자의 외부에서

122) 정경숙(2014)에서는 아래와 같이 '-네'와 '-다'를 비교하여 '-네'로 나타낸 경우에는 화자가 자신의 감정을 객관화 시켜 말하는 느낌이 나고, '-다'로 나타낸 경우에는 화자와 그 감정이 분리될 수 없는 듯한 느낌이 난다고 한 바 있다. 즉 '-네(요)'의 객관화 기능을 언급하였다.

ㄱ. 나 지금 정말 화 나네/난다.

ㄴ. 네 얘기 들으니까 정말 슬프네/슬프다.

오는 것이 아니라 화자의 내성에 의한 것이다. 따라서 만약 그러한 화자 자신의 감각 및 심리 상태를 자연스러운 상태에서 말하게 되면 자신의 인지 체계에 이미 편입되어 있는 것으로 보통 발화할 것이다. 즉 [화자의 기지정보]를 나타내는 '-어(요)'를 사용하여 (7′)와 같이 발화할 것이다. 그런데 화자는 자신의 심리 및 감각 상태를 '지각'의 대상으로 표현할 수도 있다. 비록 자신의 심리나 감각이 자신에게서 비롯되었으나 지각자(또는 관찰자)의 입장에서 기술할 수 있다. 이때 발생되는 효과는 화자의 해당 심리 및 감각 상태에 대한 객관성을 표현하는 것이다. 자신의 인지 체계와 심리 및 감각 체계를 서로 분리된 것으로 가정하여 자신의 인지 체계가 심리 및 감각 체계에서 일어나는 일을 바라보는 것은 인지 체계와 심리 및 감각 체계 간의 거리감을 발생시킨다. 이러한 '-네(요)'의 객관성 표현하기의 기능으로 인하여 화자가 청자에게 고마움이나 미안함 등의 심리 상태를 표현할 때 '-네(요)'를 남발하여 사용하게 되면 다소 성의 없게 느껴질 가능성이 있다.

이와 같이 '-네(요)'의 핵심 기능을 통해 화자와 명제 내용(여기에서는 화자의 심리 및 감각 상태) 간의 거리감을 유발하여 객관성을 표현하는 기능을 설명할 수 있으며, 이는 3장에서 설정한 '-네(요)'의 핵심 기능의 타당성을 반영한다.

④ 책임성

책임성이란 화자가 자신이 말하는 명제 내용에 대하여 책임을 지는 정도를 말한다. '-네(요)'를 중심으로 책임성과 관련하여 살펴보겠다. 책임성을 약화하는 기능은 '-네(요)'가 정보를 제공하는 기능을 하는 경우에 나타난다.

(15) ㄱ. 고객님 가까운 시계방에 가셔서 구입하실 수 있다고 하네요.

(전자상거래 대화)

ㄴ. 아! 무엇보다 이 술이 여드름하고, 그 다음 무좀. 그리구 피부가 좀 건조한 분들에게 굉장히 좋다고 하네요.

(독백_아르바이트 경험)

ㄷ. 서양에서는 칭찬에 대해서, 감사하면서 받아들이는 것이, 일반적이라고 하네요.

(강연_크리스천의 대화)

ㄹ. 기회 레티놀삼천오백 칠종 세트 말씀하시네요. 고객님, 이 상품 다 나가고 없네요.

(전자상거래 대화)

ㅁ. 아직 당분간 예정이 없네요, 고객님.

(전자상거래 대화)

(15ㄱ~ㄷ)은 '-다고 하-'가 포함된 인용 구문이다. 인용 구문으로 표현된 문장은 해당 명제 내용을 다른 사람으로부터 들었다는 것을 의미하는데 위의 발화들의 맥락을 생각해 보면 그 전언 또는 정보를 입수한 시각이 발화시보다 이전인 것으로 보인다. (15ㄱ)은 홈쇼핑 직원이 이미 상품 규정에 대한 내용을 숙지하고 있었던 상황이며, (15ㄴ)도 과거의 아르바이트 경험을 통해 해당 내용을 알았고, (15ㄷ) 또한 해당 정보를 책 등의 다른 출처를 통하여 자신의 머릿속에 저장되어 있었던 상황이었다.

(15ㄹ)은 (15ㄱ~ㄷ)과 달리 '-다고 하-'가 포함되지 않은 문장들이다. 이때에도 홈쇼핑 직원은 청자인 고객에게 상품에 대한 정보를 제공하고 있으며, 해당 내용은 모두 발화시 이전에 내면화된 정보임을 알 수 있다. 상품의 입고 계획이 아직 없다는 것은 홈쇼핑 직원으로서 발화시 이전에 모두 숙지하고 있어야 하는 내용들이기 때문이다.

이와 같이 모두 해당 명제의 내용을 입수한 시각은 발화시보다 과거임을 맥락적으로 알 수 있는데 이는 '-네(요)'의 [화자의 미지정보], [현재 지각한 정보]라는 속성에 어긋난다. 이것은 위의 밑줄 친 부분의 '-네요'가 '-군요'로 교체되는 것은 어려우나 [화자의 기지정보]를 나타내는 '-어요'로 교체되는 것은 자연스럽다는 점을 보면 알 수 있다.

(15′) ㄱ. 고객님 가까운 시계방에 가셔서 구입하실 수 있다고 ?하는군요/해요.

ㄴ. 아! 무엇보다 이 술이 여드름하고, 그 다음 무좀. 그리구 피부가 좀 건조한 분들에게 굉장히 좋다고 ?하는군요/해요.

ㄷ. 서양에서는, 칭찬에 대해서, 감사하면서 받아들이는 것이, 일반적이라고 ?하는군요/해요.

ㄹ. 아직 당분간 예정이 ?없군요/없어요, 고객님.

(15ㄱ~ㄹ)의 '-네요'를 '-군요'로 바꾼다면 다소 어색해지나 '-어요'로 바꾸었을 경우 모두 자연스럽다. 이는 정보를 제공할 때 사용되는 '-네요'의 용법들이 모두 자신의 머릿속에 내면화된 정보를 현재 지각인 척 가장하여 발화한 것이라는 사실을 보이는데 그러한 이유는 무엇인지 살펴볼 필요가 있다. '-네(요)'를 통하여 해당 명제 내용이 자신의 현재 지각에 의해 얻은 것으로 가장하는 것은 자신의 개인적인 지각임을 강조하여 발화 내용에 대한 책임을 줄이는 효과를 줄 수 있다.[123] 정보를 제공한다는 것은 그 내용에 대한 화자의 책임 또한 있다는 것을 의미한다. 그런데 그 정보가 자신의 개인적인 현재 지각인 양 말하게 되면 책임성 약화를 유도할 수 있게 된다.[124]

한편 이와 같이 '정보 제공하기'의 기능으로 사용되는 '-네(요)'의 양상은 그 핵심 기능에서 벗어난 것이므로 본서에서 설정한 핵심 기능을 취소하여야 한다는 주장의 근거가 될 수 있다. 그러나 '언어 형식의 선택은 의미에 기대어서만 이루어지는 것이 아니라 내포적 의미나 특별한 표현 효과를 겨냥한 전략적인 선택에 의해 이루어질 수도 있다'는 문숙영(2009:67)의 언급에 비추어 보면 '정보 제공하기'의 기능을 갖는 '-네(요)'의 사용은 그의 핵심 기능(현재 깨달은 정보를 말한다)에서 파생된 기능(책임성 약화하기)으로의 전략적인 선택이므로 핵심 기능을 취소할 필요는 없는 것으로 보인다.

지금까지 '-네(요)'의 책임성 약화하기 기능을 통하여 '-군(요)'와 차별화되

123) 이 두 효과는 사실 상반된 효과이며, 이는 문맥에 따라 선택될 수 있다.

124) 이러한 책임을 약화하는 기능은 과거 지각의 선어말어미 '-더-'의 쓰임을 통해서도 발견된다는 점을 떠올려 보면 화자의 '지각'이라는 속성이 어떻게 책임성 약화에 기여하는지를 알 수 있다.

는 점을 살필 수 있었고, [현재 지각한 정보]를 말할 때 사용되는 '-네(요)'의 핵심 기능으로 인하여 '책임성 약화하기'의 기능으로 확장될 수 있음을 알 수 있었다.

[2] 화자와 청자의 상호작용으로 인한 대인적 기능

대인적 기능의 두 번째 측면인 화자와 청자의 상호작용으로 인하여 발생하는 대인적 기능에 대하여 살펴보도록 한다. 아래에서는 '-지(요)', '-네(요)', '-군(요)'의 각 형태를 중심으로 대인적 기능을 살펴봄으로써 이러한 대인적 기능이 발휘되는 데에 핵심 기능이 어떻게 관여하는지를 밝히겠다.[125] 또한 해당 기능으로 사용되었을 경우 다른 종결어미로의 대체 여부를 살펴 종결어미들의 변별 지점과 이들의 개별적인 핵심 기능의 의의가 상술될 것이다.

① -지(요)

'-지(요)'의 화청자 상호작용으로 인해 발생하는 대인적 기능에는 '호응 유발하기', '상대의 공감 요구하기', '앞선 발화에 대한 강한 동의·반대 표현하기' 등이 있다. 첫째로, 앞의 두 기능은 주로 의문문에서 나타나므로 이를 묶어 살펴보겠다.

(16) ㄱ. 원리는 그래요. 간단하죠?

(강의_편집실 수업)

ㄴ. 그 다음에 환자 수기를 공모한다든지? 또:: 그 다음에 홍보 대사를 둬요, 〈쉼없음〉 아까 보면은, 제가::, 아::~, 요기 있죠? 〈쉼없음〉 예 요르단의 공주예요,

(강연_골다공증)

ㄷ. 어. 이거 너무 예쁘지 않냐, 세트 같지?

(일상대화_취미)

125) '-어(요)'에서는 다른 종결어미들과 비교하였을 때 상대적으로 두드러지게 나타나는 대인적 기능을 발견하기 어려웠다.

(16ㄱ, ㄴ)은 호응 유발하기, (16ㄷ)은 상대의 공감 요구하기의 기능을 나타낸다. 그런데 이와 같은 기능을 수행하는 '-지(요)'는 '-어(요)'로 교체되기 어려운 면이 있다. 위의 (16ㄱ~ㄷ)의 밑줄 친 부분의 '-지(요)'를 '-어(요)'로 교체하면 원래의 기능이 사라지며 문맥상 어색하게 된다. (16ㄱ~ㄷ)에서 화자는 단순히 명제 내용에 대한 사실 여부를 확인하는 질문을 하는 태도를 가지는 것이 아니라 청자가 해당 명제 내용을 알고 있을 뿐만 아니라 당연히 그 명제 내용에 대해 확신을 가지고 알고 있을 것이라 가정하여 질문하는 태도를 가진다. 즉 명제 내용이 청자에게 [관념화된 정보]일 것으로 인식하고 묻는 태도를 가진다. 한편 관념화되지 않은 정보를 나타내는 '-어(요)'는 '-지(요)'와 달리 내재된 확신성이 낮으므로 위의 (16ㄱ~ㄷ)의 상황에서 교체되어 사용될 수 없다. 이를 통해 '-어(요)'와 '-지(요)'의 대립적인 성격을 다시금 확인할 수 있다.

둘째로 '-지(요)'가 '앞선 발화에 대한 강한 동의·반대 표현하기'의 기능을 가지는 것에 대해 살펴보겠다.

(17) ㄱ. 가: 확실히 아니 오토가 기름을 좀 먹긴 해두. 편하긴 하니까. 그냥 두개 뭐~ 왔다 갔다 왔다.
나: 물론 그러면 되지. 그래 가지구 그걸 딱 했는데,
ㄴ. 가: 아 그럼 면허는 전북 면허 나오는 거 아니야?
나: 아니지 이 사람아.

(일상대화_운전면허에 대해)

(17ㄱ) 대화의 밑줄 친 부분은 상대방의 의견 및 생각에 대하여 자신도 같은 의견을 갖고 있다는 동의 및 확인을 나타내기 위하여 '-지'를 사용하고 있으며, (17ㄴ)의 밑줄 친 부분은 상대방의 발언에 대한 반박을 보이는 데에 '-지'를 사용하고 있다. 이와 같이 상대방의 의견에 대한 강한 긍정을 나타내거나 부정을 나타내는 경우에 '-지(요)'가 적극 활용되는 이유는 '-지(요)'의 핵심 속성인 관념성으로 인해 발생된 높은 확신성 및 단언성 때문인 것으로 볼 수

있다.[126] 이러한 기능으로 '-지(요)'가 나타날 경우에는 Lee(1999:252~253)에서 말한 바와 같이 '-지(요)'는 '-어(요)'와 교체되는 것이 어색하다. 이는 '-어(요)'가 관념화되지 않은 정보를 말할 때 사용되는 종결어미로서 '-지(요)'에 비해 낮은 확신성을 갖기 때문인 것으로 보인다.

② -네(요)

'-네(요)'의 대인적 기능은 매우 다양하게 나타났다. '맞장구치기', '과거의 감정 공유하기', '청자의 집중 유도하기', '청자의 반응 유도하기'의 기능을 각 기능별로 살펴보겠다.

첫째로, '맞장구치기'의 기능으로 나타난 '-네(요)'를 살펴보겠다.

(18) ㄱ. 가: 타일랜드 사람이랑 중국 사람들은요? 우반구 손상이 되면, 언어 장애예요.
나: 그러네요. 성조가 분명하니까.
(강의_언어병리학 특강)

ㄴ. 가: 튀어나온 거….
나: 튀어나온 거요?
가: 네 옆면 쪽에 보시면은,
나: 아 이거요?
가: 네. 내렸다고 다시 올리시면. 다시 올리시면,
나: 아 정말 되네요.
(강의_한국미술사)

(18ㄱ, ㄴ)의 밑줄 친 부분을 보면 각각 '그렇다'라는 용언과 '정말'이라는 부사어가 쓰인 것을 확인할 수 있다. 상대방의 말을 듣고 현실 세계와 그것이 같음을 지각한 후 '-네(요)'를 명제 내용에 결합시켜 상대방의 말에 동의하는

126) '-지(요)'의 핵심 기능으로 인하여 이러한 높은 확신성의 정도가 유발된다는 점은 앞서 '-지(요)'의 대인적 기능을 기술하면서 살펴보았다.

기능을 나타내고 있다. 이러한 기능은 '-네(요)'의 [화자의 미지정보] 및 [현재 지각한 정보]라는 핵심 기능에서 파생된 것으로 설명된다. 청자의 말의 진위 여부를 모르고 있다가 발화시 당시에 정말 그렇다는 것은 지각하여 말하는 경우에 사용되는 것으로 보인다. 만약 위 용례의 밑줄 친 부분에서 종결어미 '-네(요)'를 종결어미 '-어(요)'나 '-지(요)'로 교체하게 되면 '맞장구치기'의 기능을 수행할 수 없게 된다. '-어(요)'와 '-지(요)'는 모두 내면화된 정보를 나타내는 종결어미이므로 이미 해당 정보를 알고 있었다는 의미를 가지게 되기 때문이다. 이와 같이 '-네(요)'의 핵심 기능을 살핌으로써 '-네(요)'가 청자의 말에 대한 동의를 표현하는 기능으로 사용될 수 있는 이유를 설명할 수 있다.

또한 '맞장구치기'는 위와 같이 상대의 말에 대한 동의를 표현할 때 사용될 수 있을 뿐만 아니라 상대의 말을 듣고 그것에 대한 공감을 표현하는 경우에도 사용되었다.

(19) ㄱ. 가: 그러니까 돈 안내고 다니는 데도 있잖아. 거기 한 삼 개월 다니다가, 그만뒀어 그냥. 그만두고 놀았지 계속.

나: 그럼 영어 별로 안 늘었겠네.

(일상대화_식사 중 대학생 3인)

ㄴ. 가: 경찰이, 육백 명 깔렸어. 그래 가지구 막.

나: 위압당했겠네.

(주제대화_이야기 만들기)

ㄷ. 가: 끝은 해피엔딩으로 끝나,

나: 악마 같은 여자가 아니라 〈웃〉 악마 같은 친구들이네. 〈/웃〉

(주제대화_향수와 영화)

(19ㄱ~ㄷ)의 밑줄 친 부분에서 발화자 '나'는 상대방 '가'의 발화 내용에 대한 맞장구를 치기 위하여 '-네(요)'를 사용하고 있다. (19ㄱ)은 화자 '가'가 어학연수를 갔지만 거기에서 계속 놀았다는 얘기를 한 것을 듣고 화자 '나'는 그럼 영어가 별로 안 늘었겠다고 하고 있으며, (19ㄴ)에서는 화자 '가'가 경찰

이 많이 있었다는 상황을 얘기하자 화자 '나'는 그 상황을 직접 겪지는 않았지만 위압적이었을 거라고 이야기하고 있다. (19ㄷ)에서는 상대방이 영화에 대해서 이야기하는 것을 듣고 그 내용에 대한 적극적인 반응을 표현하고 있다. 이렇게 화자 '나'는 상대의 이야기를 토대로 자신이 발화시 당시 추론하여 알게 된 내용을 말함으로써, 상대의 이야기를 놓치지 않고 있다는 표현을 하는 동시에, 화자는 청자의 상황을 이해하고 감정을 공유하고 있다는 표현을 하고 있다.

만약 위 용례의 밑줄 친 부분에서 '-네(요)' 대신 '-어(요)'로 발화한다면 '-네(요)'의 [현재 지각한 정보]라는 속성에서 오는 효과를 기대하기 힘들다. 위의 (19)에서 발화자 '나'는 밑줄 친 부분과 같이 말함으로써 자신의 이러한 추론이 상대방의 현재 발화에 의한 것이며 그 발화와 긴밀하게 연관되어 있는 자신이 인지한 내용을 말한다는 뉘앙스를 갖게 된다. '-네(요)'의 명제가 [현재 지각한 정보]의 속성을 지니므로 화자는 '-네(요)'를 사용함으로써 자신의 추론은 현재 지각한 상대방의 발화로 인한 것임을 표현할 수 있기 때문이다.

Langacker(1991)에 의하면 아래와 같은 그림으로 화자와 청자의 지식과 발화시 현재의 담화 공간(Current Discourse Space(CDS))을 아래와 같이 나타내고 있다.

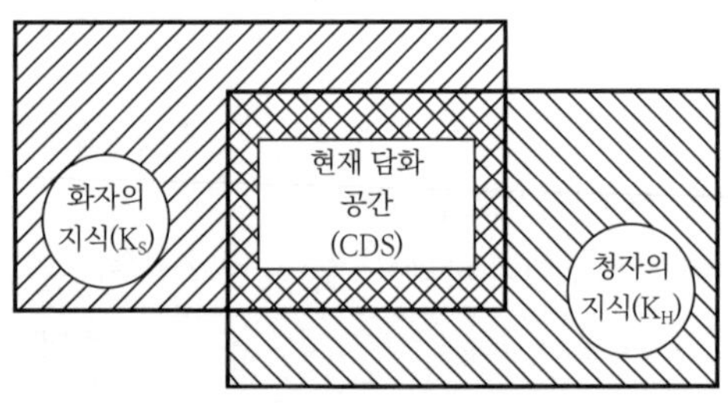

〈그림 10〉 Langacker(1991)의 '현재 담화 공간(CDS)'

〈그림 10〉에서 왼쪽의 큰 직사각형은 화자의 지식, 오른편의 큰 직사각형은 청자의 지식을 나타내며 겹치는 부분이 그물망처럼 표시되어 있는데 이

겹치는 부분이 바로 '현재 담화 공간'을 가리킨다. 소위 현재 담화 공간은 화자와 청자가 공유하는 지식이나 화자와 청자의 의식이 겹치는 것을 나타낸다. 현재 담화 공간은 담화가 진행되는 순간에 의사소통의 기초로 화청자가 공유하고 있는 것으로 해석되는 개체들과 그 관계들로 이루어지는 심리적 공간을 말한다. 이 공간에 있는 개체들은 현재 논의 중이며 화청자의 공통된 의식 속에 존재하므로 연상이나 추론, 일반 지식에 의해 화청자가 즉시 접근 가능하며, 담화가 진행되면서 새로운 개체가 들어오고 기존의 개체들이 사라지는 동적인 공간이다(김종도 2002:186~187).[127)]

위의 (18, 19)의 문맥을 살펴보면 모두 화자 '가'가 일방적으로 자신의 얘기를 하고 '나'는 그 얘기를 들어주면서 맞장구를 치는 패턴으로 대화가 진행되고 있는 것을 알 수 있다. 이러할 경우에 화자 '나'는 화자 '가'의 일방적인 이야기를 듣는 그 당시에 그 발화로부터 발생되는 지식을 형성하게 된다. 이렇게 상대방으로부터 얻게 된 지식은 자신의 지식이 되어 위의 〈그림 10〉에서 두 지식이 겹쳐 그물망처럼 보이는 '현재 담화 공간'을 이루게 되는데, 이러한 공유된 지식에 기반을 두어 이야기를 할 경우에 '-네(요)'를 사용하게 되는 것이다. 발화시 '현재' 조성된 지식에 기반하여 단언할 경우에 '-네(요)'가 적합한 형태이기 때문이다. 이와 같이 '현재 담화 공간'을 기반으로 한 내용을 자기가 현재 지각하였다고 표현함으로써 그 '현재 담화 공간'이 공고화될 뿐만 아니라 상대방에게 자신이 상대의 이야기를 경청하고 있으며 청자의 발화 내용에 대한 공감을 표현하고 있다는 신호를 보일 수 있다. 따라서 상대방의 이야기를 들으면서 중간에 '-네(요)'를 이용하여 끼어들어 이야기하여도 그것은 상대의 체면에 크게 위협적인 행동이 되지 않는다. 상대방에게 공감을 표현하는 행위이기 때문이다.

(20) 가: 그것도 뜨문뜨문 오는 거 여덟 번.

---

127) 사실 이 '현재 담화 공간'이라는 개념은 Langacker(1996)에서 대명사의 사용 양상을 분석하기 위하여 사용된 개념이다. 그러나 본서에서는 이 개념이 '-네(요)'를 설명하는 데에 시사점을 준다고 보아 언급하기로 한다.

나: 한참 기다렸겠네.
가: 개인이건 뭐~ 회사 택시건 간에 여덟 번.
나: 아침에 택시 안 잡히면 진짜 너무 너무 힘들어.
(일상대화_교통수단과 하루 생활에 대해)

(20)에서 화자 '가'가 버스가 늦게 오는 상황을 얘기하고 있다. 그런데 화자 '나'는 화자 '가'의 이야기가 다 끝나기 전에 '한참 기다렸겠네.'라는 발화로 상대방의 발화 속 상황을 상상하여 추측한 내용을 말한다. 비록 자신의 상황은 아니지만 상대방의 상황을 예측하여 당시의 감정에 이입하여 서로의 감정을 공유하게 되는 것이다. 이와 같이 상대방의 이야기가 다 끝나지 않았는데도 상대방의 발화에 끼어들어 이와 같이 말한다는 것은 상대방의 체면에 위협이 될 수도 있는 행동이지만, 이러한 끼어들기는 대화 상대에게도 환영받을 만한 일이 될 수 있다. 공감의 표현이 될 수 있으며 상대의 이야기를 경청하고 있다는 표현이 될 수 있기 때문이다.

'-네(요)'의 이러한 '맞장구치기' 기능은 DeLancey(2001)에서 언급한 의외성 표지가 사용되는 이유와 연관 지어 살펴볼 필요가 있다. DeLancey(2001:378)에 따르면 의외성 표지가 사용되는 이유는 화자가 '상대방이 한 말이 유익한 정보이며, 새롭고 재미있다는 것을' 적극적으로 표현하기 위해서라고 하였다. '-네(요)'의 기능은 [화자의 미지정보] 및 [현재 지각한 정보]를 말하는 것이지만, 이것이 실제 담화 상황에서 상대방과의 의사소통 시에 사용될 경우에는 이러한 핵심 기능을 바탕으로 하여 상대방의 이야기에 호감을 표현하며 '맞장구치기'의 기능으로 파생될 수 있다.

이상으로 '-네(요)'가 청자를 의식하는 상황에서 사용될 때 '현재 담화 공간'(Langacker, 1991)을 형성하며 공유 지식을 적극적으로 넓혀가는 기능을 하는 양상을 확인할 수 있었다. 이러한 대인적 기능은 '-네(요)'의 핵심 기능으로 설명될 수 있었다.

둘째로 '-네(요)'가 '과거의 감정 공유하기'의 기능으로 사용된 경우를 살펴보겠다. '-네(요)'는 화자가 청자와 자신의 과거의 감정을 공유하기 위하여 사용되는 경우도 있다. 이것은 보통 '-네(요)'가 명제 내용을 서술하는 경우에 발휘되는 기능이다. 이때의 명제 내용은 화자에게 이미 내면화된 정보인 경우가 대부분이다. 이는 '-네(요)'의 [화자의 미지정보]라는 속성에 위배된다.[128] 그러나 이 역시 화자가 과거의 감정을 청자와 공유하기 위해 '-네(요)'의 핵심 기능인 [화자의 미지정보] 및 [현재 지각한 정보]의 속성을 이용한 전략적인 선택으로 볼 수 있다.

(21) 가: 뭐? 할머니가 뺨을 때렸어? 빨간 옷 입고 간다고?
다른 사람들: (웃음)
가: 그러는 거야, 진짜 우스워 죽는 줄 알았네.
(수업대화_콘솔)

(21)에서 화자는 자신의 과거 경험과 감정을 전달하면서 '-네'를 사용한 것을 알 수 있다. 위의 용례의 내용은 화자가 발화시 당시에 깨달은 현재 지각의 내용이 아니다. 즉 '-네(요)'의 [화자의 미지정보] 및 [현재 지각한 정보]라는 속성에 어긋나는 내용이다. 화자의 과거 경험으로 인하여 갖게 된 자신의 감정에 대하여 서술하고 있다. 이를 알아보기 위해 '-어', '-지', '-군'과 교체하여 살펴보겠다.

(21′) 가: 뭐? 할머니가 뺨을 때렸어? 빨간 옷 입고 간다고?
다른 사람들: (웃음)
가: 그러는 거야, 진짜 우스워 죽는 줄 *알았군/알았어/알았지.

128) 이러한 '-네(요)'의 일탈적 기능으로 인하여 혹자는 그럼 '-네(요)'가 [화자의 미지정보], [현재 지각한 정보]을 나타내는 종결어미로 볼 수 없다고 주장할지도 모른다. 그러나 해당 형태의 전형적인 의미에서 벗어나는 용법이 발견되었다고 하여 그 형태의 핵심 기능을 부정할 수는 없다고 본다. 과거시제/완료의 선어말어미인 '-었-'에 '미래의 확정성'(난 이제 죽었다!)이라는 비전형적인 의미가 드러난다고 하여 '-었-'의 핵심 의미인 과거시제/완료의 의미를 부정할 수 없는 것처럼 말이다.

(21′)를 보면 '-네'를 '-군'으로 바꾸어 쓰는 것이 어색하다. 오히려 내면화된 정보를 말할 때 사용되는 '-어'나 '-지'로 교체하는 것이 자연스럽다. 이러한 양상은 용례 (21)의 '-네'에 결합된 명제가 화자 '가'에게 내면화한 내용이라는 점을 방증한다.

(22) ㄱ. 어려움이 많이 따라서 제가 조금 이제 지양했으면 하는 바램으로[129)] 말씀드렸네요.

(라디오방송_서울서울서울)

ㄴ. 세미나라고 할까 봐 빨리 끝냈네 씨.

(일상대화_삼십대)

(22ㄱ, ㄴ)를 보면 자신의 과거 행동을 '-네(요)'에 결합시켜 발화하고 있는 것을 알 수 있다. 이때에도 역시 위 용례들의 명제 내용은 '-네(요)'의 핵심 기능의 속성을 가지고 있지 않다. 각각의 명제 내용인 '지양했으면 하는 바램으로 말씀드렸다'와 '강의를 빨리 끝냈다'는 발화시 이전의 자신의 행동이므로 일반적인 상황에서 발화시 당시의 지각의 대상이 될 수 없다. 또한 앞의 (21)에서와 마찬가지로 '-네(요)'가 '-군(요)'보다 '-어(요)'로 대체되는 것이 더 자연스럽다. 여기에서도 용례 (22ㄱ, ㄴ)의 명제 내용 또한 화자에게 이미 내면화된 정보임을 알 수 있다.

여기에서의 종결어미의 사용은 화자의 선택의 문제이다. 화자는 계열관계에 있는 '-어(요)'나 '-지(요)'를 써도 되는 자리에 의도적으로 '-네(요)'를 사용함으로 하여 어떤 효과를 노리고 있는 것으로 보인다. 용례 (21)에서는 1인칭 화자 자신의 과거의 감정을 생동감 있게 전달하여 청자가 그 감정을 같이 공유하기를 바라며 '-네'를 선택하였으며, 용례 (22)의 경우에는 자신의 한 행동에 대하여 상대방이 그 중요성이나 배경을 알아줬으면 하는 마음에서 언급한 것을 알 수 있다. 즉 자신의 감정이나 경험의 내용을 상대방과 공유하고 싶은

129) 맞춤법에 의하면 '바램'이 아니라 '바람'이 맞지만 여기에서는 실제 전사된 그대로 구어형을 싣기로 한다.

의사소통적인 욕구에서 종결어미 '-네(요)'의 선택이 좌우되는 것으로 볼 수 있다. 이러한 '-네(요)'의 대인적 기능은 앞서 밝힌 '-네(요)'의 핵심 기능에서 파생된 것이다. 용례 (21)에서와 같이 화자의 과거 감정에 '-네(요)'를 결합시켜 발화하게 되면 과거의 감정이지만 그 감정이 현재에도 유지되는 듯한 느낌이 들며, 해당 명제 내용에 대한 신선감이 유지되어 청자에게도 그 감정의 생생함이 전달될 수 있다.

한편 용례 (22)에서는 화자의 과거 '행동'에 대한 내용이 명제 내용으로 결합되어 있다. 여기에서 앞뒤 문맥을 살필 필요가 있다. 용례 (22ㄱ)에서는 화자가 자신이 어떤 이유로 앞선 발화를 하였는지에 대한 설명하고 있으며, 용례 (22ㄴ)에서도 왜 화자 자신이 강의를 빨리 끝냈는지에 대한 이유를 설명하고 있는 것을 볼 수 있다. 이는 각각 자신이 어떤 발화를 한 것과 자신이 강의를 빨리 끝낸 것에 대한 정당화 또는 청자에게 그 배경/이유에 대한 설득을 시도하고 있는 것으로 파악할 수 있다. 화자 자신의 과거의 경험이지만 현재 지각한 것처럼 '-네(요)'를 사용하여 청자와 그 내용을 공유함으로써 자신이 왜 그런 행동을 하였는지를 청자에게 이해시키고 납득시키는 효과를 기대하는 것이다. 이와 같이 '-네(요)'의 '과거의 감정 공유하기'의 대인적 기능 또한 '-네(요)'의 [화자의 미지정보] 및 [현재 지각한 정보]라는 핵심 기능에서 확장되었다.

셋째로, '-네(요)'가 '청자의 집중 유도하기'의 기능으로 사용되는 것을 살펴보겠다. '-네(요)'의 핵심 기능은 청자의 집중을 끄는 기능으로 파생될 수 있다. 보통 화자가 전략적으로 '-네(요)'를 청자의 인지적인 상태를 자신의 인지적인 상태에 맞추기 위하여 사용할 때 발견되는 기능이다.

(23) ㄱ. 옷 보구 아 이 옷 겨울옷인데:: 싸니까 미리 사 놔야지! 그리구 딱 이렇게 들었어요. 가격표를 딱 봤어. 아! 만 사천 원이네?

(일상대화_물품 구입)

ㄴ. 게다가 또 커피를 두 잔씩이나 먹었네. 누워서 잠도 안 와 뒤척뒤척

(일상대화_가족과 사랑에 대해)

ㄷ. 가: 여기두 에이는? 피 플러스 큐네?

나: 네.

가: 이거 이쪽으로 넘겨서 인수분해해 주면 결국엔 뭐야?

(수업대화_과외지도)

(23ㄱ)에서 화자는 과거의 자신의 경험을 이야기하고 있다. 쇼핑하러 갔을 때 어떤 겨울옷의 가격표를 본 상황에서 알게 된 사실을 말하고 있다. 이 밑줄 친 부분의 내용은 과거의 상황이며, 이미 내면화된 정보이므로 '만 사천 원이었어'라고 말하는 것이 가능하다. 그러나 과거의 상황을 현재시제로 표현하여 생동감 넘치게 당시의 과거 상황을 표현하고 있다. 이러한 용법을 '역사적 현재 용법'이라 한다.[130] 이러한 역사적 현재 용법의 효과는 과거 상황을 눈앞에 펼쳐지는 것처럼 생생하게 표현하는 효과도 있지만 화자의 개입이 배제되는 효과도 있다(문숙영 2005:152). 청자의 인지적인 상태에 초점을 맞추어 '-네(요)'로 표현함을 통해 자신의 과거 경험 이야기 속으로 청자를 초대하고 있다.

용례 (23ㄴ)에서도 밑줄 친 부분은 화자가 이미 알고 있는 내용이다. 자신이 한 일에 대해서 이야기하고 있기 때문이다. 이때에도 역시 (23ㄱ)과 같이 '-네' 대신 '-어'를 사용하여 발화하여도 자연스럽다. 용례 (23ㄷ)의 밑줄 친 부분은 과외 교사가 학생에게 수학 문제를 설명해 주면서 '-네(요)'를 사용한 발화문이다. 이때 교사는 문제 풀이의 과정을 '-네'를 통해 설명하고 있다. 과외 교사는 가르치는 입장이므로 사실은 해당 문제에 대한 답과 풀이 과정 정보가 이미 내면화되어 있다. 밑줄 친 부분의 '-네' 대신 '-어'를 사용하여도 무방하다. 이와 같이 용례 (23ㄱ~ㄷ)의 밑줄 친 부분의 '-네(요)'는 모두 '-어(요)'로 바꾸어도 될 만큼 '-네(요)'의 핵심 적 속성인 [화자의 미지정보]와 어긋나는 예로 보인다. 그러나 화자는 '-네(요)'의 이런 핵심 기능을 의도적으로 이용하여 '청자의 집중 유도하기'의 기능을 유도하고 있다.

130) '역사적 현재'라는 말은 꼭 과거의 역사적인 일을 서술할 때에만 사용되는 것은 아니다. 과거에 일어난 일상적인 사건을 현재 일어나는 일처럼 표현하는 경우에 사용될 수 있다.

이와 같이 화자는 '-네(요)'의 [현재 지각한 정보]의 속성을 이용하여 청자의 이해를 돕거나, 청자의 개입을 유도한다. (23ㄱ~ㄷ)에서 화자는 명제 내용을 이미 다 알고 있다. 모두 화자의 기지정보이나 일부러 청자의 인지 상태와 보조를 맞춘 것이다. 위의 (23ㄱ~ㄷ)의 밑줄 친 부분의 명제 내용이 아직 청자의 지식 체계에 자리 잡지 못한 상태이기 때문이다. 대화 상대방에게 분명히 내면화가 되어 있을 내용인데, 비내면화 표지인 '-네(요)'를 해당 명제 내용에 결합하게 되면 듣는 사람은 의아하게 생각하며, 해당 발화문에 주목하게 된다. 이상으로 '-네(요)'의 '청자의 집중 유도하기' 기능 또한 '-네(요)'의 핵심 기능에서 파생된 것임을 확인할 수 있다.

다섯째로 '-네(요)'의 '청자 반응 유도하기' 기능에 대해 살펴보겠다. 보통 의문형의 억양으로 나타난 '-네(요)'에서 이러한 기능을 찾을 수 있다. 청자의 반응을 유도하는 기능 또한 '-네(요)'의 핵심 기능에서 파생되는 양상을 발견할 수 있음을 살펴보겠다.

(24) ㄱ. 가: 줄 예쁘네?
나: 아, 회사 다닐 때 준 거야. 두루넷에서 준 거 두루넷에서.
가: 나도 갖고 싶다.

(일상대화_식사 중 대학생 3인)

(24ㄱ)의 밑줄 친 부분의 발화는 청자에게 어떤 정보를 제공하거나 제공받기 위해 수행된 것이 아니다. 만약 명제 정보 자체에 초점을 두어 질문한 것이었다면 (24ㄱ)에서는 줄이 예쁜지 아닌지에 대한 대답이 있어야 한다. 그러나 청자는 '예쁘다'라는 말에 초점을 맞추어 그 진위 여부에 대한 대답을 하지 않는다. 화자는 '-네(요)'를 통하여 '줄이 예쁘다는 정보를 발화시 당시 처음 지각하여 말한다'라는 의미를 표현하였다. 이때 화자는 상대방에게 '줄이 예쁘다'라는 문장 내용 자체에 관련된 '정보'를 요구하기보다는 청자로부터의 '반응'을 기대하는 것으로 보인다.

'-네(요)'의 청자의 반응을 유도하는 기능은 '-네(요)'가 화자의 현재 지각을 표현하는 것과 연관이 있다. 지각이라는 것은 어떤 사건에 대한 완전한 이해에 도달하지는 못한 인지적 단계이다. 2장에서 살펴본 바와 같이 어떤 정보를 습득하기 위해서는 '지각-인식-내면화'라는 과정을 거쳐야 한다. 처음에 감각을 통해 해당 정보를 '지각'하며, 조금 더 나아가 화자의 인지적 활동을 통해 해당 정보의 전말과 과정이 어떻게 되는지에 대한 추론과 이해를 통해 '인식'에 도달하고, 그 후에 해당 정보가 인간의 지식 체계에 저장되는 것이 이루어질 수 있다. '-네(요)'는 이 중에서 '지각'의 단계를 표현한다. 자신의 '지각' 상태를 청자에게 알린다는 것은 아직 완전한 이해의 과정에 도달하지 못했다고 알리는 것을 의미한다. 즉 해당 정보를 내면화하기 전 단계에 있으므로 청자에게 인지적인 도움이 필요하다는 점을 시사한다. '-네(요)'를 통해 발화자 '가'의 (아직 내면화에 도달하지 못한) 인지 상태를 알면 발화자 '나'가 발화자 '가'에게 내면화에 도달하기까지 필요한 정보를 제공하게 된다. 즉, 발화자 '가'는 청자에게 이러한 자신의 부족한 인지적인 상태(지각의 단계에 머무름)를 알려 청자의 반응을 유도하는 것을 알 수 있다. 이 또한 '청자의 반응 유도하기' 기능이 '-네(요)'의 핵심 기능에서 확장된 것임을 시사한다.

③ -군(요)

'-군(요)'는 '수용 표현하기'의 기능을 보인다. '수용 표현하기'는 상대방의 말을 이해하고 받아들임을 표현하는 것이다.

(25) ㄱ. 가: 이~ 작품을 만든다는 거는 그리.
나: 아.
가: 쉬운 게 아니거든예.
나: 아 <u>그렇군요</u>.

(TV 방송_세상사는 이야기)

ㄴ. 가: 독일 브라질 이탈리아 아르헨티나 네 나라가 제일 잘 해:.
나: 음. <u>그렇구나::</u>.

(일상대화_잡담)

(25ㄱ, ㄴ)은 모두 '그렇다'와 결합한 경우이며 화자는 청자의 말을 듣고 이해하고 그 지식을 받아들였음을 표현한다. 즉 이때 화자 '나'는 청자가 전달한 발화의 내용을 미리 알고 있었다는 의미를 가지지 않는다. 상대방이 발화시 당시 전달한 발화를 통해 처음 알게 된 사실임을 '-군(요)'를 통하여 표현한다.

이와 같이 발화시 당시에 처음 알게 된 사실을 말하는 상황에서 '-네(요)' 또한 사용될 수 있다. 그런데 《연세구어말뭉치》에 출현한 상대방의 이야기를 수용한다는 기능을 지닌 '그렇네(요)'의 빈도는 13회로 '그렇군/그렇군요/그렇구나'의 출현 빈도와 비교하였을 때 매우 적다. 또한 위의 용례 (25ㄱ, ㄴ)의 밑줄 친 부분을 만약 '-네(요)'로 교체하게 되면 적절성이 감소한다.

(25′) ㄱ. 가: 이~ 작품을 만든다는 거는 그리.
나: 아.
가: 쉬운 게 아니거든예.
나: 아 ??그렇네.
ㄴ. 가: 독일 브라질 이탈리아 아르헨티나 네 나라가 제일 잘해:.
나: 음. ??그렇네::.

(25′)를 보면 상대방의 이야기를 듣고 그 말의 내용을 수용한다는 표현을 하기 위해 '-네(요)'가 사용되는 것이 어색함을 알 수 있다. 이와 같이 '-네(요)'와 '-군(요)' 모두 [화자의 미지정보]를 표현하는 종결어미인데 왜 위의 (25ㄱ, ㄴ)과 같은 상황에서 '-네(요)'보다 '-군(요)'가 선호될까. '-네(요)'는 화자 자신의 감각 기관을 이용하여 해당 명제 정보를 얻었을 경우에만 사용되며, '-군(요)'는 간접 증거를 통해 획득한 정보를 이야기할 때에 사용될 수 있기 때문이다. 즉 위의 (25ㄱ, ㄴ)의 상황에서는 청자의 말, 즉 간접적인 증거를 통해 획득한 정보를 이야기하는 것이므로 '-네(요)'보다 '-군(요)'가 적합한 것으로 설명될 수 있다.

[3] 정리

지금까지 대명제 태도를 나타내는 종결어미들의 대인적 기능을 [1] 화자와 명제와의 상호작용으로 나타나는 대인적 기능과 [2] 화자와 청자의 상호작용으로 인한 대인적 기능으로 나누어 살폈다.

[1]의 기술을 통해서 단언성, 사실성, 객관성, 책임성에 관하여 살펴보았다. 첫째로, '-어(요)'와 '-지(요)'의 단언성 정도는 '-네(요)'와 '-군(요)'보다 높은데, 이는 이들의 핵심 기능에서 유발된다. [화자의 기지정보]는 [화자의 미지정보]보다 상대적으로 확실한 앎을 나타내기 때문이다. 또한 [관념화된 정보]를 나타낸다는 '-지(요)'의 속성으로 말미암아 '-어(요)'보다 '-지(요)'의 단언성이 높은 것을 확인할 수 있다. 둘째로, '-군(요)'와 비교하였을 때 '-네(요)'는 발화시 당시 지각한 것을 토대로 말하므로 사실성이 강화되는 기능이 있다. 셋째로, '-지(요)'는 '-어(요)'보다 객관성이 낮은데 그 이유는 '-지(요)'가 [관념화된 정보]를 나타내기 때문으로 풀이될 수 있다. 관념화는 화자가 어떤 정보를 의식적으로 강화하여, 확고하다고 믿는 것을 의미하므로 '-지(요)'로 표현되는 명제 내용은 화자와의 거리가 좁기 때문이다. 한편, 화자의 심리나 감각을 나타내는 경우에 '-네(요)'는 '-어(요)'보다 객관성이 높은데 그 이유는 '-네(요)'가 [현재 지각한 정보]를 나타내기 때문에 자신의 심리나 감각이 관찰된 것이라는 의미를 함축하기 때문이다. 넷째로, '-네(요)'가 정보를 제공하는 기능을 하는 경우, 책임성이 상대적으로 약화되는 경우가 있다. 사실 그 정보를 발화시 이전에 획득한 것이지만 마치 발화시 당시에 지각한 것으로 표현하게 되면 책임성 약화를 유도할 수 있게 된다. 이를 통해 '언어 형식의 선택은 의미에 기대어서만 이루어지는 것이 아니라 내포적 의미나 특별한 표현 효과를 겨냥한 전략적인 선택에 의해 이루어질 수도 있다(문숙영 2009:67)'는 것을 알 수 있다.

[2]의 기술을 통해서 화자와 청자의 상호작용으로 인한 대인적 기능을 알아보았다. 첫째로, '-지(요)'는 의문문에서 '호응 유발하기', '상대의 공감 요구하기'의 대인적 기능을 지닌다. 이러한 기능으로 '-지(요)'가 나타날 때 '-어(요)'와의 교체가 불가능하다는 점을 통해 '-지(요)'가 '-어(요)'와 달리 의문문

에서 청자에게 해당 명제 내용이 관념화된 것으로 믿고 질문한다는 점이 드러났다. 또한 '앞선 발화에 대한 강한 동의·반대 표현하기'의 기능을 가지는데 이 또한 '-어(요)'와 교체하면 맥락상 어색하다는 점을 통해 '-어(요)'보다 '-지(요)'의 확신성이 높음을 확인하였다. 둘째로, '-네(요)'는 '맞장구치기', '과거의 감정 공유하기', '청자의 집중 유도하기', '청자의 반응 유도하기'의 대인적 기능을 지닌다. '맞장구치기'의 기능으로 나타난 용례를 중심으로 보면서 화자는 '-네(요)'에 내재한 [현재 지각한 정보]를 나타낸다는 기능을 통하여 '상대방이 한 말이 유익하고, 새로운 정보'임을 적극적으로 표현하는 양상을 확인할 수 있었다. '과거의 감정 공유하기'의 기능을 살펴보면서 비록 이 기능으로 나타난 '-네(요)'는 화자의 기지정보와 결합되는 경우가 많았으나 화자가 자신의 과거 감정을 청자와 공유하기 위해 '-네(요)'의 핵심 기능인 [화자의 미지정보] 및 [현재 지각한 정보]에서 파생되는 '생생함'의 의미를 이용한 전략적인 선택으로 볼 수 있다. '청자의 집중 유도하기'의 기능에서는 보통 화자가 청자의 인지적인 상태에 초점을 맞추어 자신의 과거 경험 이야기 속으로 청자를 초대하기 위해 전략적으로 '-네(요)'가 선택됨을 알 수 있었다. '청자 반응 유도하기'의 기능은 '-네(요)'를 통해 자신이 '지각'이라는 인지적인 단계에 있음을 청자에게 드러내어 자신이 아직 완전한 이해의 과정에 도달하지 못하였음을 알려 청자에게 인지적인 도움이 필요함을 알리는 것으로 설명될 수 있었다. 셋째로, '-군(요)'는 '수용 표현하기'의 기능을 보이는데, 이는 화자가 '-군(요)'의 핵심 기능을 통해 상대의 말을 듣고 이해함을 나타내는 속성을 표현하는 것으로 이해될 수 있었다. 이 경우 '-네(요)'로 교체되는 것이 부자연스러움을 통하여 간접 증거를 통하여 얻은 정보는 '-네(요)'로 표현되는 것이 어색함을 다시금 확인할 수 있었다.

이상으로 개별 종결어미들의 대인적인 기능별 특징을 기술한 것을 통해 이들의 개별적인 특성을 밝혔으며, 다른 종결어미들과의 변별 지점 또한 설명될 수 있었다. 이 과정에서 3장에서 밝힌 핵심 기능의 타당성을 밝힐 수 있었으며, 이 핵심 기능은 각 종결어미들의 유표적인 맥락 기능으로 확장이 나타날 수 있게 하는 기제임을 확인하였다.

4.2.3. 담화적 기능

담화적 기능은 문장 단위를 넘어선 담화 단위에서 해당 종결어미가 어떠한 기능을 담당하고 있는지에 관련된 것으로서 담화의 구성 요소인 결속성, 응집성, 의미성에 기여하는 기능을 가리킨다. '화제 도입하기', '배경정보 제시하기', '근거 제시하기' 등이 이에 속한다. 4.2.3에서는 이러한 각 종결어미들의 담화적 기능을 살펴 핵심 기능이 어떻게 관여되는지를 살피겠다.

《연세구어말뭉치》의 용례 분석을 통해 밝힌 '-어(요)', '-지(요)', '-네(요)' '-군(요)' 발화문의 담화적 기능은 다음과 같이 정리될 수 있다.

〈표 12〉 대명제 태도 종결어미들의 담화적 기능

종결어미	-어(요)	-지(요)	-네(요)	-군(요)
담화적 기능	① 선후 발화 연결하기 …	① 화제 도입하기 …	① 화제 도입하기 ② 배경정보 제시하기 ③ 요약하기 …	① 자기 오류 정보 수정하기 …

다른 종결어미들에 비해 특징적인 담화적 기능을 보이는 '-지(요)'와 '-네(요)'를 중심으로 살펴보겠다. 기술할 내용을 정리하면 아래와 같다.

[1] '-지(요)'의 담화적 기능: 화제 도입하기

[2] '-네(요)'의 담화적 기능: 화제 도입하기, 배경정보 제시하기, 요약하기

[1] '-지(요)'의 담화적 기능

'-지(요)'의 담화적 기능에는 '화제 도입하기'가 있다. '-지(요)'는 '있지(요)'와 같은 어휘적 담화표지를 통해 담화의 시작을 알리거나 화제를 도입한다. 담화표지로서의 '있지(요)'를 설명하기 전에 '있지(요)'가 문장의 필수 구성 성

분으로 사용된 경우와 담화표지로서 필수 성분으로 사용되지 않은 경우를 구분할 필요가 있다.

(26) 또 뭐~ 동남아시아나 요즘 또 아프리카 상품도 많이 있죠 그래서,

(라디오방송_그건 이렇습니다)

(26)의 밑줄 친 부분인 '있죠'는 해당 문장의 주어인 '동남아시아나 아프리카 상품'의 상태를 서술해 주는 필수 성분인 서술어 역할을 하고 있다. 따라서 이때의 '있죠'는 담화표지로 볼 수 없다. 담화표지는 문장 단위에서 역할을 하지 않고, 담화 차원에서 역할을 하며, 문장의 필수 성분으로 작용하지 않는다. 보통 담화표지는 정보 구조 및 화자의 태도에 영향을 미친다. 아래의 예를 통해 '있지(요)'가 담화표지로 나타난 사례를 살펴보겠다.

(27) ㄱ. 우리가 쓰는 말 중에, 아::주 제 귀에 거슬리는 님 용법은 뭐냐면, 은행이나 이런 데서 쓰는 그::~ 홍길동님 할 때 님 있죠? 원래 님은 고유명사에다 붙이면 안 되는 거::예요.

(강연_한국어의 형태론적 이해)

ㄴ. 부산에 있을 때는::, 엄마 아빠랑 가끔 영화 보러 갔었다? 그래 가지구, 〈혀차는, 쯧〉 뭐::~ 엄마랑두::, 아 그거 있지? 그::~ 라이언일병구하기. 〈쉼없음〉 있지?

(주제대화_영화)

(27ㄱ, ㄴ)에서 '있지(요)'는 새롭게 제시된 화제어 뒤에 출현하여 뒤이어 나올 담화 내용과 자연스럽게 연계시키는 역할을 하고 있다. 여기에서의 '있지(요)'는 생략되어도 의사소통에 무리가 없다. 즉 어떤 실질 의미를 전달하는 역할이 아닌 담화적인 역할을 담당하고 있다. 담화표지로서의 '있지(요)'는 위의 용례에서 확인할 수 있듯이 이전에 언급되지 않았던 새로운 화제를 제시하거나 이전 맥락에서 언급되었던 상위 화제의 부연 설명을 위한 하위 화제

를 제시하는 등 어떤 화제의 이동을 암시하는 역할을 하고 있다. (27ㄱ)에서는 의존명사 '님', (27ㄴ)에서는 영화 '라이언일병 구하기'가 화제로 제시되었다. (27ㄱ, ㄴ)에서 모두 '있지(요)' 다음에 그 새로운 화제를 가리키는 말이 다시 언급되었다. 즉 '있지(요)'는 '화제어+있지(요)'의 구성으로서 이후에 말할 내용의 화제를 새롭게 제시하는 기능을 담당하고 있었다.

담화표지로서의 '있지(요)'가 나타나는 현상에 대하여 '-지(요)'의 핵심 속성 중 하나인 [관념화된 정보]에 기대어 설명될 수 있다. (27ㄱ)에서는 '홍길동님 할 때 님이 있다'라는 내용을, (27ㄴ)에서는 '라이언 일병 구하기가 있다'라는 내용을 관념적으로 제시함으로써 그 화제에 대하여 순간적으로 떠올려보도록 유도할 수 있다. 또한 담화표지로서의 '있지(요)'는 대부분 (27)에서와 같이 의문문으로 실현된다. 의문문에서 '-지(요)'는 청자의 관념화된 정보에 대하여 질문한다. 즉 청자가 해당 명제 내용에 대하여 확실히 알고 있음을 전제로 할 때 사용된다. 이렇게 화자는 자신이 말하려는 새로운 화제가 청자가 확고히 잘 알고 있는 것이라는 점을 내비침으로 하여 청자의 인지적 부담을 덜어주려는 의도를 가지고 담화표지로서의 '있지요'를 선택한 것이다.

한편 (27)에서 주목할 점은 '화제어+있지(요)' 전에 '그~', '인제'와 같은 머뭇거림을 표현하는 담화표지들이 출현하였다는 것이다. 물론 이러한 머뭇거림을 나타내는 담화표지들은 실제로 화자가 말할 내용이 즉각적으로 생각나지 않아서 선택한 형태들일 수는 있지만 새로운 화제를 제시하기 위한 준비단계로 볼 수도 있다. 새로운 화제를 제시하거나 다른 화제로 전환하는 것은 청자의 체면에 위협이 되는 행위가 될 수도 있기 때문에 '그', '인제'와 같은 담화표지를 체면 위협의 정도를 경감시키기 위해 제시하고 있는 것으로 볼 수도 있다.

이와 같은 담화표지로서의 기능은 '-어(요)'를 통해서는 기대하기 힘들다. 만약 (27)의 밑줄 친 부분의 종결어미 '-지(요)'를 '-어(요)'로 바꾸면 단순히 사실 그 자체에 대한 물음이 된다.

(27´) ㄱ. <u>*그::~ 홍길동님 할 때 님 있어요</u>? 원래 님은 고유명사에다 붙이면

안 되는 거::예요.

ㄴ. 부산에 있을 때는::, 엄마 아빠랑 가끔 영화 보러 갔었다? 그래 가지구, 〈혀차는, 쯔〉 뭐::~ 엄마랑두::, 아 그거 있지? *그::~ 라이언일병구하기. 〈쉼없음〉 있어요?

(27´ㄱ, ㄴ)에서는 명제 내용이 현실에 부합하는지를 청자에게 질문하는 의미로 바뀌어 담화상 매우 어색하게 된 것을 알 수 있다. 이것은 '-어(요)'가 '-지(요)'와 달리 관념화되지 않은 정보를 나타낸다는 점을 시사한다.

이상으로 '-지(요)'가 '화제 도입하기'의 기능으로 사용될 때 '-지(요)'가 '-어(요)'로 교체되면 담화상 어색하게 됨을 살폈고, 이러한 양상을 보이는 이유에 대하여 [관념화된 정보] 대 [관념화하지 않은 정보]의 대립을 통해 설명될 수 있음을 밝혔다.

[2] '-네(요)'의 담화적 기능

'-네(요)'의 담화적 기능으로 '화제 도입하기', '배경정보 제시하기', '요약하기'가 있었다. 첫째로, '화제 도입하기'를 살펴보겠다.

(28) 뭐~ 이렇게 뭐~, 정치 얘기할래다 군대 얘기가 빠질 수가 없네요.

(주제대화_대통령선거)

(28)은 이 발화 이전에 나누던 얘기의 화제와 다른 새로운 화제를 끌어들이는 데에 '-네(요)'가 사용된 경우를 보이고 있다. '-네(요)'를 통해 '군대 얘기가 빠질 수 없다'라는 명제 내용이 화자의 현재 지각임을 암시하면서, 화제의 전환이 의도된 것이 아니라 '현재의 자연발생적인 지각'에 의한, 자연스러운 것으로 표현이 되고 있다.

이러한 '화제 도입하기'의 기능은 '-지(요)', '-잖아(요)', '-거든(요)' 등과 같은 종결어미에 의해서도 실현될 수 있다. 즉 동일한 기능을 여러 종결어미들이 담당할 수 있다. 그러나 각각의 종결어미들이 해당 기능을 실현하는 원리에 있어서 차이가 난다. '-네(요)'는 도입하는 내용이 발화시 당시의 담화의 흐름에 입각하여 생각난 것임을 알리면서 화제 도입의 기능을 수행하며, '-지(요)'는 화제 정보를 관념화하여 알리는 것을 통해 화제 도입을 수행하고, '-잖아(요)'는 청자의 지식 체계에 있는 것임을 알리면서 화제 도입을 수행하고, '-거든(요)'는 청자가 모르는 것임을 알려 새로운 정보임을 알리면서 화제 도입의 기능을 수행한다. 이와 같이 '-네(요)'가 다른 종결어미와 마찬가지로 화제 도입의 담화적 기능으로 수행될 수 있지만 핵심 기능으로 인하여 작동되는 원리가 다름을 확인할 수 있다.

둘째로, '-네(요)'는 배경정보를 제시하는 경우에 사용되기도 한다. 보통 과거의 상황을 서술하는 경우에 뒤이어 나올 전경정보의 도입을 용이하게 하기 위하여 화자가 배경정보를 제시할 때 '-네(요)'가 사용되었다.

(29) 가: 계속 그런 거만 지나가. 서서 한 이십 분 기다렸어. 그라드니 우리 학교 스쿨뻐스 두 개가 쓱 지나가네.
나: 응.
가: 학교 이름 마크 새겨져 있는 거 있잖아 〈웃〉 두 개 딱 지나가.
나: 응응 응.
가: 에이 씨 걸어가 버릴까 하구 딱 하는데 뒤에 딱 차가 오는 거야.
나: 응.
가: 탁 타구 학교에 딱 갔는데 가서 뭐 했을 거 같니 내가?
(일상대화_가족과 사랑에 대해)

(29)에서 화자는 과거에 학교 버스를 타고 학교에 갔는데 자신이 한 행동을 이야기하기 위해 그 전에 배경정보를 설명하고 있다. 그런데 분명 과거 경험이고, 학교 버스가 지나간 것을 본 것은 과거 당시의 지각인데 밑줄 친 부분에서와 같이 '-네'를 사용하여 발화하였다. 위의 밑줄 친 부분에서의 '-네(요)'는 '-군(요)'로 교체될 수 없다. 왜냐하면 화자는 청자에게 마치 발화시 현재 지각한 일처럼 청자에게 배경정보를 제시하고자 하기 때문에 [깨달은 정

보]를 나타내는 '-군(요)'가 위의 밑줄 친 부분에 사용될 수 없다. '-네(요)'를 통해 배경 지식을 제공하게 되면 '-네(요)'의 [현재 지각한 정보]의 핵심 속성으로 인하여 청자도 마치 그 당시의 상황을 직접 경험하는 듯한 효과를 낼 수 있게 된다. 이와 같이 '-네(요)'가 어떻게 '배경정보 제시하기'의 담화적 기능으로 나타날 수 있는지 또한 '-네(요)'의 핵심 기능을 통해서 설명될 수 있다.

셋째로, '-네(요)'는 상대가 한 말을 요약하여 다음 내용으로 넘어가기 용이하게 만드는 담화적 역할을 하기도 한다. 이 기능은 '-네(요)'의 핵심 기능에서 나타나는 효과를 이용한 전략적인 선택으로 설명될 수 있다.

(30) ㄱ. 그 다음에 사업하는 사람들은 불안해서 어디에 투자해야 할지 모르겠다 그런 얘기 되시겠네요.

(TV방송_KBS 심야 토론)

ㄴ. 네 그 진단이 뚜렷치가 않은 상태루 그냥 증상이 호전된 거네요 그렇죠.

(라디오방송_그건 이렇습니다)

TV방송 대화에서 출현한 용례 (30ㄱ)에서는 화자가 사회자, 라디오 방송의 용례 (30ㄴ)에서는 라디오 진행자이다. 이들의 역할은 각각 시청자와 청취자들에게 방송의 내용을 잘 전달하는 것이다. (30ㄱ)에서는 사회자는 토론자가 말한 것을 시청자들이 잘 이해할 수 있도록 고쳐 말하고 있으며, (30ㄴ)에서는 진행자가 상담을 위해 전화를 건 사람의 말을 정리하여 청취자들의 이해를 위해 말하고 있는 것을 보인다. 이와 같이 방송 진행자들이 어떤 사람의 말을 시청자나 청취자들을 위해 정리하여 말할 때 '-네요'를 선택하는 것은 [현재 지각한 정보]를 나타내는 '-네(요)'의 핵심 기능을 활용하려는 의도로 보인다. 비록 방송 진행자는 해당 내용을 다 파악하였지만 아직 이해를 하지 못한 청취자들을 위하여 자신도 발화 당시에 처음 지각한 내용인 양 말하여 시청자 혹은 청취자들과 같은 인지 단계에 있음을 내비쳐 동질감을 유발할 수 있기 때문이다. 이러한 '요약하기' 기능은 청자의 이해를 도울 뿐만 아니라, 다음 발화로 잘 이어질 수 있도록 담화의 구성에 있어 도움을 주는 역할을 한다. 이러한 기능 역시 '-네(요)'의 핵심 기능에서 파생된 것을 확인할 수 있다.

[3] 정리

지금까지 대명제 태도를 나타내는 종결어미들의 담화적 기능을 기술하였다. [1]의 기술을 통해서는 '-지(요)'가 '있지(요)'의 어휘적인 형태로 담화상에서 화제를 도입하는 기능이 있음을 밝히고, 이것이 '-어(요)'와 교체되기 어려운 이유를 통해 '-지(요)'의 [관념화된 정보]의 속성을 다시금 확인하였다.

[2]의 기술을 통해서는 '-네(요)'의 '화제 도입하기', '배경정보 제시하기', '요약하기'의 담화적 기능을 핵심 기능에 비추어 설명하였다. 이 중에서 '배경정보 제시하기'와 '요약하기'는 '-네(요)'의 핵심 기능에서 파생되는 '현재 지각성'의 의미를 이용한 화자의 전략적인 선택임을 밝혀, 이러한 유표적인 기능 또한 핵심 기능에서 확장됨을 알 수 있었다.

5

대청자 태도를 나타내는 종결어미

5장에서는 청자에 대한 태도를 나타내는 종결어미인 '-거든(요)'와 '-잖아(요)', '-을래(요)'와 '-을게(요)'를 살펴보도록 하겠다. 대청자 태도를 나타내는 종결어미는 전달하는 내용이 '정보'인가 '행동'인가에 따라 크게 두 부류로 나뉠 수 있다.[131] 3장에서 설명한 내용을 다시 정리하면 아래와 같다.

첫 번째 부류는 화자가 자신이 말하고자 하는 정보가 청자의 지식 체계에 내면화되어 있는 지식인지의 여부에 관련된 종결어미들이다. 이에 속하는 종결어미는 '-거든(요)'와 '-잖아(요)'가 있다. '-거든(요)'는 청자의 지식 체계에 내면화되어 있지 않음을, '-잖아(요)'는 청자의 지식 체계에 내면화되어 있음을 화자가 가정할 때 선택된다. 즉 '-거든(요)'는 [청자의 미지정보]를, '-잖아(요)'는 [청자의 기지정보]를 나타낸다.

두 번째 부류는 화자가 자신이 하고자 하는 미래 행동이 청자의 의향에 부합하는가의 여부에 관련된 종결어미들이다. 이에 속하는 종결어미로는 '-을래(요)'와 '-을게(요)'가 있다. '-을래(요)'는 화자가 하려는 미래 행동이 청자의 의중에 부합하지 않음을 가정할 때 선택되며, '-을게(요)'는 화자 자신의 의도가 청자의 의중에 부합함을 가정할 때 선택된다. 즉 '-을래(요)'는 [청자 의향에 부합하는 화자의 미래 행동]을, '-을게(요)'는 [청자 의향에 부합하지 않는 화자의 미래 행동]을 말할 때 사용된다.

5장에서는 대청자 태도를 나타내는 종결어미들의 문법적 특성(문장 유형의 양상, 주어 인칭과 결합 용언 양상, 선어말어미 결합 양상)과 맥락 기능(개념적 기능, 대인적 기능, 담화적 기능)을 비교하여 이들의 핵심 기능에 비추어 기술하고자 한다. 종결어미들의 문법적 특성과 맥락 기능에 대한 기술은 3장에서 밝힌 핵심 기능을 뒷받침하는 동시에, 어떻게 핵심 기능이 맥락 기능에 관여하는지를 밝히는 기술이 될 것이다. 이를 통해 각 종결어미들의 변별 지점이 확인될 수 있을 것이다.

131) 2장에서 이와 관련된 논의를 하였다.

5.1. 대청자 태도 종결어미의 문법적 특성

5.1에서는 '-거든(요)', '-잖아(요)', '-을게(요)', '-을래(요)'의 문법적 특성을 '문장 유형의 양상', '주어 인칭과 결합 용언의 양상', '선어말어미와의 결합 양상'으로 나누어 살펴보겠다. 각 양상별로 종결어미들의 특징을 비교하여 살펴보면서 3장에서 밝힌 핵심 기능을 확인하고, 핵심 기능이 어떻게 관여하여 이러한 문법적 특성을 지니는지, 그리고 이들이 어떠한 점에서 변별되는지에 대해 기술하도록 하겠다.

5.1.1. 문장 유형의 양상

'-거든(요)', '-을게(요)'는 평서문으로만 사용될 수 있으며, '-을래(요)'는 평서문과 의문문으로 사용될 수 있다. 한편 '-잖아(요)'는 평서문으로 주로 나타나지만 확인 의문문의 기능을 수행할 수 있는 경우가 있다. 5.1.1에서는 3장에서 밝힌 이들의 핵심 기능에 비추어 왜 이러한 문장 유형의 양상을 보이는지 살펴보도록 하겠다.

[1] 평서문에서의 양상

대청자 태도를 나타내는 네 종결어미 모두 평서문으로 나타날 수 있다.

(1) ㄱ. 가: 어떻게 좀 호응 있나,
나: 해 봐. 내가 동아리 꺼 뽑았는데 백 장 하나 이백 장 하나 가격은 똑같애요.
가: 그래?
다: 내가 학교 게시판에 글을 <u>올렸었거든</u>. 근데 삼백 명이 읽도록 한 명도 안 들어왔어.

(주점대화_대학생 10인 이상)

ㄴ. 아침에 택시 안 잡힐뿐더러 막히잖아 아침에는.

(일상대화_교통수단과 하루 생활에 대해)

ㄷ. 설거지하고, 청소는 내가 하께.

(독백_친구)

ㄹ. 아 저 방송 안 할래요.

(여성시대 3부, 4부)

평서문은 화자가 일정한 내용을 청자에게 전달할 때 사용하는 문장 유형이다(임홍빈·장소원 1995:353). (1ㄱ, ㄴ)에서는 청자에게 정보를 제공하고 있으며, (1ㄷ, ㄹ)에서는 청자에게 자신의 미래 행동에 관한 내용을 제공하고 있다. 청자가 모르거나 아는 내용을 말하거나(1ㄱ, ㄴ), 청자의 의향에 부합하거나 부합하지 않는 화자의 행동을 말할 때(1ㄷ, ㄹ) 사용되는 네 종결어미의 핵심 기능은 평서문의 기능과 상충되지 않으므로 평서문으로서의 실현이 가능하다.

[2] 의문문에서의 양상

대청자 태도를 나타내는 네 종결어미 중 전형적인 의문문으로 나타날 수 있는 것은 '-을래(요)'이다. '-잖아(요)'는 진정한 의미에서의 의문문은 아니지만 확인 질문하기의 기능으로 나타나는 경우가 있어 살펴보겠다.

첫째로, '-잖아(요)'가 상승조 억양으로 나타나는 경우를 살펴보고, '-잖아(요)'가 의문형 종결어미로도 분류될 수 있는지 살펴보겠다. 《연세구어말뭉치》에서 '-잖아(요)'의 억양별 빈도를 살핀 결과 전체 '-잖아(요)' 용례에서 약 7.6% 정도가 의문형 억양으로 나타났다.

(2) ㄱ. 가: 너 녹음기도 없잖아?

나: 왜 없어?

(일상대화_대학생 3인 잡담)

ㄴ. 인 점이 뭐냐? 〈Q〉 이 테입에 내가 원하는 그림을 이 지점부터 담겠

다:: 〈/Q〉 그 뜻이에요. 인 점을 찍어 준다는 게, 인 점 아웃 점 찍어 준다고 하잖아요? 그거는 이 테이프, 이 지점부터 제로부터 내가 원하는 그림을 갖다 이제 붙이겠다, 그 뜻이에요.

(강의_편집실 수업)

(2ㄱ)은 두 가지 의미 해석을 낳을 수 있다. 첫 번째 의미 해석은 (2ㄱ)의 밑줄 친 부분의 '-잖아(요)'를 아직 문법화되지 않은 '-지 않아(요)'의 단순 줄임말로서 보고 확인 질문을 하는 것으로 보는 것이다. 즉 청자에게 '너는 녹음기도 없다'라는 내용을 단순히 확인하는 질문 기능을 하고 있는 것으로 볼 수 있다. 두 번째 의미 해석은 (2ㄱ)의 밑줄 친 부분의 '-잖아(요)'를 완전한 문법화가 끝난 것으로 간주하여 화자가 해당 명제 내용을 자신의 지식 체계에 완전히 내면화된 것으로 가정하고 의문형의 억양을 통해 청자의 반응을 유도하는 것으로 보는 것이다. 즉 상대방이 녹음기가 없다는 것을 이미 확실히 알고 있는데 왜 그런 행동을 하는지 등에 대한 의아함을 표현하는 것이다. 상대에게 정보를 요구하는 질문이 아닌 단순히 상대의 반응을 유도하기 위해 의문형 억양이 사용된 것으로 볼 수도 있다. 이와 같이 확인 의문문처럼 사용되는 '-잖아(요)'는 문법화되기 이전의 '-지 않아(요)'와 완전히 문법화된 '-잖아(요)'의 경계에 있는 경우들을 발견할 수 있었다.

반면 (2ㄴ)의 밑줄 친 부분은 '-잖아(요)'가 '-지 않아(요)'로 되기 어렵다. 아울러 화자가 청자에게 확인하는 질문을 하는 것으로 보기도 어렵다. 이 발화문에서 화자는 명제 내용인 '인 점 아웃 점을 찍어준다고 한다'라는 내용을 이미 내면화하여 잘 알고 있으며, 단순히 그 내용을 청자에게 전달하기 위하여 '-잖아(요)'를 선택하였고, 청자로부터 새로운 정보를 요구하지 않는다. 단지 여기에서 사용된 상승조 억양은 청자의 반응 및 주의를 끌기 위한 조치일 뿐이다.

지금까지 의문형 억양으로 실현된 '-잖아(요)'가 정말 '의문문'으로서의 기능을 하고 있는지를 살펴보았다. (2ㄱ)의 '-잖아(요)'를 문법화 이전의 '-지 않아(요)'로 보고 확인 질문을 하고 있는 것으로 해석할 수는 있었다. 그러나 (2

ㄱ)의 두 번째 해석과 (2ㄴ)의 '-잖아(요)'는 청자에게 정말 어떤 정보를 요구하고 있는 상황에서의 쓰임으로 볼 수 없었으며 단지 청자의 반응을 유도하기 위해 의문형 억양인 상승조 억양이 사용된 것으로 볼 수 있었다. 이와 같이 문법화가 끝난 단계의 '-잖아(요)'는 의문문으로 실현된다고 보기 어려운 것을 알 수 있다.

만약 '-잖아(요)'가 진정한 의미에서의 의문형 어미로 인정받으려면 의문사가 포함된 설명 의문문에서의 사용 또한 가능해야 한다. 그러나 아래의 예문에서와 같이 '-잖아(요)'는 설명 의문문에서 사용될 수 없다.

(3) ㄱ. *언제 집에 가잖아요?
　　ㄴ. 언제 집에 가요/가지요?

'-잖아(요)'가 설명 의문문에서 사용될 수 없는 양상을 보이는 이유에 대하여 '-잖아(요)'의 핵심 기능을 통해 설명할 수 있다. '-잖아(요)'는 기본적으로 화자와 청자가 모두 해당 명제 정보를 앎을 전제할 때 사용된다. 그런데 설명 의문문은 보통 화자의 모름이 전제된다. 따라서 이들의 태도가 서로 상충되므로 설명 의문문에서의 '-잖아(요)'의 사용이 제한되는 것으로 볼 수 있다.

지금까지의 논의를 종합해 보았을 때 '-잖아(요)'는 확인 질문하기의 기능을 수행할 수는 있으나 주로 평서문에서 실현되는 종결어미로 보는 것이 합리적일 것으로 판단되며, 이러한 양상을 보이는 것은 '-잖아(요)'의 핵심 기능을 통해 확인할 수 있다.

둘째로, '-을래(요)'가 어떻게 의문문으로 사용될 수 있는지에 대하여 핵심 기능에 비추어 '-을게(요)'와 비교함으로써 살펴보겠다.

(4) 과일 먹을래요?

(일상대화_미팅)

(4)에서와 같이 의문문으로 실현된 '-을래(요)'는 청자의 의향을 묻는 기능

을 한다. '-을래(요)'의 핵심 기능적 속성을 떠올려보면 이와 같이 의문문으로서의 실현 가능한 이유에 대하여 설명할 수 있다. '-을래(요)'는 태도 담지자의 전환이 일어나면 자신의 의중에 상관없는 청자의 의향을 질문하는 것이 되므로 청자에게 대답의 선택권을 부여할 수 있게 된다. 따라서 '-을래(요)'는 의문문에서 사용되는 것에 제약이 없다.

그러나 '-을게(요)'는 의문문으로 실현되지 않는다. '-을게(요)' 발화문의 태도 담지자가 전환되면 '화자 의중에 부합하는 미래 행동'을 질문한다는 핵심 기능을 갖게 되는데, 청자의 미래 행동에 대하여 질문하면서 화자 자신의 의중에 부합되도록 언어적으로 표현하는 것은 일반적이지 않다. 일반적으로 질문을 할 때에 화자는 필수적으로 청자에게 어떤 선택권을 부여한다. 최소한 '예/아니오'의 두 가지 선택지를 제공한다. 자신의 의향에 부합하기를 바라는 태도로 즉 답이 하나이기를 바라는 태도를 언어적으로 표현하며 질문하는 행위를 하지는 않는다. 그때는 '명령하기'의 기능을 수행하는 표현을 선택하면 된다. 이와 같이 '-을게(요)'의 핵심 기능과 의문문이라는 명제 유형에서 요구되는 화자의 태도가 서로 어긋나므로 '-을게(요)'가 의문문으로 실현될 수 없는 것으로 설명할 수 있다.

[3] 명령문, 청유문에서의 양상

'-거든(요)', '-잖아(요)', '-을게(요)', '-을래(요)' 모두 명령문이나 청유문으로 사용될 수 없다. '-을게(요)' 및 '-을래(요)'는 기본적으로 화자의 행동을 나타내는 종결어미이므로 2인칭이나 1인칭 복수의 주어를 취하는 명령문 및 청유문과의 결합이 어색한 것이 당연하다. 따라서 아래에서는 '-거든(요)'와 '-잖아(요)'에 대해서만 기술하겠다.

(5) ㄱ. (명령의 의미로) *당장 이 집에서 <u>나가거든/나가잖아</u>!

ㄴ. (청유의 의미로) *우리 같이 내일 영화 <u>보거든/보잖아</u>.

(5ㄱ, ㄴ)에서 알 수 있듯이 '-거든(요)'와 '-잖아(요)'는 명령 및 청유의 상

황에서 사용되는 것이 불가능하다. '-거든(요)'와 '-잖아(요)'가 명령문, 청유문에서 사용되지 못하는 이유는 이들이 모두 화자의 청자 지식 상태에 대한 태도를 나타내기 때문이다. 우리가 명령이나 청유를 하는 상황에서 우리는 그 명제 내용을 청자가 모르거나 혹은 알 거라고 전제하지 않는다. 명령하거나 청유하는 상황에서 청자의 지식 상태에 대한 태도를 갖는다는 것 자체가 어색한 일이다. 보통 명령문이나 청유문이 사용될 때 우리는 청자의 '지식' 상태에 대한 가정을 전제하지 않는다. 청자가 해당 '행동'을 할 수 있는지의 여부에 대한 전제를 가질 뿐이다.[132)]

이와 같이 '-거든(요)'와 '-잖아(요)'의 핵심 기능과 명령문 및 청유문의 성격을 비교해 보면 왜 이들이 명령문과 청유문에서 실현될 수 없는지가 설명될 수 있다.

[4] 정리

지금까지 '-거든(요)', '-잖아(요)', '-을게(요)', '-을래(요)'의 문장 유형의 양상을 살핀 결과는 다음과 같다.

① 평서문으로 사용 가능한 종결어미: -거든(요), -잖아(요), -을게(요), -을래(요)
② 의문문으로 사용 가능한 종결어미: -을래(요)
③ 명령문, 청유문으로 사용 가능한 종결어미: 없음.

'-을래(요)'는 의문문으로서의 실현이 가능하나 '-을게(요)'는 의문문으로 나타날 수 없는 양상에 대하여 핵심 기능의 대립과 문장 유형의 성격을 비교함으로써 설명할 수 있었으며, '-거든(요)', '-잖아(요)'가 명령문과 청유문으로 사용될 수 없음에 대하여서도 이들의 핵심 기능을 통해 설명될 수 있었다. 이러한 기술들은 3장에서 설정한 이러한 각 종결어미들의 핵심 기능이 타당함을 시사하고 있다.

132) '요청' 및 '청유'의 공통적인 '예비조건(preparatory condition)'이다.

5.1.2. 주어 인칭과 결합 용언의 양상

3장에서 기술된 종결어미의 핵심 기능은 주어 인칭 및 결합 용언의 양상을 설명하는 데에도 용이하다. 5.1.2에서는 '-거든(요)'와 '-잖아(요)'의 인칭 사용의 경향과 심리·감각형용사 구문의 주어 인칭 사용 양상을 중심으로 살펴보겠다. '-을게(요)'와 '-을래(요)'가 1인칭 주어와 결합하며 주로 동사와 결합한다는 내용은 그간 많이 언급되었으므로 여기에서는 생략하기로 한다.

[1] 주어 인칭 사용의 경향

'-거든(요)'와 '-잖아(요)'는 '-을게(요)' 및 '-을래(요)'와 달리 특별한 주어 인칭 제약이 없다. 그러나 '-거든(요)'와 '-잖아(요)' 용례에서 선호되는 주어 인칭 사용의 경향성은 찾을 수 있었다. '-거든(요)'에 결합되는 명제의 주어는 보통 1인칭에 관련되어 있는 경향이 있으며, '-잖아(요)'는 주로 2인칭과 관련되어 있는 경향이 있었다.

우선 '-거든(요)'의 주어 인칭 사용의 경향을 살펴보겠다. '-거든(요)'는 주로 1인칭 주어를 취하거나 꼭 1인칭 주어가 아니더라도 화자의 정보 영역에 속하는 주체를 주어로 취하는 경우가 많다.

(6) ㄱ. 거의 욕설을 거의 입에 달고 다니는 사람치고 별로 올바른 사람 없을 거라고 나는 생각하거든.

(토론_언어생활)

ㄴ. 저희 오빠는 정말 하루 종일 앉아만 있거든요,

(일상대화_미팅)

ㄷ. 모르겠는데, 거기 나와 가지구 바로는 서신동인데, 서신동은 덕진구거든요, 덕진군데 감을 못 잡고 있어요, 근데 톨게이트가 여러 군데라,

(일상대화_미팅)

(6ㄱ)은 화자 자신, (6ㄴ)은 화자의 가족 구성원, (6ㄷ)은 화자가 잘 아는 대상이 각각 문장의 주어로 등장하였다. 이와 같이 주어가 3인칭이라도 그 내용이 청자보다 화자에게 가까운 것이라면 '-거든(요)'에 선행하는 것이 자연스럽다. '-거든(요)'의 핵심 기능은 [청자의 미지정보]임을 떠올려보면 이러한 양상이 나타나는 이유가 쉽게 이해될 수 있다.

한편 '-잖아(요)'의 주어로는 보통 2인칭과 관련된 주체의 출현 빈도가 높았다.

(7) ㄱ. 어 주소록. 너 맞어 주소 바꿨잖아. 서울에 있잖아.
(일상대화_강의시작 전 7인)

ㄴ. 너는 시계도 있잖아.
(일상대화_미팅)

ㄷ. 어 왜, 너 옛날에 바쁘다 그랬잖아 작년에,
(일상대화_도서관에서)

(7ㄱ~ㄷ) 모두 주어가 2인칭으로 나타났다. 이와 같이 '-잖아(요)' 문장에서 2인칭 주어가 선호되는 현상은 '-잖아(요)'가 [청자의 기지정보]를 표현하는 형태임을 다시금 말해준다.

이와 같이 '-거든(요)'와 '-잖아(요)'의 주어 인칭 사용의 경향성은 3장에서 밝힌 이들의 핵심 기능이 타당함을 시사하며, 이들의 변별 지점을 반영한다.

[2] 심리·감각형용사 구문에서의 주어 인칭 사용 양상

'-거든(요)'와 '-잖아(요)'는 심리형용사나 감각형용사와 결합되는 경우에 인칭에 따라 문장의 적절성이 달라지므로 이러한 양상을 살펴볼 필요가 있다. 이때에도 역시 이들의 핵심 기능의 속성을 통해 이러한 양상이 설명될 수 있다.

우선 '-거든(요)'의 경우를 살펴보자.

(8) ㄱ. {나는, ?너는, ?그는} 여자 친구하고 헤어지기가 싫거든.
ㄴ. {나는, ?너는, ?그는} 밥을 너무 많이 먹어서 속이 더부룩하거든.

(8)은 심리·감각형용사 구문에서 '-거든(요)'가 사용되었을 경우 2, 3인칭이 주어로 오는 것이 어색함을 보인다. 이러한 양상은 '-어(요)'나 '-지(요)'의 심리형용사 및 감각형용사 구문에서의 주어 인칭 양상과 비슷하다고 볼 수 있다. 그러나 다른 점이 있다면 '-어(요)'와 '-지(요)'의 2, 3인칭 주어 심리·감각형용사 구문이 아예 비문으로 처리될 만큼 적절성이 떨어지나 '-거든(요)'의 2, 3인칭 주어 심리·감각형용사 구문은 상대적으로 수용 가능성이 높다는 것이다.

특별한 맥락이 주어지면 이러한 인칭 제약은 더욱 느슨해지게 된다. 아래의 (8′)에서와 같이 어떤 이유에 대해 질문하는 상대방의 말에 대한 대답으로 2, 3인칭 심리·감각형용사의 '-거든(요)' 구문을 사용하면 인칭 제약은 사라지는 것처럼 보인다.

(8′) ㄱ. 가: 난 왜 헤어지자는 여자 친구의 문자에 답을 못할까?
나: 넌 여자 친구하고 헤어지기가 싫거든.
ㄴ. 가: 그 사람은 왜 헤어지자는 여자 친구한테 매일 그렇게 전화를 해댈까?
나: 그 사람은 여자 친구하고 헤어지기가 싫거든.
ㄷ. 가: 나 왜 이렇게 식욕이 없고 기분이 안 좋지?
나: 너는 밥을 너무 많이 먹어서 속이 더부룩하거든.
ㄹ. 가: 저 사람은 왜 저렇게 자기 배를 만지고 있지?
나: 잰 밥을 너무 많이 먹어서 속이 더부룩하거든.

동일한 명제 내용이 맥락 없이 단독 문장으로 제시된 경우인 (8)에서는 해당 문장들이 매우 어색해 보였으나 특정 맥락이 주어진 (8′)에서의 2, 3인칭의 심리·감각형용사 구문에서의 '-거든(요)'는 수용 가능성이 높아진 것을 확인할 수 있다. 이러한 이유에 대하여 살펴보도록 하겠다. (8′ㄱ~ㄹ)의 발화자 '가'는 상대방인 '나'에게 어떠한 이유에 대하여 묻고 있다. 화자 자신이 모르는 어떤 정보를 상대방에게 요구하고 있는 상황인 것이다. 이때 맥락상 발화자 '나'의 대답은 청자인 '가'가 모르는 정보(물음에 대한 답)를 말하는 것이 당연한 상황이 된다. 이러한 경우에는 '-거든(요)'가 2, 3인칭의 심리 및 감각형용사 구문에서 사용되는 것이 자연스러워진다. 비록 2, 3인칭의 심리 및 감각 상태에 대한 정보가 화자 자신의 머릿속에 내면화되기 어려운 성격을 지니기는 하였으나 화자가(상황상, 맥락상으로 유추하여) 해당 정보를 획득한 적이 있고, '청자가 해당 정보를 전혀 모르는 것으로 확신되는 경우'에는 해당 구문의 수용 가능성이 높아지는 것이다. 상대방이 해당 정보를 모른다는 사실이, 정보를 요구하는 질문((8′)의 대화참여자 '가'의 질문)을 통해 명시적으로 드러났기 때문에 '나'의 대답에서의 2, 3인칭 심리·감각형용사의 '-거든(요)' 구문의 적절성이 높아진 것이다.

나음으로 '-잖아(요)'의 경우를 살펴보겠다. '-거든(요)'와 마찬가지로 심리·감각형용사가 '-잖아(요)'와 결합될 경우 인칭에 따라 문장의 수용 가능성의 정도가 달라진다.

(9) ㄱ. {?나는, 너는, ??그는} 여자 친구하고 헤어지기가 싫잖아.
　　ㄴ. {?나는, 너는, ??그는} 밥을 너무 많이 먹어서 속이 더부룩하잖아.

(9ㄱ, ㄴ)의 용언은 '싫다'와 '더부룩하다'로 각각 심리형용사와 감각형용사이다. 이 용언들은 모두 '-잖아'에 결합되었는데 이때의 주어로 2인칭은 자연스러우나 1인칭과 3인칭은 다소 어색함을 느낄 수 있다. 청자의 심리나 감각의 상태를 나타내는 명제 내용, 즉 청자에게 친숙한 정보의 내용을 명제를 취하고 있는 경우는 예문 (4ㄱ, ㄴ)에서 볼 수 있듯이 2인칭 주어의 심리·감각형용사 구문에서 '-잖아(요)'가 사용되는 것이 자연스럽다. 이러한 현상이 나타나는 이유는 '-잖아(요)'의 핵심 기능에서 찾을 수 있다. '-잖아(요)'는 [청자의 기지정보]를 나타내므로 '-잖아(요)'에 결합되는 명제 내용이 청자의 정보

영역에 속하는 성격을 지닐수록 해당 문장의 수용 가능성의 정도는 높아진다.

한편 (9)에서 1인칭 주어인 경우 해당 문장이 실제 발화에서 사용될 수 있을 것으로 받아들여지기는 하지만 특정 문맥의 설정 없이는 다소 어색하다. 3인칭 주어 또한 특정 문맥의 설정 없이는 다소 어색하다. 여기에서 1인칭보다는 3인칭의 수용 가능성이 낮은 것을 알 수 있다.

1인칭을 주어로 하는 심리·감각형용사 구문의 명제 내용은 화자 자신의 정보 영역에 속한 내용이다. 따라서 청자가 알 거라 전제하고 말할 때 사용되는 '-잖아(요)'와 이 구문과의 결합은 어색할 수 있다. 3인칭 주어의 심리형용사 및 감각형용사 구문은 화청자 모두의 정보 영역에서 거리가 먼 성격을 지닌다. 따라서 '-잖아(요)'와의 결합이 어색한 것으로 보인다. 그렇지만 앞서 언급한 바와 같이 특정 맥락을 설정해 주면 이들의 수용 가능성은 높아질 수 있다.

(9′) ㄱ. 가: 넌 왜 헤어지자는 여자 친구의 문자에 답을 못해?
　　나: 너도 알다시피 <u>난</u> 여자 친구하고 헤어지기가 <u>싫잖아</u>.
ㄴ. 가: 그 사람은 왜 헤어지자는 여자 친구한테 매일 그렇게 전화를 해댈까?
　　나: 너도 알다시피 <u>그 사람은</u> 여자 친구하고 헤어지기가 <u>싫잖아</u>.
ㄷ. 가: 너 왜 이렇게 입맛이 없어 보여?
　　나: 아까 나 먹는 거 봤지? <u>난</u> 밥을 너무 많이 먹어서 속이 <u>더부룩하잖아</u>.
ㄹ. 가: 저 사람은 왜 저렇게 자기 배를 만지고 있지?
　　나: 너 아까 쟤가 먹는 거 봤지? <u>쟨</u> 밥을 너무 많이 먹어서 속이 <u>더부룩하잖아</u>.

동일한 명제 내용이 맥락 없이 단독 문장으로 제시된 경우인 (9)에서는 해당 문장들이 어색해 보였으나 특정 맥락이 주어진 (9′)에서의 1, 3인칭의 심리 및 감각형용사 구문에서의 '-잖아(요)'는 수용 가능성이 높아진 것을 확인할 수 있다. 이러한 이유에 대해서 살펴보겠다. (9′ㄱ~ㄹ)에서는 '-잖아(요)'에 결합된 명제 내용이 청자에게 노출된 적이 있는 정보라는 것을 맥락을 통해 제시하였다. (9′ㄱ)에서는 화자 '나'는 자기가 여자 친구와 헤어지고 싶어 하지 않는다는 것을 청자에게 말한 적이 있음을 상기시키며 '너도 알다시피'라는 말이 첨가되었다. 즉 '내가 여자 친구와 헤어지고 싶지 않다'라는 내용은 1인칭 정보 영역에 속하지만 이미 말한 적이 있으므로, 청자의 지식 체계에도 속한 내용이라 가정하고 '-잖아(요)'가 사용되는 것은 자연스러운 것이다. (9′ㄴ)에서도 마찬가지로 '너도 알다시피'라는 말의 첨가로 인하여 수용 가능성이 높아졌다. (9′ㄷ, ㄹ) 또한 내가 밥을 많이 먹었던 사실, 그 사람이 많이 먹었던 사실을 상기시키면서 해당 명제 내용이 청자가 이미 알고 있는 사실이라는 맥락을 설정하니 적절성이 높아졌다. 이와 같은 현상은 '-잖아(요)'가 청자가 잘 알고 있는 내용을 말할 때 사용된다는 핵심 기능을 반영하고 있다.

[3] 정리

지금까지 살펴본 '-거든(요)'와 '-잖아(요)'의 주어 인칭 사용의 경향성 및 심리·감각형용사 구문에서의 주어 사용 양상은 이들의 핵심 기능을 반영한다. '-거든(요)'에 결합되는 명제의 주어는 보통 1인칭에 관련되어 있는 경향이 있으며, '-잖아(요)'는 주로 2인칭과 관련되어 있는 경향이 있었다. 또한 '-거든(요)'는 [청자의 미지정보]를 나타내므로 청자가 모를 법한 내용일 가능성이 높은 1인칭의 심리·감각형용사 구문에서의 사용이 자연스러웠다. 그러나 '-잖아(요)'는 [청자의 기지정보]를 나타내므로 청자가 알 법한 내용일 가능성이 높은 2인칭의 심리 및 감각형용사 구문에서의 사용이 자연스러웠다.

5.1.3. 선어말어미와의 결합 양상

'-거든(요)'와 '-잖아(요)'는 '-시-', '-었-'과의 결합은 자유로우나 '-겠-', '-더-'와의 결합에 있어 자유롭지 못한다. '-을게(요)' 및 '-을래(요)'의 선어말어미 결합 양상은 그간 문법서 및 선행 연구에서 많은 기술이 이루어졌으므로 본서에서는 '-거든(요)'와 '-잖아(요)'의 선어말어미 결합 양상만을 기술하기로 한다.

[1] '-거든(요)'의 선어말어미 결합 양상

'-거든(요)'는 선어말어미 '-었-'과의 결합은 자유로우나 '-겠-'과의 결합에는 부분적인 제약이 있으며, '-더-'와의 결합은 불가능하다.

우선 선어말어미 '-겠-'과의 결합 양상에 대해 살펴보도록 하겠다. 강현화 외(2016:258)에서는 '-거든(요)'가 '-겠-'과 결합하기 어렵다고 언급한 바 있으며, 한길(2004:178)에서는 아래의 예문 (10)을 예시로 들어 '-겠-'과 결합 가능하다고 하였으나 그 예문의 적절성의 정도는 낮은 것으로 보인다.

(10) ?철수가 학교에 <u>가겠거든</u>. (한길 2004:178 예문임. 밑줄 및 문장의 적절성 판단은 필자가 표시함.)

(10)은 완전한 문법적 비문은 아니나 적절성의 정도가 다소 떨어지는 듯이 보인다. (10)을 아래의 (10′)과 같이 바꾼 것이 그 원래의 의미를 표현하는 데 있어 더 자연스러워 보인다.

(10′) 철수가 학교에 <u>갈 거 같거든</u>.

(10)의 밑줄 친 부분의 '-겠-'을 (10′)에서 추측을 나타내는 다른 표현인 '-을 것 같-'으로 교체한 예문이다. 명제 내용이 추측인 경우 '-겠거든'으로 표현하는 것보다 '-을 것 같거든'으로 표현하는 것이 더 자연스러운 것이다. 이러한 현상에 대해서 아래에서 자세히 살펴보도록 하겠다.

(11) ㄱ. 민영이 딸은 자기 엄마 닮아서 <u>똑똑하겠어/똑똑하겠지/똑똑하겠네/똑똑하겠군/?똑똑하겠거든</u>.

ㄴ. 민영이 딸은 자기 엄마 닮아서 똑똑할 것 같거든.

(11ㄱ)에서는 추측의 '-겠-'에 종결어미 '-어', '-지', '-네', '-군'이 결합한 것이 자연스러운 데 비해 '-거든'은 부자연스러운 것을 비교할 수 있다. 즉 (11ㄱ)은 '-겠-'에 의하여 문장의 적법성이 결정되는 것이 아니라 종결어미에 의해 문장의 적법성이 결정됨을 보여주고 있다. 이와 같이 동일한 내용을 명제로 하고 있음에도 불구하고 종결어미에 따라 차이가 나는 이유는 무엇인지 살펴볼 필요가 있다.

우선 '-겠-'의 양태적 속성을 살펴보면, '-겠-'은 그 추측의 근거가 주로 현장에서의 지각적인 경험일 경우에 사용된다(강현화 외 2017:344). 즉 '-겠-'에 의해 표현되는 추측의 내용은 화자의 발화시 당시의 즉각적인 추측을 나타낸다는 것이다. 그런데 '-거든(요)'는 [청자의 미지정보]를 나타낸다.

타인에 관한 추측은 화자 자신에 관한 내용보다 인지적인 노력이 더 들 가능성이 높다. 동시에 타인에 관한 내용이므로 자신만이 해당 정보를 독점하고 있을 가능성이 낮다. 명제 내용이 자신에게 익숙한 정보가 아니므로 상대방은 해당 정보를 모르고 화자 자신만 알고 있으리라는 판단을 하는 것이 일반적으로 어려운 것이다. 따라서 타인에 대해 추측한 정보를 명제 내용으로 하는 (11)에서는 발화시 당시에 추측한 정보를 표현하는 '-겠-'과 [청자의 기지정보]를 나타내는 '-거든(요)'가 결합되어 사용되기 어려운 것이다.

한편 (11ㄴ)에서는 (11ㄱ)의 명제 내용과 동일한 명제 내용을 '-겠-' 대신 '-을 것 같-'으로 대체하고, 종결어미로 '-거든'이 선택된 예문을 보이고 있다. (11ㄴ)의 예문은 자연스럽다. 같은 추측의 내용을 말하는 데 있어서 '-겠거든(요)'보다 '-을 것 같거든(요)'가 선호되는 이유는 무엇일까? 결과적으로 보면 '-을 것 같-'에 붙은 명제는 발화시 이전에 추측한 내용이므로 청자가 그 명제에 대하여 어떠한 인지적 상태인지를 화자가 판단하기가 더 쉽지만, '-겠-'은 발화시 당시 지각한 근거를 바탕으로 한 추측을 의미하므로 그 추측의 내용이 청자에게 내면화되어 있는지의 여부를 판단하기가 다소 어렵기 때문이다. 추측시와 발화시의 차이가 있는 경우 화자는 인지적으로 청자의 인식 상태에 대한 판단을 할 여유가 생기지만 추측시와 발화시가 거의 비슷한 경우에는 이러한 인지적 여유가 없다.

지금까지 '-겠-'과 '-거든(요)'의 결합이 어색한 이유에 대해서 살펴보았다. 그런데 《연세구어말뭉치》를 조사한 결과 '-겠-'과 '-거든(요)'의 결합은 매우 드물지만 출현하기는 하였다. '-거든(요)'의 전체 용례 3,400개 중 5회 출현하였다.

(12) ㄱ. 하나 더 개발해야 되는데? 그::~ 성격상 이런 건 또 못 하겠거든.

(일상대화_저녁식사)

ㄴ. 최근 근래에 몇 년 사이에 최저 그~ 최저 임금, 최저 임금이, 시간 당 얼마인지 지금 제가 지금 정확히 기억을 못 하겠거든요, 〈1.0〉 근데 제가 지금 인제 얘기하는 건 그런 겁니다.

(강의_NGO 경험)

ㄷ. 그게 게~ 떨어지지가 않구 이렇게〈p이케/p〉 남아 있으니까:: 그걸 손으로 어떻게 제거를 해야 되는 건지 아니면 그냥 있어도 떨어지는 건지 잘 모르겠거든요?

(라디오방송-SBS 건강 상담실)

ㄹ. 다음 뭐 해요? 가운데 잘라야죠. 내장도 XXX 보고, 고거 인자 볼 차례다. 그럼 내장을 딱 골라 보니까? 잘 모르겠거든요? 내장이 뭐 있겠어요. XX 하나밖에 없잖아, 그렇죠, 그러니까〈p그니까::/p〉 내장에 볼 게 없더라:: 이거죠.

(강의-음성정보처리기술소개)

ㅁ. 〈들숨, 쓰〉 글쎄요, 이거 저도 잘, 모르겠거든요?

(강의-음성정보처리기술소개)

말뭉치에 출현한 '-겠거든(요)'는 (12)에서 확인할 수 있듯이 제한된 용언과의 결합으로만 나타나는 것을 알 수 있다. '못 하-'와 '모르-'와의 결합만 나타났으며 1인칭을 주어로 하고 있다는 점이 특징적이다. 즉 화자 자신의 능력이나 인지 상태에 대한 내용만 '-겠거든(요)'에 결합될 수 있는 것으로 보인다. 이러한 용언 외의 다른 용언과의 결합은 다소 부자연스러워 보인다. 이러한 이유를 알아보기 위해서는 '-겠거든(요)'로 끝난 문장들의 주어 인칭 및 결합된 상황의 의미에 주목할 필요가 있다.

(12ㄱ~ㅁ)에서 '-거든(요)'에 결합된 상황의 의미를 보면 화자 자신의 '능력' 및 '인지 상태'에 관련된 내용이다. 즉 (12ㄱ~ㅁ)의 밑줄 친 부분의 명제 내용은 모두 화자 자신에게 매우 익숙한 정보일 가능성이 높은 것이다. 자신의 능력이나 인지 상태에 대한 정보를 잘 알아차릴 수 있는 사람은 화자 자신이기 때문이다. 또한 그 정보는 화자 자신에게 종속된 것이므로 청자가 이 내용에 대해 모를 것이라고 판단하는 것은 상대적으로 쉽고 빠르게 이루어질 수 있다. 따라서 비록 '-겠-'이라는 선어말어미 때문에 해당 명제 내용이 발화시 당시에 지각한 정보를 근거로 한 추측임을 암시하기는 하지만(즉 '-겠-' 때문에 해당 추측의 내용이 발화시 당시에 획득한 정보로 보이기는 하지만), 이 명제의 내용적인 성격상 화자에게 이미 빠르게 내면화되었을 가능성이 높은 것이다. 또한 해당 내용이 화자의 정보 영역에 속하는 것이 분명하므로 청자의 인지 상태에 대한 판단을 하는 것이 쉽다. 따라서 동시간대 발화시에 화자의 청자의 인지 상태에 대한 판단이 이루어져도 어색하지 않은 것이다.

다음으로 '-거든(요)'와 '-더-'의 결합 여부를 살펴보겠다. '-거든(요)'는 과거 지각을 나타내는 선어말어미 '-더-'와의 결합이 불가능하다.

(13) *민영이가 밤을 새더거든.

(13)은 '-더-'와 '-거든'의 결합이 불가능함을 보이고 있다. 이러한 현상이 나타나는 이유는 과거 지각의 의미를 가지는 '-더-'와 [청자의 미지정보]를 나타내는 '-거든(요)'의 핵심 기능의 고찰을 통해 밝힐 수 있다. '-더-'를 통해 화자는 발화시 이전에 지각한 상황을 의미하며 여기에서 과거의 어느 시점까지 화자에게 미지정보였음을 시사한다. 그런데 '-거든(요)'는 본질적으로 [화

자의 기지정보]를 나타낸다.[133] 이 같은 의미적인 충돌로 인하여 '-더-'와 '-거든(요)'의 결합은 불가능하다.

[2] '-잖아(요)'의 선어말어미 결합 양상

'-잖아(요)'는 몇몇 선어말어미와의 결합에 있어 자유롭지 못하다. '-시-', '-었-'과의 결합은 어색하지 않으나 '-겠-', '-더-'와의 결합은 어색하다.

우선 '-겠-'과 '-잖아(요)'의 결합 양상을 살펴보도록 하겠다. 《연세구어말뭉치》를 통해 살펴본 결과 '-겠-'과 '-잖아(요)'가 결합된 용례가 단 한 건밖에 발견되지 않았다.

(14) 아, 나 사귀자고 했으니까 피하지는 않겠잖아요. 근데? 그것도 멀쩡한 정신에, 오래간만에 멀쩡한 정신에서. 그 이야기를 했으니까. 근데 그 주 사귀자고 해 가지구? 이틀 있는 일요일부터 계::속 전화기가 꺼져 있는 거예요. 지금까지. 〈웃음, 하하〉

-(독백_연애)

(14)의 밑줄 친 부분은 연애에 대한 독백을 하는 상황에서 발화된 문장이다. 이 발화문 이전에 화자는 자신이 어떤 여자에게 사귀자고 고백을 하는 과정에서 일어났던 모든 일을 청자에게 다 상세하게 설명하였다. 그리고 밑줄 친 부분에서 화자는 '내가 (좋아하는 여자한테) 사귀자고 했으니까 (그 여자가) 피하지는 않을 것이다'라고 추측한 것에 대하여 청자도 그것에 동의할 것으로 전제하고 '-잖아요'를 종결어미로 취하여 발화하고 있다. 즉 화자가 앞서 자신이 고백을 하게 되기까지의 모든 일의 자초지종을 다 말했으므로 청자도 이러한 배경 지식을 기반으로 밑줄 친 부분의 명제 내용인 '(나와 그 여자가) 사귀자고 (합의) 했으니까 (그 여자도) 피하지는 않을 것이다'고 추측한 내용에

133) 이와 관련하여 3장에서 언급한 바 있다. 청자의 지식에 대한 태도를 가지기 위해서는 화자는 필연적으로 그 명제 내용이 자신의 지식 체계 내에 안착되어 있어야 한다. 즉, '-거든(요)'와 '-잖아(요)'는 필연적으로 [화자의 기지정보]를 말하는 기능을 갖게 된다.

동의할 것으로 예상하고 이와 같이 말한 것이다.

이와 같이 비록《연세구어말뭉치》에서는 '-겠-'과 '-잖아(요)'의 결합이 1회밖에 출현하지 않았지만 인터넷 검색을 통하여 아래와 같은 용례를 찾을 수 있었다.

(15) ㄱ. 뛰고 싶어도 숨차서 못 뛰겠잖아.

(네이버 카페_짠내투어 따라잡기)

ㄴ. 눈물이라 해석하면 조금 웃기겠잖아.

(네이버 블로그_ldw8216의 게시판)

ㄷ. 웃겨서 노래를 못 부르겠잖아.

(던전앤파이터 인벤 인터넷 자유게시판)

(15ㄱ~ㄷ)에서 '-겠잖아(요)'의 조합은 다소 어색하기는 하나 이와 같이 실제로 사용되고 있다. '-겠잖아(요)'가 다소 어색한 이유는 '-겠-'의 의미와 '-잖아(요)'의 핵심 기능이 서로 결합하기 어려운 측면이 있기 때문인 것으로 설명될 수 있다. 임동훈(2001:118)에 따르면 '-겠-'이 나타내는 추측은 현재의 상황이나 화자가 알고 있는 현재 지식을 바탕으로 추측한 것을 말할 때 사용된다고 한 바 있다. '-겠-'은 현재 지각한 근거에 기반한 추측의 내용을 말할 때 사용한다. 그런데 '-잖아(요)'는 청자가 해당 명제 내용을 모를 것이라 생각하고 말할 때 사용된다. 만약 '-겠잖아(요)'가 사용되려면 화자는 '현재 지각을 통한 추측'이라는 인지 활동과 '청자가 해당 정보를 알고 있는지의 여부'를 파악하는 인지 활동을 발화시 동시에 해야 한다. '-겠잖아(요)'가 사용되려면 두 활동 모두 발화시에 이루어져야 하기 때문에 화자에게 인지적 부담이 클 수밖에 없다.[134)]

134) 이를 통해 우리는 현재 지각한 근거를 바탕으로 발화시 당시의 추측을 할 때 사용하는 '-겠-'은 발화시 당시 획득한 정보를 표현하는 '-네(요)'와의 결합이 제일 빈번할 것이라 추정할 수 있다. 즉 '-겠-'의 양태 의미와 '-네(요)'의 양태 의미가 제일 잘 어울릴 것으로 예상할 수 있다. 실제로《연세구어말뭉치》에서 '-겠-'과 '-어(요)', '-지(요)', '-네(요)', '-군(요)'의 결합 빈도를 살펴본 결과 '-겠-'과 '-네(요)'의 결합 빈도가 가장 높은

이러한 이유 때문에 인터넷상에서 '-겠잖아(요)'가 출현한 (15ㄱ~ㄷ)을 살펴보면 '-겠잖아(요)'에 결합된 명제 내용은 모두 1인칭에 관련된 내용으로서 화자의 추측 및 청자의 인지 상태에 대한 판단을 비교적 쉽게 할 수 있는 내용임을 알 수 있다. 이러한 양상은 앞서 살펴본 '-거든(요)'가 '-겠-'에 결합한 경우와도 비슷하게 찾아볼 수 있다. 비교적 해당 명제 내용에 대한 판단이 빠르게 이루어질 수 있는 화자 자신의 인지 상태에 대한 내용이 주로 '-겠거든(요)'와 결합되었다.

《연세구어말뭉치》에서 '-겠-'과 '-잖아(요)'의 결합형이 사용되는 빈도가 단 1회로 아주 미미하게 나타난 것은 앞서 설명한 바와 같이 '-겠-'의 '발화시 당시의 현재 지각에 근거한 추측'이라는 양태적 의미와 '-잖아(요)'의 [청자의 기지정보]라는 핵심 기능적 속성으로 인한 인지적 부담감 때문인 것으로 설명할 수 있다.

다음으로 '-더-'와 '-잖아(요)'의 결합 여부에 대해 살펴보겠다. '-더-'는 '-잖아(요)'와의 결합이 불가능하다.

(16) *민영이가 밥을 <u>새더잖아</u>.

(16)은 '-더-'와 '-잖아(요)'의 결합이 불가능함을 보이고 있다. 이러한 현상이 나타나는 이유는 '과거 지각'을 나타내는 '-더-'와 [청자의 기지정보]를 나타내는 '-잖아(요)'의 관계를 살핌으로서 밝힐 수 있다. '-더-'를 통해 화자는 발화시 이전에 지각한 상황을 가리키며 여기에서 과거의 어느 시점까지 화자에게 내면화되지 않은 정보임을 시사한다. 따라서 청자가 해당 내용을 알고 있는지에 관하여 그 속성이 충돌되는 것이다. 이는 '-거든(요)'에 '-더-'가 결합할 수 없는 이유와 동일하다.

또한 '-더-'의 의미 중 하나는 '회상 보고'가 있다. 이때 발현되는 화자의 태도는 청자가 해당 명제 내용을 모를 거라 생각한다는 것이다. 이러한 화자

비율로 나타났음을 확인할 수 있었다.

의 태도는 '-잖아(요)'가 가지고 있는 '화자가 해당 정보를 알고 있을 것'이라는 전제와 충돌되는 것이다. 따라서 이러한 측면에서 또한 그 의미가 충돌되므로 '-더-'와 '-잖아(요)'는 결합될 수 없다.

[3] 정리

지금까지 '-거든(요)'와 '-잖아(요)'의 선어말어미와의 결합 양상을 살펴봄으로써 각각의 핵심 기능을 확인하였다. 특히 선어말어미 '-겠-'은 발화시 당시의 추측을 의미하므로, 자신이 말하고자 하는 내용이 청자에게 내면화된 것인가에 대한 판단의 과정이 선행되어야 하는 '-거든(요)'와 '-잖아(요)'에 공통적으로 결합되기 어렵다는 특징을 가지고 있다. 그러나 만약 명제 내용이 화자 자신의 인지 상태나 능력과 같이 화자 자신에게 빠르게 흡수될 수 있는 성격의 것이라면, 발화시 당시에 추측한 것이라도 청자가 해당 내용을 알고 있을지 없을지에 대한 판단에 대한 인지적 부담이 상대적으로 적으므로, '-거든(요)'와 '-잖아(요)'가 결합될 수 있음을 밝혔다. 이를 통해 다시금 이 두 종결어미가 청자의 인지 상태에 대한 판단을 전제로 사용되는 형태임을 확인하였다.

5.2. 대청자 태도 종결어미의 맥락 기능

맥락 기능은 앞서 살핀 바와 같이 개념적 기능, 대인적 기능, 담화적 기능으로 나뉠 수 있으며, 본서에서는 이러한 맥락 기능들이 핵심 기능에서 유추될 수 있는 것으로 보았다. 따라서 각 형태들이 나타내는 맥락 기능을 살펴보는 일은 3장에서 밝힌 핵심 기능들의 타당성을 밝히고, 각 종결어미들 간의 변별 지점 및 각 핵심 기능들 간의 대립 관계를 파악하는 데에 기여할 수 있을 것으로 보고 논의를 진행하고자 한다.

5.2.1. 개념적 기능

개념적 기능은 형태 그 자체에 내재한 기능을 의미한다. 본서에서는 개념적 기능을 기술하기 위하여 각 종결어미가 포함된 발화가 나타내는 문장 차원에서의 기능을 살피고 핵심 기능이 어떻게 여기에 관여되는지 살펴보고자 한다.

《연세구어말뭉치》의 용례 분석을 통해 밝힌 '-거든(요)', '-잖아(요)', '-을게(요)' '-을래(요)' 발화문의 문장 차원에서의 개념적 기능은 다음과 같이 정리될 수 있다.

〈표 13〉 대청자 태도 종결어미들의 개념적 기능

종결어미	-거든(요)	-잖아(요)	-을게(요)	-을래(요)
개념적 기능	① 정보 제공하기 …	① 확인하기 ② 정보 제공하기 ③ 핀잔주기 ④ 가정하기 …	① 의지 말하기 ② 약속하기 ③ 허락 구하기 ④ 요청하기 …	① 의지 말하기 ② 요청하기 ③ 제안하기 ④ 협박하기 …

위의 표를 보면 '정보 제공하기' 기능은 '-거든(요)'와 '-잖아(요)'에서 공통적으로 나타나고, '확인하기', '핀잔주기', '가정하기'의 기능은 '-잖아(요)'에서만 나타나는 것을 알 수 있다. '의지 말하기'는 '-을게(요)'와 '-을래(요)'의 공통적인 기능이지만 '-을게(요)'와 '-을래(요)'의 나머지 기능들은 각 종결어미에서 독점적으로 나타난다. 여기에서 주목해야 할 점은 이러한 맥락 기능들 중에 각 종결어미들의 핵심 기능을 그대로 적용하였을 때 설명 가능한 것도 있었으나 다소 변용되어 나타나는 맥락 기능들도 있었다는 점이다. 이러한 유표적인 기능에는 '-잖아(요)'의 '정보 제공하기', '핀잔주기', '가정하기'와 '-을게(요)'의 '요청하기', '허락 구하기' 기능이 있었다. 따라서 아래의 기술에서 이러한 양상을 반영하여 설명하도록 하겠다.

단, '-거든(요)'와 '-잖아(요)'는 '정보'를 명제로 취한다는 점에서, '-을게(요)'와 '-을래(요)'가 '행동'을 명제로 취한다는 점에서 이들의 구분을 전제하여 따로 비교하겠다. 기술할 내용을 정리하면 다음과 같다.

[1] '-거든(요)'와 '-잖아(요)'에서 공통적으로 나타나는 개념적 기능: 정보 제공하기
[2] '-잖아(요)'에서만 나타나는 개념적 기능: 확인하기, 핀잔주기, 가정하기
[3] '-을게(요)'와 '-을래(요)'에서 공통적으로 나타나는 개념적 기능: 의지 말하기, 요청하기
[4] '-을게(요)'에서만 나타나는 개념적 기능: 약속하기, 허락 구하기
[5] '-을래(요)'에서만 나타나는 개념적 기능: 제안하기, 협박하기

[1] '-거든(요)'와 '-잖아(요)'에서 공통적으로 나타나는 개념적 기능

'-거든(요)'와 '-잖아(요)'에서 공통적으로 '정보 제공하기'의 기능이 나타났다. 그런데 '정보 제공하기'라는 이름에서 알 수 있듯이 이 기능은 보통 화자가 해당 정보를 독점하고 있을 때 나타나는 기능이다. 즉 청자가 모르는 내용을 전달하는 것을 보통 '정보 제공하기'라고 할 수 있다. 이러한 '정보 제공하기'의 속성은 '-거든(요)'의 [청자의 미지정보]라는 핵심 속성에 비추어 볼 때 타당한 것으로 보이지만 '-잖아(요)'의 [청자의 기지정보]라는 핵심 속성에 비추어 볼 때에는 다소 어색한 것으로 보인다. 그러나 말뭉치를 통해 실제 용례들을 살핀 결과 화자의 독점적인 정보를 제공하는 경우에도 '-잖아(요)'가 사용되는 경우가 발견되어 이를 주목할 필요가 있다. 아래에서는 각각의 종결어미가 '정보 제공하기'의 기능으로 나타나는 경우를 살펴 핵심 기능이 어떻게 관여되고 있는지를 살피고, 이로 인해 유추되는 이 두 종결어미들의 변별 지점을 확인하도록 하겠다.

'-거든(요)'는 [청자의 미지정보]를 말하는 핵심 기능을 가지므로 '정보 제공하기'의 기능의 용례를 다수 발견할 수 있었다.

(1) ㄱ. 예를 들면, 에스비에스 같은 경우에는, 가장 의상이 화려하고, 또 머리 모양도 가발이나 염색을 많이 쓰거든요.

(발표_대화의 기법)

ㄴ. 뭐냐면은, 내가 처음에::, 훈련소 가자마자, 뭐지. 〈쉼없음〉 내가 생활이 바뀌면은, 잘 볼일을 못 보거든.

(독백_군대)

(1ㄱ)의 화자는 방송국의 사정을 잘 아는 사람이 청자는 해당 내용을 잘 모르는 것으로 인식하고 내용을 전달하고 있다. (1ㄴ)의 화자 또한 자신의 평소 습관에 대해 청자는 모를 것으로 전제하고 전달하는 것을 알 수 있다. 이와 같이 화자에게는 익숙한 내용을 청자는 모를 것이라 생각하고 정보를 전달하는 '정보 제공하기'의 기능이 '-거든(요)'를 통해서 표현되었다. '정보 제공하기'의 기능은 '-잖아(요)'에서도 수행될 수 있다. 즉 (1ㄱ, ㄴ)의 밑줄 친 부분의 '-거든(요)'를 '-잖아(요)'로 대치하여도 이러한 기능을 수행할 수 있다. 그러나 만약 '-거든(요)'가 '-잖아(요)'로 대치된다면 화자가 청자에 대해 갖는 태도의 측면에서 차이점이 발생한다. 아래에서 '-잖아(요)'의 용례를 통해 어떤 차이가 발생하는지 살펴보겠다.

(2) ㄱ. 가: 그래? 나 대학교 일학년 땐가? 버스에서 신문 보다가 토했잖아 어지러워서.

…(중략)…

나: 얼마나 탔길래?

(일상대화_교통수단과 하루 생활에 대해)

ㄴ. 브라질에선 딴 나라 축구를 이긴. 긴장해 가지고 축구를 잘 못 한대잖아. 긴장돼 가지구.

(일상대화_잡담)

ㄷ. 날씨가 안 좋으면 그런가 봐. 기상 예보 잘 안 봐두 되는 게 또 우리 엄마. 다리가 또 귀신같이 알잖아.

(일상대화_날씨에 대해)

(2ㄱ)에서는 화자 '가'는 자신의 과거 경험에 대해 말하고 있다. 대학교 1학년 때 버스에서 신문을 보다가 어지러워서 토했다는 화자 자신의 경험을 말하면서 '-잖아(요)'를 결합하여 말하고 있다. 이때의 정보는 청자의 지식 체계에 내면화되지 않은 신정보이다. 문맥을 보면 청자는 화자의 그러한 경험에 대해 전혀 모르고 있는 것을 알 수 있다. (2ㄴ)에서는 브라질에서는 다른 나라가 축구를 이긴 적이 없다는 명제 내용이 인용형과 '-잖아'가 결합된 '-ㄴ다잖아(구어형: ㄴ대잖아)'로 표현되었다. 여기서도 역시 화자는 청자가 모를 거라 전제한 내용을 '-잖아(요)'와 함께 발화하고 있다는 점을 알 수 있다. (2ㄷ)에서 '-잖아(요)'에 결합된 명제 또한 화자 자신의 엄마에 대한 내용이며, 이는 담화 맥락상 청자에게 내면화되어 있지 않은 정보임을 알 수 있다. 즉 화자는 청자가 해당 명제 내용을 모를 거라 전제하고 말하는 것임을 알 수 있다.

이러한 '정보 제공하기'의 기능은 본서에서 명시한 '-잖아(요)'의 핵심 기능과 반대의 성격을 보인다. 정보를 제공하는 경우에 화자는 자신이 전달하고자 하는 명제 내용이 청자의 지식 체계 내에는 없을 거라 생각하고 말하는 것이므로 앞서 살펴본 '-거든(요)' 또는 청자의 지식 상태에 대해 무표적인 '-어(요)'와 교체되어도 자연스럽다. 이와 같이 '정보 제공하기' 기능을 하기 위한 '-잖아(요)'의 선택은 화자에게 있어서 변칙적인 것이라고 할 수 있다. 그렇다면 왜 이러한 '정보 제공하기'의 기능으로서 '-잖아(요)'가 사용되는가?

말뭉치에서 위의 발화 상황의 맥락을 살펴보니 화자와 청자의 거리는 매우 가까웠으며, 화자는 자신만이 알고 있는 정보를 상대방도 꼭 알아주기를 바라는 태도를 가진 것을 알 수 있었다. 이러한 맥락에서 '-잖아(요)'가 선택될 수 있는 환경이 조성이 된다. '청자의 앎'이라는 속성을 매개로 하여 (2ㄱ~ㄷ)의 맥락에서의 화자의 태도와 '-잖아(요)'의 핵심 기능이 닮은 것으로 볼 수 있게 된다. 비록 청자의 앎의 시점이 서로 다르기는 하지만 '언어 형식의 선택은 의미에 기대어서만 이루어지는 것이 아니라 내포적 의미나 특별한 표현 효과를 겨냥한 전략적인 선택에 이루어질 수도 있다'는 문숙영(2009:67)

의 측면에 비추어보면 이러한 '-잖아(요)'의 사용이 이해될 수 있다.

이상으로 '정보 제공하기'의 기능으로 '-거든(요)'와 '-잖아(요)'가 사용되는 양상을 핵심 기능에 비추어 설명하였다. 비록 표면적인 맥락 기능으로는 이 둘의 기능이 동일한 술어로 표현될 수 있으나 화자의 선택에 관여하는 기제가 서로 다르며, 이러한 기제는 [청자의 미지정보], [청자의 기지정보]라는 핵심 기능의 속성으로 설명될 수 있음을 밝혔다. 또한 비록 '정보 제공하기'라는 기능이 '-잖아(요)'의 속성과 대치되는 것으로 보이나 화자가 담화 상황에서 표현하고자 하는 효과를 위해 전략적으로 '-잖아(요)'를 선택하는 양상을 포착할 수 있었다.

[2] '-잖아(요)'에서만 나타나는 개념적 기능

'-잖아(요)'에서만 독점적으로 나타난 개념적 기능에는 '확인하기', '핀잔주기', '가정하기'가 있었다. 여기에서 '확인하기'는 '-잖아(요)'의 핵심 기능을 그대로 반영하고 있는 기능으로 볼 수 있으나 '핀잔주기', '가정하기'의 기능은 핵심 기능의 변용적인 적용이 필요하다. 이것은 특별한 표현 효과를 겨냥한 전략적인 선택으로 볼 수 있다.

첫째로, '-잖아(요)'의 '확인하기'의 기능을 살펴보겠다.

(3) ㄱ. 굉장히 많아 아니 그때 우리 갔을 때두 그 옆 옆 방 큰 방에 아줌마 아저씨들 가득하게 있었잖아.

(써클_ycc잡담)

ㄴ. 그때 안경 쓰고 왔었잖아? 그치?

(주점대화_대학생 10인 이상)

(3ㄱ, ㄴ)에서 화자는 해당 명제 내용을 청자가 알고 있다고 전제하고 있다. 즉 화자는 명제 내용이 청자의 지식과 일치하는지를 청자에게 확인하는 기능을 수행하기 위하여 '-잖아(요)'를 선택하였다. (3ㄱ)에서 화자는 청자에게 화청자 모두가 함께 경험한 내용이 맞는지를 확인 질문하고 있다. '(과거의

어느 때에) 큰 방에 아줌마 아저씨들이 가득히 있었다'는 명제 내용이 청자가 알고 있는 것과 일치하는지를 확인하고 있다. (3ㄴ)에서는 '그때 안경 쓰고 왔었다'라는 명제 내용이 청자의 지식과 일치하는지의 여부를 질문하고 있다. 화자는 명제 내용이 '청자의 지식 체계에 내면화된 내용'이라 믿고 이들이 서로 일치하는지를 확인하기 위하여 '-잖아(요)'를 선택한다. 이와 같이 '확인하기'의 기능은 '-잖아(요)'가 '[청자의 기지정보]를 말할 때 사용된다'는 핵심 기능이 그대로 적용된 결과임을 알 수 있다.

한편 '핀잔주기' 및 '가정하기'의 기능은 '-잖아(요)'의 핵심 기능이 다소 변칙적으로 적용된 것으로 파악될 수 있다. '-잖아(요)'가 '핀잔주기' 기능으로 사용된 예부터 살펴보겠다.

(4) ㄱ. 새끼야 짤르면 되잖아.

(일상대화_잡담)

ㄴ. 무슨 말 한 거야, 말이 다르잖아 지금.

(일상대화_대학생 4인 잡담)

ㄷ. 하, 난 독심술이 있잖아. 몰랐니?

(일상대화_미팅)

(4ㄱ)에서는 상대방에게 '자르면 된다는 사실을 왜 모르냐'라는 말을 강한 어조로 함으로써 상대에게 핀잔을 주고 있으며, (4ㄴ)에서도 상대방이 한 말이 이전에 한 말과 다르다는 점을 말하면서 상대방에 대한 불만 또는 핀잔을 표현하고 있다. (4ㄱ, ㄴ)은 모두 명제 내용을 청자는 왜 모르냐는 태도를 함의하고 있으며 이로 인하여 '핀잔', '불만'과 같은 감정이 표출된다. (4ㄷ)에서 또한 화자는 독심술이 있다고 자랑하듯이 말함으로써 상대방에게 비아냥거리는 모습을 보이고 있다.

(4ㄱ~ㄷ)에서 '-잖아'는 모두 상대방의 지식 체계에 있어야 할 명제 내용이 없다는 점을 화자가 강조하여 말함으로써 위와 같은 감정들을 표현하는 데에 쓰이는 것을 알 수 있다. 이로써 '핀잔주기'의 기능이 '-잖아(요)'의 핵심 기능

과 어긋나는 것처럼 보일 수 있다. '-잖아(요)'는 '청자가 해당 명제를 알고 있음'을 핵심 속성으로 하기 때문이다. 그러나 '핀잔주기'에서의 화자의 의도를 떠올려보면 이러한 사용은 '-잖아(요)'의 핵심 기능에서 충분히 유추될 수 있는 성격의 것이다. '핀잔주기'는 보통 청자가 왜 해당 정보를 모르는지 비꼬듯 말함으로써 청자가 알아야 할 것을 일깨워 꾸짖는 행위를 일컫는다. 즉 상대에게 핀잔을 주기 위해 화자는 '청자가 명제 정보를 알아야 한다'는 점을 내비치기 위한 언어 형식을 선택하게 될 것이다. 이러한 화자의 의도는 '-잖아(요)'의 핵심 기능에서 충분히 유추될 수 있다. 모두 '청자의 앎'의 속성을 공통적으로 가지고 있기 때문이다. 단지 그 앎의 시점에 있어서만 발화시 이전인지 발화시 이후인지 차이가 있을 뿐이다. 이와 같이 결과적으로 '-잖아(요)'의 핵심 기능이 이러한 함축을 이끌어내는 것으로 볼 수 있다.

다음으로 '-잖아(요)'의 '가정하기'의 기능을 살펴보겠다. 이 기능은 정명숙·최은지(2013), 최윤지(2016:136)에서[135] 언급되기는 하였으나 그간의 선행 연구에서 그다지 주목을 받지 못한 바 있다. 아래의 용례에서와 같이 밑줄 친 부분의 '-잖아(요)'가 조건의 가정을 나타내는 '-으면'으로 교체될 수 있는 경우, 이를 '-잖아(요)'가 '가정하기'의 기능으로 나타난 것으로 볼 수 있다.

(5) ㄱ. 띵동띵동 눌르잖아요 그러면요, 막 갑자기 켜져 있던 (후략) ….

(주제대화_학원 강사와 고등학생)

ㄴ. 형 그거 알아요? 우리 홈페이지에 맹점? 로그인을 하면은, 일단은, 내 껄 로그인했다 로그아웃하고, 형 껄로 로그인하잖아요? 그럼 그 당시에는, 세 명이 동시로 들어가게 돼 있어요.

(일상대화)

135) 그러나 최윤지(2016:136~137)에서는 조건을 가정할 때 사용되는 '-잖아(요)'의 용례들이 보통 상승조의 억양을 띠는 것으로 설명하였지만, 본서에서는 아래의 용례들에서와 같이 평서형의 억양에서도 '가정하기'의 기능들을 발견할 수 있었다.

(5ㄴ)의 '눌르잖아요'는 문맥상 '누르면'으로 대치될 수 있으며 (5ㄴ)의 '로그인하잖아요' 또한 '로그인하면'으로 바꿀 수 있다. 이와 같이 '-잖아(요)'는 위의 용례에서 가정의 상황을 나타내는 형태로 사용되었다. 이러한 '-잖아(요)'의 기능은 사실상 앞서 제시하였던 다른 담화 기능과 비교하였을 때 독특한 현상으로 보인다. 다른 기능들은 모두 실제 일어난 사건, 또는 어떤 명백한 사실과 같은 사실성이 전제된 명제에 '-잖아(요)'가 붙은 발화에서 나타나는 것들이었다면 이 '가정하기'의 기능은 비실현된 명제에 '-잖아(요)'가 결합한 발화에서 나타나는 기능이다. 따라서 [청자의 기지정보]를 명제의 핵심 속성으로 갖는 '-잖아(요)'와 대치되는 기능인 것처럼 보인다. 따라서 왜 화자가 가정하기의 기능을 나타내는 경우에 '-잖아(요)'를 선택한 것인지 고찰할 필요가 있다.

가정은 사실이 아닌 상황을 상상하여 그 조건과 결과를 생각해 보는 것을 의미한다. 그런데 이때 화자가 말하고자 하는 가정의 상황은 자신의 머릿속에만 존재하므로, 이 정보는 화자의 독점적인 내용이 되기 마련이다. 이때 화자는 가정의 상황에 대하여 청자의 이해를 도모하기 위해 청자의 적극적인 개입, 즉 '청자의 앎'을 유도하는 언어 형식을 선택할 가능성이 있다. 이 지점에서 '-잖아(요)'가 선택될 계기가 마련된다. '-잖아(요)'의 핵심 기능에는 '청자의 앎'이 포함되기 때문이다. 따라서 (5)의 상황에서 '-잖아(요)'가 사용되면 '청자의 앎'이 매개가 되어 청자의 지식 체계 내에도 가정의 상황이 존재하는 것과 같은 효과가 발휘된다. 이로 인해 청자의 적극적인 개입이 성사될 수 있다. 이와 같이 '가정하기' 기능에서 요구되는 화자의 표현 전략은 '청자의 앎'을 매개로 '-잖아(요)'의 핵심 기능에서 확장된 것으로 볼 수 있다.[136]

---

136) 한편 앞서 4장에서 '-어(요)'와 '-지(요)'로도 '가정하기'의 기능을 표현할 수 있음을 기술하면서 이것은 이 두 형태가 [화자의 기지정보]의 속성을 공유하고 있기 때문인 것으로 설명한 바 있다. 그렇다면 [화자의 기지정보]가 전제된 '-거든(요)'나 '-잖아(요)'에서도 모두 '가정하기' 기능이 나타나야 하는 것으로 생각될 수 있다. 그러나 '-잖아(요)'와 달리 '-거든(요)'는 화자의 앎을 전제로 하고 있음에도 불구하고 '청자의 모름'을 나타내므로 청자에게 같이 어떤 가정의 상황을 생각해 볼 것을 제안하는 '가정하기'의 기능으로는 나타나는 것이 불가능하다.

[3] '-을게(요)'와 '-을래(요)'에서 공통적으로 나타나는 개념적 기능

'-을게(요)'와 '-을래(요)'에서 공통적으로 나타나는 개념적 기능에는 '의지 말하기'와 '요청하기'가 있다. 그런데 '-을게(요)'와 '-을래(요)'가 '의지 말하기'의 기능을 갖는다는 것은, 이 두 형태들이 모두 '화자의 미래 행위'를 명제의 핵심 속성으로 갖고 있으므로, 이들 핵심 기능을 통해 이러한 개념적 기능은 즉각적으로 추론될 수 있다. 이에 '-을게(요)' 및 '-을래(요)'의 '의지 말하기' 기능에 관한 논의는 생략하기로 한다. 또한 '-을래(요)'가 의문문에서 '요청하기'의 기능을 수행한다는 점 또한 그 핵심 기능에서 추론되기 쉬운 성격을 지녔으며 여러 연구와 문법서에서 기술된 바 있으므로 생략하겠다. 다만 '요청하기'의 기능으로 사용되는 '-을게(요)'는 그 핵심 기능에서 즉각적으로 추론되기 어려운 성격을 지녔으므로 이를 중심으로 기술하도록 하겠다.

'-을게(요)'는 [청자의 의향에 부합하는 화자의 미래 행동]을 의미하므로 요청하기의 기능과는 거리가 멀어 보인다. 그러나 윗사람이 아랫사람에게 요청할 때, '을게(요)'의 핵심 기능이 매개가 되어, '요청하기'의 기능으로 나타나는 경우가 있어 이를 살펴볼 필요가 있다. 또한 '-을게(요)'는 요즘 실생활에서 '-으실게요'의 형태로 '요청하기' 내지는 '지시하기' 기능으로 빈번하게 나타나므로 살펴볼 필요가 있다. 우선 말뭉치에서 '요청하기'의 기능으로 나타난 '-을게(요)'부터 살펴보겠다.

(6) ㄱ. 커피 한 잔만 부탁드릴게요.

(주제대화_직장생활)

ㄴ. 근까는 뭐 그렇게 해서 견적 두 개 부탁드릴게요.

(강의_편집실 수업)

(6ㄱ, ㄴ)을 보면 모두 상대의 행동을 요구하는 요청하기의 기능이 나타난 것을 알 수 있다. 그런데 '-을게(요)'에 결합된 용언 '부탁드리다'라는 어휘 자체에 요청의 의미가 있으므로 (6)에서 나타나는 요청하기의 기능이 '-을게(요)'에 의한 것이 아닌 것으로 볼 수도 있겠다. 그렇지만 왜 다른 요청 표현이

아닌 '-을게(요)'를 사용하였는지에 대하여 생각해 볼 필요가 있다. 위의 (6ㄱ, ㄴ)의 상황에서 화자는 '부탁드릴게요' 대신 '부탁드려요', '부탁드려도 될까요?', '부탁드리겠습니다' 등과 같이 다른 요청의 형식을 선택해도 충분히 공손하게 요청의 기능을 실현할 수 있었을 것이다. 이에 대하여 위의 (6ㄱ, ㄴ)의 상황과 화청자 요인, '요청하기'의 성격, '-을게(요)'의 핵심 기능을 모두 고려하여 기술될 필요가 있다.

(6ㄱ)은 상사가 부하 직원에게, (6ㄴ)은 강사가 학생에게 요청하는 것을 나타내며, (6ㄱ)의 커피를 가져오는 일, (6ㄴ)의 견적서를 작성하는 일은 각각 부하 직원과 학생이 해야 할 일에 속한다. 이러한 (6)의 상황은 모두 윗사람이 아랫사람에게 요청하는 경우를 나타내며, 이때 화자가 청자에게 요청하는 일의 성격을 보면 청자의 의무와 합치되는 양상을 보인다. 따라서 이러한 상황에서는 화자가 청자에게 필연적으로 부담을 주는 행위인 요청을 하고는 있으나 그 행위가 청자가 해야 하는 일에 포함되므로, 자신이 요청하는 일이 청자에게 부담이 되지 않는 일처럼 이야기할 수 있는 계기가 마련된다. 이때 '청자 의향 부합성'이라는 속성이 매개가 되어 '-을게(요)'가 사용될 수 있다.

이와 같이 표면적으로 보았을 때에는 '요청하기'의 기능의 성격과 '-을게(요)'의 핵심 기능의 속성이 배치되므로 '-을게(요)'가 이러한 기능으로 사용될 수 없을 것으로 생각될 수도 있으나 위의 (6)과 같은 상황에서는 '-을게(요)'의 핵심 기능과 관련되는 속성이 발휘될 수 있는 환경이 조성되므로 '-을게(요)'가 사용될 수 있음을 알 수 있다.

다음으로 주체 존대를 나타내는 '-시-'와 '-을게요'가 결합한 '-실게요'가 특정 상황에서 '요청하기'의 기능으로 자주 나타나는 양상에 대해 살펴보겠다.[137] 일각에서는 이를 비문으로 보아 고쳐야 할 표현으로 여기기도 하지만 2000년대 들어서부터 현재까지 '-실게요'는 아래와 같이 활발하게 사용되는 듯하다.[138]

---

137) '-을게(요)'가 지시 기능을 나타낼 때 쓰이는 것으로 논의한 연구에는 조숙환(2009), 박재연(2013b), 박미은(2016), 안주호(2017), 최선희(2017) 등이 있다.

138) 서민정(2017:402-403)에서는 '-실게요'가 언제부터 사용되었는지 찾기는 쉽지 않다고

(7) ㄱ. 손님, 이쪽으로 오실게요.
ㄴ. 겉옷은 여기에 놓으실게요.
ㄷ. 보호자 분은 1층에서 기다리실게요.

'-실게(요)'가 '요청하기'의 기능으로 사용되는 이유를 밝히려면 이들이 자주 나타나는 상황의 맥락적인 특성부터 살펴야 한다. (7)을 보면 알 수 있듯이 '-실게요'는 미용실, 병원, 백화점 등에서 손님을 상대로 요청을 할 때 사용되는 표현이다. 보통, 가게 직원의 역할은 손님을 돕는 것이며, 손님은 그 가게에서 물건을 사거나 서비스를 이용한다는 특정 목적이 있다. 따라서 요청하는 행위는 청자에게 부담을 주지만 (7)과 같은 상황에서 직원이 손님에게 하는 요청은 실상 청자에게 오히려 도움이 된다. 손님의 목적을 달성하는 데에 필요한 행위이기 때문이다. 이러한 점에서 '-을게(요)'가 사용될 수 있는 계기가 마련된다. 가게 직원이 말하는 청자의 행동은 넓은 의미로 보았을 때 청자의 의향에 부합되는 성격을 가지기 때문이다.

지금까지 '요청하기'의 기능으로 나타난 '-을게(요)'에 대해서 살펴보았다. '요청하기'의 기능 자체는 표면적으로 볼 때 청자의 의향과 상관없이 화자가 원하는 행동을 청자로 하여금 하도록 시키는 것이므로 '-을게(요)'의 핵심 기능인 [청자 의향에 부합하는 화자의 미래 행동]과는 어긋나는 것으로 보인다. 그러나 화자 자신이 요청하는 내용이 청자의 의무이거나 청자에게 이익이 되는 것으로 표현할 수 있는 상황 맥락이 오면, '-을게(요)'의 핵심 기능적 속성이 매개가 되어 '요청하기'의 기능으로 '-을게(요)'가 사용될 수 있는 환경이 조성이 된다.

[4] '-을게(요)'에서만 나타나는 개념적 기능

'-을게(요)'에서만 나타나는 개념적 기능에는 '약속하기'와 '허락 구하기'가 있었다. '약속하기'는 '-을게(요)'의 핵심 기능에서 즉각적으로 유추될 수

하였다. 그러나 국립국어원 홈페이지에 어떤 일반인이 게시한 질문으로 유추해 보았을 때 최소한 2009년에는 어느 정도 사용되고 있었음을 알 수 있다고 하였다.

있는 성격의 기능이므로 생략하도록 하겠다. 다만 '허락 구하기'는 '-을게(요)'의 핵심 기능에서 다소 유추되기 어려운 성격을 지닌 기능이다. 허락을 구하는 행위는 보통 청자와는 관계없는 자신의 의지를 말하는 것을 내포하고, '-을게(요)'는 청자의 의향에 부합하는 자신의 의지를 말할 때 사용되기 때문이다. 따라서 '허락 구하기'의 기능으로 나타나는 '-을게(요)'에 대해서 살펴볼 필요가 있다.

(8) ㄱ. 말 놓을게요.

(일상대화_저녁식사)

ㄴ. 뭐 좀 여쭤 볼게요.

(전자상거래 대화)

ㄷ. 물 좀 마실게요.

(일상대화_미팅)

(8ㄱ~ㄷ)에서 화자는 청자에게 자신이 어떤 행동을 해도 되는지에 대하여 청자에게 질문하고 있다. 그런데 이러한 '허락 구하기'의 기능은 '-어도 돼요?' '-어도 될까요?' 등의 다른 언어 형식을 통하여도 표현할 수도 있다. (8)에서 '-을게(요)'가 선택된 이유는 무엇일지에 대하여 위의 상황 맥락과 '-을게(요)'의 핵심 기능을 통해 기술해 보겠다.

'허락 구하기'의 기능으로 실현된 '-을게(요)'는 위의 (8ㄱ, ㄷ)의 상황과 같이 주로 비격식적인 상황에서 가까운 사이의 청자에게 말할 때, 또는 (8ㄴ)에서와 같이 격식적인 상황에서 화자가 하고자 하는 행위가 청자가 해야 할 일과 관련되어 있을 경우에만 출현하였다. 이러한 상황에서 화자는 자신이 하고자 하는 행위가 청자에게 당연히 받아들여질 것으로 생각하는 태도를 갖게 된다. 이러한 태도로 하여금 (8)에서는 '-을게(요)'가 사용될 수 있게 하는 환경이 조성된다. 즉 '-을게(요)'가 암시하는 '청자 의향 부합성'과 (8)에서 화자가 갖는 태도에 유사성이 있기 때문이다.

이와 같이 표면적으로 보았을 때 '허락 구하기'라는 기능은 '-을게(요)'의 핵심 기능에 비추어 보았을 때 전혀 어울리지 않는 성격을 지닌 것으로 보이지만, 실제 발화에서의 화청자 관계와 상황 맥락이 '-을게(요)'가 사용될 수 있게 하는 환경을 조성함에 따라 이와 같은 기능으로 발휘될 수 있음을 살펴보았다. 정리하면 '-을게(요)'의 '허락 구하기' 기능은 화청자가 매우 친밀한 관계라서 화자가 하고자 하는 행동(허락을 받을 행동)이 청자에게 받아들여질 것처럼 생각될 경우, 또는 화자가 하고자 하는 행동(허락을 받을 행동)이 청자의 의무 또는 이익과 관련된 경우에만 사용될 수 있다.

[5] '-을래(요)'에서만 나타나는 개념적 기능

'-을게(요)'와 비교하였을 때 '-을래(요)'에서만 나타나는 개념적 기능에는 '제안하기'와 '협박하기'가 있다. 이러한 개념적 기능들이 '-을래(요)'의 핵심 기능인 '[청자의 의향에 부합하지 않는 화자의 미래 행동]을 말한다'에서 어떻게 확장되는지를 살펴보겠다. 우선 '제안하기' 기능으로 나타나는 '-을래(요)'를 살펴보겠다.

(9) ㄱ. 경제학 입문? 너도 같이 <u>들을래</u>?

(주제대화_일상)

ㄴ. 형 나랑 원양 어선이나 한번 <u>탈래</u>?

(일상대화_교육에 대해)

ㄷ. 저랑 축제 <u>가실래요</u>?

(토론_언어와 사회 토론)

의문문으로서의 '-을래(요)'는 '화자의 의향에 관계없는 청자의 미래 행동'을 질문하는 기능을 갖는다. (9)의 상황에서 화자는 수업을 같이 들을 것인지, 원양 어선을 탈 것인지, 축제에 같이 가실 것인지 여부에 관한 청자의 미래 행동에 대하여 화자 자신의 의향에 관계없이 대답해 보라는 태도를 갖고 있다. '-을래(요)'로 제안하게 되면 청자의 의지 및 행동에 초점이 가게 되므로 청자의 의견을 중시한다는 태도가 내포되게 된다.

이러한 점 때문에 '제안하기'의 기능을 하는 또 다른 종결어미인 '-을까(요)'와 변별된다. '-을까(요)'는 청자와 화자가 주체가 되며, 화청자 모두의 의지와 행동에 초점이 가기 때문이다. 그러므로 제안하기의 '-을까(요)'를 듣게 되면 청자는 자신만의 행동을 생각하면서 대답하는 게 아니라 상대방의 행동까지 자신의 대답으로 인하여 제한하게 될 수 있기 때문에 자신의 행동뿐만이 아니라 상대방까지 고려해야 하는 입장에 놓이게 되므로, '-을까(요)'가 사용된 제안을 듣게 되면 대화 '-을래(요)'로 수행된 제안을 듣는 것보다 청자는 더 부담을 느낄 수밖에 없게 된다. 이와 같이 '-을래(요)'의 핵심 기능은 '제안하기'를 나타내는 다른 종결어미인 '-을까(요)'와 어떻게 다른지에 대해 파악하는 데에도 유용하게 활용될 수 있다.

둘째로, '협박하기'의 기능으로 나타나는 '-을래(요)'를 살펴보겠다. '협박하기'는 주로 (10)과 같이 의문문에서 나타나는데, 보통 의문문으로서의 '-을래(요)'는 청자의 의향을 존중하여 물을 때 사용된다는 핵심 속성이 있다. 한편 '협박'은 겁을 수어 남에게 억지로 어떤 일을 하도록 만드는 것을 의미한다. 그러므로 '-을래(요)'의 핵심 기능에서 이러한 협박하기의 기능을 유추하기가 쉽지 않다. 아래에서는 '-을래(요)'의 핵심 기능이 어떻게 협박하기로 유추될 수 있는지 그 연결 고리를 찾아보도록 하겠다.

(10) ㄱ. 한 대 맞을래?

(일상대화_삼십대)

ㄴ. 야, 이 새끼야 죽을래?

(일상대화_미팅)

(10ㄱ)의 명제 내용인 '한 대 맞다', (10ㄴ)의 '죽다'는 청자가 원하는 행동이 아니다. 그런데 청자의 의향을 존중하여 물을 때 사용되는 '-을래'와 결합되었다. 즉 청자가 원하지 않는 내용과 청자의 의향 존중의 속성을 지닌 '-을래'가 결합되어 아이러니가 발생한다. 협박의 내용을 청자의 의향이 와야 하는 명제 부분에 위치시킴으로써 만약 화자가 원하는 것을 청자가 이행하지

않을 시에는 명제 내용이 청자의 의지라고 받아들이겠다는 의미가 생겨 협박의 의미가 함축된다.

이와 같이 '-을래(요)'의 핵심 기능을 고찰함으로써 어떻게 이것이 '협박하기'의 기능으로 확장되는지를 유추해 볼 수 있다. 이러한 '-을래'의 '협박하기' 기능은 아래에서 살펴볼 '-을래(요)'의 대인적 기능의 '화자의 통제권 표현하기'를 통해 더 자세하게 살펴볼 수 있으므로, 아래에서 더 자세하게 설명하도록 하겠다.

[6] 정리

지금까지 대청자 태도를 나타내는 종결어미들의 개념적 기능을 살펴보았다. 각 종결어미들의 핵심 기능에서 곧바로 유추될 수 없는 다소 유표적인 기능으로 나타나는 경우를 중심으로 정리해 보도록 하겠다. 이러한 유표적인 기능에는 '-잖아(요)'의 '정보 제공하기', '핀잔주기', '가정하기'와 '-을게(요)'의 '요청하기', '허락 구하기' 기능이 있었다. '-잖아(요)'의 위와 같은 기능들은 모두 그 명제 내용이 '청자가 알아야 할 내용'임을 암시하는 경향을 보였다. 이는 '-잖아(요)'의 핵심 속성인 [청자의 기지정보], 즉 '청자의 앎'이 매개가 되어 화자가 의도하는 결과('청자가 알았으면 좋겠다', '청자가 알기를 바란다')를 내기 위한 전략적인 선택임을 알 수 있었다. 한편 '-을게(요)'의 유표적인 기능에는 '요청하기', '허락 구하기'가 있는데 이것은 특정한 담화 상황에서만 이러한 사용이 가능하였다. 즉 화자 자신이 요청하거나 허락을 구하는 내용이 청자에게 당연하게 받아들여질 것으로 생각되는 경우(그 행동이 청자에게 이익이 되거나 청자의 의무인 경우)에만 이러한 유표적인 기능으로 '-을게(요)'가 사용될 수 있었다. 이는 모두 '-을게(요)'의 핵심 기능에서 파생된 속성인 '청자 의향 부합성'에서 확장될 수 있는 것으로 설명할 수 있었다.

5.2.2. 대인적 기능

《연세구어말뭉치》의 용례 분석을 통해 밝힌 '-거든(요)', '-잖아(요)', '-을게(요)' '-을래(요)' 발화문의 대인적 기능은 다음과 같이 정리될 수 있다.

〈표 14〉 대청자 태도 종결어미들의 대인적 기능

종결어미	-거든(요)	-잖아(요)	-을게(요)	-을래(요)
대인적 기능	① 친밀감 형성하기 ② 간접적으로 표현하기 ③ 단정적인 태도 표현하기 …	① 친밀감 형성하기 ② 공감 유도하기 ③ 간접적으로 표현하기 ④ 청자의 집중 유도하기 ⑤ 청자의 동조 요구하기 …	① 친밀감 형성하기 ② 완곡하게 거절 표현하기 …	① 화자의 통제권 표현하기 …

위의 표에서 제시된 대청자 태도 종결어미들의 대인적 기능들 중 여러 종결어미에 걸쳐 공통적으로 나타나는 기능과 특정 종결어미에서만 나타나는 기능으로 나누어 살펴보겠다. 공통적으로 나타나는 기능을 기술할 때에는 각 종결어미들의 변별 지점이 어떻게 파악될 수 있는지를 핵심 기능에 비추어 살펴보고, 특정 종결어미에서만 나타나는 기능을 기술할 때에는 해당 종결어미가 가진 특징을 핵심 기능이 가지는 변별적 의미에 비추어 살펴보겠다. 단, '-거든(요)'는 그 명제 내용이 '정보'를 속성으로 하고 있으므로 '-잖아(요)'와 비교될 필요가 있고, '-을게(요)'는 그 명제 내용이 '행동'을 속성으로 하고 있으므로 '-을래(요)'와 비교될 필요가 있다. 따라서 이를 각 쌍으로 나누어 비교하게 될 것이다. 기술할 내용을 정리하면 아래와 같다.[139)]

[1] '-거든(요)', '-잖아(요)'에서 공통적으로 나타나는 대인적 기능: 친밀감 형

139) 아래의 분류는 '-거든(요)'와 '-잖아(요)'를 묶어 비교하고, '-을게(요)'와 '-을래(요)'를 한데 묶어 비교한 결과이다.

성하기, 간접적으로 표현하기

[2] '-거든(요)'에서만 나타나는 대인적 기능: 단정적인 태도 표현하기

[3] '-잖아(요)'에서만 나타나는 대인적 기능: 공감 유도하기, 청자의 집중 유도하기, 청자의 동조 요구하기

[4] '-을게(요)'와 '-을래(요)'에서 공통적으로 나타나는 대인적 기능: 친밀감 표현하기

[5] '-을게(요)'에서만 나타나는 대인적 기능: 완곡하게 거절 표현하기

[6] '-을래(요)'에서만 나타나는 대인적 기능: 화자의 통제권 표현하기

[1] '-거든(요)', '-잖아(요)'에서 공통적으로 나타나는 대인적 기능

'-거든(요)'와 '-잖아(요)'에서 공통적으로 나타나는 대인적 기능에는 '친밀감 형성하기', '간접적으로 표현하기'가 있다. 이러한 대인적 기능으로 나타나는 경우 이 두 형태의 변별 지점에 대하여 핵심 기능에 비추어 기술하겠다.

첫째로 이 두 종결어미가 '친밀감 형성하기'의 기능으로 나타나는 경우를 살펴보겠다.

(11) ㄱ. 아무튼 뭐~ 정치::, 군대 단축되는 거는 나는 솔직히 단축돼야 된다 생각하거든요?

(주제대화_대통령 선거)

ㄴ. 그리구 뭐~ 가난하지두 않구. 집 사는 거 보면 집값이 엄청 지금 우리 집은 솔직히 집뿐이 없거든 〈웃〉 딴 거 재산 하나두 없어. 딱 뭐~ 부동산 그러면 집 한 채 그거. 우리 집 사는 집 그거뿐이야.

(일상대화_가족과 사랑에 대해)

(12) 가: 아:: 하::. 내 실험 잘 돼야 할 텐데,

나: 니 아까 실험 안 돼서 좌절하고 있었잖아,

가: 나 완전 진짜 좌절했어. 내가:: 그깐, 그 실험이 되게 안, 그 실험 방법이, 되게 안 됐다?

(전화대화)

(11)의 화자는 자신의 개인적인 이야기를 하면서 청자와의 거리감을 좁히고 있다. 개인적인 이야기임을 알 수 있는 단서로는 '솔직히'라는 어휘가 있다. 이때 어미로 '-거든(요)'를 선택하여 해당 내용이 자신의 정보 영역에 속함에도 불구하고 청자에게 터놓고 얘기하는 듯한 느낌을 조성한다. 즉 '-거든(요)'에 결합된 명제 내용이 [청자의 미지정보]임을 강조함으로써 청자와의 거리감을 좁히고 있는 것이다. (12)의 화자는 청자에게 청자의 심리 상태를 자신도 잘 알고 있는 듯이 말하면서 거리감을 좁히고 있다. 이때 어미로 '-잖아(요)'를 선택하여 해당 내용이 청자와 공유된 것처럼 느끼게 하여 친밀감을 형성하고 있다.

이와 같이 '-거든(요)'와 '-잖아(요)'는 동일하게 '친밀감 형성하기'의 대인적 기능을 나타낼 수 있지만 서로 변별되는 핵심 기능에 비추어 보면 이들이 어떻게 다른지를 알 수 있다.

눌째로, 이 두 형태가 '간접적으로 표현하기' 기능으로 나타나는 경우를 살펴보겠다. 지시하거나 거절하고자 할 때, 해당 기능을 수행하는 언어 형식 대신에 '-거든(요)'나 '-잖아(요)'를 선택하여 지시하기, 거절하기 등과 같은 기능을 간접적으로 표현할 수 있다.

(13) ㄱ. 가: 사람 저희 더 오거든요?
나: 해 줄게

(주점대화_대학생 10인 이상)

ㄴ. 업체 쪽에서 하는 거는 저희가 좀 그렇게 하는 게 좀 힘들거든요.

(전자상거래 대화)

(14) 가: 뭐 먹을까?
나: 너 잘 시키는 거 있잖아.

(일상대화_미팅)

(13ㄱ)은 주점에서의 손님과 주인아주머니의 대화 중 일부이다. 자신이 요청을 하는 이유인 '사람이 더 올 것이다'라는 정보만을 제공함으로써 간접적으로 요청하고 있다. 청자로 하여금 자신의 의도를 청자가 추론하여 알아차리도록 유도하고 있다. '사람 저희 더 오거든요?'가 간접적인 요청이라는 것은 '자리를 더 마련해 주세요.'라고 직접적으로 요청하는 것과 비교하면 알 수 있다. (13ㄴ)에서는 앞당겨 배송해 달라는 손님의 요구에 대한 상담원의 거절을 간접적으로 나타내기 위하여 '-거든(요)'가 사용되었다. 업체에서 하는 일은 자신이 마음대로 조정하기 힘들다는 거절의 근거를 제공하여 청자로 하여금 '요구를 들어줄 수 없다'라는 말을 추론하도록 유도하고 있다.

한편 (14)의 내용은 뭐 먹을지 메뉴를 고민하고 있는 청자에게 말한 내용이다. 이때 화자는 청자가 잘 시키는 메뉴가 있다는 사실을 상기시켜 그 음식을 시키라는 말을 간접적으로 하고 있다. 화자는 어떤 음식을 시키라는 말을 직접적으로 하지 않고 그 근거 또는 배경이 되는 정보에 '-잖아(요)'를 붙여 말하고 있다.

이와 같이 '-거든(요)'와 '-잖아(요)'는 동일하게 '간접적으로 표현하기'의 대인적 기능으로 나타날 수 있는데, 이때 생략된 부분에 대한 추론을 유도하여 간접성을 유발하고 있는 것을 알 수 있다. 그런데 만약 이러한 '간접적으로 표현하기'의 기능이 단순하게 화자의 본래 의도를 달성하고자 그 배경이나 근거가 되는 정보를 제시함으로써 유발되는 거라면 '-어(요)', '-지(요)' 등과 같은 종결어미로도 이러한 '간접적으로 표현하기'의 기능이 활발히 드러나야 할 것이다. 그렇지만 (13ㄱ, ㄴ), (14)의 밑줄 친 부분에서 종결어미 부분을 '-어(요)'나 '-지(요)'로 바꾸면 그 발화문이 '간접적으로 표현하기'의 기능을 수행할 수는 있지만 공손성이 떨어지거나 어색해지는 것을 알 수 있다. 논의의 편의를 위하여 다른 간단한 예문으로 대치하여 이러한 현상을 살펴보겠다.

(15) 가: 집에 어떻게 갈 거야?

나: ㄱ. 우리 집은 여기서 멀어/멀지.

ㄴ. 우리 집은 여기서 멀거든/멀잖아.

(15ㄱ)은 '우리 집은 여기서 멀다'라는 명제 정보를 있는 그대로 청자에게 전달하여 이해시키려는 목적을 가지고 발화된 것으로 볼 수 있다. 물론 이 발화가 '집에 어떻게 갈 거야?'라는 상대방의 질문에 대한 답이므로, 우리는 상식과 논리를 동원하여 택시를 타거나 버스를 타고 갈 거라는 생략된 의미를 유추할 수 있다. 그러나 이것은 '-어'와 '-지'의 의미에 의한 해석이 아니라 명제 내용과 맥락에서 유추할 수 있는 해석이다. 이때 '-어'와 '-지'의 핵심 기능에는 '청자의 지식 체계 관여성'이 포함되어 있지 않으므로 청자에게 추론을 하라는 단서를 제공하고 있지 않으므로 다소 불친절한 발화처럼 느껴진다.

한편 (15ㄴ)은 각각 '-거든(요)'와 '-잖아(요)'를 통하여 '우리 집은 여기에서 멀다'라는 내용이 청자가 모르는/아는 내용임을 명시적으로 표현하고 있다. 즉 이들 종결어미의 사용으로 인하여 화자가 말하는 내용은 '청자의 지식 체계와 관련된 내용'임을 암시하게 된다. 따라서 청자는 이 정보를 자신과 가까운 성격의 것으로 받아들이게 되는 계기를 마련할 수 있다. 즉 화자는 '-거든(요)' 또는 '-잖아(요)'를 사용함으로써 '네가 모르는/아는 정보를 말한다'라는 표현을 하여, 청자 스스로 화자가 왜 이 정보를 제공하였는지를 추론할 수 있도록 유도한다. 이와 같이 '-거든(요)'와 '-잖아(요)'에 담긴 '청자의 지식체계 관여성'의 속성으로 인하여 자신의 의도를 '간접적으로' 표현할 수 있고, 이를 통해 좀 더 청자에게 친절한 발화로 느껴질 수 있다.

[2] '-거든(요)'에서만 나타나는 대인적 기능

'-거든(요)'에서 특징적으로 나타나는 대인적 기능으로는 '단정적인 태도 표현하기'가 있다. 위에서 살펴 본 '-거든(요)'의 대인적 기능인 '친밀감 형성하기', '간접적으로 표현하기'는 모두 상대방에 대한 체면 위협의 정도를 낮추는 효과를 가졌다. 그러나 이번에 살펴볼 '단정적인 태도 표현하기'는 청자 체면 위협의 정도를 오히려 높이는 기능으로 볼 수 있다.

(16) ㄱ. 가: 연정아, 이제부터 정말 너한테 잘할게. 나를 믿어 줘.
나: 됐거든. 우린 이미 끝났어. (강현화 외 2016:259)

ㄴ. 가: 너 내 숙제 좀 도와줄래?
　나: 싫거든!
ㄷ. 가: 너 미혜 좋아하지?
　나: 아니거든요!

'-거든(요)'가 (16)에서와 같이 단정적인 태도를 표현하는 경우에는 다음과 같은 특징이 발견되었다. 앞서 '간접적으로 표현하기'에서는 '-거든(요)'에 결합하는 명제 내용이 화자가 생략한 부분 혹은 뒤에 나올 말의 배경정보나 전제에 해당되는 내용이었다면, '단정적인 태도 표현하기'의 기능으로 나타난 경우에는 '-거든(요)'의 명제 내용으로 전경정보가 결합하는 양상을 보인다는 것이다. (16ㄱ, ㄴ, ㄷ)에서 각각 '됐다', '싫다', '아니다'와 같이 전경정보가 되는 명제 내용에 '-거든(요)'가 결합되었다.

대화가 아닌 독백에서 화자가 자신의 의견을 단정적으로 표현하기 위해 '-거든(요)'를 사용한 예를 살펴보면 아래와 같다.

(17) ㄱ. 모더니스트라고 해서 근대주의자도 있고 부흥주의자도 있고 여러 유형이 있는데, 지금 문제가 되고 있는 것은, 과격한, 법을 어긴 과격한 사람들의 문제그든요. 〈쉼없음〉 근데, 여기도 문젠 있습니다. 결국 이게 미국이 이게 지금까지 했던 세 가지 큰 문제점들이 있죠,

ㄴ. 문명과 야만은 충돌할 수 있습니다. 그럼 오늘날 이슬람이라고 하는 걸 우리가, 이슬람 하면 〈Q〉 과격주의 〈/Q〉 이렇게 생각하는데, 그게 아니그든요, 이슬람 원리주의는 상당히 좋은 겁니다. 〈쉼없음〉 이슬람 시각에서는. 건, 마음의 시대로 돌아가서 꼬란과 마음에서 전통을 따르자는 거거든요,

(ㄱ, ㄴ 모두: 방송_MBC100분토론)

(17ㄱ, ㄴ)의 밑줄 친 부분은 '-거든요'가 화자 자신의 주요 의견을 개진하면서 사용된 예를 보인다. (17ㄱ, ㄴ)의 밑줄 친 부분의 앞부분에 해당되는 선

행절은 모두 배경을 제시하는 '-는데'이며, '-거든(요)'는 주절에 결합된 종결어미로 기능하고 있다. 이때 화자는 단정적으로 자신의 의견을 표현하는 듯한 느낌이 든다. (17)의 밑줄 친 부분이 '-어(요)'로 표현되는 것보다 '-거든(요)'로 표현되는 것이 더 단정적인 느낌이 든다. '-거든(요)'를 통해 밑줄 친 부분의 자신의 주장이 화자 자신의 정보 영역에 속한 것임이 암시되므로, 그 주장을 화자가 강조한다는 느낌이 들기 때문이다.

이와 같이 '-거든(요)'의 '단정적인 태도 표현하기'는 주로 전경정보에 '-거든(요)'가 결합되었을 때 나타나는 기능인 것을 알 수 있으며, 이 기능을 살펴봄으로써 '-거든(요)'의 핵심 기능을 다시금 확인할 수 있었다.

[3] '-잖아(요)'에서만 나타나는 대인적 기능

'-잖아(요)'에서 특징적으로 나타나는 기능에는 '공감 유도하기', '청자의 집중 유도하기', '청자의 동조 요구하기'가 있었다. 그런데 이러한 대인적 기능으로 나타나는 경우, '-잖아(요)' 명제의 핵심 속성은 [청자의 기지정보]에 비추어 보았을 때 다소 변칙적인 양상을 살펴볼 수 있었다. 이 대인적 기능에서 나타난 명제의 속성은 [청자의 기지정보]로 나타나기보다는 '청자가 알아야 할 정보' 또는 '청자가 알았으면 하는 정보'로 나타났기 때문이다. 그러나 이러한 기능 모두 '청자의 앎'을 매개로 하여 '-잖아(요)'의 핵심 기능에서 확장된 것으로 설명될 수 있었다. 이러한 양상을 용례를 통해 살펴보겠다.

첫째로, '-잖아(요)'가 청자의 공감을 유도할 때 사용된 예를 중심으로 살펴보겠다. '공감 유도하기' 기능으로서의 '-잖아(요)'는 가족, 친구와 같은 가까운 사이의 비격식적인 상황에서 주로 나타나는 경향이 있었다. 아래의 용례는 30대 남녀의 가족 간의 대화이다.[140]

---

140) 이 대화 참여자들 간의 관계에 대해 명시적으로 나와 있지는 않았다. 그러나 《연세구어 말뭉치》의 헤드업 정보에 따르면 서로의 성이 다른 30대 남녀가 집에서 대화를 나누는 것으로 나와 있었으며, 대화의 문맥상 매우 가까운 사이임을 알 수 있었다. 따라서 이들이 부부 또는 연인 사이로 보인다.

(18) [1]여자: 뛰는 것도. 제일 처음에 너무 힘들었거든.
[2]남자: 나 처음에 힘들었잖아.
[3]여자: 그땐 이십 분 하는 것도 힘들어 처음에는.
[4]남자: 나는 삼십 분 했잖아?
[5]여자: 어.
[6]남자: 죽는 줄 알았잖아.
[7]여자: 너는 뛰었잖아 게다가.
[8]남자: 그지?
[9]여자: 어. 난 또 내 속으로
[10]남자: 정말 죽을 뻔했다.
[11]여자: 얘 진짜 튼튼하다 그렇게 생각했는데… 그게 아니었어.
(일상대화-교통수단과 하루 생활에 대해)

(18)에서 남자의 다섯 차례의 발화 중 두 번의 발화가 '-잖아'로 끝났다. 위의 대화에서 남자는 여자가 모르는 자신의 과거 경험 및 감정에 대해 말하고 있다. 밑줄 친 부분의 명제 내용이 여자가 모르는 정보라는 것은 문맥을 통해서 알 수 있다. 11번째 줄에서 여자는 그 당시에는 남자가 운동을 많이 해도 전혀 힘들어하지 않는 것으로 알았는데 지금 남자의 말을 듣고 그게 아니라는 것을 지금 깨달았다고 말했기 때문이다. 남자는 이러한 상황에서 자신의 과거에 정말 힘들었던 감정을 표현한 명제 내용에 '-잖아(요)'를 결합시켜 상대방이 그때의 상황에 대해 꼭 알아주기를 바라는 마음으로 발화하고 있다. 즉 화자 자신의 인지 체계로 상대방으로 초대하고 있는 것이며, 상대방의 공감을 원한다는 화자의 바람이 반영된 경우로 볼 수 있다.

이와 같은 '-잖아(요)'의 '공감 유도하기'의 대인적 기능은 청자가 이미 알고 있는 정보를 기반으로 말하는 것이 아닌 것처럼 보인다. 위의 용례의 밑줄 친 부분에서 화자는 청자가 현재 알고 있는 내용은 아니지만 꼭 알아줬으면 하는 내용을 이야기하고 있는 것이다. 비록 '-잖아(요)'의 '공감 유도하기'의 대인적 기능은 현재 청자의 지식 상태에 대한 가정이 아닌 화자의 '바람'

을 반영한 것이지만, 화자가 원하는 결과인 '청자가 해당 정보를 아는 상태', 즉 '청자의 앎'이 매개가 되어 이 '공감 유도하기'의 대인적 기능 역시 '-잖아(요)'의 핵심 기능에서 파생된 것을 알 수 있다.

둘째로, '-잖아(요)'가 '청자의 집중 유도하기'의 기능으로 사용된 경우를 살펴보겠다. 이 기능은 앞서 선행 연구에서 주목하지 않았던 담화 기능이다. '청자의 집중 유도하기'의 기능은 화자가 자신의 과거 이야기를 하는 동안 특정 대목에서 생동감을 표현하여 청자의 주목을 끌기 위해 '-잖아(요)'를 사용하는 경우로 보았다.[141)]

(19) ㄱ. 응. 술 많이 먹지 말아야지, 그랬었었어, 그랬는데, 그날두 걱정이 되잖아 얘가 술을 만땅이 먹었는데.

(주제대화_연애 에피소드)

ㄴ. 〈Q〉〈날숨〉 이제 가자, 〈/Q〉 그러면서 그 순간에서도 또 〈Q〉 차비는 있어야지 차비 없으면 참? 〈/Q〉 뒤지는데, 웬 〈웃〉 영수증만 나오잖아,

(주제대화_연애 에피소드)

ㄷ. 다음 다음 날에::, 내가 시험을 하나 신청해 놓은 게 있었거든. 아이엘츠라고, 그걸 보러 〈tr〉 갔 〈/tr〉 보러 갔는데, 공부가 안 되잖아. 〈웃음, 하하〉 근까 막 하느라고 너무 (후략)….

(독백_어학연수)

이 기능은 사적 독백의 상황에서 주로 나타났다. 위의 용례들을 보면 '연애 에피소드', '어학연수에 관한 독백'과 같이 사적인 자리에서 자신의 과거의 개인 경험을 말하는 상황에서 나타났다. 모두 화자 자신이 이야기를 주도해 가는 상황이다.

(19ㄱ)은 화자가 과거의 어느 날 어떤 친구가 술을 너무 많이 먹을까 봐 걱

141) '-잖아(요)'가 '청자의 집중 유도하기'의 기능으로 나타나는 경우에는 '-잖아(요)'와 결합된 명제 내용이 명백한 과거 사건임에도 불구하고 '-었-'이 표시되지 않았다.

정이 되었던 자신의 심경을 '그날도 걱정이 되잖아'라고 말하고 있는데 사실 그날의 화자의 경험은 청자에게 발화시 현재 처음 전달되는 내용이다. 이것은 (19ㄴ~ㄷ)도 마찬가지이다. 따라서 (19ㄱ~ㄷ)에서 보이는 화자의 태도는 '-잖아(요)'는 이러한 핵심 기능과 상충되는 것처럼 보인다. 그렇다면 왜 이러한 상황에서 화자는 '-잖아(요)'를 선택하였는지 알아볼 필요가 있다.

'-잖아(요)'가 [청자의 기지정보]를 핵심 속성으로 가진다는 점을 떠올려보면 이러한 사용 양상을 이해할 수 있다. 즉 '청자의 앎'의 상태가 매개가 되어 청자의 개입을 허용하여, 청자를 자신의 과거 이야기 속으로 끌어들이는 효과를 발휘하고 있다.

셋째로, '청자의 동조 요구하기'의 기능으로 '-잖아(요)'가 사용된 경우를 살펴보겠다. 이 기능은 화자 자신의 의견 및 주장을 청자도 그렇게 생각할 것이라 전제하여 상대방의 동의를 구하는 것을 가리킨다.

(20) ㄱ. 그냥 그냥 전체적으로 다 좋아하는데 그냥, 퓨전 재즈도 좋아하구요, <u>댄스 음악 같은 것도 들으면 신나잖아요</u>, 기분 나쁠 때 들으면 기분 되게 좋아요.

(일상대화_미팅)

ㄴ. 중삼에서 고일 가면 공부 양이 많아지구:: <u>그르니까 스트레슬 많이 받잖아요</u>.

(주제대화_감기 이야기)

(20ㄱ)에서는 '댄스 음악 같은 것 들으면 신난다'는 개인의 취향 및 의견을, (20ㄴ)에서는 '공부해야 할 양이 많아지면 스트레스를 받는다'라는 개인의 판단을 명제 내용으로 하고 있다. 이러한 명제 내용은 청자의 지식 체계에 존재하기 어려운 성격의 것들이다. (20ㄱ, ㄴ)의 명제 내용은 그것이 암시하는 사고방식이나 신념 체계가 청자의 머릿속에 있는 것으로 볼 수 있다. '동조 요구하기'의 기능 또한 [청자의 기지정보]라는 '-잖아(요)' 명제의 핵심 속성에서 즉각적으로 유추되는 기능으로 볼 수는 없지만 '청자의 앎'이 매개가 되

어 유추될 수 있는 기능임을 확인할 수 있다.

[4] '-을게(요)'와 '-을래(요)'에서 공통적으로 나타나는 대인적 기능

'-을게(요)'와 '-을래(요)'에서 공통적으로 나타나는 대인적 기능에는 '친밀감 형성하기'를 발견할 수 있었다. '친밀감 형성하기'는 비격식체 종결어미, 특히 대청자적인 태도를 지닌 종결어미라면 기본적으로 가지는 측면이라고 볼 수도 있겠으나 '-을게(요)'와 '-을래(요)'와 유사한 의미를 가진 '-겠-', '-을 것이-'에 비하여 어떤 측면에서 청자에 대한 친밀감을 표현하는지가 기술될 필요가 있다. 동시에 '-을게(요)'와 '-을래(요)'에서 드러나는 청자에 대한 친밀감은 공손성과는 어떠한 관련이 있는지도 살펴볼 필요가 있다. 각 형태를 중심으로 '친밀감 형성하기' 기능이 어떻게 나타나는지를 살펴보겠다.

첫째로, '-을게(요)'를 사용하여 '약속하기'의 기능을 할 때 '-겠-', '-을 것이-' 등과 같은 표현을 사용하는 것보다 훨씬 상대방과의 친밀감이 느껴진다.

(21) ㄱ. 음 기억해 <u>둘게</u>.

(주점대화_대학생 3인)

ㄴ. 음 기억해 <u>두겠어</u>.

ㄷ. 음 기억해 <u>둘 거야</u>.

(21ㄱ)에서 상대방의 일을 기억해 두겠다는 화자의 약속을 표현할 때 '-을게'를 취하였다. 한편 (21ㄴ, ㄷ)은 (21ㄱ)과 같은 내용을 약속의 내용으로 하고 있으나 명제 내용에 결합된 종결 형태가 다르다. 각각 '-겠어'와 '-을 거야'가 사용되었다. 그런데 여기에서 (21ㄱ)이 가장 상대방과의 친밀성이 느껴진다. 그 이유는 역시 '-을게(요)'의 핵심 기능에서 찾을 수 있다. '-을게(요)'가 표상하는 핵심 기능은 [청자 의향에 부합하는 화자의 미래 행동]이므로 화자는 '-을게(요)'를 선택하기 전에 먼저 자신의 행동이 청자의 의향에 부합하는지를 판단하여야 한다. 어떤 행동이 청자의 마음에 들 것인지를 판단하기 위해서는 청자에 대한 주변 지식이 필수적으로 요구된다. 화청자가 가깝

지 않으면 사용하기 어렵다. '-을게(요)'를 사용하기 위해서는 청자와 친밀성이 전제되어야 한다. 반면 '-겠-'이나 '-을 것이-'는 대청자 태도의 의미가 전혀 들어가 있지 않다. 단지 화자의 명제 내용에 대한 태도만이 반영되어 있을 뿐이다.[142] 따라서 '-을게(요)'의 사용은 다른 형태와 달리 친밀감의 느낌이 수반된다.

이와 같이 '-을게(요)'는 화청자의 친밀함이 전제되었을 때에 사용 가능하므로, 필연적으로 '-을게(요)'의 사용은 친밀감을 증폭시킨다. 이러한 대인적 기능은 가끔 '-을게(요)'에 [청자 의향에 부합하지 않는 화자의 미래 행동]이 결합되어도 어색하지 않은 상황을 낳기도 한다. 아래의 용례에서는 '-을게(요)' 대신 '-을래(요)'를 사용하는 것이 더 자연스러워 보이기까지 한다.

(22) (잠깐 자리를 비운다는 사람에게) 니 욕 하고 있을게.

(일상대화_저녁식사)

(22)에서와 같은 '-을게(요)'의 쓰임이 가능한 이유는 역시 화청자의 관계에서 찾을 수 있을 것이다. 이 예문은 일상적인 저녁 식사 자리에서 20대의 같은 또래 친구들끼리 하는 대화에서 나온 것이다. 이들은 아주 가까운 사이이며, 사회적 지위나 나이도 같다. 상대방의 욕을 하고 있겠다는 내용은 청자가 원하는 바가 절대 아니다. 청자의 의향에 부합하지 않고 오히려 반대되는 내용의 행동이다. 따라서 이 경우에는 [청자의 의향에 부합하지 않는 화자의 미래 행동]을 나타낼 때 사용되는 '-을래(요)'가 사용되어도 무방하다.

그러나 화자는 청자의 의향에 반대되는 명제 내용인 '청자의 욕을 한다'라는 것에 청자의 의향에 부합하는 의지를 의미하는 '-을게(요)'를 사용하여 아이러니를 만들어낸다. 즉, 청자의 욕을 하고 있겠다는 (22)의 내용은 장난임을 암시하며, 당사자의 욕을 하겠다는 이러한 부정적인 내용이 청자에게 그래도 용인이 된다고 생각하고 말하는 것으로 볼 수 있다. 상대에게 부정적이

142) '-을 것이-', '-겠-', '-을게(요)', '-을래(요)'의 이러한 차이점에 대한 논의는 장채린(2017) 참고.

거나 부담이 될 수 있는 자신의 행동이 용인된다고 생각하고 말하는 것은 그만큼 화자와 청자의 관계가 가깝다는 것을 반증하는 것이기도 하다. 이것은 '-을게(요)'의 기능 '허락 구하기'와 '요청하기'와도 궤를 같이한다.

허락을 구하거나 요청을 할 때의 명제 내용은 보통 청자의 의향에 부합하는지는 관련이 없지만 화자는 자신이 요청하거나 허락을 구하는 내용이 청자에게 용인이 될 거라 전제하여 말할 때 '-을게(요)'가 선택될 수 있다. 따라서 '-을게(요)'를 '허락 구하기'나 '요청하기'의 기능으로 선택하기 위해서는 화자와 청자와의 관계가 가까워야 함은 당연하며, 이러한 기능으로 '-을게(요)'가 사용된 경우는 친밀감이 수반된다는 사실 또한 확인하였다.

그러나 이러한 '친밀감 형성하기'의 대인적 기능은 공손성의 정도를 떨어뜨릴 가능성이 있다. '-을게'가 '약속하기'의 담화 기능으로 나타난 경우는 전체 '-을게' 용례의 68%로 매우 많지만 '-을게요'가 '약속하기'의 담화 기능으로 나타난 경우는 전체 '-을게요' 용례의 33%로 상대적으로 그 빈도가 낮았다. 물론 말뭉치에 나타난 담화 상황이 제한적이므로 이러한 결과가 나올 수도 있겠지만 본서에서는 이러한 현상이 일어난 이유를 공손성과 관련하여 살펴볼 수 있다고 보았다.

상대방의 의향에 부합하여 자신이 무언가 한다고 말하는 것은 사실 친절한 행위가 될 수는 있으나 상대방의 체면을 위협할 수 있는 행위가 될 수도 있다. 그 이유는 한국 사회에서 보통 베풂의 입장에 서 있는 것은 사회적으로 지위가 높거나 연장자이기 때문이다. 학교나 회사에서 밥을 사 주는 경우를 떠올리면 보통 선배가 후배에게, 상사가 부하 직원에게 사 주는 상황이 떠오를 것이다. 어떤 사람을 위해서 해주고 베풀 수 있다는 것은 그만큼 힘이 있다는 뜻이다. 따라서 아랫사람이 윗사람이 무엇을 원하는지 알고 있고, 그를 위해서 무언가를 해주겠다는 뉘앙스를 풍긴다면 그것은 한국 사회에서 윗사람인 청자의 체면을 위협하는 것일 수도 있다. '-을게요'가 쓰인 상황은 청자 높임의 '요' 때문에 보통 아랫사람이 윗사람에게 말할 때 사용된다. 따라서 이와 같이 아랫사람이 윗사람을 위해 자신이 무언가 한다고 말하는 것이 다소 조심스러울 수 있는 것이다. 장채린(2017:28)에서도 이러한 고찰이 있었는데 그 예문을 그대로 가져와 살펴보겠다.

(23) (둘의 관계가 매우 친밀하고 나이가 비슷함.)
상사: 이 대리, 내일 회의에서 먹을 점심 주문 좀 해 놓으세요.
부하 직원: 네, 주문할게요. (더 적절함)
네, 주문하겠습니다.
(23′) (둘은 가깝지 않으며 나이 차가 많이 남.)
상사: 이 대리, 내일 회의에서 먹을 점심 주문 좀 해 놓으세요.
부하 직원: 네, 주문할게요.
네, 주문하겠습니다. (더 적절함)
(장채린 2017:28의 예문 중에서)

(23)의 상황은 둘의 관계가 친밀하며 나이가 비슷한 상황에서는 '-을게요'가 자연스럽지만 (23′)의 상황에서는 '-겠습니다'를 사용하는 것이 더 자연스럽다. 이는 위에서 설명한 바를 적용해 보면 이해가 될 것이다.

나아가 이러한 '-을게(요)'에 내재된 양태적 의미와 공손성에 대한 사회적 가치관을 고려한다면 왜 '-을게(요)'와 비슷한 의미를 가진 '-겠-'이 '-어(요)'와 결합하는 것보다 '-습니다'와 결합하는 빈도가 높고 자연스러운지를 설명할 수 있다. 장채린(2017:29)의 예문을 가져와 살펴보도록 하겠다.

(24) (밥을 차려 주신 친구 어머니께)
ㄱ. 잘 먹겠어요.
ㄴ. 잘 먹겠습니다.
(25) (장인어른께)
ㄱ. 아버님, 저희 행복하게 잘 살겠어요.
ㄴ. 아버님, 저희 행복하게 잘 살겠습니다.
(26) (회사 상사에게)
ㄱ. 다음부터 지각하지 않겠어요.

ㄴ. 다음부터 지각하지 않겠습니다.

(장채린 2017:29의 예문 중에서)

(26)을 제외하고는 모두 비격식적인 상황임에도 불구하고 (24ㄱ, 25ㄱ)보다 (24ㄴ, 25ㄴ)이 더 자연스럽다. 《연세구어말뭉치》에서도 '-겠습니다'가 907회, '-겠어요'가 141회로 나타났다.[143] 즉 '-겠습니다'가 '-겠어요'보다 빈도가 월등히 높음을 반영한다.

이러한 이유는 무엇인지 살펴보자. (24~26) 모두 아랫사람이 윗사람에게 말하는 상황을 반영한다. 앞서 언급한 바와 같이 한국 사회에서 아랫사람이 윗사람의 생각이나 의견을 판단하는 것은 그다지 선호되는 공손한 태도가 아니다. 따라서 주관적 태도가 배제된 상황에서는 화자의 감정적인 태도를 어느 정도 드러내는 비격식체 종결어미 '-어요'보다 상대적으로 감정이 배제된 격식체 종결어미인 '-습니다'가 선호되는 것이다.

지금까지 '친밀감 형성하기'의 대인적 기능을 보이는 '-을게(요)'를 살펴보았다. '-을게(요)'는 '[청자 의향에 부합하는 화자의 미래 행동]을 말한다'는 핵심 기능에서 파생되는 기능임을 확인할 수 있었다. 아울러 '-을게(요)'는 핵심 기능으로 인하여 오히려 공손성을 낮추는 결과를 낳을 수도 있음을 확인하였다.

둘째로, '-을래(요)'의 '친밀감 형성하기' 대인적 기능을 살펴보겠다. 이러한 기능은 '-을 것이-'와 비교함으로써 확인될 수 있다. 화청자가 서로 싸우면서 '나는 이제 네 얼굴 안 보겠다'라는 명제 내용을 말하고자 할 때 '-을래'와 '-을 거야' 중에 어떤 것을 선택할지 생각해 보자.

143) 그러나 이 수치는 의미 빈도를 낸 것이 아니므로 추측 용법의 '-겠-'과 의지 용법의 '-겠-'이 혼재되어 오해의 소지가 있을 수 있다. 그러나 한 가지 확실한 것은 '-겠어요'로 나타났을 경우 대부분 추측의 용법이었으며 '-겠습니다'의 경우는 의지의 용법으로 쓰인 경우가 훨씬 많았다는 점이다. 이러한 점을 감안하고 보았을 때 의지의 '-겠-'은 확실히 '-어요'와의 결합보다 '-습니다'와의 결합이 실제 생활에서 자주 이루어지는 것을 알 수 있다.

(27) ㄱ. 난 이제 네 얼굴 다시는 안 볼래!
ㄴ. 난 이제 네 얼굴 다시는 안 볼 거야!

화청자가 싸워서 사이가 아주 안 좋아진 경우에 (27ㄴ)과 같이 말하는 것이 더 자연스럽다. (27ㄱ)이 불가능한 것은 아니지만 맥락에 따른 적절성의 정도를 비교하자면 (27ㄴ)이 더 자연스럽다. '-을 것이-'에는 청자의 의향이 무엇인지 아예 인식조차 하지 않았다는 태도가 담기게 되며, '-을래'는 청자의 의향이 무엇인지 인식하고 있다는 태도가 담겨 있기 때문이다. 만약 (27ㄱ)과 같이 '-을래'로 자기의 의지를 말하게 되면 청자의 의향이 무엇인지 알고 있지만 그것과 반대로 하겠다는 태도를 내비치게 된다. '-을래(요)'를 사용하면 결국 청자의 의향과 반대되는 것을 하겠다는 것이지만 청자를 '의식'하였다는 점에서 최소한 청자와의 감정적·인지적 교류를 표현하게 된다. 따라서 서로 싸운 후의 자신의 결심에 대해 말할 경우, 청자에 대한 단절감을 표현하는 '-을 것이-'가 훨씬 자연스럽다.

한편 화청자의 사이가 좋은 상태에서 '쉬겠다'는 명제 내용을 말할 경우에는 아래의 (28ㄱ)에서와 같이 '-을래'를 선택할 가능성이 높다. 반대로 화청자가 서로 싸워서 청자에게 더 이상 간섭하지 말라고 하면서 감정적·인지적 단절감을 표현할 경우에는 앞서 설명한 바와 같이 아래 (28ㄴ)의 '-을 것이-'가 선택되는 것이 자연스럽다.

(28) ㄱ. 나 쉴래.
ㄴ. 나 쉴 거야.

이러한 대인적인 기능 역시 '-을래'의 핵심 기능에서 온 것임을 알 수 있다. 화자 자신의 의지를 말하는 것은 청자 체면 위협의 가능성을 필연적으로 내포하고 있다. 자신의 의지는 청자가 원하지 않는 것일 수도 있기 때문이다. 따라서 화자는 '청자의 의중을 의식한다'는 것을 표현함으로써 이러한 청자 체면 위협의 정도를 조정할 수 있는데 그 기능을 하는 것이 '-을게(요)'와 '-을래(요)'이며, '-을게(요)'는 청자의 의중에 화자 자신의 의지 내용이 부합하는 경우, '-을래(요)'는 청자의 의중에 화자 자신의 의지 내용이 부합하지 않는 경우에 사용된다. 어쨌든 이 두 종결어미는 청자의 의중을 '의식하고 있다'라는 화자의 태도를 표현하게 된다. 따라서 청자에 대한 '친밀감 형성하기'가 가능해진다. '-을 것이-'로 자신의 의지를 표현하게 되면 자신의 의지 내용이 청자와는 전혀 무관함을 나타내지만, '-을래(요)'로 자신의 의지를 표현하게 되면, 비록 그 의지가 청자의 의중과는 다를지라도 청자의 의향이 무엇인지를 알고 있음을 표현하여 청자와의 감정적·인지적 연결을 유지하고 있음으로 화자는 청자에 대한 친밀감을 보일 수 있다.

이상으로 '-을게(요)'와 '-을래(요)'가 '친밀감 형성하기'의 대인적 기능을 지니고 있음을 살펴보았다. 그런데 이러한 '친밀감 형성하기'의 기능은 대청자 태도의 종결어미들이 지닌 공통적인 대인적 기능이다. 앞서 [1]에서 '-거든(요)'와 '-잖아(요)'에서 공통적으로 나타나는 대인적 기능에도 '친밀감 형성하기'가 속함을 밝힌 적 있다. 화자가 청자의 인지 상태에 관여하고 청자의 의향이 무엇인지를 고려한다는 것 자체가 친밀감이 형성되어 있지 않으면 일어날 수 없는 일이므로, 대청자 태도를 나타내는 종결어미들은 공통적으로 친밀감을 형성하는 기능을 가지는 것으로 볼 수 있겠다.

[5] '-을게(요)'에서만 나타나는 대인적 기능

'-을게(요)'를 통해 '완곡하게 거절 표현하기'의 기능을 할 수 있다. '-을게(요)'의 핵심 기능이 [청자 의향에 부합하는 화자의 의지]를 말하는 데에 있다는 점에 비추어 보면 거절의 표현을 하는 경우에 '-을게(요)'가 사용되는 것이 다소 의아하게 보일 수도 있을 것이다. 그러나 말뭉치를 살펴본 결과 이러한 기능의 '-을게(요)' 용례가 실제로 출현하였다. 어떻게 '-을게(요)'의 핵심 기능이 이러한 대인적 기능으로 확장될 수 있는지 그 연결 고리에 초점을 두고 살펴보겠다.

다음과 같이 '-을게(요)'는 상대의 말에 대한 반대 의견 및 요청에 대한 거절을 완곡하게 표현할 수도 있다.

(29) 가: 자 오늘 어디까지 하까? 웅범이가 범위를 정해 봐.
… (중략) …
가: 음. 자 빨리 인제 해 보자. 한 장,
나: 압축.
가: 아우 노우!
나: 반대.
가: 아니야. 이거 너무 이거 엄청 쪼금이야.
나: 반대로 저 해석할게요.
(수업대화_과외수업)

위의 대화는 과외 교사 '가'와 학생 '나'의 대화이다. 이 대화에서 '가'는 오늘 과외를 나가는 범위를 같이 학생 '나'와 합의하여 함께 결정하고자 한다. 그런데 그 범위의 양에 있어서 둘의 의견이 엇갈리는 것을 알 수 있다. 학생 '나'는 되도록 조금 공부하고 싶어 하고 과외 교사 '가'는 자신이 생각하는 적당량을 공부하고 싶어 한다. 그런데 학생 '나'는 과외 교사 '가'의 바람을 인식하고는 있지만 그에 반하는 내용인 '반대로 해석하는 행동'을 말하면서 '-을게(요)'를 사용하고 있다. 앞에서 '-을게(요)'는 화자가 청자의 의중을 파악하고 있고, 그것에 관계되는 자신의 의지를 말할 때 사용되는 종결어미라고 하였는데 여기에서는 이러한 '-을게(요)'의 기본 의미에 반하는 담화 기능이 나타나고 있는 것이다. 이때는 (29)의 밑줄 친 부분의 '해석할게요'는 '해석할래요'로 대치되어도 문맥상 문제가 없어 보이기까지 한다.

이와 같이 청자의 의향과 어긋나는 것처럼 보이는 명제 내용에 '-을게(요)'를 사용한 이유는 무엇인지 살펴보겠다. '-을게(요)'가 이와 같이 사용되는 배경은 화자와 청자의 관계에서 찾을 수 있다. '반대로 저 해석할게요'라고 말하는 화자는 학생이며 청자는 과외 교사이다. 이때 과외 교사의 위치는 사회적 지위 면으로나 나이로나 상위에 있는 사람이다. 그런데 밑줄 친 내용의 행동은 아랫사람이 윗사람의 의중에 반하는 행동이므로 해당 명제의 행동은 상대의 기분을 상하게 하는 행동이 될 수도 있다. 따라서 화자는 자신의 거절

의사를 완곡하게 표현할 방법을 찾게 된다.

(29)에서 학생인 '나'가 과외 교사의 바람을 거부하는 듯이 보이나 사실 학생 '나'는 과외 교사의 의중을 잘게 나누어 파악하여 자신은 그래도 최소한 어느 한 가지는 청자의 의중에 부합한 행위를 하고 있다고 표현하는 것으로 볼 수 있다. 과외 교사가 "아니야. 이거 너무 이거 엄청 쪼금이야."라고 한 말에 대하여 학생은 과외 교사의 의중을 '적당한 공부 진도를 나가는 것'과 '학생 자신 스스로 진도를 결정하여 말하는 것'으로 잘게 나누어 파악한 뒤 자신은 그래도 최소한 후자에 해당하는 교사의 의향에 부합하는 행동을 하겠다고 '-을게(요)'를 통하여 표현함으로써 완곡한 거절 표시를 하고 있는 것이다.

허경행(2011:224~225)에서도 다음과 같은 예문을 들어 '-을게(요)'가 상대방의 의지 중 일부를 수용함으로써 '완곡한 거절'의 의미를 나타낸다고 한다.

(30) 가: 지금 밥 먹어라.
　　나: ㄱ. *싫어요. 안 먹을게요.
　　　　ㄴ. 죄송하지만 이따가 먹을게요.
　　　　ㄷ. 먼저 잠 좀 잘게요.

(허경행 2011:224의 예문, 밑줄은 필자)

위의 예문을 보면 화자 '가(엄마)'의 밥을 먹으라는 명령에 '나(아들)'이 거부하는 발화를 하고 있다. ㄱ을 보면 아예 청자의 요구를 처음부터 거부하는 내용을 말할 때에는 '-을게(요)'와의 결합이 어색하다. 그러나 ㄴ과 ㄷ의 대답을 보면 지금 밥을 먹으라는 엄마의 말에 이따 지금이 아니라 이따 먹을 거라는 화자의 의도를 암시하는 내용에는 '-을게(요)'가 자연스럽게 붙는 것을 볼 수 있다. 사실 이때에도 ㄴ은 '죄송하지만 이따가 먹을래요.', ㄷ은 '먼저 잠 좀 잘래요.'와 같이 '-을래요'를 사용하여 말할 수도 있다. 그러나 이때 '-을게(요)'와 '-을래(요)' 중 전자를 선택함으로써 청자의 요구의 일부를 거절하는 데에서 오는 부담감을 줄이는 효과를 기대할 수 있다.

이와 같이 비교적 가까운 사이의 청자에게 거절의 의사를 표현하는 경우에는 '-을게(요)'와 '-을래(요)' 중 선택할 수 있으나, 화자는 공손성을 표현하거나 청자 체면 위협의 정도를 낮추기 위하여 완곡한 거절을 할 수 있는 언어 형식을 필요로 하게 되고, 이때 '-을게(요)'의 핵심 기능에서 유추되는 '청자 의향의 수용'의 속성을 이용하여 '-을게(요)'를 선택하는 것으로 볼 수 있다. 이와 같이 '완곡하게 거절 표현하기'의 대인적 기능 또한 화자가 '-을게(요)'에 내재한 핵심 기능에서 파생되는 효과를 의도하여 전략적으로 선택하는 것임을 확인할 수 있다.

[6] '-을래(요)'에서만 나타나는 대인적 기능

'-을래(요)'에서만 나타나는 특징적인 대인적 기능으로 '화자의 통제권 표현하기'가 있어 자세히 살펴보겠다. 이 기능은 보통 청자의 의향을 묻는 의문문에서 사용되는 '-을래(요)'에서 나타난다.

의문문에서의 '-을래(요)'는 [화자 의향에 부합하지 않는 행동]을 나타낸다. 즉 화자의 태도는 다음과 같다. 화자는 '청자가 나의 의향은 의식하고 있겠지만 내 의향과는 다른, 관계없는 행동(의지)을 선택을 해도 괜찮다'라는 태도를 취하여 청자에게 표현한다. '-을래(요)'의 사용을 통해 화자는 비록 청자의 행동(의지)의 최종적인 선택이 무엇이 되었든 상관하지 않겠지만 자신의 의향이 있음을 인식시키고 있는 것이다. 이로 인하여 청자의 행동의 선택에 있어서의 화자의 통제권 내지는 개입을 청자가 의식하도록 유도한다.

청자의 의지의 선택이 화자와 관련되어 있는 상황을 가정하여 예문의 적절성을 살펴 '-을래(요)'의 기능을 설명해 보겠다. 예를 들어, 선배가 후배에게 커피를 사 주는 상황에서 후배에게 어떤 커피를 먹을지 의향을 물어보는 상황을 가정해 보겠다. 이때, 선배는 후배에게 사 주는 입장, 즉 돈을 지불하는 입장이고, 후배의 선택에 따라 자기가 내야 할 금액이 정해진다. 또한 선배는 후배에게 선택권을 '부여'하는 입장에 놓이게 된다. 이때 아래의 예문 (31ㄱ, ㄴ) 중에 어떤 것을 선택하는 것이 자연스러운지 살펴보자.

(31) ㄱ. 너 무슨 커피 마실래?

ㄴ. 니 무슨 커피 마실 거야?

앞서 가정한 상황에서 화자는 (31ㄱ)에서와 같이 '-을래'를 사용하여 질문하는 것이 더 자연스러워 보인다. 앞서 가정한 상황이 청자의 의향 선택으로 인한 결과가 화자 자신과 관련이 되어 있는 상황이며, 자신으로 인하여 후배에게 어떤 의향 선택권이 '부여'되는 것이기 때문에 '-을래'가 더 자연스러운 것이다. (31ㄴ)의 '-을 것이-' 또한 '-을래'와 마찬가지로 의문문에서 청자의 의향을 질문할 때 사용될 수 있지만 상대방, 즉 화자 자신과 단절된, 오로지 청자의 의향만을 질문하는 태도를 양태 의미로 하기 때문에 위 상황에서의 적절성이 다소 떨어진다.

이와 다른 상황을 가정해 보겠다. 선배가 후배들에게 커피를 사 준다고 하여 똑같이 커피를 얻어먹는 입장에 있는 또래들끼리 서로 어떤 커피를 마실건지 궁금해서 질문하는 경우를 가정해 보겠다. 이 상황에서는 화자가 청자에게 의향의 선택권을 부여한 것이 아니다. 단지 청자의 선호, 의향을 질문한 것이며, 선택의 결과가 상대방에게 영향을 미치지 않는다. 이때에는 (31ㄴ)에서와 같이 '-을 것이-'를 통해 상대방의 의향을 질문하는 것이 상대적으로 자연스럽다.

이러한 의문문에서의 '-을래(요)'와 '-을 것이-'의 양태 의미 차이에 대한 고찰은 우리가 보통 아이에게 장래 진로를 질문하는 경우, 화자와 청자의 관계에 따라 왜 다른 종결형이 선택되는지를 설명 가능하게 한다.

(32) ㄱ. 넌 나중에 커서 뭐가 될래?
ㄴ. 넌 나중에 커서 뭐가 될 거야?

(32ㄱ, ㄴ)은 공히 아이에게 장래 희망을 묻는 질문을 나타낸다. 그런데 얼핏 살펴보면 (32ㄱ)은 보통 부모나 교사가 아이에게 하는 질문(특히 아이를 혼낼 때의 질문)으로 여겨지며, (32ㄴ)은 친구끼리 하는 질문으로 적절하다.

(32ㄱ)에서는 '-을래'를 통해 화자는 청자의 의향을 질문하지만 청자의 행

동의 선택의 결과가 화자와 관련이 있음을 인식시키고 있다. 비록 청자의 의향을 질문하고 있지만 질문하는 사람의 의향이 '있음'을 청자가 인지해야 할 필요가 있다는 것을 '-을래'를 통해 표현하고 있는 것이다. 보통 부모나 교사가 아이를 혼낼 경우를 생각해 보면, 청자인 아이의 대답(장래 희망의 선택)은 질문하는 사람인 부모나 교사가 원하는 바와 연관되어 있다. 또한 화자인 부모나 교사의 말을 잘 들어야 청자의 의향이 이루어질 수 있다는, 청자의 선택에 대한 화자의 통제권을 암시하고 있다. 따라서 화자 자신의 의향이 있음을 인식시키며 청자의 의향을 질문할 때에는 '-을래'가 선택되는 것이 일반적인 것이다.

한편 (32ㄴ)에서는 화자가 '-을 것이-'를 통해 청자의 의향을 질문하고 있는데, 이때 화자는 청자에 대한 아무런 통제나 개입의 태도를 보이지 않고 있다. 따라서 단순하게 친구끼리 상대방의 장래 희망이 무엇인지 궁금하여 물어볼 경우에 '-을 것이-'를 선택하여 질문하는 것이 자연스러움을 알 수 있다.

이러한 '-을래(요)'의 청자의 선택에 대한 '화자의 통제권 표현하기'의 대인적 기능을 통해 앞서 살핀 '-을래(요)'가 왜 '협박하기'의 기능을 가질 수 있는지를 설명할 수 있다.

(33) 나 죽는 꼴 볼래 아니면 수업을 할래,[144)]

(강의_교과교육론)

화자는 (33)에서 '-을래'를 통해 협박하기의 기능을 수행하고 있다. 용례 (33ㄴ)에서는 '(화자가) 죽는 꼴을 본다', '수업을 한다' 중 하나의 행동을 선택할 권리를 청자에게 부여하고 있다. 이때 청자에게 선택권을 부여하고는 있지만 화자는 '-을래'를 통해 자신의 의중이 개입된 선택권을 청자에게 부여하고 있으며, 이때 부여된 선택지 중 한 가지는 청자의 의향에 반대되는 것이다. 따라서 화자 자신이 부여한 두 가지 선택 사항 중 그나마 선택의 결과가

144) 비록 의문형 억양으로 실현되지는 않았지만 의미상 의문문으로 볼 수 있다.

나은 것인 두 번째 것, (33ㄴ)에서 '수업을 한다'라는 행동을 선택하도록 협박하는 기능이 '-을래'를 통해 수행될 수 있는 것으로 볼 수 있다. 이와 같이 '-을래'가 '화자 자신의 의중을 인식시키며 청자의 의향을 묻는 것'을 (의문문에서) 핵심 기능으로 하고, 이것이 '청자의 선택에 대한 화자의 통제권 표현하기'의 대인적 기능으로 확장될 수 있음을 생각하면 어떠한 원리로 '-을래'가 협박의 기능으로 수행될 수 있는지를 설명할 수 있다.

또한 의문형 '-을래(요)'의 '화자의 통제권 표현하기'의 대인적 기능을 통해 왜 '-을래(요)'가 화자보다 청자의 나이나 지위가 비슷하거나 아래인 경우에만 '요청하기'의 기능으로 나타나는지 또한 설명할 수 있다.

(34) ㄱ. 삼번 한번 보십시요. 삼번을 보시면, 삼번의 예 한번 읽어 보실래요?

(강의_대화의 기법)

ㄴ. 흑진주도 하나 해 주실래요?

(전자상거래 대화)

(34ㄱ)은 강의 담화, (34ㄴ)은 상거래 대화에서의 '요청하기' 기능을 보이는 '-을래요' 용례이다. 이때 말뭉치의 맥락을 통해 이들 발화문의 화자와 청자를 살펴보니 (34ㄱ)은 강사와 학생, (34ㄴ)은 손님과 전화 상담원이었다. 이와 같이 보통 화자가 청자와 비슷한 지위이거나 화자가 청자보다 높은 지위인 경우에서만 '-을래(요)'의 요청의 기능이 발견되었다. 자신보다 높은 지위의 청자에게 요청하는 경우에는 (34ㄱ, ㄴ)과 같은 발화문이 매우 무례하게 들린다.

그 이유는 의문문에서의 '-을래(요)'에 청자의 선택에 대한 화자의 통제권을 표현하는 대인적인 기능이 있기 때문으로 풀이될 수 있다. 화자는 자신의 의중을 청자에게 인식시키며 청자의 의향을 질문할 때 '-을래(요)'를 선택한다. 이것은 화자의 청자의 행동에 대한 심리적인 관여를 의미한다. 그런데 이러한 태도를 보이면서 청자에게 질문하는 것은 공손성이 다소 결여된 것으로 볼 수 있다. 따라서 자신보다 지위가 높거나 거리가 멀거나 격식적인 상황에서의 '-을래(요)'를 통한 요청하기는 어색하므로, 비슷하거나 낮은 지위의 청자에게만 요청하기 기능의 '-을래(요)'가 사용되는 것이다.

이상으로 의문문에서 나타나는 '-을래(요)'가 화자의 청자에 대한 통제를 표현하는 대인적 기능으로 나타나는 경우를 핵심 기능에 비추어 살펴보았다. '화자의 통제권 표현하기'의 대인적 기능은 왜 '-을래(요)'가 '협박하기'의 기능으로 나타날 수 있으며, 왜 지위가 같거나 아래인 사람에게만 '요청하기'의 기능을 할 수 있는지를 설명해 주는 것을 알 수 있었다. 이러한 양상을 통하여 각 종결어미들의 개념적 기능, 대인적 기능, 담화적 기능은 각각 분리된 것이 아니라 유기적으로 연관된 것으로 파악되어야 할 필요가 있음을 알 수 있다.

[7] 정리

[1]의 기술을 통하여 '-거든(요)'와 '-잖아(요)'는 '친밀감을 형성하는 기능'과 '간접적으로 표현하는 기능'이 있는데 이는 이들의 핵심 기능이 가지는 '청자의 지식 체계 관여성'으로 인한 것임을 밝혔다. 자신이 제공하는 정보가 청자의 지식 체계에 대한 판단을 끝낸 후에 그것을 고려하여 제공한다는 화자의 태도를 드러내어 이러한 기능을 발휘할 수 있는 것으로 설명될 수 있음을 밝혔다.

[2]의 기술을 통하여 '-거든(요)'의 '단정적인 태도 표현하기'는 주로 전경정보에 결합되었을 때 나타나는 기능인 것을 알 수 있었으며, 이것은 '-거든(요)'의 [청자의 미지정보]라는 속성과 전경정보가 결합함으로써 함축되는 의미임을 알 수 있었다.

[3]의 기술을 통하여 '-잖아(요)'의 '공감 유도하기', '청자의 집중 유도하기', '청자의 동조 요구하기'는 핵심 기능에서 곧바로 유추되지는 않고, 두 단계의 추론이 필요한 유표적 기능이라 볼 수 있다. 이러한 대인적 기능들은 공통적으로 현재 청자의 지식 상태에 대한 가정이 아닌 화자의 바람인 '청자가 해당 정보를 아는 상태'를 반영한 것이지만, '-잖아(요)'의 속성인 '청자의 앎'이 매개가 되어 핵심 기능에서 이러한 대인적 기능들로 유추될 수 있음을 알

아보았다. 이것은 화자 자신의 인지 체계로 상대방을 초대하고 있는 것이며, 상대방의 공감을 원한다는 화자의 바람이 반영된 경우로 볼 수 있었다.

[4]의 기술을 통하여 '-을게(요)'와 '-을래(요)'가 '친밀감 형성하기'의 대인적 기능을 지니고 있음을 살펴보았다. 그런데 이러한 '친밀감 형성하기'의 기능은 대청자 태도의 종결어미들이 지닌 공통적인 대인적 기능이다. 화자가 청자의 인지 상태에 관여하고, 청자의 의향이 무엇인지를 고려한다는 것 자체가 친밀감이 형성되어 있지 않으면 일어날 수 없는 일이므로, 대청자 태도를 나타내는 종결어미들은 공통적으로 친밀감을 형성하는 기능을 가지는 것으로 볼 수 있었다.

[5]의 기술을 통해 '-을게(요)'가 '완곡하게 거절 표현하기'의 대인적 기능을 나타낼 수 있음을 밝혔다. 그러나 이때에도 '-을게(요)'의 핵심 기능에서 이러한 기능으로 곧바로 유추되지는 않는다. 다소 유표적인 기능으로 보이나, 이때에도 역시 화자는 '-을게(요)'의 핵심 기능에서 유추되는 '청자 의향의 수용'의 속성을 이용하여 '-을게(요)'를 선택하는 것으로 볼 수 있었다. 이와 같이 '완곡하게 표현하기'의 대인적 기능 또한 화자가 '-을게(요)'에 내재한 핵심 기능에서 파생되는 효과를 의도하여 선택하는 것임을 확인할 수 있다.

[6]의 기술을 통하여 의문문에서의 '-을래(요)'에 청자의 선택에 대한 화자의 통제권을 표현하는 대인적인 기능이 있음을 알 수 있었다. 의문문에서의 '-을래(요)'의 핵심 기능은 [화자 의향에 부합하지 않는 청자의 미래 의지]를 질문하는 것이다. 의문문으로서의 '-을래(요)'의 사용을 통하여 비록 화자 자신의 의향은 상관없다는 점을 청자에게 말하고는 있지만 어찌되었든 화자 자신의 의향의 '존재'는 청자에게 '-을래(요)'를 통하여 각인을 시키는 기능을 할 수 있다. '-을 것이-'로 질문하는 것과 비교하면 이러한 양상을 알 수 있었다. 이와 같이 핵심 기능에서 함축되는 의미로 인하여 청자에게 화자의 통제권을 표현하는 대인적 기능으로 확장될 수 있음을 살펴보았으며, 이러한 '-을래(요)'의 대인적 기능을 통해 왜 '-을래(요)'가 '협박하기'의 기능으로 사용될 수 있는지, 왜 지위가 같거나 아래인 사람에게만 '요청하기'의 기능으로 사용될 수 있는지를 설명할 수 있었다.

5.2.3. 담화적 기능

대청자 태도를 나타내는 종결어미들의 담화적 기능을 살펴보겠다. 그런데 '-을게(요)'와 '-을래(요)'는 담화의 결속에 기여하는 담화적 층위의 기능을 발견하기 어려웠다. 따라서 5.2.3에서는 '-거든(요)'와 '-잖아(요)'의 담화적 기능을 중심으로 기술해 보도록 하겠다.

〈표 15〉 대청자 태도 종결어미들의 담화적 기능

종결어미	-거든(요)	-잖아(요)
담화적 기능	① 화제 도입하기 ② 배경정보 제시하기 ③ 근거 제시하기 …	① 화제 도입하기 ② 배경정보 제시하기 ③ 근거 제시하기 …

위의 표에서 알 수 있듯이 '-거든(요)'와 '-잖아(요)'의 담화적 기능은 모두 동일하게 나타났다. 그런데 표면적으로는 모두 동일한 담화적 기능을 수행하는 것처럼 보이나 이들의 핵심 기능의 차이로 이들이 담화의 결속에 기여하는 기제는 다름을 확인할 수 있다. 아래에서는 이와 같은 공통된 담화적 기능을 중심으로 기술하면서 '-거든(요)'와 '-잖아(요)'의 핵심 기능으로 인해 어떠한 차이가 유발되는지를 살펴보겠다.

[1] 화제 도입하기

'화제 도입하기'의 기능은 담화상에서 새로운 주제를 제시하거나 주제를 전환하는 경우를 가리킨다.

(35) 가: 아니 근데 지금 문제가 뭐냐면은, 어~ 작년인가부터 저 연세춘추 기자 못 뽑아 가지구 난리법석이잖아.

나: 어.

가: 그전까지만 해두 기자들은 뻡구 그랬다구 그 다음에 이세. 학회 활동 같은 것두 얘기 들어 보니까는 사람 수 적어지는 건 그렇다 치구, 각 종류 학회들이 너무 막 중립 그까는 막 획일적이 되구, 재미가 없어지구, (…중략…) 옛날에 비해서 뭔가 달라 보인다 이거지. 근까 그 점이 중요한 거야.

다: 내가 내 동생이랑,

가: 음.

다: 우리 집이 형제가 나이 차가 많거던. 나랑 우리 형이랑은 세 살이구 내 동생이랑 나랑은 여섯 살인데, 공부를 지가 혼자 못 해. 이게 공부는, 저번에 보니까 전교 일등두 하구 그러는데.

가: 심지어 공부마저.

다: 우리 때는 공부를 어느 정도 한다구 해두 뭐~ 잘 하건 못 하건 어머니는 별루 신경을 안 쓰구,

(써클_ycc잡담)

(36) 가: 허재 우승하면 은퇴해::,

나: 뭐라구?

가: 허재 우승하면 은퇴한다구.

나: 아 이번에?

가: 응,

나: 아::. 그::~ 홍콩에::,

가: 어.

나: 요즘 사스 때문에, 그 마스크 많이 쓰고 다니잖아::. 근데.

(전화대화)

(35)에서 전체적으로 보았을 때 두 가지 화제가 제시되어 있다. 처음에 제시된 화제는 요즘의 동아리 현황이다. 요즘의 동아리 현황을 화제로 대화를 나누다가 중간에 밑줄 친 부분에서 '-거든'을 사용하여 새로운 화제를 도입하여 화제가 전환되는 양상을 발견할 수 있다. 이때의 화자는 이제부터 이야기

할 내용은 나의 정보 영역에서 나온 것이라는 표현을 청자에게 하면서 집중을 유도하고 있다.

(36)에서 화제는 크게 두 가지로 볼 수 있다. 첫 번째 화제는 '농구'이며, 두 번째 화제는 '마스크'이다. 이때 발화자 '나'는 '-잖아'를 통해 청자도 알고 있는 사실임을 표현하며, 해당 화제에 대한 청자의 의식을 활성화시키고자 하고 있다.

이와 같이 두 종결어미는 동일하게 '화제 도입하기'의 담화적 기능을 가지고 있지만 어떻게 해서 이 기능으로 나타나는지 그 과정은 다르다. '-거든(요)'는 화자의 정보 영역에 속한 화제를, '-잖아(요)'는 청자도 알고 있는 화제를 꺼내 이야기함으로써 이 기능이 수행되는 것을 알 수 있다. 즉 핵심 기능의 차이로 이를 드러낼 수 있다.

그런데 '-잖아(요)'의 경우 '화제 도입하기'의 담화 기능은 대부분 어휘적 담화표지인 '있잖아'의 형태로 출현되었다. 강현화(2009)에 따르면 '있잖아'가 '-잖아'와는 구별되는 독자적인 기능을 가진 표현으로 변화했음을 알 수 있다. 즉 '있잖아'를 화자와 청자 사이의 담화 정보 공백을 메우거나 발화의 시작을 알리는 표지로 기능하는 어휘적 표현, 담화표지로 분류할 수 있다.

담화표지는 발화의 명제 내용에 영향을 미치지 않으며, 발화를 연결하거나 화자의 태도를 표시하거나 담화 구조를 표시하는 등의 담화상의 기능을 수행하는 언어 요소이다(안주호 2012:93). '있잖아(요)'는 이러한 담화표지의 조건을 만족하였다. 명제 내용에 영향을 미치지 않았으며, 화제를 전환하거나 새로운 화제를 가져오는 등의 담화적인 차원에서의 역할만 수행하였다. 《연세구어말뭉치》의 '-잖아(요)' 용례를 살핀 결과 이러한 담화표지로서의 기능은 보통 '명사(또는 명사 상당어구) + 있잖아(요)'의 구성에서 발견되었다.

(37) ㄱ. 추적 추적육십분 뭐~ 이런 거 있잖아.

(토론_언어 생활)

ㄴ. 지금 생각해 보면은, 중학교 때 성취도 평가했던 게 기억나요, 학업 성취도 왜 있잖아요, 이렇게 해서 막 이과 (후략) ….

(독백_대학교)

ㄷ. 아무래도 이 오빠는:: 나하고에 뭔가가 있나 보다, 그 때부터 막, 여자들에 그런 거 있잖아, 운명적인 만남 뭐~ (후략)….

(독백_짝사랑)

ㄹ. 있잖아~ 〈unclear〉 오승 〈/unclear〉 싸인이 (후략) ….

(일상대화_강의 시작 전 7인)

ㅁ. 음. 근데 뭐~, 일본에서는 대개 그~. 정종 있잖아, 일본 정종.

(일상대화_식생활에 대해)

(37ㄱ, ㄴ)은 '있잖아' 앞에 화제어가 출현하였으며, (37ㄷ, ㄹ)은 '있잖아' 뒤에 화제어가 출현하였고, (37ㅁ)은 '있잖아'의 앞뒤로 화제어가 출현한 것을 볼 수 있다. 이와 같이 화제어의 위치는 자유롭다.[145] 화자는 '있잖아(요)'를 통하여 화자는 (청자가 그 화제에 대해 모르더라도) 청자가 그 화제에 관한 지식을 공유하는 것처럼 보이도록 유도한다. 앞서 말한 바와 같이 '-잖아(요)'는 명제 내용을 청자도 알고 있을 거라 전제할 때 사용하는 형태이기 때문에 어떤 공통적인 지식을 공유하고 있음을 표현하기에 '있잖아(요)'는 적절한 담화표지가 될 수 있다.

또한 (37)에서 대부분 '그', '그런 거', '뭐', '왜' 등과 같은 말과 함께 나오는 것을 알 수 있다. 이는 화자가 화제를 바꾸기 전에 일종의 준비 시간을 갖는 것으로 보인다. 청자와 담화를 진행함에 있어서 화제를 바꾼다는 것은 공손성을 해칠 가능성이 있는 체면 위협 행위가 될 수 있다.[146] 따라서 '그', '그런 거', '뭐', '왜' 등과 같은 담화표지와 약간의 휴지를 두어 청자가 그 대화 화제를 받아들일 시간을 주는 것으로 해석할 수 있다. 이를 통해 청자의 체면 위협의 정도를 경감시키는 효과를 보이고 있다.

145) 이러한 '있잖아(요)'의 구성은 아래와 같이 정리할 수 있다. 여기에서 X는 새로운 화제어이다. ① 있잖아(요) X, ② X 있잖아(요), ③ X 있잖아(요) X

146) Suh(2002)에서도 새로운 화제를 말할 때 '-잖아'가 사용될 수 있다고 하면서, 이때 '-잖아'는 기존 화제에서 새 화제로의 전이과정에 수반될 수 있는 체면 위협 행위의 가능성을 약화시켜준다고 한 바 있다.

한편 위의 용례에서는 모두 조사가 붙지 않은 단독 명사 다음에 '있잖아(요)'가 출현하였다. 《연세구어말뭉치》에서 이러한 구성으로 나타난 경우가 대부분을 차지한 것을 보면 '조사가 없는 명사 상당어구 + 있잖아(요)' 구성이 전형적으로 보인다. 그러나 가끔 아래의 용례에서와 같이 목적격 조사와 '있잖아'의 구성으로 나타난 경우도 발견할 수 있었다.

(38) 아버지가 그만큼 육아에 참여하니까, 아이가 그만큼 똑똑해지구, 그래서 그~ 푸름이라는 애는, 책을 있잖아, 우리는 이렇게 쭉 읽는데, 걔는 (후략) ….

(독백_유아 교육)

(38)에서 담화표지 '있잖아' 앞에 '책을'이라는 말이 선행하였다. 명사와 목적격 조사가 결합된 것이 '있잖아' 앞에 온 것이다. 여기에서 '책을 있잖아'라는 문장은 주술 관계가 부자연스럽다. 비문이다. 그런데 만약 (38)에서 '있잖아'라는 말을 빼고 앞뒤 말을 이으면 문법적인 발화가 된다.[147] 이를 통해 담화표지 '있잖아'는 명제의 내용적, 문법적 구성에 전혀 관여하지 않는다는 점을 알 수 있다. 이러한 구성은 '있잖아'가 완벽히 담화표지로서 기능한다는 것을 보인다. (38)에서 '있잖아'는 '책을'이라는 말에 청자가 집중하게 만드는 역할을 하고 있다.

이밖에도 조사가 결합한 명사가 '있잖아(요)'에 선행한 경우를 아래와 같이 발견할 수 있었다.

(39) ㄱ. 그치 우리 조에서 있잖아 하나만 만들면 되는 거야.

ㄴ. 그~ 사채가 있잖아, 지금 묵시적으로 (후략)….

(토론_경영학과 토론)

147) 용례 (38)에서 '있잖아'라는 말을 빼면 '그~ 푸름이라는 애는, 책을, 우리는 이렇게 쭉 읽는데….'가 된다. 여기에서는 술목 관계가 자연스럽다.

(39)에서는 '우리 조에서', '사채가'와 같이 명사와 조사가 결합한 구성이 '있잖아' 앞에 선행한 예를 보여주고 있다. 지금까지 살펴본 '화제 도입하기'의 기능을 수행하는 어휘적 담화표지로서의 '있잖아(요)'는 화자가 새로 도입하고자 하는 화제가 청자에게는 일종의 체면 위협 행위가 될 수 있으므로 청자의 지식 체계에 있는 것을 꺼낼 뿐이라는 느낌을 주어 그 위협의 정도를 누그러뜨리는 역할을 한다. 따라서 이 기능에서도 역시 '-잖아(요)'의 [청자의 기지정보]라는 핵심적 속성으로 인하여 이러한 기능이 발휘되는 것을 확인할 수 있다.

한편 '화제 도입하기'의 기능으로 사용되는 어휘적 담화표지인 '있잖아(요)'는 적당한 표현을 찾는 것을 도와달라고 표현하는 경우에도 사용되는 경우가 있어 살펴보도록 하겠다. 화자가 말하고 싶은 표현이 잘 생각나지 않을 때, '있잖아(요)'를 사용하여 마치 화제를 도입하는 것처럼 표현하는 경우가 있다.

40) ㄱ. 그때 야구 프로그램 짜 놓구 막 하구 그랬잖아 형 기억나요? 베이직으루 뭐야 야구하는 거 있잖아. 그 프로그램 짜 가지구 애들끼리 (후략) ….

(써클_ycc잡담)

ㄴ. 그거 말고 또 있잖아, 그~ 뭐지.

(일상대화_잡담)

ㄷ. 그~ 그거 나오는 거 봤는데, 그~ 누구지, 여자 있잖아, 이번에,

(주제대화_영화와 연극)

ㄹ. 미시령인가 하여튼 이룽게 고개 꼬불꼬불한 길 있잖아요~

(일상대화_잡담)

(40ㄱ~ㄹ)에서 모두 '있잖아(요)'는 화자가 이야기하고 싶은 것이 잘 생각이 안 날 때 그 대상에 상응하는 설명에 '있잖아(요)'를 붙여 상대방에게 자기가 생각이 잘 안 나는 그 적당한 말이 무엇인지를 생각해 보게끔 하는 기능을 가지고 있다. 즉 화자는 담화표지 '있잖아(요)'를 통해 청자의 지식을 끌어들여 자신이 생각나지 않는 말에 대한 보완을 해 주기를 기대하고 있다. 이

와 같은 '있잖아(요)'의 '적당한 표현을 찾는 것을 도와달라고 표현하기'의 기능은 '화제 도입하기' 기능의 하위 기능으로 볼 수 있다. (40ㄱ~ㄹ)에서 화자는 한 단어로 정리되지는 않았지만 자신이 말하고자 하는 그 단어가 생각나지 않아 그것을 대체하는 풀어 쓴 말을[148] '있잖아(요)'와 함께 사용한다. 이때 이 풀어 쓴 말을 '화제'로도 볼 수 있기 때문이다. 정확한 단어는 생각이 나지 않지만 자신이 앞으로 말하고자 하는 내용을 언급할 때 '있잖아(요)'를 사용한 것이므로 (40ㄱ~ㄹ)도 일종의 '화제 도입하기'로 볼 수 있다.

여기에서도 역시 청자의 지식을 끌어들여 자신이 말하고자 하는 바를 완성시키려 하고 있으며, 용례 (40ㄱ~ㄹ)의 상황에서 화자는 해당 내용을 청자도 알고 있다고 전제함을 알 수 있다. 따라서 '적당한 표현을 찾는 것을 도와달라고 표현하기'의 기능 또한 '-잖아(요)'의 핵심 기능에서 파생된 것임을 알 수 있다.

[2] 배경정보 제시하기

담화 내에서 전달되는 정보는 크게 '전경정보(foreground information)'와 '배경정보(background information)'로 나뉘는데, 전자는 화자의 담화 의도를 나타내는 정보로서 담화를 추진시키는 기능을 하며, 후자는 전경정보를 뒷받침해 주는 보편적 정보나 맥락적 정보의 기능을 한다(정희자 2002:163). 말뭉치에서는 이러한 배경정보를 전달하는 경우 '-거든(요)', '-잖아(요)'가 적극 활용되는 것을 발견할 수 있었다. 아래에서는 '-거든(요)'가 배경정보를 제시하는 기능으로 사용된 경우와 '-잖아(요)'가 그 기능으로 사용된 경우를 나누어 살펴보도록 하겠다.

우선 '-거든(요)'부터 살펴보겠다.

(41) ㄱ. 가: 그래도 막 이렇게 굳이 막 앉을려고 노력은 안 하니까 별로 앉는 일은 없는 것 같애, 오늘두 딱 아침에 거기 딱 서 있는데,

148) (40ㄱ)에서는 '베이직으로 야구하는 거', (40ㄴ)에서는 '그거 말고 또', (40ㄷ)에서는 '되게 글래머로 나온 그 여자', (40ㄹ)에서는 '꼬불꼬불한 길'을 가리킨다.

나: 음.
가: 사람이 딱 일어났는데,
나: 음.
가: 나 그 옆에 아가씨가 한 명 서 있었고, 내가 서 있었고, 내가 오른쪽에 아줌마가 서 있었거던?
나: 음 역시 아줌마,
가: 아니 인제~ 아줌마가 인제~ 쫌 약간 머뭇거리는 듯해서 그냥 가만히 서 있었어.
나: 음.
가: 이렇게 비켜 줬어.
나: 음 그랬더니 누가 앉디?
가: 아줌마.

(일상대화_교통수단과 하루 생활에 대해)

ㄴ. 날씨가 중간에 쫌 좋았단 말이야 그래서. 와 내가 지리산 안 가니까 오빠 친구들이 왔거든, 언니랑 이렇게, 〈Q〉 서울랜드 가요 〈/Q〉 그랬더니, 어 서울랜드 가재, 너무 좋아 가지구 티티엘 카드 다 챙기구 이랬다? 〈웃〉

(일상대화_날씨에 대해)

(41ㄱ)에서 '-거든'을 통해 전달된 배경정보는 '오른쪽에 아줌마가 서 있었다'이고, 화자가 전달하고자 했던 전경정보는 '자신이 비켜 줬다'이다. (41ㄴ)의 밑줄 친 부분에서 전달된 배경정보는 '내가 지리산 안 가니까 오빠 친구들이 왔다'이며, 이를 뒷받침으로 하여 전달하고자 한 전경정보는 언니와 서울랜드 가자고 오빠들한테 이야기했다는 내용이다.

(41ㄱ, ㄴ)에서 화자는 '-거든'을 통해 자기가 제공하는 정보가 청자의 지식 체계에 없으며, 화자 자신의 지식 체계에서 나온 것을 형태적으로 드러냄으로써 청자로 하여금 그 명제 내용이 유의미한 정보임을 알아차리게 한다. 그리하여 자신이 제공한 정보를 통하여 청자가 배경 지식을 형성하도록 유

도한다.

다음으로 '-잖아(요)'의 '배경정보 제시하기' 기능을 살펴보겠다.

(42) ㄱ. 가: 글쎄 요즘에 저기 가구 싶드라.
나: 어디?
가: 수영장.
나: 수영장? 나 아직두 수영 못 하는데 잠수는 잘 못 해.
가: 수영장 왜 요새 장마 지기 전에 덥잖아, 지금 하구 장마 지구 나면 오히려 수영장 가두 별루 안 시원하구 햇빛만 따갑구 이러니까, 지금 가는 게 딱 좋은데, 같이 갈 〈tr〉 사 〈/tr〉 애들이 없어.
(일상대화_관광명소에 대해)

ㄴ. 그리구 아예 수업 없어두 학교 나오잖아요. 근데 얘네들은 학교 안 나와요.
(써클_ycc잡담)

ㄷ. 〈웃〉 전에요, 얘랑 같이요, 라볶이를 먹었어요. 근데 라볶이 하면 계란 나오잖아요. 그래서 계란 딱 나오니까 반을 딱 쪼개더라구요, 당연히 반을 쪼개면 둘이 먹으니까 반은 내가 먹겠지 생각하고 그냥 아무 생각이 없었는데 얘가 반을 먹었어요 먼저,
(일상대화_미팅)

(42ㄱ~ㄷ)의 밑줄 친 부분에서 화자는 '-잖아(요)'를 통하여 앞뒤 문맥에서 화자가 전경정보로 이야기하는 데에 필요한 배경정보를 언급한 것을 볼 수 있다. (42ㄱ)에서 발화자 '가'는 '지금 수영장에 가고 싶다'라는 말을 주된 메시지로 전달하고 싶어 하는 것을 알 수 있다. 즉 지금 수영장에 가고 싶다는 내용은 전경정보이다.[149] 이 전경정보에 대한 배경정보인 '수영장은 요새 장

149) 그런데 앞뒤 맥락을 살피면 이 '지금 수영장에 가고 싶다'라는 내용은 또 다시 '(수영장에) 같이 갈 친구가 없다'라는 전경정보의 배경정보로서의 위치를 차지하고 있음을 알 수 있다.

마 지기 전에 덥다'라는 내용을 종결어미 '-잖아'를 통해 전달하고 있다. (42ㄴ)에서는 '(수업이 없으면) 얘네들은(후배들은) 학교 안 나온다'라는 내용을 전경정보로 하여 전달하는 데에 앞서서 '(우리는) 수업 없어도 학교에 나온다'라는 내용을 배경정보로 제시하고 있다. 전경정보를 제시할 경우에는 '-어(요)'를 통해 제시하지만 배경정보에는 '-잖아(요)'를 결합한 것을 볼 수 있다. (42ㄷ)은 과거에 친구와 라볶이를 먹었는데 그 친구가 계란을 다 먹어 버렸다는 내용을 전경정보로 하고 있다. 이때 화자는 청자의 상황 이해를 돕기 위하여 '라볶이에는 보통 계란이 나온다'라는 배경정보를 제시하는데 이때 '-잖아(요)'를 종결어미로 선택하였다. (42ㄱ~ㄷ)에서 각각 (42ㄱ)의 '수영장은 장마 지기 전에 덥다', (42ㄴ)의 '(우리는) 수업 없어도 학교에 나온다', (42ㄷ)의 '라볶이에는 보통 계란이 나온다'라는 배경정보를 제시할 때 '-잖아(요)'가 종결어미로 선택된 것을 알 수 있으며, 이때 '-잖아(요)'는 '배경'을 나타내는 종결어미화된 연결어미인 '-는데(요)'로 바꾸어도 내용상 자연스럽다.

(42ㄱ~ㄷ)의 밑줄 친 부분에서 화자는 배경정보를 제시함에 있어서 다른 형태인 '-거든(요)'나 '-는데(요)' 등을 선택해도 의사소통 상의 문제는 없음을 알 수 있다. 그러나 배경정보가 청자가 잘 알고 있을 거라 판단되는 정보, 즉 상식적인 내용이거나 화청자의 공유된 경험에 기반을 둔 정보인 경우에는 '-잖아(요)'가 가장 맥락에서 자연스러운 것을 알 수 있다.

이와 같이 '-거든(요)'와 '-잖아(요)'의 핵심 기능을 통해 '배경정보 제시하기'의 담화적 기능으로의 확장이 설명될 수 있으며, 동시에 동일 담화 기능으로 나타나는 이 두 종결어미가 어떠한 측면에서 다른지 설명될 수 있다. 화자는 '-거든(요)'로 [청자의 미지정보]를, '-잖아(요)'로 [청자의 기지정보]를 표현하게 된다. 이렇게 표현된 배경정보는 청자에 의해 유의미한 것으로 받아들여져 화자와 청자의 공유 지식을 형성하게 된다. 이를 통하여 화자는 청자가 전경정보를 받아들이는 데에 무리가 없도록 인지적으로 준비를 시키려는 목적을 달성할 수 있다.

[3] 근거 제시하기

'-거든(요)'와 '-잖아(요)'는 모두 근거를 제시하는 기능으로 사용될 수 있다. 각 형태를 중심으로 용례를 통해 살펴보고, 이들이 핵심 기능의 측면에서 어떻게 구분될 수 있는지 알아보겠다.

첫째로, '-거든(요)'부터 살펴보겠다.

(43) ㄱ. 이거 끼구 있었거든 그깐 정진 말이 잘 안 들리잖아 뭐라구?

(써클_ycc잡담)

ㄴ. 가: 어디서 일했는데,

나: 피자헛이요.

가: 〈웃〉 아:: 여기? 〈/웃〉

나: 네. 짜증나.

가: 불고기 시켰는데 왜 컴비네이션 나오냐,

나: 네 그럼 원래 한 판 더 주거든요? 그냥 먹고 가면 될 거 아니에요,

가: 어:: 한 판 더 줘?

나: 에. 그냥. 근까 근까 새로 하는 동안, 먹게 해 줘요. 계속 먹게 해 줘요.

가: 아::,

나: 그리고 싸 갈 수도 있고. 왜냐면, 우리는 그냥 버리거든요,

(수업대화_과외수업)

ㄷ. 가: 아 구○○ 교수님 아셔.

나: 아셔?

가: 어 나 옛날에 학과 일 좀 했었거든.

(일상대화_가족과 사랑에 대해)

ㄹ. 가: 어~ 빨리 해두 안 될까요? 십사일날?

나: 〈숨들여마시는소리, 스〉 십사일은, 〈숨들여마시는소리, 스〉 십사일은 솔직히 좀 벅차요 고객님.

가: 아,

나: 저희 쪽에서 하는 거면, 저희 상품 그 배송하시는 분한테 쪼금 쫄라 보면 되는데,
가: 네.
나: 업체 쪽에서 하는 거는 저희가 좀 그렇게 하는 게 좀 힘들거든요.
(전자상거래 대화)

(43ㄱ)의 밑줄 친 부분에서 화자는 바로 뒤에 할 말의 근거를 '-거든(요)'를 통하여 제시하고 있다. 당시에 친구의 말이 잘 안 들렸던 것에 대한 근거로 '이어폰을 귀에 끼고 있었다'라는 내용을 제시하는 데에 '-거든'을 종결어미로 취했다. (43ㄴ)에서는 피자가 잘못 나왔을 경우 잘못 나온 피자도 그냥 가져갈 수 있도록 한다는 말을 하면서 그 이유에 대하여 '왜냐면 -거든요'의 구성으로 그 근거를 밝히고 있다. 즉 자신의 앞 발화에 대한 근거를 말하기 위하여 '-거든요'를 취하였다. (43ㄷ)에서는 구 교수님이 너를 아냐는 질문에 맞다고 답하면서 그것이 왜 맞는지에 대한 근거를 말하면서 '-거든'이 사용되었다. (43ㄹ)에서는 고객이 14일까지 배송해 달라는 요청에 대한 거절에 대한 근거로 '-거든요'가 사용되었다.

(43ㄱ~ㄹ)에서 '-거든(요)'는 담화 내의 배경정보에 결합되었다. 전경정보를 뒷받침해 주는 근거를 발화하는 데에 사용되었다. 화자는 여기에서 근거를 나타내는 다른 표현인 '-어서(요)', '-으니까(요)' 등이 아닌 '-거든(요)'를 선택하여 이와 같이 말한 것은 청자가 모르는 정보를 자신이 제공하는 태도를 표현하고자 하는 의도가 있었기 때문인 것으로 보인다. 청자가 모르는 정보를 화자는 알고 있으며, 청자가 알고 싶어 하는 정보를 화자가 기꺼이 알려주는 듯한 뉘앙스를 주므로 친절한 느낌을 줄 수 있기 때문이다.

이와 같이 '-거든(요)'의 '근거 제시'의 담화적 기능은 '-거든(요)'가 배경정보와 결합하였을 때에 나타나는 기능으로서 담화를 결속하는 데에 적극적으로 활용되고 있음을 확인할 수 있다. 아울러 '-거든(요)'의 핵심 기능에서 '근거 제시하기'의 담화적 기능으로 파생된 것을 살펴볼 수 있다.

둘째로, '-잖아(요)'의 경우를 살펴보겠다.[150] 근거를 제시하는 데에 사용된 '-잖아(요)'는 근거 및 이유를 나타내는 종결어미화된 연결어미인 '-니까(요)', '-어서(요)'로의 교체가 가능한지를 통해 판단될 수 있다.

(44) ㄱ. 새까매. 〈3.1〉 〈unclear〉 우리 동네에서 〈/unclear〉 이렇게 보안 유지 한다구. 그런 데는 아이디어가 생명이잖아.

(전화대화_여대생 2인)

ㄴ. 되게 마음이 복잡할 때, 너도 십자수 해 봤으면 알겠지만, 딱 그걸 하면 아무 생각이 안 나. 계속 실만 왔다 갔다 하잖아.

(일상대화_취미)

말뭉치의 맥락을 확인해 본 결과 (44ㄱ)의 화자는 자신이 아르바이트하는 회사에 대해 친구에게 얘기하고 있었다. 화자는 회사 건물의 아래쪽이 부분적으로 새까맣다고 말하면서 그렇게 보안을 유지한다고 언급하고 있다. 그렇게 보안을 유지하는 이유인 '그런 데는 아이디어가 생명이다'라는 명제 내용을 말하기 위하여 '-잖아'를 선택하였다. (44ㄴ)에서 화자는 십자수를 하면 아무 생각이 없다는 내용을 언급하였다. 그 이후 그 이유에 대하여 '계속 실만 왔다 갔다 한다'라는 명제 내용을 전달하기 위하여 '-잖아'를 선택하였다. 두 용례 (44ㄱ, ㄴ)에서 모두 '-잖아(요)'는 이유 및 근거를 나타내는 '-니까(요)'와 '-어서(요)'로 교체 가능하다. 따라서 '-잖아(요)'가 이유 및 근거를 나타내는 데에 사용되었음을 유추해 볼 수 있다.

그런데 (4ㄱ, ㄴ)의 밑줄 친 부분의 '-잖아(요)'가 나타내는 이유 및 근거의 내용은 모두 화자와 청자가 공유하고 있는 지식에 기반을 둔 것임을 알 수 있다. (44ㄱ)의 화자와 청자는 화자가 일하고 있는 회사의 성격을 알고 있으며, 그러한 회사는 아이디어가 중요하므로 보안에 신경을 쓴다는 사실을 공통적으로 알고 있다. (44ㄴ)에서는 '너도 십자수 해 봐서 알겠지만'이라는 언급을

---

150) '-잖아(요)'의 '근거 제시하기'의 기능은 조민하(2015), 한송화(2016), 박동화(2017) 등에서도 언급된 바 있다.

통해 청자가 십자수에 대해서 잘 알고 있음이 드러나 있다. 즉 화자는 청자가 잘 아는 내용인 '(십자수는) 계속 실만 왔다 갔다 한다.'라는 정보를 근거로서 전달할 때 '-잖아(요)'를 선택하였다.

지금까지 살펴본 '-거든(요)'와 '-잖아(요)'의 이러한 담화적 기능들은 모두 중첩됨을 알 수 있다. 이들은 모두 동일한 담화 기능으로 나타날 수 있으나 그렇게 사용될 수 있게 하는 기제는 다름을 이들의 핵심 기능을 통해 변별할 수 있었다.

[4] 정리

이상의 기술을 통하여 서로 다른 핵심 기능을 가진 종결어미들이 동일한 담화 기능으로 나타날 수 있으나, 그러한 담화 기능으로 나타나게 되는 동기 및 기제는 서로 다를 수 있으며, 그것은 핵심 기능을 통해 설명될 수 있음을 밝혔다. 위의 기술을 통해 한 가지 도출할 수 있는 점은 화자의 청자의 지식 상태에 대한 자신의 태도를 말하는 행위는 '화제 도입하기', '배경정보 제시하기', '근거 제시하기'의 담화적 기능을 유발한다는 사실이다.

6

비격식체 종결어미의 범주화 및 교육적 함의

3장에서 도출한 8종의 비격식체 종결어미들의 핵심 기능을 중심으로, 4장과 5장에서는 이 종결어미들의 문법적 특성 및 맥락 기능들의 공통점과 차이점을 살피면서 이들의 변별 지점을 기술하였고, 이러한 문법적 현상들이 핵심 기능을 통해 추론될 수 있음을 밝혔다. 6장에서는 이러한 분석 결과를 바탕으로 각 종결어미들이 어떻게 범주화될 수 있을지 대립 관계를 통해 살펴보고(6.1), 교육적인 함의를 제시하겠다(6.2).

6.1. 비격식체 종결어미의 범주화[151)]

3장에서 밝힌 비격식체 종결어미들의 핵심 기능 체계에서 부각된 대립 관계는 다음의 세 가지이다. 아래와 같은 대립 관계를 통하여 비격식체 종결어미들을 어떻게 범주화할 수 있으며, 각 범주가 가지는 의의는 무엇인지 살펴보겠다.

1. '대명제' 대 '대청자'
2. '정보' 대 '행동'
3. '기지정보' 대 '미지정보'

6.1.1. '대명제' 대 '대청자'

대명제' 대 '대청자'의 요인에 의한 대립 관계는 본서에서 파악한 비격식체 종결어미들의 핵심 기능 분류 체계에서 가장 큰 줄기를 이루고 있는 부분이다. 각 종결어미에 결합되는 명제에 대한 화자 자신의 인지적인 태도를 나

151) 여기에서 말하는 '범주'란 문법범주를 가리키는 용어가 아닌 일반적인 용어로서의 '범주'를 의미한다. 즉 '동일한 성질을 가진 부류나 범위'(〈표준국어대사전〉 뜻풀이)를 의미한 '범주'를 의미한다.

타내느냐 혹은 청자의 인지 상태에 대한 화자의 태도를 나타내느냐에 따라 대분류가 이루어졌다. 좀 더 구체적으로 보자면, '대명제 태도'는 명제 정보가 화자의 인지 체계 내에서 어떠한 상태인지에 대한 화자의 판단에 의해 결정되는 것을 말하고, '대청자 태도'는 명제 정보가 청자의 인지 체계에서 어떠한 상태인지에 대한 화자의 판단에 의해 결정된다. 본서의 연구 대상이 되는 종결어미들을 '대명제' 대 '대청자'의 기준으로 나누면 아래와 같다.

〈표 16〉 '대명제' 대 '대청자'의 대립에 의한 비격식체 종결어미 분류

대명제 태도 종결어미	대청자 태도 종결어미
-어(요), -지(요), -네(요), -군(요)	-거든(요), -잖아(요), -을게(요), -을래(요)

위의 〈표 16〉을 보면 '-어(요)', '-지(요)', '-네(요)', '-군(요)'는 대명제 태도를, '-거든(요)', '-잖아(요)', '-을게(요)', '-을래(요)'는 대청자 태도를 나타내는 종결어미로 분류된다. 그런데 이들은 이와 같이 의미상으로도 구분될 수 있는 동시에 형태적으로도 이와 유사한 대립을 가질 수 있다. '대명제 태도 종결어미'에 속하는 형태들은 단순형 종결어미이며, '대청자 태도 종결어미'에 속하는 형태들은 복합형이라는 데에서 대립의 양상을 띠고 있다. 비록 '-거든(요)'는 형태적으로 보았을 때 단순형에 속한다고 볼 수 있지만 '-거든(요)'는 원래 연결어미였던 형태가 종결어미화되어 비교적 최근에 나타난 것임에 입각하여 생각해보면 '-거든(요)'에는 복합형에 버금가는 복잡성이 반영되어 있을 것으로 볼 수 있다. 이러한 양상을 종합하여 보았을 때, 어떤 종결어미가 형태적으로 단순한 경우에는 의미적으로도 비교적 단순한 대명제 태도를, 형태적으로 복잡한 경우에는 의미적으로도 비교적 복잡한 대청자 태도를 나타낸다는 사실을 고찰할 수 있다. 이는 Givon(1995:28)에서 기술한 유표성 관련 논의와 궤를 같이하는 내용이라 할 수 있다. Givon(1995:28)에서 유표성을 판단하는 주요 기준으로 제시한 세 가지는 아래와 같다.[152]

(1) 구조적 복잡성: 유표적인 구조는 무표적인 구조보다 더 복잡하거나 긴 경향이 있다.

(2) 빈도의 분포: 유표적인 범주는 무표적인 범주보다 빈도가 낮다. 따라서 인지적으로 눈에 띄기 쉽다.

(3) 인지적 복잡성: 유표적인 범주는 인지적으로도 복잡한 경향이 있다. 정신적인 노력, 주의해야 할 일들, 처리 시간의 면에서 무표적인 범주보다 복잡하다.

〈표 16〉에 따르면 구조적으로 복잡한 복합형 종결어미들이 인지적으로도 복잡한 대청자 태도를 나타내며, 구조적으로 단순한 단순형 종결어미들은 인지적으로도 단순한 대명제 태도를 나타낸다.[153] 즉 대명제 태도의 종결어미는 상대적으로 무표적이며, 대청자 태도의 종결어미는 상대적으로 유표적임을 알 수 있다. 위의 Givon(1995)의 유표성 기준은 본 연구의 종결어미들의 빈도에도 적용될 수 있다. 본서의 연구 대상이 되는 종결어미들이 《연세구어 말뭉치》에서 출현한 빈도는 아래와 같다.

〈표 17〉 단순형과 복합형 종결어미들의 빈도 비교

단순형 종결어미	빈도	복합형 종결어미	빈도
-어(요)	38,749	-거든(요)[154]	5,986
-지(요)	12,544	-잖아(요)	3,400
-네(요)	1,567	-을게(요)	493
-군(요)	188[155]	-을래(요)	157
	총 53,048		총 10,036

152) 필자가 번역한 것이다.

153) 대청자 태도는 화자가 명제 내용과 청자의 인지 체계를 고려하는 것을 나타내므로 인지적으로 더 복잡한 의미임을 알 수 있다. 반면 대명제 태도는 명제 내용과 자신의 인지 체계를 고려하는 태도를 나타내므로 인지적으로 단순한 의미임을 알 수 있다. 상식적으로 상대방의 인지 체계는 자신에게 익숙한 것이 아니므로 더 복잡한 사고 과정이 요구되기 때문이다.

위의 〈표 17〉을 보면 단순형이면서 인지적으로도 비교적 단순한 대명제 태도를 나타내는 '-어(요)', '-지(요)', '-네(요)', '-군(요)'의 총합 빈도가 나머지 유표적인 형태들의 총합 빈도보다 훨씬 높음을 통해서도 드러난다.[156)157)]

이와 같이 서로 대립을 나타내는 대명제 태도의 종결어미와 대청자 태도의 종결어미들은 4장과 5장의 기술을 통해 다음과 같이 대비되는 특징을 발견할 수 있었다.

첫째로, 대명제 태도를 나타내는 종결어미들은 '단언성/사실성/객관성/책임성 강화 및 약화하기' 등과 같이 화자와 명제 간의 상호작용을 바탕으로 하는 대인적 기능을 가지지만, 대청자 태도를 나타내는 종결어미들은 이러한 기능을 적극적으로 나타내지 않는다는 점에서 대비된다. 비록 대명제 태도의 종결어미들은 모두 명제 내용을 믿고 있거나 사실로 인식함을 전제로 하고 있으나 그 '앎'의 정도, 즉 자신이 명제에 대하여 어떠한 인지적인 상태에 있는지를 표현함으로써, 해당 명제에 대한 단언성, 사실성, 객관성, 책임성 등과 관련된 의미가 함축된다.[158)]

154) '-거든(요)'는 복합형은 아니나 연결어미에서 온 것으로 복합형이라는 형태적 복잡성에 버금가는 요인이 있는 것으로 보아 '준복합형' 정도로 볼 수 있을 것이다.

155) 만약 '-군(요)'와 같은 의미를 지닌 것으로 선행 연구에서 언급되고 있는 '-구나'의 빈도(774)를 포함하면 962가 된다.

156) 그러나 총합 빈도가 아닌 각각의 형태를 중심으로 빈도를 따졌을 때 '-네(요)'와 '-군(요)'의 개별 빈도가 '-거든(요)'와 '-잖아(요)'의 빈도보다 낮은 이유에 대해서는 '-네(요)'와 '-군(요)'의 '화자의 미지정보'라는 유표적인 속성 때문인 것으로 설명될 수 있을 것이다.

157) 이러한 유표성의 정도에 관련된 내용은 형태적인 복잡성, 인지적인 복잡성, 빈도라는 기준과 관련되어 한국어 교육의 측면에서도 반영될 수 있을 것으로 보인다. 즉 이러한 유표성의 정도가 해당 형태가 지닌 난이도와도 연관될 수 있는 부분이기 때문이다. 무표적인 형태일수록 난이도와 빈도가 낮아 먼저 제시될 수 있을 것이며, 유표적인 형태일수록 난이도와 빈도가 높으므로 무표적인 형태보다 후에 제시될 수 있을 것으로 보인다. 그러나 교육 현장에서의 해당 종결어미들의 제시는 주제와 상황에 대한 고려가 수반되어야 한다. 만약 단순하게 위의 기준에 따르면 '-을래(요)'가 대청자 태도를 나타내며 가장 빈도가 낮으므로 가장 마지막에 제시되어야 할 문법 형태로 보이나 사실 '-군(요)'나 '-잖아(요)'보다 자주 사용되는 것으로 간주된다면 더 먼저 제시될 수도 있을 것이다.

158) 대명제 태도를 나타내는 종결어미들의 단언성, 객관성 등의 정도를 표현하는 기능은 선

둘째로, 대명제 태도의 종결어미들은 대청자 태도의 종결어미들보다 상대적으로 개념적 기능이나 대인적 기능이 사용 동기가 되는 경향이 발견되었다. 즉 단독 발화문 차원에서의 기능과 상대에 대한 태도를 나타내기 위한 기능의 분포가 대명제 태도의 주요 사용 동기가 되는 것으로 보였다. 구체적으로 보면 '-어(요)'와 '-지(요)'의 맥락 기능에서는 대부분 개념적 기능으로의 사용 양상이 두드러지게 나타났으며, '-네(요)'와 '-군(요)'는 대인적 기능이 수반되는 경우가 두드러지게 나타나는 양상을 보였다. 이러한 양상은 대청자 태도의 종결어미가 대인적 기능과 담화적 기능으로의 사용이 두드러지게 나타난 것과 대조되는 점이다.

셋째로, 대청자 태도를 나타내는 종결어미들은 모두 친밀성이 전제된 상황에서만 사용 가능한데, 이것은 모두 이들이 가진 핵심 기능의 공통적 속성인 '화자의 청자 인지 체계의 관여성' 때문인 것으로 기술될 수 있었다. 물론 대명제 태도를 나타내는 종결어미들도 격식체 종결어미보다는 청자와의 친밀성이 있어야 사용 가능하지만, 대청자 태도의 종결어미들은 청자의 인지적인 상태에 대한 판단이 전제된 형태들이므로 좀 더 적극적으로 친밀성이 요구된다고 볼 수 있었다. 그러므로 만약 이러한 친밀함이 부재한 상황에서 대청자 태도의 종결어미가 사용된다면 다소 공손성이 떨어지는 양상을 발견할 수 있었다.

넷째로, 대청자 태도의 종결어미들은 대인적 기능과 담화적 기능이 그 사용 동기가 되는 경향이 두드러지게 나타났다. 앞서 언급한 바와 같이 대명제 태도의 종결어미들은 상대적으로 개념적 기능이나 대인적 기능에 그 사용 동기가 있는 것으로 보이는 양상과 다소 대조되는 것을 알 수 있다. 특히 '-거든(요)'와 '-잖아(요)'의 용례의 경우 대부분 담화의 결속에 기여하기 위하여 사용되는 경우가 많은 것으로 보인다. 또한 '-거든(요)', '-잖아(요)', '-을게(요)', '-을래(요)' 모두 대인적 기능으로서의 사용 또한 두드러지게 나타났다.

어말어미나 우언적 구성에 의해 드러나는 기능과 비슷하다. 이러한 측면에서 본다면 일부 선행 연구에서 선어말어미와 종결어미를 같은 인식 양태 범주 안에서 논의된 것이 이해가 될 수 있다.

한편 지금까지의 기술을 통하여 알 수 있는 대명제 태도 종결어미와 대청자 태도 종결어미의 공통점은 이들 모두 대인적 기능이 그 사용 동기가 되는 경우가 활발히 나타난다는 점이다.

6.1.2. '정보' 대 '행동'

'정보' 대 '행동'의 대립 관계는 대청자 태도를 나타내는 종결어미 '-거든(요)'와 '-잖아(요)'를 '-을게(요)'와 '-을래(요)'와 구분하는 데에 가장 결정적인 요인이 되는 관계였다. 그러나 여기에서 '정보'라는 속성은 '-어(요)', '-지(요)', '-네(요)', '-군(요)'에서도 찾을 수 있는 속성이다. 즉 이 여덟 개를 '정보' 대 '행동'의 대립 관계로만 파악한다면 '-을게(요)' 및 '-을래(요)'와 나머지 형태들로 나뉠 수 있을 것이다. '-을게(요)' 및 '-을래(요)'는 공통적으로 화자의 의도를 나타내며, 이 의도는 화자의 행동을 명제 내용으로 하고 있는 데에 반해, 나머지 6종의 종결어미들은 공통적으로 명제 내용이 '정보'와 관련되어 있다.

이러한 '정보' 대 '행동'이라는 분류 기제는 각각 '인식 양태 종결어미'와 '행위 양태 종결어미'로 볼 수 있게 하는 요인이 될 수 있다. 박재연(2006)에서는 양태 종결어미를 인식 양태와 행위 양태를 나타낼 수 있는 것으로 나누고 인식 양태 종결어미에 '-지', '-네', '-군', '-거든' 등이 속하는 것으로 보았고, 행위 양태 종결어미에는 '-을래' 등이 속하는 것으로 본 바 있다. 이와 같이 명제 내용이 정보인지 행동인지에 따른 대립 관계를 파악함을 통하여 종결어미에 관여하는 양태의 하위범주의 일부를 가늠해 볼 수 있을 것이다.

이와 같이 '정보' 대 '행동'이라는 분류 기제는 각각 인식 양태와 행위 양태의 측면에서 살펴볼 수 있게 하는 속성이 되기도 하지만 문장종결법 및 화행의 범주와 관련하여 연결 고리를 제공해 준다. 윤석민(2000:56~58)에서는 의사소통 시에 화자와 청자 간에 전달되는 내용에 대하여 '상태'와 '행동'으로 나눈 바 있다. 이에 따르면 '상태 정보'를 전달하는 문장종결법으로는 설명법, 감탄법, 의문법이 있으며, '행동 정보'를 전달하는 문장종결법으로는 약속법, 허락법, 공동법이 있다고 한 바 있다. 윤석민(2000:56~58)에 따르면 본 연구에서의 '정보'는 '상태 정보'에, 본 연구에서의 '행동'은 '행동 정보'로 볼 수 있다. Halliday and Matthiessen(2004:136)에서도 이와 맥을 같이 하는 내용을 기술하고 있다. 이에 따르면 가장 기본적인 발화 역할의 유형을 '제공'과 '요구'로 나누면서 이때 교환되는 대상은 '재화 및 용역(goods-&-services)'과 '정보(information)'로 나눈 바 있다.

〈표 18〉 주요 발화 기능

	교환의 대상	
교환의 역할	(a) 재화와 용역	(b) 정보
(1) 제공	제안하기(offer) 예 찻주전자 필요해요?	진술하기(statement) 예 남자는 여자에게 찻주전자를 줬어요.
(2) 요구	명령하기(command) 예 찻주전자 좀 주세요.	질문하기(question) 예 그 남자가 여자한테 준 게 뭐예요?

본 연구에서의 '행동'은 위의 〈표 18〉의 '(a) 재화와 용역'에 '정보'는 '(b) 정보'에 해당되는 것으로 볼 수 있다. 이와 같이 '정보'와 '행동'이라는 속성은 양태(인식 양태와 행위 양태의 구분) 범주만 아니라 발화 기능 즉 화행과 문장 종결법과도 관련이 있는 것을 알 수 있다.

6.1.3. '기지정보' 대 '미지정보'

'기지정보'는 인지의 주체가 이미 발화시 이전에 습득하여 알고 있던 정보를 의미하고, '비지정보'는 인지의 주체가 발화시 당시 접한 정보로, 자신이 처음 알았다는 사실을 드러내어 말할 때 발휘되는 속성이다. 그런데 이것은 인지의 주체가 누구냐에 따라 달라질 수 있다. 인지의 주체가 '화자' 자신일 수도 있고, '청자'일 수도 있다. 화자와 청자의 '기지정보' 및 '미지정보'의 대립 관계에 따라 본서의 종결어미들을 분류하면 아래와 같다.

〈표 19〉 '기지정보' 대 '미지정보'에 따른 분류

인지의 주체	기지정보	미지정보
화자	-어(요), -지(요), -거든(요), -잖아(요), -을게(요), -을래(요)	-네(요), -군(요)
청자	-잖아(요)	-거든(요)

우선 인지의 주체가 '화자'인 경우를 살펴보겠다. [화자의 기지정보]를 나타내는 종결어미에는 '-네(요)'와 '-군(요)'를 제외한 6종의 종결어미들이 속하였다. 그런데 여기에서 '-어(요)'와 '-지(요)'는 [화자의 기지정보]를 나타냄을 핵심 기능에서 바로 알 수 있는데 '-거든(요)'와 '-잖아(요)', '-을게(요)'와 '-을래(요)'는 이들의 핵심 기능에서 화자의 기지정보와 관련한 속성이 바로 드러나지 않는다. 앞서 5장에서 대청자 태도를 나타내는 4개의 종결어미가 [화자의 기지정보]를 전제로 하고 있다는 점을 언급한 바 있으나 다시 한 번 여기에서 기술하겠다. 우선 '-거든(요)'와 '-잖아(요)'는 해당 명제의 내용을 청자가 알고 있느냐 모르고 있느냐에 대한 화자의 판단에 따라 선택되는 종결어미이다. 여기에서 필연적으로 화자는 해당 명제 내용을 반드시 알고 있어야 한다는 사실이 함의된다. 그 이유는 청자가 이 내용을 아는지 모르는지 판단하려면 화자는 그 내용에 대한 이해와 파악이 끝나 있어야 하기 때문이다. '-을게(요)'와 '-을래(요)' 또한 필연적으로 해당 명제 내용이 화자의 기지정보라는 점이 함의되는데, 그 이유는 우리가 자신의 의지를 말할 때 해당 명제 내용이 발화시 당시에 처음 알게 된 내용인지의 여부를 생각해 보면 알 수 있다. 우리가 보통 어떤 행동을 하기로 마음을 먹을 때, 그 행동을 하려는 이유, 그 행동으로 인해 벌어질 결과 등을 고려하여 결정을 하게 되고, 그 결정을 말한다. '-을게(요)'와 '-을래(요)'는 이러한 화자의 자신의 행동에 대한 결

정을 말할 때 선택되는 종결어미인데 이때 반드시 화자의 해당 명제 내용에 대한 가치 판단이 수반되어야 한다. 어떤 내용을 가치 판단할 수 있다는 사실은 그 내용을 이미 알고 있다는 것을 의미한다. 따라서 '-을게(요)'와 '-을래(요)'에 의해 전달되는 명제 내용 또한 화자의 기지정보를 바탕으로 하고 있음을 알 수 있다.

한편 [화자의 미지정보]는 '-네(요)'와 '-군(요)'에 의하여 표상된다. 이러한 화자의 새로 앎의 인지적 상태가 언어 형식을 통하여 드러나는 현상은 앞서 2장에서 언급하였던 '내면화(assimilation)/의외성(mirativity)', '증거성(evidentiality)'과 같은 인식 양태 관련 범주에서 논의될 수 있다.

증거성 및 의외성과 관련한 종결어미로 선행 연구에서 언급되어 온 대표적인 형태는 '-네(요)'와 '-군(요)'이다. 이 두 형태를 '-지(요)'와(일부 연구에서 '-어(요)'도 포함함) 증거성 및 의외성, 내면화의 관점에서 대립적으로 파악한 연구에는 장경희(1985), Lee(1991), 고창운(1995), 손현선(1996), 박재연(2006) 등이 있다.

장경희(1985)에서는 '-지'와 '-구나'를 각각 '이미 앎'과 '처음 앎'으로 설명하였으며, Lee(1991)에서는 '-네'와 '-군'을 'unassimilated(비내면화)'로 '-어'와 '-지'를 'assimilated(내면화)'의 의미를 가진 것으로 설명하고 있다. 고창운(1995)에서는 각 종결어미들을 '새로 앎'의 여부를 통해 그 의미를 설명하고 있으며, 손현선(1996)에서는 '-어'와 '-지'를 발화자의 지식 체계에 들어 있던 것을 명제 내용의 근거로 하는 경우에 선택되는 것으로 보았고, '-구나'와 '-네'는 그렇지 않은 경우로 보았다. 박재연(2006)에서는 '새로 앎'으로 '-네'와 '-군'을 설명하였고, '이미 앎'으로 '-지'를 설명하고 있다. 각 연구에서 이러한 대립을 설명한 내용을 정리하면 아래와 같다.

장경희(1985): [이미 앎], [처음 앎]
Lee(1991): [Assimilated], [Unassimilated]
고창운(1995): [±새로 앎]
손현선(1996): [±발화자의 지식 체계를 근거로 함]

박재연(2006): [이미 앎], [새로 앎]

한편 박진호(2011:8)에서는 이러한 대립과 관련하여, '내면화된 지식'과 '내면화되지 않은 지식'의 두 항이 대립을 이루고 있다고 보는 것에 의문을 품고 있다고 한 바 있다. 의외성 표지가 있을 때와 없을 때에 각각 표현되는 의미가 적극적으로 대립을 이루고 있는지에 대해 의문이라고 하였기 때문이다. 그 연구에서는 '내면화된 지식' 및 '내면화되지 않은 지식'이 과거-비과거, 단수-복수와 같이 적극적인 대립을 이루는 것은 아니라고 보았다. 손혜옥(2018)에서도 한국어에서 '새로 앎'을 전경 의미로 가지는 표지가 있는 반면 '이미 앎'을 전경 의미로 가지는 표지가 없다고 보아 '내면화'를 문법범주로서 보는 것에 부정적인 입장을 취하고 있다.

본서에서도 '내면화'를 문법범주로 보는 것에 대해서는 유보적인 입장에 있으나, '내면화'를 의미범주로서 보아 각 종결어미들의 기술에 활용할 수 있을 것으로 보인다. 본서의 연구 결과에 따르면 '새로 앎'의 의미는 '-네(요)'와 '-군(요)'가, '이미 앎'의 의미는 '어(요)'와 '-지(요)'가 갖는 것으로 나타났으며, 이러한 내면화의 여부, 즉 [화자의 기지정보]냐 [화자의 미지정보]냐 하는 문제가 8가지의 비격식체 종결어미들의 선택에 있어 다소 적극적인 개입이 이루어지는 기제로 볼 수 있음을 밝혔다. 즉, [화자의 기지정보] 및 [화자의 미지정보]의 대립은 한국어의 비격식체 종결어미 선택에 있어서 1차적인 변별을 가져오며, 4장과 5장을 통해 확인한 바에 따르면 이러한 화자의 기지정보 인지의 여부를 표현함으로써 얻게 되는 대인적 기능 및 담화적 기능이 있었다. 화자는 자신이 의도하는 맥락 기능을 실현시키기 위하여 내면화 여부에 따른 대립을 이루는 종결어미들 중 특정 형태를 선택하기도 하였다.[159]

비록 모든 상황에서 이들 종결어미들의 선택이 서로 배타적으로 이루어지는 것은 아니지만, 명제 내용이 [화자의 기지정보]인지 [화자의 미지정보]인지를 표시하는 이러한 형태들로 인하여 유발되는 차별화된 의사소통적, 담화

159) '증거성', '의외성' 표지의 의사소통상의 대인적 기능에 대해서는 DeLancey(2001), Aikhenvald(2004), Nuckolls and Michael(2014) 등의 연구에서 언급된 바 있다.

적인 기능이 있기 때문에 꼭 짜인 대립 체계는 아니더라도 의미적 대립 체계로서 이 개념을 설정하는 것이 유용하리라 판단된다.

6.2. 교육적 함의

3장~5장에 걸쳐 분석한 비격식체 종결어미들의 핵심 기능과 문법적 특성, 맥락 기능 간의 상호작용은 한국어 교육 분야에서 이들 종결어미의 내용 기술을 할 때 유용한 시각을 제공할 것으로 보인다. 따라서 한국어 교육에서 비격식체 종결어미의 문법적 특성이 핵심 기능을 이용하여 어떻게 기술해야 할지에 대한 논의와(6.2.1), 핵심 기능이 맥락 기능과 어떠한 연관을 맺고 있는 것으로 보아야 할지에 대한 기술(6.2.2)을 통하여 본 논의의 교육적 함의를 밝히겠다.

6.2.1. 핵심 기능을 통한 문법적 특성의 추론

4장과 5장에서 각 비격식체 종결어미들의 핵심 기능에 따른 문법적 특성을 기술한 부분을 종합해 보면 아래와 같이 정리될 수 있다.

〈표 20〉 비격식체 종결어미들의 핵심 기능에 따른 문법적 특성 정리

형태	핵심 기능	문장 유형의 양상	주어 인칭과 결합 용언 양상	선어말어미 결합 양상
-어(요)	[화자의 기지정보], [관념화되지 않은 정보]를 말한다.	평서문 의문문 명령문 청유문	1) 1인칭 주어의 심리·감각형용사 구문 결합 가능 2) 2, 3인칭 주어의 심리·감각형용사 구문 결합 불가능	-시- -었- -겠-(추측) -겠-(의지)

-지(요)	[화자의 기지정보], [관념화된 정보]를 말한다.	평서문 의문문 명령문 청유문	1) 1인칭 주어의 심리·감각형용사 구문 결합 가능 2) 2, 3인칭 주어의 심리·감각형용사 구문 결합 불가능	-시- -었- -겠-(추측)
-네(요)	[화자의 미지정보], [현재 지각한 정보]를 말한다.	평서문	1) 1인칭 주어 구문이 어색함. 그러나 1인칭 주어의 인지동사, 심리·감각형용사 구문 결합은 자연스러움. 2) 2, 3인칭 주어의 심리·감각형용사 구문 결합은 가능하나 다소 어색함.	-시- -었- -겠-(추측)
-군(요)	[화자의 미지정보], [깨달은 정보]를 말한다.	평서문	1) 1인칭 주어 구문이 어색함. 그러나 1인칭 주어의 심리·감각형용사 구문과의 결합 자연스러움. 2) 2, 3인칭 주어의 심리·감각형용사 구문 결합 가능	-시- -었- -겠-(추측) -더-
-거든(요)	[청자의 미지정보]를 말한다.	평서문	1) 청자의 정보 영역에 있는 주체와의 결합 어색함	-시- -었- ?-겠-(추측)(1인칭 주어의 인지 상태를 기술한 구문에만 결합)
-잖아(요)	[청자의 기지정보]를 말한다.	평서문 확인 의문문	2) 청자의 정보 영역에 있는 주체와의 결합이 자연스러움	-시- -었- ?-겠-(추측)(1인칭 주어의 인지 상태를 기술한 구문에만 결합)

-을게(요)	[청자 의향에 부합하는 화자의 미래 행동]을 말한다.	평서문	1) 1인칭 주어만 가능 2) 동사와 주로 결합	-
-을래(요)	[청자 의향에 부합하지 않는 화자의 미래 행동]을 말한다.	평서문 의문문	1) 1인칭 주어(의문문에서는 2인칭 주어만 가능)만 가능 2) 동사와 주로 결합	-

위의 표를 보면 동일한 핵심 기능적 속성을 공유한 종결어미들끼리는 그 문법적 특성 또한 유사한 것을 파악할 수 있다. '-어(요)'와 '-지(요)'는 동일하게 [화자의 기지정보]라는 속성을, '-네(요)'와 '-군(요)'는 [화자의 미지정보]라는 속성을, '-거든(요)'와 '-잖아(요)'는 청자의 인지 상태에 대한 태도를, '-을게(요)'와 '-을래(요)'는 청자의 의향에 관한 태도를 공유하고 있는데, 서로의 문법적 특성을 비교해 보면 다른 종결어미와 비교해 보았을 때보다 공통점이 많다. 한편 종결어미들의 문법적 특성의 차이는 대립되는 핵심 속성에 의한 것임을 확인할 수 있었다. 예컨대 '-어(요)'와 '-지(요)'는 2, 3인칭 주어의 심리·감각형용사 구문에서의 사용이 부자연스러우나 '-네(요)'와 '-군(요)'는 그렇지 않은 양상은 이들의 핵심 기능의 대립 양상과 동일하였다.[160)]

앞서 4장과 5장의 기술한 바에 따르면 이러한 문법적 특성은 특정 문장 유형으로 나타났을 때의 해당 명제의 속성, 특정 주어 인칭 및 결합된 용언에 따른 명제의 속성, 특정 선어말어미에 의한 명제의 속성과 종결어미의 핵심 기능의 상호 작용의 결과로 나타난 것임을 알 수 있었다. 이것은 한국어 교육에서 어떤 형태의 문법적 특성을 설명할 때 표면적인 현상만 기술할 것이 아니라, '왜' 그러한 문법적 특성을 보이는지를 핵심 기능을 통하여 기술할 수 있다는 점을 시사한다.

이와 같이 핵심 기능이 각 종결어미들의 문법적 특성에 영향을 미치는 양상을 그림으로 나타내면 아래와 같다.

---

160) 이러한 각 종결어미들의 문법적 특성을 비교해 놓은 것은 4장과 5장에서 해당 기술이 끝난 후에 정리하였으므로 이것을 참조하면 알 수 있다.

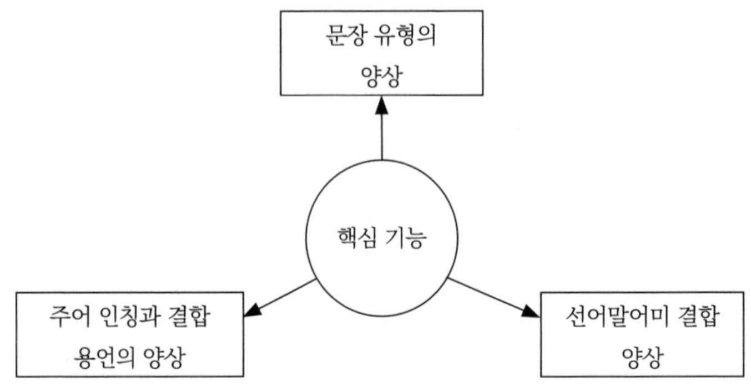

〈그림 11〉 핵심 기능과 문법적 특성의 관계

〈그림 11〉과 같이 어떤 형태의 핵심 기능이 문법적 특성에 영향을 미친다는 점을 인지하여 교육 문법 항목들의 문법적 제약들을 설명하는 자세는 현재 한국어 교육 연구 및 교육 현장에서 필요한 자세라고 생각된다. 핵심 기능을 통하여 문법적 특성이 추론될 수 있는 것으로 설명한다면 의미와 문법을 연관하여 이해시킬 수 있고, 예외적인 문법적 현상에 대하여 좀 더 합리적이고 일관된 기술이 이루어질 수 있을 것이다. 이를 통하여 학습자들에게는 한국어 문법에 대한 인지적인 확장이 이루어지는 발판을 제공할 수 있을 것이다.

6.2.2. 핵심 기능을 통한 맥락 기능의 추론

3장~5장에서 밝힌 핵심 기능과 맥락 기능의 관계는 한국어 교육 현장에서 어떻게 제시될 수 있는지에 관하여 살펴보겠다. 본서의 논의에 따르면 맥락 기능은 핵심 기능에서 추론 가능한 것을 알 수 있었다. 이와 관련하여 세 부분으로 나누어 기술하겠다. 첫째로, 핵심 기능의 제시 방법, 둘째로, 맥락 기능의 제시 방법, 셋째로, 유표적으로 나타난 맥락 기능(핵심 기능에서 벗어난 것처럼 보이는 맥락 기능)의 제시 방법에 관하여 살펴보겠다.

첫째로 핵심 기능의 제시 방법을 제안해 보도록 하겠다. 3장에서 밝힌 각 종결어미들의 핵심 기능 기술에 사용된 메타 용어들은 매우 추상적인 개념이 포함되어 있으므로 학습자들에게 바로 제시되기에는 어려움이 있을 것이다. 따라서 실제 학습자들에게 종결어미의 핵심 기능을 설명하기 위해서는 '명제 내용', '기지정보', '미지정보', '관념화', '청자 의향 부합' 등과 같은 다소 어려운 개념들을 단순화하여야 할 것이다. 이러한 용어를 쉽게 바꾸어 대명제 태도 및 대청자 태도를 나타내는 종결어미들의 핵심 기능을 학습자들에게 시각적으로 제시하기 위해서는 다음과 같은 그림이 제안될 수 있겠다.

〈표 21〉 비격식체 종결어미들의 핵심 기능 제시 방안

형태	비격식체 종결어미들의 핵심 기능 제시 방안
-어(요)	 □은 내가 알고 있는 것이다. □+어 (요)
-지(요)	 □은 내가 확신하는 내용이다. □+지 (요)
-네(요)	 □은 지금 지각한 내용이다. □+네 (요)

-군(요)	□은 깨달은 내용이다. □+군 (요)
-거든(요)	□은 청자가 모른다. □ +거든 (요)
-잖아(요)	□은 청자가 안다. □ +잖아 (요)
-을게(요)	□은 청자의 의향과 같다. □ +을게 (요)
-을래(요)	□은 청자의 의향과 다르다. □ +을래 (요)

위의 그림들에서 화자만 표현된 것은 그 종결어미가 대명제 태도를 나타내는 종결어미라는 점을 보여주며, 화청자 모두가 표현된 것은 대청자 태도를 나타내는 종결어미임을 보여준다.

둘째로, 맥락 기능의 제시 방법에 관하여 살펴보겠다. 우선, 종결어미들이 어떠한 맥락 기능을 가지는지에 관하여 4장과 5장에서의 기술을 바탕으로 정리하면 아래의 표와 같다.[161)]

〈표 22〉 비격식체 종결어미들의 핵심 기능과 맥락 기능

형태	핵심 기능	맥락 기능		
		개념적 기능	대인적 기능	담화적 기능
-어(요)	[화자의 기지 정보], [관념화되지 않은 정보]를 말한다.	① 진술하기 ② 질문하기 ③ 명령하기 ④ 청유하기 ⑤ 즉각적인 감정, 감각 표현하기 ⑥ 의지 표현하기 ⑦ 가정하기 …	① 난언성 강화하기[162)] ② 객관성 부여하기[163)]	① 선후 발화 연결하기 …
-지(요)	[화자의 기지 정보], [관념화된 정보]를 말한다.	① 진술하기 ② 의지 표현하기 ③ 청유하기 ③ 기원 및 바람 표현하기 ④ 아쉬움, 비난, 원망 등 부정적인 감정 표현하기	① 단언성 강화하기 (확신 표현하기) ② 호응 유발하기 ③ 상대의 공감 요구하기 ④ 앞선 발화에 대한 강한 동의·반대 표현하기	① 화제 도입하기 …

161) 그러나 이 〈표 22〉의 내용이 그대로 한국어 교육에 적용되어야 한다는 뜻은 아니다. 내용 정리의 차원에서 표를 제시한 것이다.
162) '-네(요)' 및 '-군(요)'와 비교하였을 경우의 기능이다.
163) '-지(요)'와 비교하였을 경우의 기능이다.

		⑤ 확인 질문하기 ⑥ 가정하기 ⑦ 명령하기 …	…	
-네(요)	[화자의 미지 정보], [현재 지각한 정보]를 말한다.	① 진술하기 ② 확인하기 ③ 확인 질문하기 ④ 인정하기 …	① 맞장구치기 ② 단언성 약화하기 ③ 책임성 약화하기 ④ 사실성 강화하기 ⑤ 객관적 태도 표현하기 ⑥ 과거의 감정 공유하기 ⑦ 청자의 집중 유도하기 ⑧ 청자의 반응 유도하기 …	① 화제 도입하기 ② 배경정보 제시하기 ③ 요약하기 …
-군(요)	[화자의 미지 정보], [깨달은 정보]를 말한다.	① 진술하기 ② 확인 질문하기 …	① 수용 표현하기 …	① 자기 오류 정보 수정하기 …
-거든(요)	[청자 미지정보]를 말한다.	① 정보 제공하기 …	① 친밀감 형성하기 ② 간접적으로 표현하기 ③ 단정적인 태도 표현하기 …	① 화제 도입하기 ② 배경정보 제시하기 ③ 근거 제시하기 …
-잖아(요)	[청자 기지정보]를 말한다.	① 확인하기 ② 정보 제공하기 ③ 핀잔주기	① 친밀감 형성하기 ② 공감 유도하기 ③ 간접적으로 표현	① 화제 도입하기 ② 배경정보 제시하기

		④ 가정하기 …	하기 ④ 청자의 집중 유도 하기 ⑤ 청자의 동조 요구 하기 …	③ 근거 제시하기 …
-을게(요)	[청자 의향에 부합하는 정보]를 말한다.	① 의지 말하기 ② 약속하기 ③ 허락 구하기 ④ 요청하기 …	① 친밀감 형성하기 ② 완곡하게 거절 표현하기 …	-
-을래(요)	[청자 의향에 부합하지 않는 정보]를 말한다.	① 의지 말하기 ② 요청하기 ③ 제안하기 ④ 협박하기 …	① 화자의 통제권 표현하기 …	-

위에서 맥락 기능의 하위 기능인 개념적 기능, 대인적 기능, 담화적 기능들은 열린 범주로 보아야 할 필요가 있다. 맥락 기능에는 앞으로 발견되는 새로운 기능들을 추가되거나 삭제될 가능성이 있는 것으로 보아야 한다. 즉 유동적인 영역으로서 언중들의 필요에 따라 해당 종결어미가 새로운 기능을 획득할 수도, 혹은 기존의 기능을 잃을 수도 있다. 따라서 '...'를 추가하였다.

이러한 비격식체 종결어미가 실제 발화에서 실현된 경우의 기능은 어떻게 파악될 수 있는지 생각해 보도록 하겠다. 종결어미는 개념적 기능, 대인적 기능, 담화적 기능 중 한 기능만으로 실현되는 것으로 볼 수 있는가? 아니면 통합되어 실현되는 것으로 볼 수 있는가? 본서의 말뭉치 분석에 따르면 후자의 관점으로 보아야 할 것으로 보인다.

'-거든(요)'를 예로 들어 살펴보면, 위의 〈표 22〉에 따르면 '-거든(요)'는 청자의 미지정보를 말한다는 핵심 기능을 가지고 있고, 이것이 '정보 제공하기라는 기능(개념적 기능)'에 투영되고, 또 그 핵심 기능이 '친밀감을 형성하는 기능(대인적 기능)'에 투영되고, 또 그 핵심 기능이 '화제를 도입하는 기능(담화적 기능)'에 투영되어 발휘될 수 있다. 즉 화자의 어떤 발화는 위의 여러 층위의 기능들 중 하나의 기능만을 표상하는 것이 아니라 서로 통합된(integrated) 다층적인 기능을 가지고 있는 것으로 보아야 어떤 발화의 생성 및 해석이 제대로 이루어질 수 있을 것으로 보인다. 이를 그림으로 보이면 아래와 같이 나타낼 수 있다.

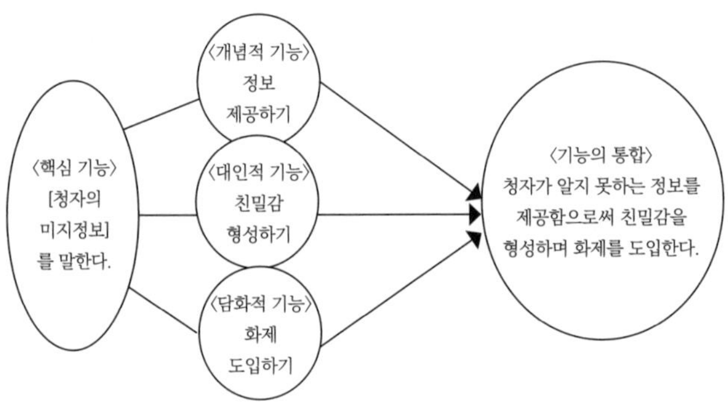

〈그림 12〉 '-거든(요)'의 실현에서 나타나는 기능의 다층성(예시)

〈그림 12〉는 실제 발화에서 해당 종결어미가 실현될 경우의 다층적인 기능을 시각화한 것이다. 이와 같은 관점으로 보는 것은 어떤 종결어미가 담화상에서 발화되었을 경우 그 기능을 어떻게 해석할 것인지에 대한 문제에 대한 실마리를 제공해 줄 수 있다. 아울러 이러한 관점은 그동안 한국어 교육 연구나 교육 현장에서 이루어진 문법 항목들의 의미, 기능 제시에 대한 방향을 제공해 줄 수 있다. 즉 어떤 형태의 핵심 기능이 맥락 기능으로 파생되며 그것이 다층적으로 작용하여 〈그림 12〉에서와 같이 기능의 통합이 이루어진다는 점을 인식하여 문법 형태의 제시가 이루어진다면 의미 기술의 연계성과 효율성을 높일 수 있을 것이다. 또한 표면적으로는 비슷한 기능을 하는 종결

어미들이 심층적으로는 어떠한 기제에 의하여 선택되는지를 설명할 수 있으므로 두 형태들 간의 변별 지점이 비교적 명확해지는 장점이 있다.

셋째로, 유표적으로 나타난 맥락 기능(핵심 기능에서 벗어난 것처럼 보이는 맥락 기능)의 제시 방법에 관하여 살펴보겠다. 4장과 5장의 기술에 따르면 3장에서 제시된 핵심 기능에서 곧바로 추론 가능한 맥락 기능으로 나타나는 경우도 있었지만, 그렇지 않고, 몇 단계의 추론을 거쳐서 맥락 기능으로 확장되어 나타나는 경우도 있었다. 이러한 유표적인 기능이 두드러지게 나타나는 종결어미에는 '-네(요)'와 '-잖아(요)', '-을게(요)'가 있었다.

〈표 23〉 유표적인 맥락 기능을 갖는 종결어미들

종결어미	유표적인 맥락 기능
-네(요)	- 과거의 감정 공유하기 - 청자의 집중 유도하기 - 배경정보 제시하기 - 요약하기 - 책임성 약화하기
-잖아(요)	- 정보 제공하기 - 핀잔주기 - 가정하기 - 공감 유도하기 - 청자의 집중 유도하기 - 청자의 동조 요구하기
-을게(요)	- 요청하기 - 허락 구하기 - 완곡하게 거절 표현하기

'-네(요)'의 '과거의 감정 공유하기', '청자의 집중 유도하기', '배경정보 제시하기', '요약하기', '책임성 약화하기' 기능은 '-네(요)'의 핵심 기능인 '[현재 지각한 정보]를 말한다'에서 곧바로 유추해내기 힘든 기능이었다. 이러한 기

능으로 사용된 경우에는 '-네(요)'에 결합된 명제 내용이 화자가 발화시 당시 지각한 내용이 아닌 발화시 이전에 지각한 내용이었기 때문이다. '-잖아(요)'의 '정보 제공하기', '핀잔주기', '가정하기', '공감 유도하기', '청자의 집중 유도하기', '청자의 동조 요구하기' 또한 '-잖아(요)'의 핵심 기능인 '[청자의 기지정보]를 말한다'에서 곧바로 유추될 수 없다는 성격을 가지고 있었다. '-을게(요)'의 '요청하기', '허락 구하기', '완곡하게 거절 표현하기 또한 그 핵심 기능인 '[청자 의향에 부합하는 화자의 미래 행동]을 말한다'에서 곧바로 유추될 수 없다는 특징이 있었다.

그러나 이들은 모두 핵심 기능에서 파생된 속성을 매개로 하여 그 기능이 추론될 수 있다는 공통점이 있었다. 즉 이러한 유표적인 기능의 사용은 파생된 핵심 기능을 매개로 하여 화자가 의도하는 바를 표현하기 위한 전략적인 선택임을 알 수 있었으며, 결과적으로 핵심 기능에서 확장되는 것으로 설명이 가능한 것으로 나타났다.

인지주의 이론에서 제시되고 있는 '의미의 확장'에 대한 관점은 본서에서 밝힌 이와 같은 기능의 확장 양상에 대하여 시사점을 제공한다. Hamawand (2016/2017:179~180)에 따르면 영어의 보문소 to-의 의미망을 아래의 그림과 같이 표현할 수 있다.

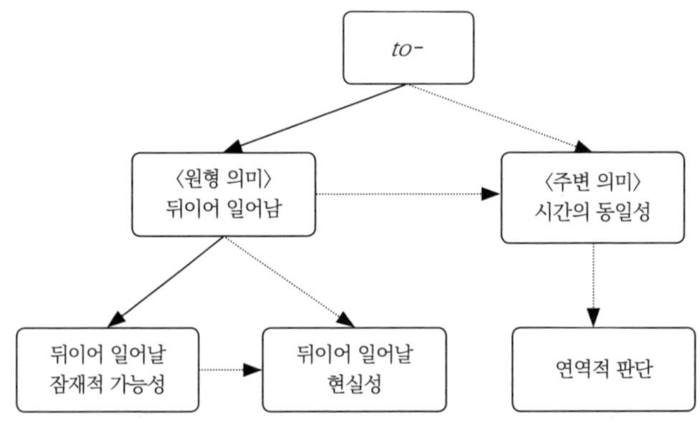

〈그림 13〉 영어 보문소 'to-'의 의미망(Hamawand 2016/2017:180)

위에서 실선으로 표시된 화살은 원형적 의의를, 점선으로 표시된 화살은 의미 확장을 나타낸다. 'to-'는 원형적으로 '뒤이어 일어남'의 개념을 갖는다. 이 의미는 두 가지 방식으로 풀어낼 수 있는데, 첫째는 '뒤이어 일어날 잠재적 가능성'이며, 이 경우 to로 인하여 표현된 사건의 실현이 주절 동사의 실현에 관하여 미래화된다. 예를 들면 They hoped/planned/attempted to climb Mount Everest(그들은 에베레스트 산을 오르기를 바랐다/계획했다/시도했다)에서처럼 희망, 의도, 노력 동사들 뒤에서 발생한다. 둘째는 '뒤이어 일어날 현실성'인데, 이 경우의 예는 They managed to climb Mount Everest(그들은 겨우 에베레스트 산을 올라갔다)와 같이 달성이나 인과관계를 표현하는 일부 동사들 뒤에서 나타난다. 이때의 to는 실현된 사건을 이끈다. 한편 to의 '주변 의미'로 '시간의 동일성'이라는 의의가 파생되는데, 이로 인하여 확장되는 의미는 '연역적 판단'이다. I believe him to be honest(나는 그가 정직하다고 믿는다)의 예문에서와 같이 인지동사들 뒤에서 to가 행위를 가리키지 않고, 주절 동사에 의해 표현된 사건과 동시에 발생하는 상태를 가리키는 경우에 해당된다.[164)]

Hamawand(2016/2017:183)에 따르면 '범주'란 원형과 주변에 의해 구조화된 한 언어 항목이 가진 의의들의 망이며, 한 언어 항목은 대부분 다의적이므로 상호 관련된 의미들의 망을 나타낼 수 있다. 원형의 의의에 근거하여 다른 의의들이 배열되는데, 주변(periphery)은 의미 확장에 의해 원형에서 파생된 의의들을 포함한다. '주변 의미'는 '원형 의미'와의 '닮음'에 의해 정의되고, 원형과의 거리의 관점에서 배열된다.

이와 같은 인지주의에서의 의미 확장 이론은 어떤 형태가 갖는 유표적인 의미를 이해하는 데에 유용한 시각을 제공한다. 나아가 본서에서 살핀 비격식체 종결어미의 핵심 기능과 맥락 기능의 확장 양상을 포착하는 데에도 적용될 수 있다. 위의 〈그림 13〉의 의미망을 앞서 제시한 유표적인 맥락 기능을 갖는 종결어미들의 기능 확장 양상을 시각화하는 데에 도입해 보도록 하겠

164) 이 단락의 설명은 Hamawand(2016/2017:180)의 내용을 참고한 것이다.

다. 우선 '-네(요)'의 기능 확장 양상은 다음과 같다.[165)]

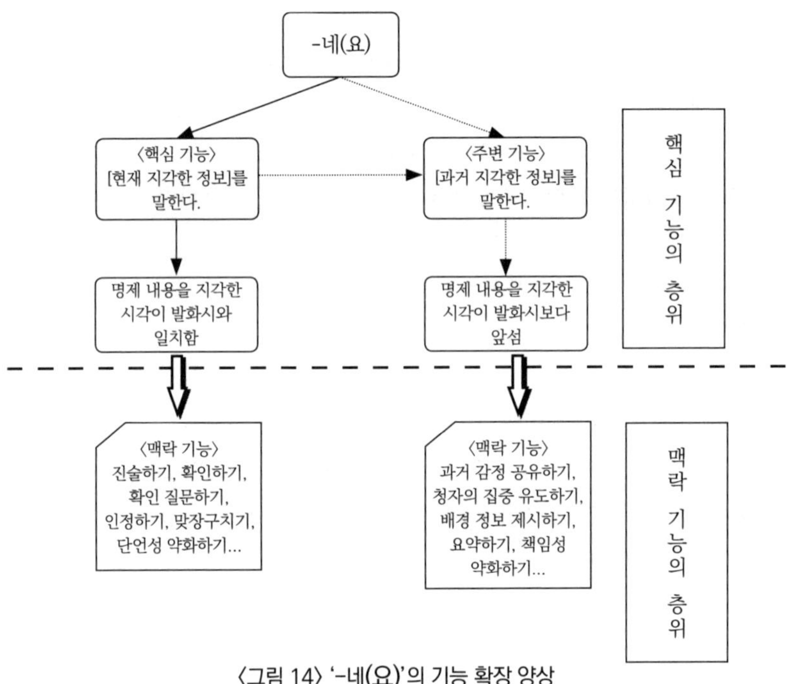

〈그림 14〉 '-네(요)'의 기능 확장 양상

'-네(요)'가 '과거 감정 공유하기', '청자의 집중 유도하기' 등의 유표적인 기능으로 나타나는 경우 그 명제 내용은 '과거 지각한 내용'이었다. 따라서 엄밀히 보면 [현재 지각한 정보]를 말한다는 '-네(요)'의 핵심 기능에서 벗어난 것으로 보이나 '화자가 지각한 정보'라는 공통적인 속성을 매개로 하여, 핵심 기능에서 이와 같은 맥락 기능으로 확장되는 것으로 보는 것이 가능하다. 화자가 이와 같이 과거 지각한 내용을 '-네(요)'를 이용하여 표현하는

165) 위의 〈그림 13〉을 종결어미 기능을 기술하는 데에 적용하려면 '핵심 기능의 층위'와 '맥락 기능의 층위'로 나누어야 할 필요가 있어서 아래에서 실제로 적용하는 데에 이러한 구분을 표현하였다.

것은 '-네(요)'의 핵심 기능에서 파생되는 '생생함', '화자 인식의 불완전성' 등의 의미 효과를 내기 위한 전략적인 선택임을 4장의 기술에서 확인한 바 있다.

다음으로 '-잖아(요)'의 기능 확장 양상을 시각화하면 아래와 같다.

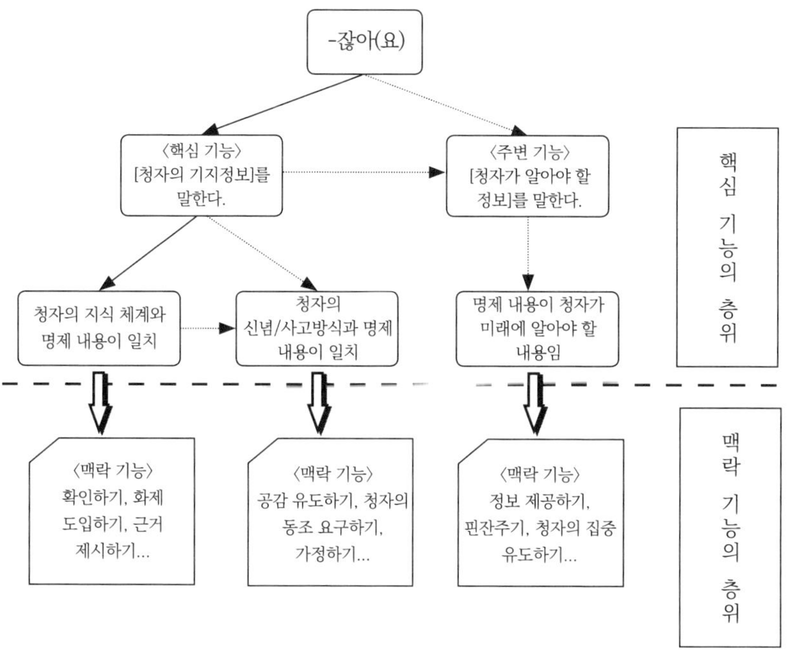

〈그림 15〉 '-잖아(요)'의 기능 확장 양상

'-잖아(요)'의 핵심 기능은 '[청자의 기지정보]를 말한다'이다. 그런데 이것은 일차적으로 청자의 지식 체계에 존재해 있는, 그 내용과 완벽하게 일치하는 경우를 나타내는 경우와 청자의 지식 체계에는 존재하지 않지만 청자의 신념/사고방식이라면 화자 자신이 말하는 내용이 받아들여질 거라는 믿음을 가진 경우로 나눌 수 있다. 다음으로 '핵심 기능'에서 파생된 '주변 기능'을 생각해 볼 수 있는데, 비록 핵심 기능과는 다소 거리가 멀지만 그래도 충분히 핵심 기능에서 파생될 수 있을 정도의 닮음을 가지고 있다. 이렇게 하여 파생된 핵심 기능의 층위는 실제 발화에서 상황과 맥락, 화자의 선택에 따라 '맥락 기능'으로 실현된다. 그런데 용례를 살펴본 결과 모든 맥락 기능들이 이러한 세 유형으로 명확히 구분되는 것은 아닌 것으로 보인다. 예컨대 '-잖아(요)'의 맥락 기능인 '근거 제시하기'는 명제 정보가 청자의 지식 체계에 있는 정보와 일치할 경우에 실현될 수도 있고, 청자의 신념/사고방식과 일치하는 경우에 실현될 수도 있고, 아니면 청자가 알아야 할 내용이라고 생각하는 경우에 실현될 수도 있다.

다음으로 '-을게(요)'의 기능 확장 양상을 그림으로 표현하면 다음과 같다.

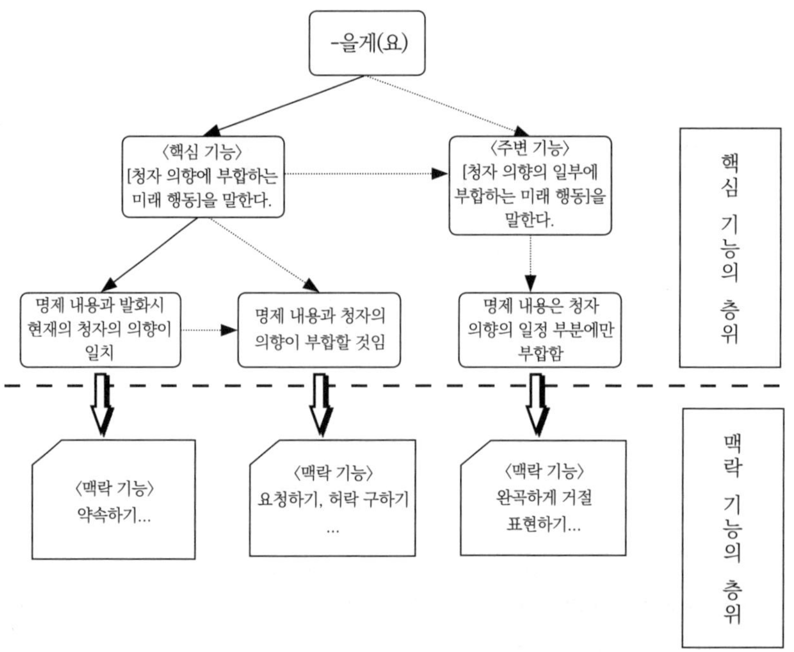

〈그림 16〉 '-을게(요)'의 기능 확장 양상

위의 〈그림 16〉에 따르면 '-을게(요)'가 가진 '청자 의향 부합성'이 매개가 되어 '핵심 기능'에서 '주변 기능'으로 파생되는 양상을 포착할 수 있다. 이에 따라 '요청하기', '허락 구하기', '완곡하게 거절 표현하기'와 같은 기능은 '-을게(요)'의 핵심 기능에서 곧바로 유추될 수 없는 유표적인 기능이지만 이들은 모두 핵심 기능에서 확장된 것으로 설명 가능하였다. 그런데 5장의 기술을 통해 알 수 있듯이 '-을게(요)'가 이러한 유표적인 기능으로 사용되기 위하여 반드시 전제되어야 하는 상황적 요인은 화청자의 관계가 매우 가깝거나 자신이 청자에게 요구하는 행동이 청자에게 이익이 되거나 청자의 의무여야 한다는 점이다. 자신의 미래 행동이 청자 의향에 부합할 것이라 미리 판단하거나 청자 의향의 일부만 수용한다는 태도를 표현하기 위해서는 그러한 맥락이 전제되는 것이 필수적이다.

이와 같이 인지주의적 관점에서 제시한 Hamawand(2016/2017)의 이러한 의미망은 핵심 기능의 변용과 그에 따른 맥락 기능의 실현 양상을 시각화하는 데에 유용한 틀을 제시한다. 한편 위의 그림들은 교육 현장에서 바로 제시될 수는 없지만 어떤 문법 항목들의 의미 기술이나 교재에서의 의미 제시 순서에 시사점을 제공한다. 어떠한 것이 가장 핵심 기능에서 추론되기 쉽고, 어떤 것이 추론되기 어려운가에 따라 난이도를 판단할 수 있기 때문이다.

지금까지 6.2에서 비격식체 종결어미들의 문법적 특성과 기능적 특성들을 핵심 기능과의 연계성에 초점을 두어 살펴보고 한국어 교육 문법에서의 제시 방법과 그 효과에 대해서도 논의하였다. 이러한 논의는 Larsen-Freeman이 제시한 문법 체계의 세 차원에 적용해 보았을 때 유효한 것으로 보인다. Larsen-Freeman(1991:280)에서는 문법 제시에 있어서 다음 '형태', '의미', '화용'의 세 가지 측면이 고려되어야 한다고 한 바 있다. 이것을 본서의 비격식체 종결어미 논의의 결과에 적용하면 다음 그림과 같이 변형되어 제시될 수 있겠다.

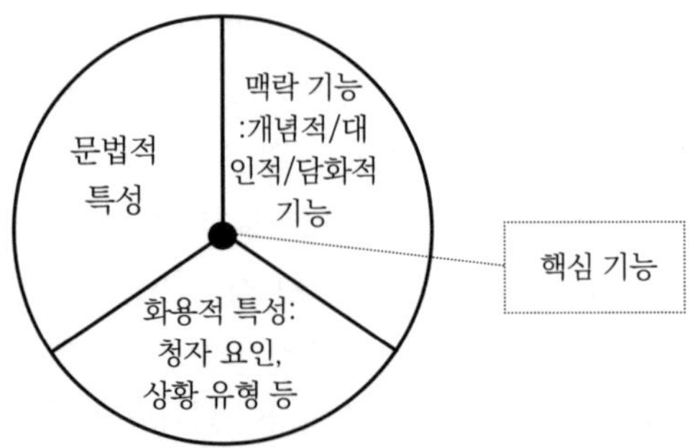

〈그림 17〉 한국어 교육에서의 비격식체 종결어미 제시를 위한 핵심 기능의 적용

위의 〈그림 17〉에서 '문법적 특성', '맥락 기능', '화용적 특성'은 각각 Larsen-Freeman(1991)의 '형태/구조(Form/Structure)', '의미/의미론(Meaning/Semantics)', '화용론(Pragmatics)'에 해당되는 것으로 비격식체 종결어미를 교육하여야 할 때 고려해야 할 요인이다. 그리고 가운뎃점은 이 모든 요인에 적용되는 '핵심 기능'으로서 각 종결어미들의 문법적인 설명, 의미적인 설명, 화용적인 설명이 이루어질 때 필수적으로 고려되어야 할 것이다.

7

결론

지금까지 비격식체 종결어미, '-어(요)', '-지(요)', '-네(요)', '-군(요)', '-거든(요)', '-잖아(요)', '-을게(요)', '-을래(요)'의 기능을 핵심 기능과 맥락 기능으로 나누어 살피고, 핵심 기능이 이들의 문법적 특성과 맥락 기능에 관여함을 밝혔다. 그간 한국어 교육 분야나 국어학 분야의 연구에서 개별 형태들의 의미와 기능, 문법적 특성, 담화상의 특징 등에 대한 논의들이 많이 축적되었으나, 그 내용들을 한데 아울러 보는 거시적인 관점에서의 접근이 부족하였다. 이러한 탓에 지금까지 한국어 교육 현장이나 교재 및 문법 사전 등에서 개별 문법 항목이 가진 '기능 또는 의미', '문법적 제약', '담화 맥락' 등의 측면들이 마치 분리되어 있는 것처럼 제시되어 한국어 학습자들이나 교수자들에게 인지적인 부담이 되었던 것이 사실이다. 따라서 이 글에서는 개별 문법 항목들이 가진 이러한 측면들이 서로 유기적으로 관련된 것으로 파악될 수 있음을 조망하기 위한 첫걸음으로, 비격식체 종결어미들의 기능의 층위들끼리의 상호작용과 기능과 문법적 특성 간의 상호작용을 밝히고자 하였다.

특히 비격식체 종결어미는 '화자가 명제 내용에 대하여 어떠한 관점을 가지는지에 대한 화자 자신의 판단(대명제 태도)' 또는 '청자가 명제 내용에 대하여 어떠한 관점을 가지는지에 대한 화자의 판단(대청자 태도)' 등의 문장 밖의 요인에 따라 실제 발화에서의 적절성 여부가 판단된다. 따라서 비격식체 종결어미가 정확히 무엇을 지시하느냐에 대해 파악하기 매우 어렵지만, 비격식체 종결어미는 화자의 인지적, 심리적 측면과 밀접한 관련이 되어 있음이 시사되어 더욱 매력적인 연구 대상이다. 비격식체 종결어미의 연구를 통하여 화자의(특히 한국인의) 문장의 내용을 다루는 사고방식과 청자에 대한 태도가 어떤 것일지 유추될 수 있기 때문이다.

이와 같이 비격식체 종결어미는 그 사용적 동기가 기능적, 인지적 측면에 있으므로 기능주의, 인지주의적인 시각에서의 이론적 전제가 요구되는 동시에 이러한 이론의 타당성을 보이기에 적합하다. 따라서 본서에서는 이들의 개별적인 기능, 문법적 특성의 측면을 기능주의적, 인지주의적 관점으로 살펴보았다. 아래에서는 서론에서 제시한 연구 과제를 중심으로 본서에서 달성한 것을 밝히고 그 의의를 언급하겠다.

첫째로, 비격식체 종결어미의 기능의 층위를 구체화하였다. 기능을 핵심 기능과 맥락 기능으로 나누었고, 이 맥락 기능을 다시 개념적 기능, 대인적 기능, 담화적 기능으로 나누어 기능을 체계화할 수 있는 토대를 마련하였다. 이는 아래의 그림과 같다.

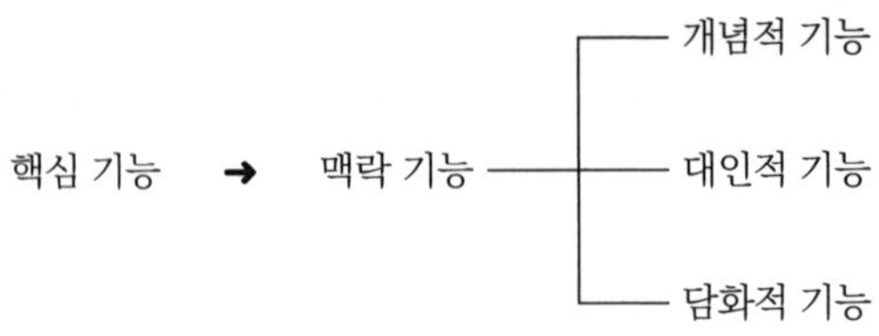

핵심 기능의 설정은 그 종결어미의 본질을 가장 잘 보여줄 수 있고, 다른 유사한 맥락 기능을 가진 종결어미들과의 변별 지점을 짚어줄 수 있다는 점에서 유용하다. 또한 비격식체 종결어미의 맥락 기능의 세분화는 기능주의적인 시각에 입각하여 해당 종결어미 자체가 지니는 독립적인 측면, 명제 및 청자와의 상호작용적 측면, 다른 메시지들과의 상호작용적 측면에서 기능을 다각도로 살펴볼 수 있다는 점에서 장점이 있다. 이와 같은 층위 구분의 작업을 통하여 그동안 선행 연구에서 산발적으로 논의되어 온 비격식체 종결어미들의 여러 기능들을 잘 담아 정리할 수 있는 틀을 제공하였다. 이러한 기능의 구체화 작업은 다른 문법 형식들의 기능을 기술하는 데에도 시사점을 제공할 것이다.

둘째로, 비격식체 종결어미들의 핵심 기능을 이들의 대립되는 속성 및 공통적인 속성을 중심으로 체계화하여 제시함으로써 비격식체 종결어미들 간의 변별 지점이 명확해졌다. 선행 연구 분석과 말뭉치 용례 분석, 문법적 특성 및 맥락 기능 기술에서의 종합적인 논증을 통해 도출한 종결어미들의 핵심 기능의 분류 체계는 아래와 같다.

<table>
<tr><th colspan="2">분류</th><th colspan="2">핵심 기능</th><th>해당 형태</th></tr>
<tr><td rowspan="4">대명제태도</td><td rowspan="6">정보</td><td rowspan="2">[화자의 기지정보]</td><td>[관념화되지 않은 정보]</td><td>-어(요)</td></tr>
<tr><td>[관념화된 정보]</td><td>-지(요)</td></tr>
<tr><td rowspan="2">[화자의 미지정보]</td><td>[현재 지각한 정보]</td><td>-네(요)</td></tr>
<tr><td>[깨달은 정보]</td><td>-군(요)</td></tr>
<tr><td rowspan="4">대청자태도</td><td colspan="2">[청자의 미지정보]</td><td>-거든(요)</td></tr>
<tr><td colspan="2">[청자의 기지정보]</td><td>-잖아(요)</td></tr>
<tr><td rowspan="2">행동</td><td colspan="2">[청자 의향에 부합하는 화자의 미래 행동]</td><td>-을게(요)</td></tr>
<tr><td colspan="2">[청자 의향에 부합하지 않는 화자의 미래 행동]</td><td>-을래(요)</td></tr>
</table>

이러한 체계는 한국어 교육에서 이들 종결어미들의 의미와 기능을 기술할 때 어떠한 점이 필수적으로 반영되어야 하는지에 대한 정보를 명시적으로 제공한다는 장점이 있다. 이뿐만 아니라 위와 같은 체계화를 통하여, 전형성을 보이는 비격식체 종결어미는 화자의 명제에 대한 인지적인 상태와 청자의 명제에 대한 인지적인 상태를 체계적으로 명세화한다는 점에서 비격식체 종결어미의 전체적인 의의가 파악될 수 있었다.

셋째로, 핵심 기능과 문법적 특성 간의 유기적인 관계와 핵심 기능과 맥락 기능 간의 유기적인 관계를 드러내어 비격식체 종결어미들의 특성에 대한 합리적이고 일관된 기술이 가능해졌다. 우선 문법적 특성에 관하여, 종결어미의 문장 유형의 양상, 주어 인칭 및 결합 용언의 양상, 선어말어미 결합 양상이 핵심 기능에서 비롯된 것임을 논증을 통하여 자세하게 밝혔고, 각 종결어미들의 문법적 특성의 공통점과 차이점을 상호 비교하였다. 이러한 작업을 통하여 유사한 문법적 특성을 보이는 것은 공통적인 핵심 기능에서 유발된 것임을 밝혔고, 어떤 두 형태가 서로 문법적 특성에 있어 차이가 나는 것 또한 그들이 가진 핵심 기능에서 유추되는 것임을 보였다. 예컨대, '-어(요)'와 '-지(요)'가 공통적으로 2, 3인칭 주어의 심리·감각형용사 구문과 결합하는 것이 어색한 이유는 '-어(요)'와 '-지(요)'가 [화자의 기지정보]를 말할 때 사용된다는 공통의 핵심 기능적 속성이 있다는 점에서 설명될 수 있으며, '-어(요)'는 '의지'의 '-겠-'과 결합 가능한데 '-지(요)'는 그러지 못하는 것은 '-어(요)'가 [관념화되지 않은 정보], '-지(요)'가 [관념화된 정보]를 말할 때 사용된다는 변별적인 핵심 기능으로 인한 것임을 설명될 수 있었다. 이 과정을 통하여 함의된 점은 다음과 같다.

(1) 해당 문법 형식으로 인하여 발생되는 명제 내용의 의미적 속성과 핵심 기능의 상호작용으로 인하여 문법적 제약의 양상이 나타난다. 예컨대 심리·감각형용사 구문은 인칭에 따라 '화자의 기지정보' 또는 '화자의 미지정보'가 될 가능성이 높은지, 직접 증거에 의하여 [현재 지각한 정보]가 될 가능성이 높은지 혹은 간접 증거에 의하여 [깨달은 내용]이 될 가능성이 높은지, 화자가 해당 명제 내용이 청자에게 어떠한 인지 상태로 존재하는지에 대하여 빠르게 판단할 수 있는지가 결정된다. 이러한 문법적 속성과 명제 내용의 측면의 연관 작용을 통하여 문법적 특성 또한 설명될 수 있었다.

나아가 각 종결어미들의 기능적 특성을 핵심 기능과 맥락 기능과의 연관성 속에서 기술하였다. 핵심 기능과 맥락 기능의 상호작용을 살펴봄으로써 밝힌 함의는 다음과 같이 요약될 수 있었다.

(2) 대명제 태도를 나타내는 종결어미들은 화자의 '앎'의 단계, 즉 인지적인 상태를 반영한다는 핵심 기능의 특징으로 인하여 대청자 종결어미들과는 달리 '단언성의 정도 약화 또는 강화하기' 등과 같이 화자와 명제 간의 상호작용을 바탕으로 하는 대인적 기능을 가질 수 있다. 또한 대명제 태도의 종결어미들은 주로 개념적 기능이나 대인적 기능에 사용 동기가 분포되어 있었다.

(3) 대청자 태도를 나타내는 종결어미들은 이들이 가진 핵심 기능의 공통적 속성인 '화자의 청자 인지 체계의 관여성'으로 인하여 대명제 태도의 종결어미들보다 화청자 관계에 친밀성의 정도가 매우 높은 상황에서만 사용 가

능하다. 또한 대청자 태도의 종결어미 중 특히 '-거든(요)'와 '-잖아(요)'는 '청자 인지에 대한 관여성'이라는 핵심 속성으로 인하여 주로 대인적 기능이나 담화적 기능에 사용 동기가 분포되어 있었다.

(4) 비격식체 종결어미들의 맥락 기능 중에는 핵심 기능에서의 유추가 쉽지 않은 경우가 있는데, 이러한 유표적인 기능은 다음과 같은 사용 동기가 있었다. 특정 담화 상황에서 요구되는 화자의 태도와 해당 종결어미가 지닌 핵심 기능의 일부 속성이 서로 맞아떨어질 때, 친밀감을 형성하거나 공손성을 발휘하거나 생생하게 표현하는 등의 효과를 내기 위하여 전략적으로 종결어미를 선택한다. 결국 유표적인 기능 또한 맥락 기능에서 확장된다. 예컨대, '요청하기' 기능으로 '-을게(요)'로 말하는 것은 다른 더 공손한 언어 형식으로 표현할 수 있지만, 자신이 요청하는 내용이 청자의 의무이거나, 청자에게도 이익이 되는 경우, 청자에게 당연히 받아들여질 것이라 생각하는 특정 담화 맥락에서 친밀감 등을 표현하기 위한 전략적인 선택이다. 그런데 이러한 '-을게(요)'의 '요청하기'의 유표적인 기능 또한 그 핵심 속성인 '청자 의향 부합성'이 매개가 되어 맥락 기능으로 확장된 것으로 설명될 수 있다.

지금까지 서론에서 제시한 세 가지 과제를 위와 같이 해결함을 살펴보았다. 이를 통하여 한국어 교육에 적용될 수 있는, 개별 비격식체 종결어미들의 문법과 기능에 대한 연계적이고 합리적인 기술, 다른 종결어미와의 비교적 명시적인 변별을 기대할 수 있게 되었다. 그동안 개별 종결어미에 대한 자세한 분석은 선행 연구에서 많이 이루어졌으나 본서에서와 같이 개별 형태들이 가진 언어적 현상을 종합적으로 갈무리하여 한국어 교육에서 어떻게 적용하여야 할지에 대한 거시적인 관점을 제공한 연구는 드물었다는 점에서 본 연구의 의의를 발견할 수 있다. 그러나 다음과 같은 점에 있어서 아직 해결하지 못한 문제가 있었다. 아래에서는 본서에서 해결하지 못한 문제를 제시하는 것으로 논의를 마무리하고자 한다.

첫째, 전형성을 보이는 비격식체 종결어미 8개만을 선정하여 기술하다보니 여기에 속하지 않은 나머지 비격식체 종결어미들과의 관계를 고찰하지 못하였다. 종결어미화된 연결어미, 인용 결합형 어미 등의 나머지 비격식체 종결어미들을 어떻게 분류하고 체계화할 수 있을지에 대한 논의는 후속 연구를 기대하겠다.

둘째, 맥락 기능들 간의 관계에 대해서는 자세히 밝히지 못하였다. 본서의 초점이 핵심 기능과 문법적 특성, 핵심 기능과 맥락 기능의 유기적인 관계에 있다 보니, 세 차원으로 나눈 맥락 기능들 간의 관계는 어떠한 것인지에 대해서는 살피지 못하였다. 또한 각 종결어미들의 맥락 기능을 각각 개념적, 대인적, 담화적 기능으로 나누어 분류하는 과정에서 여기에서 개념적 기능과 대인적 기능이 다소 겹치는 문제가 발생하였으나 이를 명쾌하게 해결하지 못하였다는 점이 아쉽다. 이러한 세 차원의 맥락 기능에 집중하여 살피면서 고찰하는 후속 논의를 기대하도록 하겠다.

셋째, 용어의 정교성에 관한 문제이다. 본서에서 편의상 '대명제 태도', '대청자 태도', '관념화' 등과 같은 용어를 사용하였는데, 선행 논의에서 이와 관련한 충분한 공론화가 이루어지지 않은 상태에서 이러한 용어를 도입하다보니 다소 혼란을 유발할 가능성이 있다. 이와 관련하여서도 개별 종결어미들의 의미와 기능을 다루는 후속 연구에서 더 명확한 개념화가 되기를 기대한다.

본서는 비록 위와 같은 점에서 해결하지 못한 문제가 있으나 한국어 교육 내용의 마련을 위하여 기능의 층위를 나누어 비격식체 종결어미들을 변별하고 핵심 기능을 통하여 체계적으로 이들의 문법과 기능의 양상을 설명하겠다는 소기의 목적은 달성하였다.

참고문헌

1. 논저류

강계림(2013), 「선어말어미 '-더-'의 의미 기능 연구」, 연세대학교 대학원 석사학위논문.

강현화·이현정·남신혜·장채린·홍연정·김강희(2016), 「한국어 교육 문법-자료편」, 한글파크.

강현화·이현정·남신혜·장채린·홍연정·김강희(2017), 「담화 기능에 따른 한국어 유사문법 항목 연구」, 한글파크.

강현화(2009), "코퍼스에 기반한 '-잖다'의 화행적 특성 고찰", 「한국어 의미학」 28, 한국어의미학회, 1-27.

고광모(2001), "반말체의 등급과 반말체 어미의 발달에 대하여", 「언어학」 30, 한국언어학회, 3-27.

고영근(1974), "현대국어의 존비법에 대한 연구", 「어학연구」 12-1, 서울대학교 어학연구소, 66-91.

_____(1976), "현대국어의 문체법에 대한 연구", 「어학연구」 12-1, 서울대학교 어학연구소, 17-53.

_____(1989), 「국어형태론연구」, 서울대학교 출판부.

고창운(1995), 「서술씨끝의 문법과 의미」, 박이정 출판사.

구종남(2015), 「국어의 담화표지」, 경진출판.

구현정·이성하(2001), "조건 표지에서 문장종결 표지로의 문법화", 「담화와 인지」 8-1, 담화·인지언어학회, 1-19.

김경연(2005), "종결어미 '-거든'에 대한 연구", 「어문논총」 16, 전남대학교 한국어문학연구소, 1-20.

김명희(2013), "구어체 어말어미 '-거든'과 '-더라'의 담화기능", 「담화와 인지」 20-1, 담화와 인지학회, 27-51.

김석득 (1966), "V류어(움직씨, 동사류어)의 내부적 구성요소 분석", 「인문과학」 4-1, 연세대학교 인문과학연구소, 1-46.

김유정(2006), "담화 분석을 통해 본 '-구나' 용법 연구 (1)", 「한국어학」 41, 한국어학회, 229-256.

김은혜(2015), "-잖아(요)와 "-거든(요)"의 의미-화용 복잡도", 한국문법교육학회 학술발표논문집, 한국문법교육학회, 74-85.

김종도(2002), 「인지 문법의 디딤돌」, 박이정.
김진웅(2012), "한국어 증거성의 체계: 유형론을 중심으로", 「한국어 의미학」 39, 한국어의미학회, 101-124.
김태엽(2000), "국어 종결어미화의 문법화 양상", 「어문연구」 33, 어문연구회, 47-68.
_____(2001), 「국어 종결어미의 문법」, 국학자료원.
남기심·고영근(1985/1993/2011), 「표준국어문법론」, 탑출판사.
노대규(1983), 「국어의 감탄문 문법」, 보성문화사.
노마 히데키(2002/2003), 「한국어 어휘와 문법의 상관구조」, 태학사.
노은주(2016), "한국어의 문장종결 어미 '-지': 인식양상 표지 vs. 상위표상 표지", 「언어」 41-2, 한국언어학회, 267-287.
목정수(2016), "유형론과 정신역학론의 관점에서 본 한국어 서법과 양태", 「한국어학」 70, 한국어학회, 55-108.
문숙영(2005), 「한국어 시제 범주 연구」, 서울대학교 대학원 박사학위논문.
_____(2009), 「한국어 시제 범주」, 태학사.
문순표(2010), "추론적 제약 표지 '-거든'", 「언어연구」 25-4, 한국현대언어학회, 709-729.
박나리(2000), "국어 평서문 종결어미의 서법의미에 대하여 - 격식체와 비격식체의 비교대조를 중심으로 -", 「이화어문논집」 18, 이화어문학회, 321-346.
_____(2004), "한국어 교육문법에서의 종결어미 기술에 대한 제안 - '-어', '-지', '-네', '-다', '-구나', '-단다'의 담화 화용적 의미를 중심으로", 「이중언어학」 26, 이중언어학회, 91-116.
_____(2012), "'-는 것이다' 구문 연구: 문법 기능과 담화기능 그리고 화자의 담화전략의 상관성을 중심으로", 「국어학」 65, 국어학회, 251-279.
박동화(2017), 「한국어 교육을 위한 종결어미 '-거든'과 '-잖아'의 비교 연구: 문법화 과정과 구어 실현 양상을 중심으로」, 한국외국어대학교 대학원 석사학위논문.
박미은(2016), "지시 화행에 사용되는 '-(으)실게요' 연구", 「한국어의미학」 51, 한국어의미학회, 137-154.
박숙영(2006), "의지 표현들의 의지 정도성 비교 - '-겠어요', '-(으)ㄹ거예요', '-(으)ㄹ래요', '-(으)ㄹ게요'를 중심으로 -" 「언어와 문화」 2-2, 한국언어문화교육학회, 21-40.
박영순(2008), 「한국어 담화·텍스트론」, 한국문화사.
박영준(1994), "종결어미 '-지'에 대하여 -그 기원에 대한 해명을 중심으로-", 「한국어

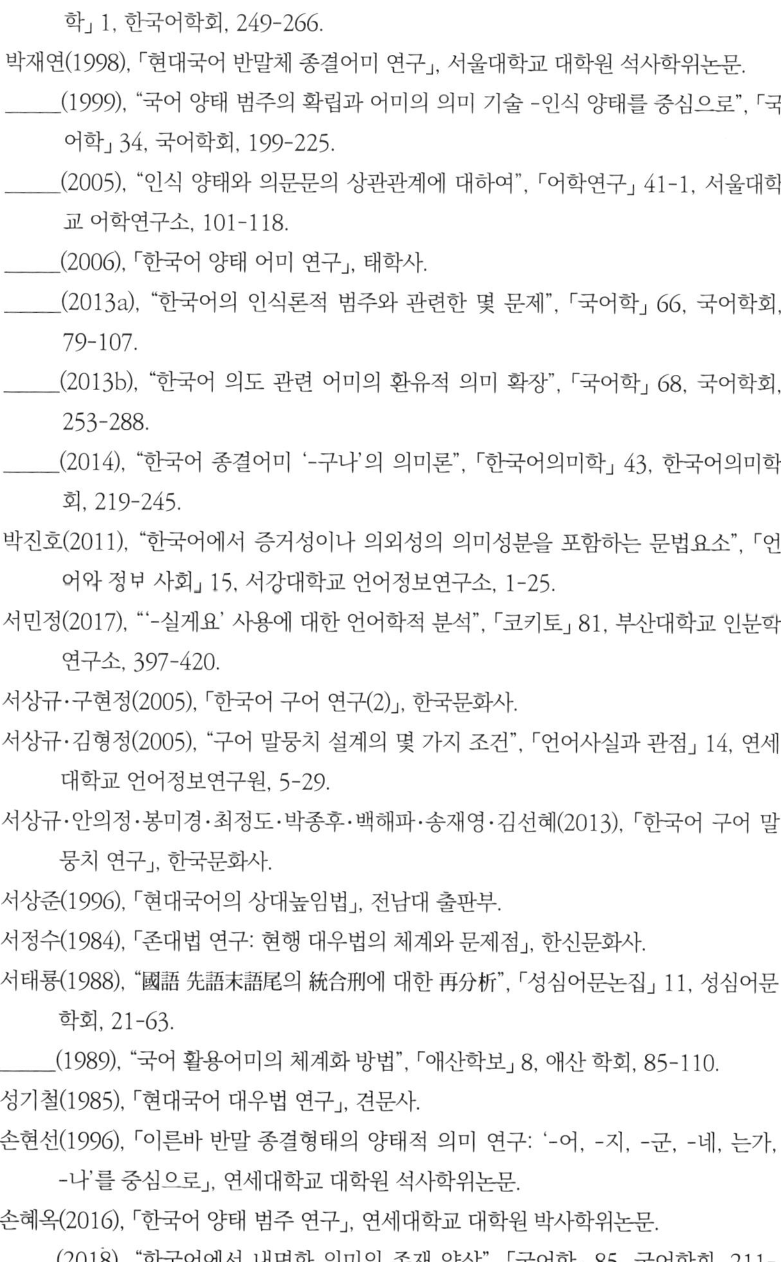

학」 1, 한국어학회, 249-266.

박재연(1998), 「현대국어 반말체 종결어미 연구」, 서울대학교 대학원 석사학위논문.

_____(1999), "국어 양태 범주의 확립과 어미의 의미 기술 -인식 양태를 중심으로", 「국어학」 34, 국어학회, 199-225.

_____(2005), "인식 양태와 의문문의 상관관계에 대하여", 「어학연구」 41-1, 서울대학교 어학연구소, 101-118.

_____(2006), 「한국어 양태 어미 연구」, 태학사.

_____(2013a), "한국어의 인식론적 범주와 관련한 몇 문제", 「국어학」 66, 국어학회, 79-107.

_____(2013b), "한국어 의도 관련 어미의 환유적 의미 확장", 「국어학」 68, 국어학회, 253-288.

_____(2014), "한국어 종결어미 '-구나'의 의미론", 「한국어의미학」 43, 한국어의미학회, 219-245.

박진호(2011), "한국어에서 증거성이나 의외성의 의미성분을 포함하는 문법요소", 「언어와 정보 사회」 15, 서강대학교 언어정보연구소, 1-25.

서민정(2017), "'-실게요' 사용에 대한 언어학적 분석", 「코키토」 81, 부산대학교 인문학연구소, 397-420.

서상규·구현정(2005), 「한국어 구어 연구(2)」, 한국문화사.

서상규·김형정(2005), "구어 말뭉치 설계의 몇 가지 조건", 「언어사실과 관점」 14, 연세대학교 언어정보연구원, 5-29.

서상규·안의정·봉미경·최정도·박종후·백해파·송재영·김선혜(2013), 「한국어 구어 말뭉치 연구」, 한국문화사.

서상준(1996), 「현대국어의 상대높임법」, 전남대 출판부.

서정수(1984), 「존대법 연구: 현행 대우법의 체계와 문제점」, 한신문화사.

서태룡(1988), "國語 先語末語尾의 統合刑에 대한 再分析", 「성심어문논집」 11, 성심어문학회, 21-63.

_____(1989), "국어 활용어미의 체계화 방법", 「애산학보」 8, 애산 학회, 85-110.

성기철(1985), 「현대국어 대우법 연구」, 견문사.

손현선(1996), 「이른바 반말 종결형태의 양태적 의미 연구: '-어, -지, -군, -네, 는가, -나'를 중심으로」, 연세대학교 대학원 석사학위논문.

손혜옥(2016), 「한국어 양태 범주 연구」, 연세대학교 대학원 박사학위논문.

_____(2018), "한국어에서 내면화 의미의 존재 양상", 「국어학」 85, 국어학회, 211-

250.
송재목(2007), "증거성(evidentiality)과 주어제약의 유형론- 한국어, 몽골어, 티벳어를 예로 들어-", 「형태론」 9-1, 박이정, 1-23.
_____(2011), "한국어 증거성표지의 중복실현", 「비교문화연구」 22, 경희대학교 비교문화연구소, 355-375.
_____(2014), "한국어 '증거성' 종결어미 '-네': 정경숙(2012)에 대한 대답", 「언어」 39-4, 한국언어학회, 819-850.
_____(2015), "한국어 종결어미 '-네'의 의미기능", 「국어학」 76, 국어학회, 123-159.
신선경(2001), "'-군(요)'와 '-네(요)'의 쓰임에 대한 연구 -서술 시점(敍述 視點)의 차이를 중심으로-", 「형태론」 3-1, 박이정, 69-84.
신지연(2000), "텍스트언어학의 이론과 응용: 어말어미 '-거든'에 대한 연구", 「텍스트언어학」 8, 한국텍스트언어학회, 251-270.
안명철(1990), "국어의 융합 현상", 「국어국문학」 103, 국어국문학회, 121-137.
안의정(2007), 「국어사전에서의 구어 어휘 선정과 기술 방안 연구」, 연세대학교 대학원 박사학위논문.
안주호(2012), "감탄사 유래 담화표지의 의미기능 연구", 「언어과학연구」 61, 언어과학회, 91-116.
_____(2017), "종결어미 {-(으)실게요}의 기능과 형성과정", 「담화와 인지」 24-1, 담화·인지언어학회, 47-67.
오승은(2018), "'-겠-'과의 은유적 관계에서 본 '-을게'의 미래성과 양태적 의미", 「국어학」 85, 국어학회, 181-210.
원해영(2011), "한국어교육을 위한 구어체 종결어미 '-잖아(요)' 연구", 「한국언어문학」 79, 한국언어문학회, 307-327.
유현경(1996), 「국어 형용사 연구」, 연세대학교 대학원 박사학위논문.
윤석민(2000), 「현대국어의 문장종결법 연구」, 집문당.
윤은경(2006), "한국어 양태 표현 연구 - 종결어미 '-(으)ㄹ래, -(으)ㄹ게'를 대상으로", 「언어와 문화」 2-2, 한국언어문화교육학회, 41-63.
이기동(1987), "마침꼴의 의미 연구", 「한글」 195, 한글학회, 77-104.
이남순(1981), "'겠'과 'ㄹ 것'", 「冠嶽語文硏究」 6-1, 서울대학교 국어국문학과, 183-203.
이소흔(2017), 「19세기 말~20세기 초 한국어에 나타난 종결어미화 연구」, 서울시립대학교 대학원 박사학위논문.

이윤진·노지니(2003), "한국어 교육에서의 양태 표현 연구", 「한국어교육」 14-1, 한국어문교육학회, 173-209.

이종철(2002), "어말어미 '-거든'에 대한 화용론적 연구", 「국어교육」 108, 한국어교육학회, 271-290.

이종희(2004), 「국어 종결어미의 의미 체계 연구」, 연세대학교 대학원 박사학위논문.

이지영(2017), "'-은걸'과 '-을걸'의 통시적 변화에 대한 일고찰", 「한국어의미학」 57, 한국어의미학회, 21-48.

이해영(1996), 「현대 한국어 활용어미의 의미와 부담줄이기의 상관성」, 이화여자대학교 대학원 박사학위논문.

이현희(2003), "'-잖-'은 단지 '-지 않-'의 음운론적 축약형인가?", 「한국어학」 23, 한국어학회, 203-228.

임동훈(2001), "'-겠-'의 용법과 그 역사적 해석", 「국어학」 37, 국어학회, 115-147.

_____(2008), "한국어의 서법과 양태 체계", 「한국어의미학」 39, 한국어의미학회, 25-49.

_____(2011), "체계적인, 너무나 체계적인: 박재연(2006)을 중심으로", 「형태론」 13-1, 박이정, 107-123.

임지룡(2008), 「의미의 인지언어학적 탐색」, 한국문화사.

임채훈(2008), "감각적 증거 양태성과 한국어 어미교육: '-네, -더라, -더니, -길래' 등을 중심으로", 「이중언어학」 37, 이중언어학회, 199-234.

임홍빈(1980), "{-겠-}과 대상성", 「한글」 170, 한글학회, 587-630.

임홍빈·장소원(1995), 「국어문법론1」, 한국방송대학교 출판부.

장경희(1985), 「현대 국어의 양태범주 연구」, 탑출판사.

_____(1995), "국어의 양태 범주의 설정과 그 체계", 「언어」 20-3, 한국언어학회, 191-205.

_____(1997), "국어 대화에서의 서법과 양태", 「국어교육」 93, 한국어교육학회, 255-275.

_____(1998), "서법과 양태", 서태룡·민현식·안명철·김창섭·이지양·임동훈 공편, 「문법 연구와 자료」, 태학사, 262-303.

_____(2018), "공간 관점에서 본 한국어 문법 형태소 '-느-'와 '-더-'", 「국어학」 85, 국어학회, 3-43.

장경희·이삼형·이필영·김명희·김태경·김정선·전은진(2012), 「초·중·고등학생의 구어 어휘 조사」, 지식과 교양.

장아함(2016), 「외국인 학습자를 위한 종결어미 '-거든'의 연구: 구어 담화 사용 양상 중심으로」, 연세대학교 대학원 석사학위논문.

장채린(2017), "한국어 의지·의도 표현들의 의미 비교", 「한국어 의미학」 56, 한국어의미학회, 1-34.

정경숙(2012), "한국어 종결어미 '-네'의 의미: 증거성 및 의외성과 관련해서", 「언어」, 37-4, 한국언어학회, 995-1016.

_____(2014), "한국어 종결어미 '-네'와 단언화행", 「언어」 39-3, 한국언어학회, 617-640.

_____(2016), "지식의 출처 관점에서의 '-네'와 '-구나'", 「담화와 인지」 23-3, 담화·인지언어학회, 45-72.

정명숙·최은지(2013), "한국인과 외국인의 발화에 나타난 '-잖아'의 기능과 억양 실현 양상", 「한국어학」 60, 한국어학회, 143-165.

정미진(2012), "외국인 학습자용 한국어 문법 교재의 문법 제시 방안 연구 -담화·맥락 정보를 중심으로-", 「한국어교육」 23, 국제한국어교육학회, 307-329.

정연희(2001), 「한국어 연결어미의 문법화」, 한국외국어대학교 대학원 박사학위논문.

정인아(2010), 「한국어의 증거성 범주에 관한 연구」, 상명대학교 대학원 박사학위논문.

정희자(2002), "전경 함축과 배경 함축 ", 「담화와 인지」 9-1, 담화·인지언어학회, 151-170.

조민정(2017), 「종결어미 '-네(요)'의 의미와 맥락 분석 연구」, 연세대학교 대학원 석사학위논문.

조민하(2011), 「연결어미의 종결기능과 억양의 역할」, 고려대학교 대학원 박사학위논문.

_____(2014), "종결어미 '-거든'의 화용전략과 억양의 기능", 「한국어학」 65, 한국어학회, 237-262.

_____(2015), "구어 종결어미 '-잖아'의 화용적 특성과 억양의 기능 -여성 자유발화의 반말체를 중심으로-", 「화법연구」 28, 한국화법학회, 165-194.

조숙환(2009), "국어 인식양태소 구조의 인지언어학적 접근", 「언어」 34-1, 한국언어학회, 113-132.

조향숙(2010), "국어 선택 발화의 실현 양상 (2) - 의문형 종결어미와 선택 어구를 중심으로", 「용봉인문논총」 36, 전남대학교 인문학연구소, 323-347.

차현실(1990), "반말체의 구성과 반말체 어미의 문법적 기능에 대하여", 「이화어문논집」 11, 이화어문학회, 5-26.

채영희(1998), "담화에 쓰이는 '-거든'의 화용적 기능", 「한국어의미학」 3, 한국어의미학회, 159-177.

최선희(2017), "최근 한일 명령표현에 관한 고찰-「ていただきます」와 '-실게요'를 중심으로-", 「日語日文學硏究」 101-1, 한국일어일문학회, 67-89.

최수정(2016), 「종결어미 {-지}의 양태 의미 및 맥락 분석 연구」, 연세대학교 대학원 석사학위논문.

최윤지(2016), 「한국어 정보구조 연구」, 서울대학교 대학원 박사학위논문.

최정진(2012), 「한국어 선어말 어미의 시제성과 양태성 연구: '-었-, -겠-, -더-, -느-'를 중심으로」, 서울대학교 대학원 박사학위논문.

최현배(1937/1971), 「우리말본」, 정음사.

타이라 카오리(2006), "구어체 '-거든'에 관한 일고찰", 「한국어학」 31, 한국어학회, 365-391.

한길(1986), 「현대 국어 반말에 관한 연구」, 연세대학교 대학원 박사학위논문.

_____(2002), 「현대 우리말의 높임법 연구」, 역락

_____(2004), 「현대 우리말의 마침씨끝 연구」, 역락.

한송화(2016), "종결어미 '-거든(요)'의 의미와 기능 연구", 「문법교육」 26, 한국문법교육학회, 287-323.

한승규(2010), "일반논문 : '-지 않-' 의 축약과 융합 형태 '-잖-' 의 특성 연구", 「언어사실과 관점」 34, 연세대학교 언어정보연구원, 103-133.

한하림(2015), "구어체 종결어미 '-거든(요)'의 기능 분석 연구", 국제한국어교육학회 국제학술발표논문집, 국제한국어교육학회, 693-707.

허경행(2011), "'-을게'와 '-을래'의 의미: '수용'과 '거부'의 관점에서", 「언어와 문화」 7-2, 한국언어문화교육학회, 215-233.

홍혜란·강현화(2013), "'-(으)ㄹ래(요)'의 의사소통 기능과 그 확장 유형 연구", 「외국어교육」 20-1, 한국외국어교육학회, 295-318.

辻幸夫 편(2001), 「ことばの認知科學事典」, Taishukan Publishing Co.(임지룡·요시모토 하지메·박수경 옮김(2008), 「언어의 인지과학 사전」, 박이정.)

Aikhenvald, A. Y.(2004), *Evidentiality*, Oxford University Press.

Bybee, Joan L. William Pagliuca, and Revere Perkins.(1994), *The Evolution of Grammar*, The University of Chicago Press.(박선자·김문기 옮김(2010), 「문법의 진화」, 소통.)

Choi, Soonja(1995), The Development of Epistemic Sentence-ending Modal

Forms and Functions in Korean Children. In Bybee, J. and Fleischman, S. (eds.), *Modality in Grammar and Discourse*, Typological Studies in Language 32, John Benjamins, 165-204.

Dabrowska, E. and Divjak, D.(2015), *Handbook of Cognitive Linguistics*, De Gruyter Mouton.(임지룡·김동환 옮김(2018), 「인지언어학 핸드북」, 박이정.)

DeLancey, S.(2001), The mirative and evidentiality, *Journal of Pragmatics* 33, 369-382.

Evans, Vyvyan and Green Melanie(2006), *Cognitive Linguistics: An Introduction*, Edinburgh University Press.(임지룡·김동환 옮김(2007), 「인지언어학 기초」, 한국문화사.)

Givón, T.(1984/2001) *Syntax: An introduction Vol. I* , John Benjamins.

Givon, T.(1995), *Functionalism and Grammar*, John Benjamins.

Halliday, M. A. K.(1994). *An Introduction to Functional Grammar*(2nd edition), Edward Arnold.

Halliday, M.A.K. and Matthiessen, C.M.I.M.(2004), *An Introduction to Functional Grammar,* Routledge.

Hamawand, Z.(2016), *Semantics: A Cognitive Account of Linguistic Meaning*, Equinox Publishing Ltd.(임지룡·윤희수 역(2017), 의미론: 언어 의미의 인지적 설명, 한국문화사.)

Hume, D.(1978), *A Treatise of Human Nature*, Clarendon Press.(김성숙 역(2009), 「인간이란 무엇인가: 오성, 정념, 도덕」, 동서문화사.)

Kaku, Michio(2014), *The Future of the Mind, Random House*.(박병철 옮김(2015), 「마음의 미래」, 김영사.)

Langacker(1991), *Foundation of Cognitive Grammar*, Stanford University Press.

Larsen-Freeman, D.(1991), Teaching Grammar, In Celce-Murcia, M.(ed.), *Teaching English as a Second or Foreign Language*(2nd edition), Heinle & Heinle Publishers.

Lee, Hyo Sang(1985), Consciously known but unassimilated information: a pragmatic analysis of the epistemic modal suffix *-kun* in Korean, Proceedings of the Annual Meeting of the Fist Pacific Linguistics Conference, October 1985, University of Oregon, Eugene, ed. by Scott DeLancey and Russell Tomlin, 183-210.

_____(1991), *Tense, Aspect, and Modality: a Discourse-Pragmatic Analysis of Verbal Affixes in Korean from a Typological Perspective*, Doctoral Dissertation, University of California Los Angels.

_____(1993), Cognitive constraints on expressing newly perceived information, with reference to epistemic modal suffixes in Korean, *Cognitive Linguistics* 4-2, 135-168.

_____(1999), A Discourse-Pragmatic Analysis of the Committal -ci in Korean: A Synthetic Approach to the Form-Meaning Relation, *Journal of Pragmatics* 31, 243-275.

Nuckolls, J. and Michael, L.(2014) *Evidentiality in Interaction*, John Benjamins Publishing Company.

Nuyts, J.(2001), *Epistemic Modality, Language, and Conceptualization*, John Benjamins Publishing Company.

_____(2009), The 'one-commitment-per-clause' principle and the cognitive status of qualificational categories, *Linguistics* 47-1, 141-171.

Palmer, F. R.(2001), *Mood and Modality*(2nd edition), Cambridge University Press.

Rosch, E.(1975), Human Categorization. in N. Warren(ed.) *Advances in Cross-Cultural Psychology*, Academic Press.

Searle, J. R.(1969), *Speech Act: An Essay in the Philosophy of Language*, Cambridge University Press,

Slobin, Dan I. and Ayhan A. Aksu.(1982), Tense, aspect, and modality in the use of the Turkish evidentials. In Hopper.(ed.), *Tense-aspect: between semantics and pragmatics*. Typological Studies in Language 1, John Benjamins, 185-200.

Smirnova and Mortelmans.(2010), *Funktionale Grammatik: Konzepte und Theorien, De Gruyter*.(최지영 옮김(2015)), 「기능문법의 개념과 이론」, 한국문화사.)

Suh, Kyung-hee(2002), "The Korean Sentence-final Marker cianha in Conversational Discourse", 「사회언어학」 10-2, 한국사회언어학회.

Thompson, G.(2014), *Introducing Functional Grammar*(3rd edition), Routledge.

Deirdre, Wilson and Dan Sperber.(1988), Mood and the Analysis of Non-

Declarative Sentences. In J. Dancy, J. Moravcsik & C. Taylor (eds.), *Human agency: Language, duty and value*, Stanford University Press, 77-101.

Woodbury, Anthony.(1986), *Interactions of tense and evidentiality: A Study of Sherpa and Englis,* In Chafe and Nichols, Johanna (eds.), Evidentiality: The Linguistic Coding of Epistemology, Ablex Publishing Corporation, 188-202.

2. 교재 및 사전류

경희대학교 언어교육원 교재편찬위원회(2017),「경희대 한국어」, 1권~4권, 형설출판사.

고려대학교 한국어문화교육센터(2009~2011),「재미있는 한국어」, 1권~4권, 교보문고.

국립국어원(2005),「외국인을 위한 한국어 문법 2」, 커뮤니케이션북스.

서강대 한국어교육원(2008~2015),「서강한국어」, 1A권~4B권, 서강대학교한국어교육원.

연세대학교 한국어학당(2013),「연세한국어」, 1-1권~4-2권, 연세대학교출판부.

이화여자대학교 언어교육원(2010~2011),「이화한국어」, 1-1권~4권, Epress.

이희자·이종희(2010),「어미·조사 사전(전문가용)」, 한국문화사.

3. 웹사이트

〈고려대한국어대사전〉 http://dic.daum.net/index.do?dic=kor

〈연세 현대 한국어사전〉 http://ilis.yonsei.ac.kr/dic

〈표준국어대사전〉 https://stdict.korean.go.kr/main/main.do

찾아보기

저자 장채린은
연세대학교 국어국문학과에서 박사 학위를 받았으며,
현재 서울시립대학교 강의전담교수로 재직 중이다.
『한국어교육 문법(자료편)』(공저), 『한국어 유사 문법 항목 연구』(공저),
『한국어 표현 교육론』(공저), 『한국어 이해 교육론』(공저)
등을 집필하였다.

신구한국어교육연구총서 07

한국어 교육을 위한 비격식체 종결어미 연구

초판 1쇄 발행 2022년 4월 1일

지은이 장채린
펴낸이 김길준
펴낸곳 (학)신구학원신구문화사

등록 1968년 6월 10일 제1-205호
주소 경기도 성남시 중원구 광명로 377 우촌학사 1층
전화 031-741-3055
팩스 031-741-3054
이메일 shingupub@naver.com
홈페이지 www.shingubook.com

ISBN 978-89-7668-264-2 93700